KB104505

천하를 수수(授受)한 황제들

서 경
(書 經)

李相鎭
姜明官 해역

자유문고

'서경(書經)'이란 어떤 책인가?

　'서경(書經)'은 중국(中國)의 요순(堯舜)시대부터 주(周)나라시대까지, 덕으로 다스린 군주(君主)들의 문서(文書)를 수집하여 공자(孔子 : 丘)가 편찬한 책이다.
　'서경'은 요순시대에서 주나라까지의 사관(史官)들이 군주를 중심으로 그 군주의 언동과 정치를 기록한 산문(散文)이다. 그러므로 '서경'은 중국 산문의 시조요, 가장 오래된 전적(典籍)이라고 할 수 있다.
　요순시대의 정치는 법(法)을 시행하고 법을 잘 지킨 정치가 아니었다. 모든 것은 인간의 존엄과 윤리에 바탕을 둔 덕치(德治)를 기준으로 삼았다.
　중국 역사에서는 이 때를 모든 정치의 표본으로 삼고 있으며 민중이 가장 살기 좋은 이상향의 대상이며 태평한 정치의 기본으로 삼았다. 곧 요순시대는 민중이 살기 좋은 정치의 극치를 이룬 세계였다고 말하고 있다.
　인(仁)과 덕(德)을 존중하던 공자는 덕의 다스림이 시행되던 요순시대를 가장 이상적인 정치가 행해지던 시대로 보고, 그 후 우(禹 : 夏王)·탕(湯 : 殷王)·문무(文武 : 周王)까지를 덕치의 끝으로 보았다. 이에 위의 성군(聖君)들의 정치를 중심으로 기록된 정사 내용이 들어 있는 문서를 수집하여 정리 수록하였다.
　많은 사람들이 요순시대를 전설적인 시대로 알고 있다. 그러나 중국 하남성(河南省) 안양의 옛 은허(殷墟)에서 갑골문자(甲骨文字)로 기록된 문헌들이 발견됨으로써 서경(書經)의 기록이 실제로 있었던 것으로 증명되고 있다.

중국 문화에서 '서경'은 산문의 조상(祖上)이라 일컬어진다. '서경'을 읽지 않으면 중국의 산문을 알 수 없으며 중국 문화의 깊이를 알 수 없다.

'서경'은 산문으로 쓰여진 책으로는 가장 오래된 것이며 중국 산문의 발달은 '서경'을 중심으로 이루어졌다.

중국 문학사의 조상격인 '서경'은 또한 산문 뿐만 아니라 유가(儒家)의 덕치주의사상(德治主義思想), 도가(道家)의 무위이치(無爲而治)사상, 묵가(墨家)의 숭검비명(崇儉非命)사상, 법가(法家)의 법치주의(法治主義)사상 등 모든 사상을 포함하고 있는, 중국 경전(經典)의 조상이기도 하다.

본래 '서경'은 6예(六藝 : 禮樂射御書數)의 하나로 서(書)로 호칭되었는데 한(漢)나라에서는 상서(尙書)로 불렸다. '상서'는 '상고(上古)의 서(書)를 높이 숭상한다.'는 뜻이다.

상고시대에는 왕자(王者 : 皇帝)의 말씀을 기록하는 좌사(左史)와 왕자의 행적을 기록하는 우사(右史)가 있었는데 좌사의 기록은 '상서(尙書)', 우사의 기록은 '춘추(春秋)'라고 했다.

'주례(周禮)'에서는 '외사(外史)의 직(職)이 삼황오제(三皇五帝)의 서(書)를 관장한다.'라고 했다.

이것을 보면 요순시대 이전에도 여러 가지 서가 있었을 것으로 추측되나 일정한 형식을 갖추지는 못했던 것 같다.

공자(孔子)가 황제(黃帝)의 현손(玄孫 : 高孫)인 제괴(帝魁)의 서(書)를 얻어 이것을 당우(唐虞)시대부터 진목공(秦穆公)에 이르는 3천2백40편으로 간추려 1백 편의 '상서(尙書)'를 지은 것이 '서경(書經)'의 근원이라고 했다.

'서경'에는 서문(序文)인 서서(書序)가 있다. 이 서서는 한나라 때 노(魯)나라 공왕(恭王)이 궁전을 지으려고 공자의 옛집을 헐었을 때 벽속에서 여러 고서(古書)와 함께 나온 것이다.

이 서서에는 '서경' 각 편이 기록된 이유가 간략하게 설명되어 있다.

본래 서서에는 1백 편의 글이 적혀 있다고 한 것으로 보아 원래 공자가 편찬한 서경은 1백 편이었던 것으로 보인다. 그런데 세월의 흐름에 따라 유실되고 현재는 58편만 남아 있다.

'서경'은 5경(五經 : 詩·書·禮·樂·春秋)의 하나로 한(漢)나라시대의 경학(經學) 속에는 금문(今文)과 고문(古文) 두 가지가 있었다. 한나라시대에 일반적으로 쓰이던 예서(隸書)로 된 금문의 '서경'과 진(秦)나라 이전부터 동부지방에서 쓰이던 고문(古文)의 '서경'이 그것이다.

고문은 진(秦)나라 시황제(始皇帝)의 분서갱유(焚書坑儒)로 자취를 감추었으나 옛집의 벽속에서 더러 발견되었다.

금문상서(今文尙書)는 29편으로 진나라의 분서(焚書) 때 박사(博士)인 복생(伏生)이 공자가 산술(刪述)한 상서를 몰래 벽속에 감춰두었던 것으로, 진나라가 멸망하고 한(漢)나라가 탄생하자 다시 꺼내었다.

그것은 총 29편으로, 복생은 이것을 제(齊)나라와 노(魯)나라의 사이에서 가르쳤다. 그 글이 예서로 기록되어 있어서 '고문상서'와 구별하여 '금문상서'라고 했다.

그 29편은 요전(堯典)·고요모(皐陶謨)·우공(禹貢)·감서(甘誓)·탕서(湯書)·반경(盤庚)·고종융일(高宗肜日)·서백감려(西伯戡黎)·미자(微子)·태서(泰誓)·목서(牧誓)·홍범(洪範)·금등(金縢)·대고(大誥)·강고(康誥)·주고(酒誥)·자재(梓材)·소고(召誥)·낙고(雒誥)·다사(多士)·무일(無逸)·군석(君奭)·다방(多方)·입정(立政)·고명(顧命)·비서(費誓)·여형(呂刑)·문후지명(文侯之命)·진서(秦誓) 등이다.

'고문상서'는 한(漢)나라 경제(景帝) 때 노공왕(魯恭王)이 자신의 궁(宮)을 확장하려고 공자의 옛집을 헐다가 벽속에서 논어(論語)·효경(孝經)·춘추(春秋)와 함께 나왔다고 한다.

모든 대나무쪽에 옻을 칠하여 글자를 썼으며 글자 모양이 머리는 둥글고 꼬리는 가늘어 올챙이같이 생긴 춘추전국(春秋戰國)시대에 쓰였던 과두문자(蝌蚪文字), 곧 고문자(古文字)로 되어 있어 이것을 '고문상서'라 한 것이다.

이 '고문상서'는 옛 글자이기 때문에 잘 알 수 없었다. 그런데 한나라 무제(武帝) 때 공자의 후손으로 공안국(孔安國)이라는 학자가 금문으로 번역하여 읽었으며 이것은 '금문상서'보다 16 편이 많은 45편이었다.

그 16편은 순전(舜典)·골작(汨作)·구공(九公)·대우모(大禹謨)·익직(益稷)·오자지가(五子之歌)·윤정(胤征)·탕고(湯誥)·함유일덕(咸有一德)·전보(典寶)·이훈(伊訓)·사명(肆命)·원명(原命)·무성(武成)·여오(旅獒)·경명(冏命) 등이다.

이 원본(原本)인 '고문상서'는 당시에 쓰여지지 않아 차츰 유실되고 말았으며 동진(東晉)의 원제(元帝)시대 예장(豫章)의 내사(內史) 매색(梅賾)이 공안국(孔安國)의 '고문상서'를 얻었다고 하였으며 선진시대(先秦時代)의 고서(古書)들에 가끔 보이는 것들을 모아 '위고문상서(僞古文尙書)'를 편찬하고 학관(學官)을 세웠으며, 남조시대(南朝時代)에는 매색의 '위공전(僞孔傳)'이 유행하였고 북조(北朝)시대에는 정현(鄭玄)의 '위고문상서'가 널리 읽혔다.

그후 당(唐)나라 정관(貞觀) 16년 국자감좨주(國子鑑祭酒)인 공영달(孔穎達)이 태종(太宗)의 명을 받아 오경정의(五經正義)를 편찬할 때 매색의 '위공전(僞孔傳)'을 취하고 정현의 정주(鄭注)를 버린 '상서정의'를 간행하였는데 이때부터 국가공인의 해석을 천하에 알렸다.

이 '상서정의'의 해석은 국가 권력을 배경으로 하여 정통적인 것으로 간주되었으며, 또 당나라의 과거시험을 '상서정의'의 해석을 바탕으로 시행하였으므로 '위고문상서'와 '위공전'만 남게 되었고 '고문상서'와 정현의 주석은 빛을 잃게 되었다.

또 당(唐) 현종(玄宗)의 명을 받은 위포(衛包)가 '위고문상서'의 본문을 해서(楷書)로 옮겨 쓰면서 많은 과오를 범했다고 단옥재(段玉裁)는 지적했다.

송(宋)나라 시대에는 주자학파(朱子學派) 가운데 주자(朱

子 : 熹)의 제자이자 사위인 채침(蔡沈)이 스승인 주자의 명을 받아 '서집전(書集傳)'을 출간하였다.

지금까지의 주석이 경문(經文)에 주석한 전(傳)이 붙고 전에 다시 그것을 해석한 주(注)가 있고 그 주에 그 뜻을 설명한 소(疏)가 있는 방식으로 구설(舊說)을 그대로 지켜 그 뜻을 부연한 것이라면, 채침의 집전은 채침 자신의 세계관과 경전의 내용을 직접 연결시켜 송(宋)나라 학풍에 따라 전혀 새로운 관점에서 '상서'를 해석하였다.

이것은 채침의 세계관인 도학(道學)적인 관념을 표면에 내세운 것으로 모든 이의 공감을 얻었다고 볼 수는 없으나, 그 배후에 도사리고 있는 언어의 날카로운 감각과 문장의 논리적인 구조를 중요시 한 것을 기초로 '위공전'에도 없는 청신(淸新)하고 예리한 '상서'의 틀을 개척했다.

채침은 또한 정현의 학설도 많이 취하여, 어느 한 쪽에 치우치지 않았다는 점에서도 큰 의미가 있다 하겠다.

이후에도 명(明)나라, 청(淸)나라 시대를 거치면서 다수의 학자들이 '상서'에 많은 연구와 의문을 제기하였지만 그 많은 학자들을 다 열거할 수는 없다.

다만 '서경'의 주석(注釋)은 여러 학자들이 많이 남겼으나 그 중에서 당(唐)나라 공영달 이후에는 송나라 시대 채침의 '서집전(書集傳)'이 가장 잘 되어 있다고 알려져 있다.

동양의 학문과 사상을 연구하고 이해하려 한다면 '서경'을 읽지 않으면 사상을 이해할 수 없다. 또 '서경'은 중국의 가장 오래된 역사서요, 산문의 시조요, 가장 오래된 문학서이자 가장 오래된 정치철학서라고 할 수 있다.

이 역서(譯書)의 원본은 채침의 '서집전'을 사용하고 또 황간(黃侃)의 '상서정의(尙書正義)'도 참조하였다.

차 례

제1권 우나라의 글〔虞書〕

"기(夔)여, 그대를
전악(典樂)의 직(職)에 임명하니
주자(胄子)들을 가르치되
강직하면서도 온화하며
관대하면서도 위엄이 있으며
꿋꿋하면서도 사납지 않고
단순하면서도 오만하지 않게 하시오.
시(詩)는 뜻을 말로 표현한 것이고
노래는 말에 가락을 붙여
길게 읊은 것이며
소리는 가락을 따라야 하고
음률은 소리와 조화를 이루어야 하오."

제Ⅰ권 우나라의 글〔虞書〕

'우(虞)나라의 글'은 요(堯)임금과 순(舜)임금의 치적(治績)을
기록한 것이다. 우서(虞書)의 우(虞)는 순임금의 씨족명(氏族名)인
유우씨(有虞氏)에서 유래한다.

내용은 요임금과 순임금의 치적을 주로 하여, 당시에 크게 공을 세
웠던 신하들의 말과 업적이 수록되어 있는데, 요전(堯典)·순전(舜
典)·대우모(大禹謨)·고요모(皐陶謨)·익직(益稷)의 다섯으로 나
뉘어져 있다.

이 글들은 순임금의 사관(史官)이 기록한 것이라고 하지만 실제
로는 그렇지 않고, 춘추시대(春秋時代) 사가(史家)인 공자(孔子)
의 추기(追記)라고도 한다.

당시의 중국은 씨족(氏族)사회의 발전 단계에 있었는데, 정치적으
로 가장 고심하던 문제는 황하(黃河)의 범람이었다.

우리는 이 글을 통해 요임금·순임금을 비롯한 당시의 치자(治者)
들이 어떻게 그것을 극복했으며, 백성을 얼마나 아꼈는지 알 수 있다.

제Ⅰ장 요전(堯典)

요(堯)는 당(唐)나라 황제의 이름이며 전(典)은 책으로 기록
한 치적의 문서이다.

요임금은 중국 민족의 형성기에 뛰어난 치적을 남겼는데, 크게
나누어 역상(曆象)을 정리한 일과 윤법(閏法)을 둔 일과 황하

(黃河)의 범람을 막은 일과 제위(帝位)를 순(舜)임금에게 선양 (禪讓)한 일이다.

특히 제위의 선양은 유가(儒家)에서 이상적(理想的)인 정치로 높이 평가하였는데, 그것은 제위를 아들에게 물려주지 않고 능력 있고 현명하며 덕을 갖춘 사람에게 물려주는 지공무사(至公無私)의 정치이기 때문이다.

1. 덕으로 나라를 다스린 요(堯)임금

옛 요임금에 대하여 자세히 살펴보면 그는 지극한 공을 세우셨다. 공손하고 총명하고 우아하고 신중하며 온유하였고, 진실로 공손하고 사양하여 빛이 온 세상에 미쳤으므로 위로는 하늘과 아래로는 땅이 감동하였다.

지극히 높고 큰 덕을 밝혀 구족(九族)을 화목하게 하였고, 구족을 화목하게 하니 백성이 올바르게 다스려졌다. 백성이 밝게 다스려지니 온 천하가 평화롭게 되었고 백성이 화평을 누렸다.

▨ 요(堯)임금은 중국 상고시대 오제(五帝)의 하나인 제곡(帝嚳)의 아들이다. 성(姓)은 이기(伊祁)요, 호(號)는 도당씨(陶唐氏)다.

제곡이 죽자 형인 지(摯)가 즉위하였고 요는 형을 보좌하여 당후(唐侯)로 봉해졌다. 당시 지는 현명하지 못하였으므로 제후들이 지를 축출하고 요를 제위(帝位)에 오르게 했다.

황제가 된 요는 평양(平陽), 곧 지금의 산서성 분현(山西省汾縣)으로 도읍을 옮기고 국호(國號)를 당(唐)이라고 하였는데 이 시기는 기원전(紀元前) 2333년 경 일이다.

1백 년 간을 재위(在位)했으며 천하(天下)는 크게 다스려져 이 시기를 중국 역사에서는 당요지세(唐堯之世) 또는 당요지치(唐堯之治)라고 일컫는다.

曰[1]若稽[2]古帝堯[3]한대 曰放勳[4]이시니 欽明文思安安하시며 允恭克讓하사 光[5]被四表[6]하시며 格[7]于上下하시니라

克明俊德⁸⁾하사 以親九族⁹⁾하신대 九族이 旣睦이어늘 平章¹⁰⁾百姓하신대 百姓이 昭明하며 協和萬邦¹¹⁾하신대 黎民¹²⁾이 於變時雍하니라

1) 曰(왈) : 문장 첫머리에서는 발어사(發語詞)로서, 별 뜻이 없다.

2) 若稽(약계) : 상고(詳考)하면, 자세히 살피면의 뜻.

3) 帝堯(제요) : 요임금.

4) 放勳(방훈) : 지극한 공로를 말한다. 일설에는 방훈은 요임금의 이름이라고 도 한다.

5) 光(광) : 빛. 요임금의 덕을 상징하는 말.

6) 四表(사표) : 사방. 온 세상.

7) 格(격) : 여기서는 감동하다로 풀이된다.

8) 俊德(준덕) : 큰 덕. 곧 최고 지고(至高)의 덕.

9) 九族(구족) : 고조(高祖)·증조(曾祖)·조(祖)·부(父)·본인(本人)·자 (子)·손(孫)·증손(曾孫)·현손(玄孫)의 아홉 대(代). 직계와 고조 후손까 지 포함하는 방계 동종(同宗) 친족.

10) 平章(평장) : 올바르게 다스림.

11) 萬邦(만방) : 온 천하.

12) 黎民(여민) : 일반 백성.

2. 역법(曆法)을 바로잡다

이에 희씨(羲氏)와 화씨(和氏)에게 명하여, 광대한 하늘을 삼 가 공경하여 받들며 일월성신(日月星辰)의 운행을 관찰하여 사 람들에게 때를 알려주도록 하였다.

따로 희중(羲仲)에게 명하여 우이(嵎夷) 땅에 살게 하니 곧 양 곡(暘谷)이라는 곳이다. 해뜨는 것을 공손하게 맞이하여 봄농사 를 고르게 다스리게 하였다. 낮과 밤의 길이가 같고 조성(鳥星) 이 나타나는 것으로 봄철을 바로잡으면 백성은 들로 나가고 새와 짐승들은 교미(交尾)하여 새끼를 번식하였다.

또 희숙(羲叔)에게 명하여 남쪽 교산(交山)에 살게 하니 곧 명 도(明都)라는 곳이다. 여름농사를 고르게 다스리게 하고, 경건하

게 해에게 제사 지내게 하였다. 해가 긴 것과 화성(火星)이 나타나는 것으로 여름철을 바로잡으면 백성은 옷을 벗고 일하고 새와 짐승들은 털과 깃을 갈아 성글게 하였다.

또한 화중(和仲)에게 따로 명하여 서쪽 땅에 살게 하니 매곡(昧谷)이라는 곳이다. 해가 지는 것을 공손히 전송하듯 하여 추수를 고루 다스리게 하였다. 밤과 낮의 길이가 같은 것과 허성(虛星 : 28수의 하나)이 나타나는 것을 가지고 가을철을 바로잡으면 백성은 기뻐하고 새와 짐승들은 깃과 털이 다시 나기 시작한다.

또 화숙(和叔)에게 명하여 북쪽 땅에 살게 하니 유도(幽都)라는 곳이다. 겨울에 농사를 고루 살피게 하였다. 해가 짧은 것과 묘성(昴星 : 28수의 하나)이 나타나는 것을 가지고 겨울철을 바로잡으면 백성은 집 안으로 들어가고 새와 짐승은 깃털이 많이 났다.

요임금이 말하였다.

"아아, 그대들 희씨와 화씨여. 1년은 366일이니 윤달이 있어 네 계절이 한 해를 이루고, 백관(百官)이 잘 다스려지고 여러 가지 공덕이 모두 빛나게 될 것이오"

▨ 요임금의 3대 업적중 하나인 역법(曆法)이 이때 이루어졌음을 알 수 있다.

당시에 역법(曆法)이 없었다고 할 수는 없겠으나, 이때 완전히 체계화하여 생활에 활용할 수 있도록 한 것이다.

상고시대에는 천명사상(天命思想)이 있어 천재지변(天災地變)으로 인하여 정치적 기반이 좌우되었으므로 역법은 아주 중요한 위치를 차지하게 되었다. 이것을 요임금이 처음으로 백성에게 반포하였다.

乃命羲和[1] 하사 欽若[2] 昊天하여 曆象[3] 日月星辰[4]하여 敬授人時[5] 하시다

分命羲仲하사 宅嵎夷[6] 하시니 曰暘谷[7]이니 寅賓出日[8]하여 平秩[9] 東作[10]이니 日中[11]이오 星鳥[12]라 以殷[13] 仲春이면 厥民은 析이오 鳥獸는 孳尾[14]니라

申[15] 命羲叔하사 宅南交하시니 曰明都니 平秩南訛하여 敬致[16]니 日永[17]이오 星火[18]라 以正仲夏면 厥民은 因[19]이오 鳥獸는 希革[20]이니라

分命和仲하사 宅西하시니 曰昧谷[21]이니 寅餞納日[22]하여 平秩西成[23]이

니 宵中[24]이오 星虛[25]라 以殷仲秋면 厥民은 夷[26]오 鳥獸는 毛毨[27]이니라

申命和叔하사 宅朔方[28]하시니 曰幽都[29]나 平在朔易[30]을 日短이오 星
昴[31]라 以正仲冬이면 厥民은 隩[32]오 鳥獸는 氄[33]毛니라

帝[34]曰咨[35]汝羲暨和아 朞[36]는 三百有六旬[37]有六日이니 以閏月이라
사 定四時成歲하여 允[38]釐百工하여 庶績이 咸熙하리라

1) 羲和(희화) : 희씨(羲氏)와 화씨(和氏). 희중(羲仲)과 희숙(羲叔), 화중(和
   仲)과 화숙(和叔)의 두 집안을 가리키는 말로 이 두 집안은 당시 대대로 천
   문(天文)을 관찰하는 집이었던 것 같다.

2) 欽若(흠약) : 삼가 받들다. 공경하여 받들다.

3) 象(상) : 여기서는 관찰한다로 풀이된다.

4) 日月星辰(일월성신) : 해와 달과 별. 곧 천체(天體)의 운행.

5) 敬授人時(경수인시) : 삼가 사람들에게 때를 알려준다.

6) 嵎夷(우이) : 동해변(東海邊)을 가리킨다.

7) 暘谷(양곡) : 해가 뜨는 곳.

8) 寅賓出日(인빈출일) : 해가 뜨는 것을 공손하게 맞이한다.

9) 平秩(평질) : 고르게 다스리다. 올바르게 가꾸다.

10) 東作(동작) : 봄농사.

11) 日中(일중) : 밤과 낮의 길이가 같음.

12) 星鳥(성조) : 남방칠수(南方七宿)를 가리키는 말. 춘분(春分)이 되면 이
    별들이 전부 나타난다고 한다. 조성(鳥星).

13) 殷(은) : 한창. 가운데.

14) 孳尾(자미) : 새끼를 번식시키기 위해 하는 교미(交尾).

15) 申(신) : 또. 거듭.

16) 敬致(경치) : 경건하게 제사 지내다.

17) 日永(일영) : 해가 길다.

18) 星火(성화) : 화성(火星).

19) 因(인) : 여기서는 옷을 벗는다는 뜻.

20) 希革(희혁) : 드물게 바꾸다. 곧 성기어진다는 말. 듬성듬성해지다.

21) 昧谷(매곡) : 어두운 골짜기. 곧 서쪽으로, 해가 지는 곳을 말한다.

22) 寅餞納日(인전납일) : 해가 지는 것을 삼가 전송한다.

23) 西成(서성) : 가을철의 수확. 곧 추수(秋收).

24) 宵中(소중) : 밤의 길이가 낮과 같음.

25) 星虛(성허) : 28수(二十八宿)의 하나로 북방칠수(北方七宿)에 속함. 허성(虛星). 추분(秋分)이 되면 이 별이 제자리에 나타난다고 한다.

26) 夷(이) : 기뻐하다.

27) 毨(선) : 털이 다시 나다.

28) 朔方(삭방) : 북녘.

29) 幽都(유도) : 어두운 고장. 곧 북녘땅.

30) 平在朔易(평재삭역) : 겨울철에 밭을 고르게 살피다. 평은 고르게, 재는 살피다, 삭은 겨울철, 역은 농사. 곧 밭을 다스리다의 뜻.

31) 星昴(성묘) : 28수의 하나. 동지(冬至)에 나타난다고 한다. 묘성(昴星).

32) 隩(오) : 감추다. 곧 날이 추우므로 사람들이 집 안으로 들어간다는 뜻.

33) 氄(용) : 솜털. 솜털과 같은 깃털.

34) 帝(제) : 여기서는 요제(堯帝), 곧 요임금을 말한다.

35) 咨(자) : 감탄사.

36) 朞(기) : 1년.

37) 旬(순) : 열흘.

38) 允(윤) : 쓰다. 다스리다. 여기서는 용(用)과 같은 뜻으로 쓰였다.

3. 인재를 등용할 때 덕을 중시한다

요임금이 말하기를

"그 누구를 이 때에 등용할 만한가?"

하니, 방제(放齊)가 말하였다.

"맏아드님이신 단주(丹朱)가 총명합니다."

이에 요임금이 말하였다.

"그 아이는 자기가 한 말에 책임질 줄 모르고 입다툼만 좋아하는데, 그래서야 되겠는가."

요임금이 말하기를

"그 누가 나의 일을 받들 수 있겠는가?"

하니, 환두(驩兜)가 말하였다.

"네, 공공(共工)이 백성의 마음도 얻고 많은 공을 세웠습니다."

이에 요임금이 말하였다.

"아, 그는 말은 잘 하지만 행동이 다르고, 겉모습은 공손하지만 마음은 오만하기 그지없으니 그래서야 되겠는가."

요임금이 또 말하기를

"아아, 사악(四岳)이여, 넘실대는 홍수(洪水)는 넓은 땅을 뒤덮고, 질펀한 물은 산을 잠기게 하고, 언덕 위에 오르며 거친 기세는 하늘을 찌를 듯하다. 아래 백성들이 이것을 한탄하는데, 그 누가 이 홍수를 다스릴 수 있겠는가?"

하니, 여러 사람이 말하였다.

"오호라! 곤(鯀)이 있습니다."

이에 요임금이 말하기를

"아아, 명을 거슬러 겨레를 그르칠 것이다."

하니, 사악(四岳)이 말하였다.

"등용해 보십시오. 시험해 보아서 좋으면 그만입니다."

그래서 요임금이 말하였다.

"가라. 가서 정성껏 해보아라."

곤은 9년이나 공을 쌓았으되 이루지 못하였다.

▨ 당시는 홍수로 인한 피해가 극심하여 위정자(爲政者)의 가장 큰 당면과제는 홍수를 다스리는 일이었다. 이런 큰 일을 맡길 만한 인물을 등용함에 있어 요임금은 능력이나 명성보다 덕망(德望)을 중요하게 여겼던 까닭에 자신의 아들도 마다하였던 것이다.

요임금 이전의 시대부터 많은 피해를 주었던 홍수는 요임금 대에도 다스려지지 못하였다.

그러므로 순임금에게로 그 과업이 이양되었다. 이는 자신의 덕성을 맑고 밝게 닦은 유덕자(有德者)로 하여금 나라의 대재난이었던 홍수를 다스리게 하여 후계자의 공로를 인정해 주려는 요임금의 노력과 정성이었다고 하겠다.

帝曰疇咨若時[1]하여 登庸[2]고 放齊[3]曰胤子朱[4]啓明[5]하니이다 帝曰
吁라 嚚訟[6]이어니 可乎아

帝曰疇咨若予采[7]오 驩兜[8]曰都[9]라 共工[10]이 方鳩僝功[11]하나니이다
帝曰吁라 靜言庸違[12]하고 象恭滔天[13]하니라

帝曰咨四岳[14]아 湯湯[15]洪水方割[16]하여 蕩蕩[17]懷山襄陵[18]하여 浩
浩[19]滔天일새 下民其咨하나니 有能이어든 俾乂[20]하리라 僉曰於라 鯀[21]哉
니이다 帝曰吁라 咈哉라 方命하며 圮族[22]하나니라 岳[23]曰异[24]哉나 試可오
乃已니이다 帝曰往欽哉하라하시니 九載[25]에 績用이 弗成하니라

1) 疇咨若時(주자약시) : 누가 이와 같은 시기에. 주(疇)는 누구, 자(咨)는 어
조사(語助辭)다.

2) 登庸(등용) : 등용(登用). 용(庸)은 용(用)과 같다.

3) 放齊(방제) : 요임금의 신하의 이름.

4) 胤子朱(윤자주) : 요임금의 맏아들인 단주(丹朱)를 이르는 말. 윤자는 맏아
들의 뜻.

5) 啓明(계명) : 총명하다. 슬기롭다.

6) 嚚訟(은송) : 은은 말다툼하다. 송은 송사하다.

7) 予采(여채) : 나를 따르다.

8) 驩兜(환두) : 요임금의 신하의 이름.

9) 都(도) : 여기서는 감탄사로 쓰였다.

10) 共工(공공) : 백공(百工)을 관장하는 직책. 여기서는 그 직책에 있는 사람.

11) 方鳩僝功(방구잔공) : 또한 민심을 모으고 공을 많이 세웠다. 방(方)은 차
(且)와 같으며, 구(鳩)는 모으다의 뜻.

12) 靜言庸違(정언용위) : 정언은 말을 잘하다. 정(靜)은 선(善)과 같다. 용위
는 행동과 어긋나다. 용(庸)은 용(用)과 같다.

13) 滔天(도천) : 하늘을 찌르다. 여기서는 그지없다로 풀이된다.

14) 四岳(사악) : 제후(諸侯)들을 관장하는 관직(官職)의 이름.

15) 湯湯(탕탕) : 물결이 거세게 넘실거리는 모양.

16) 方割(방할) : 땅이 크게 물에 침수되어 있는 상태를 가리킨다.

17) 蕩蕩(탕탕) : 물결이 합쳐져 큰 물줄기를 이루고 있는 모양.

18) 懷山襄陵(회산양릉) : 회산(懷山)은 산을 품다, 양릉(襄陵)은 언덕에 오르

다로 물결이 산과 언덕을 뒤덮을 듯이 출렁이는 모양을 두고 이르는 말.

19) 浩浩(호호) : 물결이 거칠 것 없이 흐르는 모양.

20) 有能俾乂(유능비예) : 이 홍수를 다스릴 수 있는가.

21) 鯀(곤) : 우왕(禹王)의 아버지. 요임금의 명에 의해 홍수를 다스리는 책임을 맡았다가 실패하여 처형되었다. 뒤에 그의 아들인 우(禹)가 순(舜)임금의 명에 의해 아버지의 업(業)을 이어받아 성공을 거두고 순임금에게서 천자의 위를 물려 받았다.

22) 方命圮族(방명비족) : 명을 어겨 겨레의 삶을 망친다. 여기서의 방(方)은 어기다, 거스르다의 뜻.

23) 岳(악) : 사악(四岳).

24) 류(이) : 등용한다는 뜻.

25) 載(재) : 해. 연(年)과 같다.

4. 순(舜)을 후계자로 정하다

요임금이 말하였다.

"아아, 사악(四岳)이여. 짐(朕)이 재위(在位) 70년이니, 그대는 나의 명을 받들어 일을 충실하게 잘 하였으므로 짐의 제위(帝位)를 그대에게 선양(禪讓)하고자 하오."

이에 대하여 사악이 말하기를

"덕이 없는 저는 임금의 자리를 욕되게 할 것입니다."

하고 사양하였다. 요임금이 이에 말하였다.

"덕성이 밝고 어진 사람을 천거하되 숨어 지내는 사람과 천한 사람을 가리지 마시오."

이에 여러 사람이 요임금에게 말하기를

"한 사람의 홀아비가 아랫사람들 무리 속에 있는데 이름을 우순(虞舜)이라 하옵니다."

하니, 요임금이 물었다.

"옳지. 나도 들은 일이 있는데, 그는 어떤 사람이오?"

사악이 말하기를

"고수(瞽瞍)의 아들인데, 아비는 어리석고 어미는 간악하며 동생인 상(象)은 오만하건만, 그는 효성으로써 가정의 화목을 유지하고 지극한 정성으로써 집안을 다스려 간악한 집안 사람들을 모두 크게 감화시킨다고 합니다."

하니, 요임금이 말하였다.

"내 그를 시험해 보리라. 두 딸을 그에게 시집보내 그들을 통해 그를 살펴보리라."

이어 두 딸을 규수(嬀水)의 물가로 보내 우씨(虞氏)집 며느리가 되게 하고, 요임금은 말하였다.

"잘 받들어라."

▨ 효성스럽고 덕(德) 있는 순(舜)의 등용과 선양(禪讓)에 대한 것이다. 오랜 치적 끝에 천자 자리를 물려 주려 하는데, 은둔해 있는 사람이건 천한 사람이건 가리지 않고 오직 덕있는 사람을 찾았다.

많은 사람의 천거로 순에게 자신의 두 딸을 시집보내 시험해 보기로 하고 선양(禪讓)을 준비하였다.

帝曰咨四岳아 朕[1]이 在位七十載니 汝能庸命[2]하나니 巽朕位언저 岳曰否德이라 忝[3]帝位하리이다 曰明明[4]하며 揚側陋[5]하라 師錫帝曰[6] 有鰥이 在下[7]하니 曰虞舜[8]이니이다 帝曰兪[9]라 予聞하니 如何오 岳曰瞽[10]子니 父頑[11]하며 母嚚[12]하며 象[13]傲어늘 克諧以孝하여 烝烝乂[14]하여 不格姦[15]하니이다 帝曰我其試哉인저 女于時[16]하여 觀厥刑[17]于二女[18]하리라하시고 釐降[19]二女于嬀汭[20]하여 嬪于虞[21]하시고 帝曰欽哉하라하시다

1) 朕(짐) : 천자(天子). 제왕(帝王)이 스스로를 가리켜 이르는 말.
2) 庸命(용명) : 명을 받들어 힘써 일했다는 말.
3) 忝(첨) : 욕되게 하다.
4) 明明(명명) : 덕성이 밝고 어진 사람. 고결하면서도 차분한 마음을 지녀 사사로운 욕망에 눈이 어두워지지 않는 덕을 가리킨다.
5) 揚側陋(양측루) : 양은 들어올리다. 곧 천거하다. 측루는 겉으로 드러나지 않은 비천(卑賤)한 사람.
6) 師錫帝曰(사석제왈) : 여러 사람이 임금에게 말하기를. 사(師)는 여러 사람.

못 사람이라는 뜻이며, 석(錫)은 '~에게'의 뜻.

7) 鰥在下(환재하) : 환은 홀아비. 재하는 아래에 있다. 곧 아랫사람 가운데에 있다. 하(下)는 신분이 낮은 평민 계급을 뜻한다.

8) 虞舜(우순) : 순(舜)임금을 가리킨다. 순(舜)은 이름이고, 우(虞)는 유우씨 (有虞氏)라는 씨족명(氏族名). 순은 지극한 효성으로써 못 사람의 칭송이 자자하였는데 그 사실이 요임금에게까지 알려져 뒷날 요임금에게서 천자의 위를 선양(禪讓)받았다.

9) 兪(유) : 긍정적으로 대답할 때 쓰이는 말. 그렇다, 옳다, 옳지.

10) 瞽(고) : 장님. 소경. 순(舜)의 아버지를 가리킨다. 장님으로 전해지나 그것 은 순의 계모가 순을 열 번이나 죽이려고 기도하였음에도 불구하고 그것을 막지 못했다는 데서 붙여진 것이라고 전해진다.

11) 頑(완) : 완고하다. 여기서는 어리석다의 뜻이다.

12) 嚚(은) : 간악하다.

13) 象(상) : 순의 이복(異腹)동생의 이름.

14) 烝烝乂(증증예) : 순이 지극한 정성으로 집안을 잘 다스린다는 말. 예(乂) 는 다스린다는 뜻.

15) 不格姦(불격간) : 간악한 사람들이 크게 감동하다. 불(不)은 크다는 뜻의 비(丕)와 통하고, 격(格)은 감동하다의 뜻.

16) 女于時(여우시) : 여기서는 시집보내다의 뜻으로 가(嫁)와 같다. 우시는 그 리하여.

17) 厥刑(궐형) : 궐은 순을 가리킨다. 형은 여기서는 행동이라는 뜻.

18) 二女(이녀) : 요임금의 두 딸인 아황(娥皇)과 여영(女英).

19) 釐降(이강) : 아래 계급 사람에게 시집보내다.

20) 嬀汭(규예) : 규수(嬀水)의 물굽이. 규수는 지금의 산서성(山西省) 영제현 (永濟縣) 남쪽으로 흐르는 물.

21) 嬪于虞(빈우우) : 유우씨(有虞氏) 집안의 며느리가 되었다.

제2장 순전(舜典)

순전(舜典)은 순(舜)임금이 요(堯)임금에게 시험받는 일을 비롯해서 제위(帝位)에 올라 사방을 순수(巡狩)하고, 도량형(度量衡)을 제정한 일 등의 치적을 기록한 것이다.

순임금은 요임금이 완성하지 못한 황하(黃河)의 범람하는 홍수를 우(禹)를 등용하여 완수하였으며, 모든 정사(政事)에 체계를 세우는 등 천하를 잘 다스려 많은 업적을 남겼다.

이 순전(舜典)은 앞의 요전(堯典)과 합쳐져야 옳을 것 같은데, 편찬한 이가 편의상 분류한 것이 아닌가 한다.

I. 요임금에게 시험받다

옛 순임금에 대하여 자세히 살펴보면, 그 거듭된 광화(光華)가 요임금과 합치되니 깊디깊고 어질며 우아하고 명석하였다.

또 부모에 대하여 온화하고 공손하게 효도하며 진지하고 착실하여 형제간에 우애있게 지냈으니, 그의 숨은 덕은 위에까지 들려, 이에 벼슬자리를 맡으라는 명을 받게 되었다.

삼가 오륜(五倫)을 아름답게 하라 하니 오륜이 잘 지켜지게 되었다. 백규(百揆)의 직책을 맡으라 하니 그 직책을 잘 처리하였다. 사방 문에서 제후(諸侯)를 영접하라 하니 사방 문에 화기(和氣)가 넘쳐 흘렀다. 큰 숲속으로 몰아넣었으나 사나운 바람과 뇌우(雷雨)에도 방향을 잃지 않았다.

요임금이 말하기를

"그대 순에게 고하오. 일을 묻고 말을 살피면서 그대의 말과 행동이 가히 공적을 이룰 수 있다고 보아온 지 3년이니, 그대가 제위(帝位)에 오르도록 하시오"

하니, 순(舜)은 크게 사양하여 제위를 계승하지 않았다.

▨ 순(舜)이 요(堯)임금에게 그 자질을 여러 가지로 시험받는 일을 다루고 있다.

요임금은 먼저 순의 덕성(德性)을 시험하고 그 능력을 시험하고 비바람 몰아치는 깊은 산중에 몰아넣어 하늘의 뜻을 살폈다.

덕을 지녔으며 하늘 역시 순을 선택하였으므로 요임금은 순에게 제위를 물려 주려 하였다.

曰若稽古帝舜한대 曰重華¹⁾ 協²⁾于帝하시니 濬哲文明³⁾하시며 溫恭允塞⁴⁾하사 玄德이 升聞⁵⁾하신대 乃命以位하시다

愼徽五典⁶⁾하신대 五典이 克從하며 納于百揆⁷⁾하신대 百揆時敍⁸⁾하며 賓于四門⁹⁾하신대 四門이 穆穆¹⁰⁾하며 納于大麓¹¹⁾하신대 烈風雷雨에 弗迷¹²⁾하시다

帝曰格¹³⁾하라 汝舜아 詢¹⁴⁾事考言한대 乃言¹⁵⁾이 底可績이언 三載니 汝陟帝位하라 舜이 讓于德하사 弗嗣하시다

1) 重華(중화) : 거듭 빛나다. 문채가 빛나다. 또 일설에는 순(舜)임금의 이름이라고도 함.

2) 協(협) : 화합하다. 합하다.

3) 濬哲文明(준철문명) : 신중하고 어질며 우아하고 명석하다. 준(濬)은 깊다, 신중하다. 철(哲)은 어질다. 문(文)은 우아하다. 명(明)은 명석하다, 총명하다의 뜻.

4) 溫恭允塞(온공윤색) : 온공은 온화하고 공손하다. 곧 부모에 대한 효도를 가리킨다. 윤색은 진지하고 착실하다. 곧 형제간의 우애(友愛)를 가리킨다.

5) 玄德升聞(현덕승문) : 현덕은 숨은 덕. 승문은 위에까지 들리다. 임금의 귀에까지 들리다.

6) 五典(오전) : 오륜(五倫). 부자유친(父子有親), 군신유의(君臣有義), 부부유별(夫婦有別), 장유유서(長幼有序), 붕우유신(朋友有信)의 다섯 가지 도리. 오상(五常).

7) 納于百揆(납우백규) : 납우는 맡기다. 백규는 국정을 총괄하는 최고의 관직.

8) 時敍(시서) : 질서정연하게 잘 처리하다. 시(時)는 시(是)와 같다.

9) 賓于四門(빈우사문) : 빈우는 손님이라는 뜻으로, 천자를 뵈러 오는 제후(諸侯)들을 영접한다는 뜻. 사문은 동서남북 사방에 설치되어 있는 네 대문.

10) 穆穆(목목) : 화기가 있는 모양.

11) 納于大麓(납우대록) : 큰 숲속에 몰아넣다. 납은 넣다의 뜻.

12) 弗迷(불미) : 헤매지 않다. 방향을 잃지 않다. 불(弗)은 불(不)과 같다.

13) 格(격) : 여기서는 오라는 뜻.

14) 詢(순) : 묻는다.

15) 乃言(내언) : 그대의 언행(言行).

2. 요임금의 뒤를 이어 정사를 살피다

정월 초하루에, 요임금이 그만둔 자리를 종묘(宗廟)에서 받았다. 옥으로 장식된 혼천의(渾天儀)를 살펴 천체(天體)의 해와 달과 오성(五星 : 金木水火土)의 운행을 바로잡았다.

이에 상제(上帝)에게 제사 지내고 천지(天地)와 춘하추동(春夏秋冬) 여섯 신에게 제사 지냈으며, 산천(山川)에 제사 지내고 여러 신(神)에게 두루 제사 지냈다.

제후(諸侯)들의 다섯 가지 홀(笏)을 모으고 길(吉)한 달과 길한 날을 가려 사악(四岳)과 여러 주목관(州牧官)들을 접견하고 홀을 여러 제후들에게 나누어 주었다.

그 해 2월에 동쪽으로 순행(巡行)하여 태산(泰山)에 이르러 시제(柴祭)를 지내고 차례로 산천의 신들에게 제사를 지냈다. 이에 동쪽의 제후들을 접견하여 계절과 달을 맞추고 날짜를 바로잡았다.

음률(音律)과 도량형(度量衡)을 통일하고 오례(五禮)와 오옥(五玉)과 삼백(三帛)과 이생(二生)과 일사(一死)의 지(贄)를 정리하였다. 오기(五器)는 일이 끝난 뒤에는 돌려주었다.

5월에 남쪽 지방을 순행하여 남악(南岳)에 이르러 대종(岱宗 : 泰山)에서와 같이 제례를 올렸다.

8월에는 서쪽 지방을 순행하여 서악(西岳)에 이르러 처음과 같이 하였다.

11월에는 북쪽 지방을 순행하여 북악(北岳)에 이르러 서쪽에서와 같이 제례를 행하였다.

돌아와서는 예조(藝祖)에 제사를 올렸는데, 황소 한 마리를 제물로 썼다.

5년마다 한 번씩 순행하고 여러 제후에게는 4년마다 내조(來朝)하게 하였다. 그 때 제후들에게 여러 가지 의견을 아뢰게 하고, 그대로 행하는 자를 살펴 공이 있으면 그들에게 수레와 의복을 내렸다.

새로 열두 주(州)를 설치하고, 열두 산을 정하여 각 주를 지키게 하였으며, 강에 물이 잘 흐르도록 골을 깊게 팠다.

▨ 요임금의 뜻을 받들어 섭정이 된 순임금의 여러 가지 치적과 하늘 땅에 계속해서 제사 지낸 일과 제후들에게 상(賞)과 벌(罰)을 분명히 하고 주(州)를 증설(增設)한 사실 등을 기록하고 있다.

正月上日[1]에 受終[2]于文祖[3]하시다

在璿璣玉衡[4]하사 以齊七政[5]하시다

肆類[6]于上帝하시며 禋[7]于六宗[8]하시며 望[9]于山川하시며 徧[10]于群神하시다

輯五瑞[11]하시니 旣月이어늘 乃日[12]覲[13]四岳群牧[14]하시고 班瑞于群后[15]하시다

歲二月에 東巡守[16]하사 至于岱宗[17]하사 柴[18]하시며 望秩于山川하시며 肆覲東后하시니 協[19]時月하사 正日[20]하시며 同律[21]度量衡하시며 修五禮[22]하시니 五玉[23]과 三帛[24]과 二生[25]과 一死贄[26]러라 如五器[27]하시고 卒乃復하시다 五月에 南巡守하사 至于南岳[28]하사 如岱禮[29]하시며 八月에 西巡守하사 至于西岳[30]하사 如初[31]하시며 十有一月에 朔[32]巡守하사 至于北岳[33]하사 如西禮하시고 歸格[34]于藝祖[35]하사 用特[36]하시다

五載에 一巡守어시든 群后는 四朝[37]하나니 敷奏[38]以言하시며 明試以功하시며 車服以庸[39]하시다

肇[40]十有二州[41]하시고 封[42]十有二山하시며 濬[43]川하시다

1) 正月上日(정월상일) : 정월은 순임금이 섭정하게 된 바로 그 해의 첫째 달을 말함. 상일은 첫날, 곧 초하루.

2) 受終(수종) : 그만둔 자리를 받다. 곧 요임금에게서 제위(帝位)를 물려받다. 종(終)은 끝나다로 그만두다의 뜻.

3) 文祖(문조) : 종묘(宗廟)를 말한다.

4) 在璿璣玉衡(재선기옥형) : 재는 살피다. 찰(察)과 같다. 선기옥형은 천체(天體)를 관측하는 기구. 곧 혼천의(渾天儀)를 말함.

5) 七政(칠정) : 해와 달, 그리고 화성(火星)·수성(水星)·목성(木星)·금성(金星)·토성(土星)을 가리킨다. 곧 천체(天體).

6) 肆類(사류) : 제사 지내다.

7) 禋(인) : 천신(天神)에게 지내는 제사.

8) 六宗(육종) : 천신과 지신(地神), 그리고 춘신(春神)·하신(夏神)·추신(秋神)·동신(冬神)의 여섯 신(神).

9) 望(망) : 산천에 지내는 제사.

10) 徧(편) : 제사 지내다.

11) 輯五瑞(집오서) : 다섯 가지 홀(笏)을 거두어들이다. 서(瑞)는 홀(笏)을 말하는 것으로 제후(諸侯)나 벼슬아치들이 조견(朝見)할 때 조복(朝服)에 갖추어 손에 쥐던 패. 다섯 가지 홀이란 옛날 제후는 공(公)·후(侯)·백(伯)·자(子)·남(男)의 다섯 위계(位階)로 나누어져 있었으며 이 제후들이 직급에 따라 가지는 홀.

12) 旣月乃日(기월내일) : 길(吉)한 달을 골라 길한 날을 받았다는 뜻.

13) 覲(근) : 보다. 접견하다.

14) 群牧(군목) : 여러 고을의 주목(州牧). 곧 목민관(牧民官).

15) 班瑞于群后(반서우군후) : 홀을 여러 제후에게 나누어 주다. 반은 나누다. 서는 홀. 후는 제후.

16) 巡守(순수) : 임금이 민정(民情)을 살피는 일. 순수(巡狩), 순행(巡行), 순행(巡幸).

17) 岱宗(대종) : 중국 오악(五嶽)의 하나로 태산(泰山)의 별칭(別稱).

18) 柴(시) : 짚을 살라 천제(天帝)에게 지내는 제사.

19) 協(협) : 맞추다.

20) 正日(정일) : 날짜를 바로잡다.

21) 律(율) : 음률(音律).

22) 修五禮(수오례) : 수는 닦다. 곧 일정하게 정리하여 통일하는 일. 오례는 다섯 가지 의식. 곧 길례(吉禮)·흉례(凶禮)·빈례(賓禮)·군례(軍禮)·가례(嘉禮).

23) 五玉(오옥) : 오서(五瑞).

24) 三帛(삼백) : 삼공(三公)의 바로 아랫자리인 소사(少師) 소부(少傅) 소보(少保)가 드는 세 가지 비단.

25) 二生(이생) : 경대부(卿大夫)들이 드는 어린 양과 기러기.

26) 一死贄(일사지) : 일사(一死)는 병사(兵士)와 감옥을 관장하는 사(士)가 드는 꿩. 지는 사람이 처음 만날 때 나누는 예물.

27) 五器(오기) : 오서(五瑞), 오옥(五玉).

28) 南岳(남악) : 남쪽 산. 중국 오악(五嶽)의 하나인 형산(衡山)을 가리킨다.

29) 如岱禮(여대례) : 대종(岱宗)에서와 같은 제례(祭禮). 곧 태산(泰山)에서 시제(柴祭)로 하늘에 제사지낸 것과 같이 했다는 말.

30) 西岳(서악) : 서쪽 산. 중국 5악의 하나인 화산(華山)을 가리킨다.

31) 如初(여초) : 처음과 같이. 곧 태산에서 지낸 제례 의식과 같다는 말.

32) 朔(삭) : 북(北)과 같다.

33) 北岳(북악) : 북쪽 산. 곧 항산(恒山).

34) 格(격) : 제사 지낸다의 뜻.

35) 藝祖(예조) : 종묘(宗廟). 문조(文祖).

36) 特(특) : 제물로 바친 한 마리의 황소라는 뜻.

37) 四朝(사조) : 4년마다 한 번 내조(來朝)한다. 조(朝)는 내조(來朝)의 뜻으로 제후가 천자를 찾아와 배알(拜謁)하는 일.

38) 敷奏(부주) : 널리 여러 가지 말을 아뢰다.

39) 庸(용) : 용(用)과 같은 뜻으로, 쓰게 한다는 말.

40) 肇(조) : 처음으로 마련하다. 처음으로 설치하다.

41) 十有二州(십유이주) : 열하고 또 두 고을. 곧 열두 고을. 요임금 때 아홉 고을이던 것을 순임금이 새로 병주(幷州)와 유주(幽州)와 영주(營州)의 세 고을을 증설하여 열두 고을로 만들었다.

42) 封(봉) : 임금이 벼슬을 준다는 뜻으로, 산봉우리에 단(壇)을 쌓고 하늘에
    제사 지내는 것을 뜻한다. 여기서는 지키게 한다는 뜻.
43) 濬(준) : 개울 바닥을 깊게 파 물이 잘 빠지게 하는 일.

3. 형벌보다 감화(感化)로 다스리다

　법을 제정하여 일정한 형벌을 정하였는데 다섯 가지 형벌(五
刑)을 유형(流刑 : 유배)으로 대신해 너그럽게 하였다.

　채찍으로 관청에서 시행하는 형벌로 삼고, 종아리치는 것으로
교화(敎化)의 벌로 삼았으며, 벌금으로 체형(體刑)을 대신하게
도 하였다.

　실수와 재난으로 지은 죄는 용서하였고, 끝까지 지은 죄를 뉘우
치지 않을 때는 사형시키며 말하였다.

　"삼가고 삼가야 하리. 오직 형벌을 내릴 때는 불쌍하게 여겨야
한다."

　공공(共工)을 유주(幽洲)로 귀양보내고, 환두(驩兜)를 숭산
(崇山)에 가두고, 삼묘(三苗)를 삼위산(三危山)으로 쫓아내고,
곤(鯀)을 우산(羽山)에서 참(斬)하였다. 이와 같이 당시 백성을
괴롭히던 네 사람을 네 가지 형벌로 다스리니, 천하가 모두 복종
하여 따랐다.

　▨ 순(舜)임금의 법치(法治)를 말하였다. 성군(聖君)으로 일컬어지
는 순임금은 죄인에게 무조건 무거운 형벌을 내리기보다는 사랑하는 마
음을 가지고 교화하는데 주력하여 백성이 순임금의 덕에 감화되어 천하
가 저절로 다스려졌다.

　象[1] 以典刑[2] 하시대 流[3] 宥五刑[4] 하시며 鞭作官刑하시고 扑[5] 作敎刑하시대
金[6] 作贖[7] 刑하시며 眚災란 肆赦하시고 怙終이란 賊刑[8] 하시대 欽哉欽哉하사
惟刑之恤哉하시다

　流共工于幽洲[9] 하시며 放[10] 驩兜于崇山[11] 하시며 竄三苗[12] 于三危[13] 하
시며 殛鯀于羽山[14] 하사 四罪[15] 하신대 而天下咸服하니라

1) 象(상) : 여기서는 법을 가리킨다.

2) 典刑(전형) : 일정한 형벌. 전(典)은 상(常 : 일정하다)으로 통한다.

3) 流(유) : 귀양살이. 유형(流刑), 유배(流配).

4) 五刑(오형) : 묵형(墨刑 : 이마에 먹물로 글자를 새기는 형벌)·의형(劓刑 : 코를 베는 형벌)·비형(剕刑 : 발뒤꿈치를 베는 형벌)·궁형(宮刑 : 생식기를 제거하는 형벌)·대벽(大辟 : 목을 베는 형벌) 등의 다섯 가지 체형(體刑).

5) 扑(복) : 회초리로 종아리를 때리는 형벌.

6) 金(금) : 돈. 벌금.

7) 贖(속) : 속바치다. 돈으로 형벌을 대신한다는 뜻.

8) 怙終賊刑(호종적형) : 뉘우치지 않으면 끝내 죽인다. 호는 죄를 뉘우치지 않는다는 뜻. 적(賊)은 죽인다는 뜻.

9) 幽洲(유주) : 순임금이 증설한 고을. 북예(北裔)의 땅이다. 강 가운데의 섬을 주(洲)라 한다. 지금의 하북성(河北省) 동북쪽 일대.

10) 放(방) : 제한된 한 지역에만 있게 하는 형벌. 가두다.

11) 崇山(숭산) : 남예(南裔)의 산으로 예주(澧州)에 있다. 지금의 호남성(湖南省) 대용현(大庸縣)에 있는 산.

12) 三苗(삼묘) : 당시 묘족(苗族)을 다스리던 제후(諸侯). 묘족(苗族)은 강남(江南)과 형양(荊揚) 사이에 있었는데 그 지형의 험난함을 믿고 황제때부터 반란을 일으켰던 민족임.

13) 三危(삼위) : 삼위산(三危山). 서예(西裔)의 땅에 있는 산. 지금의 감숙성(甘肅省) 돈황현(燉煌縣)에 있다고 한다.

14) 羽山(우산) : 동예(東裔)에 있는 산.

15) 四罪(사죄) : 당시 백성의 사흉(四凶)으로 알려진 공공(共工)·환두(驩兜)·삼묘(三苗)·곤(鯀) 네 사람의 죄.

4. 요임금의 붕어(崩御)

순임금이 요임금을 대신해 천하를 다스린 지 28년째 되던 해에 요임금께서 돌아가셨다. 백성들은 마치 부모를 여읜 듯이 슬퍼하였고, 3년 동안 천하에 음악 소리가 끊겨 조용하였다.

3년상을 치른 후 첫달 첫날에 순임금은 종묘에 제사를 지냈다
(정식으로 제위에 오름).

사악과 의논하여 사방의 문을 열고 사방을 보는 눈을 밝히고 사
방의 일이 잘 들리게 하였다.

열두 고을의 주목(州牧)과 의논하여 말하였다.

"농사의 때를 잃지 않아야 하오 먼 곳을 달래고 가까운 곳을 도
와주고 덕을 두터이 하고 어진 것을 믿으며 간악한 자를 막으면
미개한 오랑캐들도 복종할 것이오"

▨ 순임금이 섭정한 지 28년 되는 해에 요임금이 붕어하고 정식으로
순임금이 천자의 제위에 올라 제후들에게 당부의 말을 하였다.

二十有八載[1]에 帝[2] 乃殂落[3] 거시늘 百姓은 如喪考妣[4]를 三載하고 四
海는 遏密[5] 八音[6]하니라

月正元日[7]에 舜이 格于文祖하시다

詢于四岳하사 闢四門[8]하시며 明四目[9]하시며 達四聰[10]하시다

咨[11]十有二牧하사 曰食[12]哉惟時[13]니 柔遠能邇[14]하며 惇德允元[15]하
고 而難任人[16]이면 蠻夷[17]도 率服하리라

1) 二十有八載(이십유팔재) : 스물하고 또 여덟 해. 곧 28년이라는 말. 유(有)
   는 또라는 뜻으로 쓰였다.

2) 帝(제) : 요임금을 말한다.

3) 殂落(조락) : 돌아가다. 운명(殞命). 붕어(崩御).

4) 考妣(고비) : 돌아간 부모 고는 돌아간 아버지, 비는 돌아간 어머니.

5) 遏密(알밀) : 못하게 막아 고요하다.

6) 八音(팔음) : 여덟 가지 악기의 음(音). 여덟 가지 악기는 금(金 : 금속 악
   기), 석(石 : 경(磬) 따위의 악기), 사(絲 : 거문고·비파 따위 악기), 죽(竹 :
   피리 따위의 악기), 포(匏 : 바가지 따위의 악기), 토(土 : 질그릇 따위로 만
   든 악기), 혁(革 : 북 따위의 악기), 목(木 : 나무로 만든 악기)이다.

7) 月正元日(월정원일) : 정월 초하루. 순임금이 요임금의 3년상을 벗고 정식으
   로 제위에 오른 첫달 첫날.

8) 闢四門(벽사문) : 네 문을 열다. 곧 정치적으로 개방한다는 뜻.

9) 明四目(명사목) : 사방을 보는 눈을 밝히다. 곧 각처에서 일어나는 일을 자
세히 관찰한다는 뜻.

10) 達四聰(달사총) : 사방의 일이 잘 들리다. 곧 각처에서 들려오는 이야기에
귀를 기울인다는 뜻.

11) 咨(자) : 의논하다.

12) 食(식) : 먹다의 뜻으로 먹는 것은 곡식이니 농사라는 뜻이다.

13) 惟時(유시) : 제철에 해야 한다. 때를 잃지 말라는 뜻.

14) 柔遠能邇(유원능이) : 유원은 먼 것을 부드럽게 한다. 곧 달랜다는 뜻으로
회유책(懷柔策)을 말한다. 능은 여기서는 돕다의 뜻. 이는 가깝다.

15) 惇德允元(돈덕윤원) : 덕을 두텁게 하고 어진 것을 믿다. 돈은 두텁다. 윤은
믿다. 원은 인(仁) 또는 선(善).

16) 難任人(난임인) : 간악한 자를 막다. 난(難)은 막다. 임(任)은 간악하다.

17) 蠻夷(만이) : 주위의 미개한 족속들. 오랑캐들. 중국을 중심으로 하여 남방
의 미개인을 만(蠻)이라 하고, 동쪽의 미개인을 이(夷)라 하였다.

5. 인재를 적재적소(適材適所)에 배치하다

순임금이 말하기를

"사악(四岳)이여, 누가 능히 힘써 일하여 요임금의 일을 빛낼
수 있겠는가? 백규(百揆)의 자리를 맡겨 여러 가지 일을 돕고 이
끌어가게 하리라."

하니, 모두 말하였다.

"백우(伯禹)를 사공(司空)에 임명하소서."

그래서 순임금이 말하기를

"좋소. 우(禹)여, 그대는 물과 땅을 다스리는데 힘을 다해 주시오"

하니, 우는 머리를 조아리며 직(稷)과 설(契)과 고요(皐陶)에게
사양하였다.

순임금이 말하였다.

"좋소. 그대는 가서 힘써 일해 주시오"

순임금이 또 말하였다.

"기(棄)여, 백성들이 굶주림에 시달리고 있소. 그대는 직(稷)의 지위에 있으니 때에 맞춰 백곡(百穀)을 파종(播種)하도록 하시오"

또 말하였다.

"설(契)이여, 백성들은 서로 화목하지 않으며 오륜(五倫)을 지키지 않소. 그대를 사도(司徒)에 임명하니 삼가 오륜을 가르쳐서 너그러이 하시오"

또 말하였다.

"고요(皐陶)여, 오랑캐들이 중원(中原)을 어지럽히고 또 도둑떼가 안과 밖에서 노략질을 일삼고 있소. 그대를 사(士)의 벼슬에 임명하니, 다섯 가지 형벌을 시행하는데 다섯 곳의 장소를 정하고 세 곳에서만 행하며 다섯 곳의 귀양 보낼 곳을 정해 놓고 다섯 곳 가운데 3곳으로만 귀양을 보내며 밝게 행하여, 믿고 따를 수 있게 하시오"

순임금이 신하들에게 말하기를

"누가 나의 공사(工事)를 맡아서 잘 처리하겠는가?"

하니, 여러 신하가 말하였다.

"수(垂)가 적당합니다."

순임금이 말하기를

"좋소. 수여, 그대를 공공(共工)의 직에 임명하오"

하니, 수는 머리를 조아려 절하면서 수(殳)와 장(斨)과 백여(伯與)에게 사양하였다.

이에 순임금이 말하였다.

"좋소. 그대는 가서 그 직책의 사람들과 화합(和合)하여 잘 시행해 주시오"

또 말하기를

"누가 나의 상하 초목과 조수(鳥獸)들을 잘 관리하겠는가?"

하니, 여러 신하가 말하였다.

"익(益)입니다."

임금이 말하기를

"좋소. 익이여, 그대는 나의 우(虞)가 되어 주시오"

하니, 익은 머리를 조아려 절하면서 주(朱)와 호(虎)와 웅(熊)
과 비(羆)에게 사양하였다.

임금이 말하였다.

"좋소. 그대는 가서 그 직책의 사람들과 화합하여 잘 관리해 주
시오."

순임금이 말하기를

"사악(四岳)이여, 나의 삼례(三禮)를 누가 능히 담당할 수 있
겠소?"

하니, 여러 신하가 말하였다.

"백이(伯夷)입니다."

임금이 말하기를

"좋소. 백이여, 내 그대를 질종(秩宗)으로 임명하니, 이른 아침
부터 밤까지 오직 공손하게 하며 곧고 맑은 마음을 지니도록 하
시오."

하니, 백이가 머리를 조아려 절하면서 기(夔)와 용(龍)에게 사양
하였다.

임금이 말하였다.

"좋소. 가서 삼가 일을 잘 하시오."

순임금이 말하기를

"기(夔)여, 그대를 전악(典樂)의 직(職)에 임명하니, 주자(冑
子)들을 가르치되 강직하면서도 온화하며 관대하면서도 위엄이
있으며 꿋꿋하면서도 사납지 않고 단순하면서도 오만하지 않게
하시오. 시(詩)는 뜻을 말로 표현한 것이고 노래(歌)는 말에 가
락을 붙여 길게 읊은 것이며 소리는 가락을 따라야 하고 음률(音
律)은 소리와 조화를 이루어야 하오. 팔음(八音)이 조화를 이루
어 서로의 음계(音階)를 빼앗지 않으면 신과 사람이 조화를 이
룰 것이오."

하니, 기가 말하였다.

"아아, 제가 경(磬)을 치고 두드리니 모든 짐승이 다 같이 따라
춤을 추었습니다."

순임금이 말하였다.

"용이여, 나는 참언(讒言)과 잔악한 행동으로 나의 백성을 놀라게 하는 일을 싫어하오. 그대를 납언(納言)의 직에 임명하니, 이른 아침부터 밤까지 나의 명을 신하에게 전하고 신하의 말을 나에게 보고하되 오직 진실하게 하시오"

그리고 또 말하였다.

"그대들 스물 두 사람이여, 공경하게 하며 오직 하늘의 공을 빛내도록 하시오"

▨ 순임금이 정식으로 제위에 올라 인재를 등용하는 과정을 말한 것이다.

가장 알맞은 인물을 알맞은 곳에 배치하여 그의 능력을 발휘할 수 있도록 하였다.

곤(鯀)의 아들 우(禹)는 치수(治水)하게 하고 기(棄)는 농사를 관장하게 하고 설(契)은 풍속을 바로잡게 하고 고요(皋陶)는 형벌을 관장하게 하는 등, 22명의 인재를 적재적소에 배치하고 맡은 바 직무에 충실하도록 하여 순임금이 후세의 성군(聖君)으로 칭송받게 된 것이다.

舜曰咨四岳아 有能奮庸[1]하여 熙帝之載[2]어든 使宅百揆[3]하여 亮采惠疇[4]하리라 僉曰伯禹[5]作司空[6]하니이다 帝曰兪라 咨禹아 汝平水土하니 惟時[7]懋哉인저 禹拜稽首하여 讓于稷[8]契[9]과 暨皋陶[10]한대 帝曰兪라 汝往哉하라

帝曰棄[11]아 黎民이 阻飢[12]일새 汝后稷이니 播時百穀하라

帝曰契아 百姓이 不親하며 五品[13]不遜일새 汝作司徒[14]니 敬敷五教하대 在寬하라

帝曰皋陶아 蠻夷猾夏[15]하며 寇賊姦宄[16]일새 汝作士[17]니 五刑에 有服[18]하대 五服을 三就[19]하며 五流[20]에 有宅[21]하대 五宅에 三居[22]니 惟明이라사 克允[23]하리라

帝曰疇若[24]予工[25]고 僉曰垂[26]哉니이다 帝曰兪라 咨垂아 汝共工[27]이어다 垂拜稽首하여 讓于殳斨[28]과 暨伯與[29]한대 帝曰兪라 往哉汝諧[30]하라

帝曰疇若予上下[31]草木鳥獸오 僉曰益[32]哉니이다 帝曰兪라 咨益아

汝作朕虞[33]하라 益이 拜稽首하여 讓于朱虎熊羆[34]한대 帝曰兪라 往哉
汝諧하라

帝曰咨四岳아 有能典[35]朕의 三禮[36]아 僉曰伯夷[37]니이다 帝曰兪라
咨伯아 汝作秩宗[38]이니 夙夜[39]에 惟寅[40]하여 直哉라사 惟淸하리라 伯이 拜
稽首하여 讓于夔龍[41]한대 帝曰兪라 往欽哉하라

帝曰夔아 命汝하여 典樂[42]하노니 敎冑子[43]하대 直而溫하며 寬而栗하며
剛而無虐[44]하며 簡而無傲케하리니 詩는 言志오 歌는 永言[45]이오 聲[46]은 依
永이오 律[47]은 和聲하나니 八音이 克諧하여 無相奪倫[48]이라서 神人以和하
리라 夔曰於予擊石拊石[49]에 百獸率舞하리라

帝曰龍아 朕은 聖讒說이 殄行[50]이라 震驚朕師[51]하여 命汝하여 作納
言[52]하노니 夙夜에 出納朕命하대 惟允하라

帝曰咨汝二十有二人아 欽哉하여 惟時로 亮天功하라

1) 奮庸(분용) : 분발하여 공을 세우다. 힘써 일하다.

2) 帝之載(제지재) : 요임금의 일. 제(帝)는 요임금을 가리키며, 재(載)는 여기
서 일[事]이라는 뜻이다.

3) 宅百揆(택백규) : 백규(百揆)의 직책을 맡기다. 백규는 옛 공적을 기록하고
새로운 공을 이루도록 힘쓰게 하는 직책으로 사공(司空)이 겸직한다.

4) 亮采惠疇(양채혜주) : 여러 가지 일을 돕고 이끌어가다. 양(亮)은 돕다. 혜
(惠)는 따르다 또는 이끌다. 주(疇)는 여러 가지의 뜻.

5) 伯禹(백우) : 곤(鯀)의 아들 우(禹)를 말한다. 백은 작위(爵位).

6) 司空(사공) : 물과 땅의 일을 맡아 다스리는 관직 이름. 사공(司工)이라고도
한다.

7) 時(시) : 시(是)와 같다.

8) 稷(직) : 농사를 관장하는 직책. 당시 이 직책을 맡은 사람의 이름은 기(棄)
다. 그런데 기(棄)의 공이 워낙 커서 본명보다 관명으로 더욱 통했던 관계로
그렇게 부른 것이다. 후직(后稷).

9) 契(설) : 오제(五帝)의 한 사람인 제곡(帝嚳)의 아들. 성은 자씨(子氏). 설
의 후손이 뒷날 상왕조(商王朝)를 세웠다.

10) 皐陶(고요) : 요임금과 순임금, 두 대에 걸쳐서 섬긴 현신(賢臣).

11) 棄(기) : 후직(后稷)의 벼슬을 맡은 사람. 성은 희씨(姬氏). 태(邰)의 임금

으로 봉해짐. 후손이 주(周)나라의 시조가 됨.

12) 阻飢(조기) : 배고픔에 시달리다. 기근(飢饉).

13) 五品(오품) : 부자유친(父子有親)·군신유의(君臣有義)·부부유별(夫婦有別)·장유유서(長幼有序)·붕우유신(朋友有信)의 오륜(五倫).

14) 司徒(사도) : 백성을 교화(敎化)시키는 일을 맡은 관명(官名).

15) 猾夏(활하) : 중원(中原)을 어지럽게 하다. 중국을 넘보다. 하(夏)는 중국, 곧 중원.

16) 姦宄(간궤) : 도둑이 안팎에서 노략질하다. 간은 내부에서 도둑이 횡행하는 일, 궤는 밖에서 일어난 도둑.

17) 士(사) : 병역(兵役)과 사법(司法)을 관장하는 관직(官職).

18) 服(복) : 행하다. 행(行)과 같은 뜻.

19) 三就(삼취) : 세 곳에서 형벌을 시행하라는 뜻. 큰 죄는 들에서, 작은 죄는 궁전이나 저자에서 행한다.

20) 五流(오류) : 다섯 가지 유배(流配).

21) 宅(택) : 일정한 유배지에 거처하게 하다.

22) 三居(삼거) : 세 곳에서 귀양살이 하다. 가장 큰 죄를 지은 죄인은 4예(四裔 : 東裔·西裔·南裔·北裔)에 살게 하고 그 다음은 구주(九州 : 중국) 밖에 살게 하고 그 다음은 천리(千里 : 천자의 영지가 천리이다) 밖에 살게 하였다.

23) 允(윤) : 믿고 복종하다.

24) 若(약) : 여기서는 따라서 한다. 곧 도와주다, 처리하다의 뜻이다.

25) 工(공) : 물품을 만들어내는 것. '곡례(曲禮)'에 토공(土工), 금공(金工), 석공(石工), 목공(木工), 수공(獸工), 초공(草工)의 육공(六工)이 나온다.

26) 垂(수) : 순임금의 신하로 손재주가 있었다고 한다.

27) 共工(공공) : 모든 공장(工匠)을 관장하는 벼슬의 이름.

28) 殳斨(수장) : 둘 다 순임금의 신하로 수는 병거(兵車)를 처음 만든 사람, 장은 도끼를 만든 사람.

29) 伯與(백여) : 순임금의 신하.

30) 諧(해) : 화목하다. 화합하다. 협력하다.

31) 上下(상하) : 상은 산 또는 산림(山林), 하는 숲 또는 택지(澤地).

32) 益(익) : 순임금의 신하로 백익(伯益)이라고도 하는데, 뒤에 우왕(禹王)의

신하로도 활약하였다.

33) 虞(우) : 택지(澤地)를 관장하는 벼슬의 이름.

34) 朱虎熊羆(주호웅비) : 주(朱)와 호(虎)와 웅(熊)과 비(羆). 주는 난쟁이, 호는 범, 웅은 곰, 비는 큰곰을 이르는 말인데, 이것은 각각 사람을 가리키는 말로 당시의 각 부족은 짐승들로 그 부족을 상징하고 있었으므로 이 사람들은 각각 그 부족의 우두머리들을 가리킴.

35) 典(전) : 여기서는 맡다, 담당하다의 뜻이다.

36) 三禮(삼례) : 천신(天神)에 제사하고 인귀(人鬼)에 흠향하고 땅귀신에 제사하는 예(禮).

37) 伯夷(백이) : 사람 이름. 순임금의 신하. 성은 강씨(姜氏)이다.

38) 秩宗(질종) : 종묘(宗廟)의 서열을 관장하는 벼슬의 이름.

39) 夙夜(숙야) : 이른 아침부터 밤까지.

40) 寅(인) : 여기서는 공손하다의 뜻. 공손한 태도라는 뜻이다.

41) 夔龍(기용) : 기와 용으로 둘 다 순임금의 신하.

42) 典樂(전악) : 음악을 맡아 관장하는 벼슬의 이름.

43) 胄子(주자) : 맏아들. 여기서는 천자를 비롯하여 경(卿), 대부(大夫)에 이르기까지 그들의 맏아들을 가리킨다.

44) 剛而無虐(강이무학) : 꿋꿋하면서도 사납지 않다. 강(剛)은 꿋꿋하다. 학(虐)은 해롭게 한다. 곧 사납다의 뜻.

45) 永言(영언) : 길게 말하다. 곧 읊조리다. 영(永)은 영(詠)으로서 읊조리다의 뜻.

46) 聲(성) : 궁(宮)·상(商)·각(角)·치(徵)·우(羽)의 5음을 말함.

47) 律(율) : 황종(黃鍾)·태주(太簇)·고선(姑洗)·유빈(蕤賓)·이칙(夷則)·무역(無射)의 여섯 양률(陽律)과 대려(大呂)·협종(夾鍾)·중려(中呂)·임종(林鍾)·남려(南呂)·응종(應鍾)의 여섯 음률(陰律)의 12율을 말한다.

48) 倫(윤) : 차례. 여기서는 음계(音階).

49) 擊石拊石(격석부석) : 경(磬)을 치고 두드리다. 석(石)은 돌로 만든 악기인 경(磬)을 이르는 말이요, 부는 두드린다는 뜻.

50) 殄行(진행) : 거친 행위. 잔악한 행동.

51) 師(사) : 무리. 곧 많은 사람의 뜻으로 여기서는 백성들이라는 뜻.

52) 納言(납언) : 임금의 명을 아래로 전하고, 신하의 말을 임금에게 진언(進言) 하는 벼슬의 이름.

6. 80년 간 백성이 평온한 삶을 누리다

순임금은 3년마다 그 공적을 살폈는데 세 번 살핀 끝에 치적(治 績)이 없고 무능한 자는 내쫓고 명석한 자는 승진시키니 모든 공 적이 다 빛났으며, 삼묘족(三苗族)은 흩어져 달아났다.

순임금은 태어난 지 30년에 벼슬길에 불리어 쓰이고, 30년 간 제위(帝位)에 있었으며, 천자의 자리에 오른 지 50년 만에 제후 국을 순행하다가 붕어하셨다.

▨ 나이 30에 요임금에게 발탁되어 시험받기 2년, 요임금에게 신임을 얻어 섭정하기 28년, 천자의 자리에 즉위하여 다스린 지 50년, 도합 80년 의 기간 동안 백성을 다스리며 인재를 등용하여 관리하고 태평시대를 이 룬 순임금의 치적을 다시 한번 강조하였다.

'사기(史記)'에는 순임금이 순수(巡狩)하다 창오(蒼梧)의 들판에서 죽었다고 하고, '맹자(孟子)'에는 순임금이 명조(鳴條)에서 죽었다고 하였는데 어느 것이 맞는지 알 수 없다. 영릉(零陵) 구의산(九疑山)에 순임금의 무덤이 있다고 전한다.

三載에 考績[1] 하시고 三考에 黜陟幽明[2] 하신대 庶績이 咸熙하더니 分北 三苗[3] 하시다

舜生三十이라 徵庸[4] 하시고 三十이라 在位하사 五十載에 陟方[5] 乃死하 시니라

1) 考績(고적) : 치적(治績)을 평가하다.
2) 黜陟幽明(출척유명) : 치적이 없는 무능한 자는 내쫓고 치적이 많은 자는 승 진시키다. 출은 내쫓다. 척은 승진시키다. 유는 치적이 어두운 자, 명은 치적 이 밝은 자.
3) 分北三苗(분배삼묘) : 삼묘족이 흩어져서 달아나다. 분(分)은 흩어지다. 배 (北)는 달아나다.

4) 徵庸(징용) : 불리어 쓰이다. 징은 부르다, 불려지다. 용(庸)은 용(用)과 같
   으며 쓰이다, 등용되다로 풀이된다.
5) 陟方(척방) : 제후국(諸侯國) 순행(巡行)길에 오르다. 척은 등정(登程) 곧
   순행길에 오르다. 방은 제후(諸侯)의 나라를 가리킨다.

제3장 대우모(大禹謨)

이 글은 우(禹)가 순(舜)임금의 신하로 있을 때 진언(進言)한
여러 가지 정치에 대한 의견을 기록한 것이다.

모(謨)는 모(謀)와 같은 뜻으로 좋은 말 또는 훌륭한 정책적
건의를 이르는 말이다.

우는 아버지 곤이 이루지 못한 홍수를 다스린 지 13년 만에 마
침내 성공하였다. 이에 순임금은 그를 사공(司空)이라는 벼슬에
임명하였고, 하(夏)나라의 제후(諸侯)로 봉(封)하였다. 우는 예
로부터 중원(中原)을 침범하던 묘족(苗族)을 평정하고 그들의
북침(北侵)을 근절(根絶)시켰으며, 장강(長江)의 중류지역을
안정시켰다.

I. 넓은 천지에 펼쳐진 요임금의 덕(德)

옛날 대우(大禹)에 대하여 자세히 살펴보면, 빛나는 덕(文命)
으로 온 천하를 다스렸으며, 삼가 임금을 받들어 모셨다.

그가 말하기를

"임금이 임금 노릇 하는 것을 어렵게 여기며, 신하가 신하로서
의 어려움을 알면, 정사가 곧 다스려지고 백성이 덕에 빠르게 감
화될 것입니다."

하니, 순임금이 말하였다.

"옳소. 진실로 그와 같이 하면 선(善)한 말이 숨겨질 데가 없고

초야(草野)에 어진 이가 묻혀 있지 않게 되어 온 천하가 모두 편안하게 될 것이오 모든 사람에게 의논하여 자기의 뜻을 버리고 남의 의견을 따르며, 의지할 곳 없는 사람을 학대하지 않고, 곤궁한 사람을 버려 두지 않는 일들은 오직 요임금만이 하실 수 있었소"

이에 익(益)이 말하기를

"아아, 요임금의 덕은 넓은 천지에 퍼져 거룩하고도 신묘(神妙)하셨으며 무(武)에도 능하고 문(文)에도 능하셨으니 하늘이 돌보고 명하시어 온 천하를 다스리는 군주(君主)가 되게 하셨습니다."

하니, 우가 말하였다.

"올바른 길을 따르면 길할 것이요, 거스르는 길을 좇으면 흉(凶)할 것이니, 이것은 그림자나 메아리같은 것입니다."

▨ 요(堯)임금의 공적을 계승하여 빛낸 순임금이 요임금의 훌륭함을 찬미하였다.

임금은 임금 노릇의 어려움을 알아야 하고 신하는 신하된 도리의 어려움을 알아야 하며 백성은 백성으로서 도리의 어려움을 알아 각자 자신의 분수를 알고 처신할 때 모든 일이 잘 처리된다는 것을 알고 있는 요임금은, 자신의 의견을 굽히고 모든 사람의 뜻을 따른 성군(聖君)이라 하였다.

曰若稽古大禹_{한대} 曰文命¹⁾을 敷²⁾于四海_{하시고} 祗承于帝³⁾_{하시다}

曰后克艱厥后_{하며} 臣이 克艱厥臣_{이라서} 政乃乂_{하여} 黎民이 敏德_{하리이다}

帝曰兪라 允若玆_{하면} 嘉言이 罔攸伏⁴⁾_{하며} 野無遺賢_{하여} 萬邦이 咸寧_{하리니} 稽于衆⁵⁾_{하여} 舍己從人⁶⁾_{하며} 不虐無告⁷⁾_{하며} 不廢困窮은 惟帝⁸⁾_사 時克_{이러시니라}

益曰都라 帝德이 廣運⁹⁾_{하사} 乃聖乃神¹⁰⁾_{하시며} 乃武乃文¹¹⁾_{하신대} 皇天¹²⁾이 眷命_{하사} 奄¹³⁾有四海_{하사} 爲天下君_{하시니이다}

禹曰惠迪¹⁴⁾_{하면} 吉_{이오} 從逆¹⁵⁾_{하면} 凶_{하는데} 惟影響¹⁶⁾_{하니이다}

1) 文命(문명) : 빛나는 큰 덕을 사해(四海)에 날리다로 풀이한다. 일설에는 우(禹)임금의 이름이라고도 함.

2) 敷(부) : 펴다. 곧 다스리다의 뜻.

3) 祇承于帝(지승우제) : 삼가 임금을 잘 받들다. 여기서의 제(帝)는 순임금.

4) 攸伏(유복) : 숨겨질 곳. 유(攸)는 곳으로 소(所)·처(處)와 같고, 복(伏)은 엎드리다 곧 숨겨지다의 뜻.

5) 稽于衆(계우중) : 모든 사람과 의논하다. 여기서의 계(稽)는 의논하다의 뜻.

6) 舍己從人(사기종인) : 자기의 뜻을 버리고 남의 의견을 따르다. 사(舍)는 사(捨)와 통하여 버리다의 뜻.

7) 無告(무고) : 하소연 할 곳이 없다. 곧 의지할 곳이 없어 외롭다는 뜻.

8) 惟帝(유제) : 오직 요임금만이. 여기서의 제(帝)는 요임금을 말함.

9) 廣運(광운) : 널리 퍼지다.

10) 乃聖乃神(내성내신) : 거룩하기도 하고 신묘하기도 하다. 내(乃)는 조사로서 ~하기도 하고 ~하기도 하다로 풀이된다. 신(神)은 신묘(神妙)하다.

11) 乃武乃文(내무내문) : 무(武)에 능하였고 문에도 능하였다. 무는 묘족(苗族)의 반란을 평정한 무운(武運)을 가리키며, 문은 우아하고 의젓함을 가리키는 것으로써 문치(文治)를 뜻한다.

12) 皇天(황천) : 하늘을 높여 이르는 말.

13) 奄(엄) : 차지하다. 다스리다의 뜻으로 풀이된다.

14) 惠迪(혜적) : 올바른 길을 따르다. 혜(惠)는 따르다로 순(順)과 통하며, 적(迪)은 올바른 길. 곧 정도(正道).

15) 從逆(종역) : 거스르는 길을 좇다. 역(逆)은 적(迪)의 반대로 올바른 길이 아닌 길.

16) 影響(영향) : 물건의 그림자나 산의 메아리. 이것이 오늘날에는 어떤 일로 말미암아 다른 일에 미치는 그 결과라는 뜻으로 쓰인다.

2. 하늘의 뜻을 이룬 우(禹)의 공적

익(益)이 말하였다.

"아아, 경계하셔야 합니다. 근심이 없을 때 경계하여 법도를 잃지 말고, 편안하다고 하여 놀지 말며, 즐겁다고 하여 지나치게 즐기지 마십시오. 현명한 사람을 임명함에 두 마음을 가지지 말고, 사악(邪惡)한 사람을 물리침에 의심하지 말며, 의심스런 계획을

이루려 하지 않으시면 모든 뜻이 이루어질 것입니다. 도에 어긋
나게 백성의 칭찬을 구하지 말고, 백성의 뜻을 어기면서 자신의
욕망을 추구하지 마십시오. 게으르지 않고 둥한히 하지 않으시면
사방의 오랑캐들도 모여들어 임금으로 받들 것입니다."

우(禹)도 말하였다.

"아아, 임금이시여. 잘 생각하십시오 오직 덕으로만 옳은 정치
를 베풀 수 있고, 옳은 정치는 백성을 기르는 데에 있습니다. 물·
불·쇠·나무·흙·곡식을 잘 다스려야 하며, 큰 덕을 바로잡고 쓰
임을 이롭게 하며 삶을 두터이함을 조화가 되도록 하십시오. 이
아홉 가지 일이 다 질서가 잡히거든 이 아홉 가지 일을 노래부르
게 하십시오. 훈계할 때에는 아름다운 말을 쓰고, 지도할 때에는
위엄이 있게 하며, 아홉 가지 일의 노래로써 권장하여 그르치지
않게 하십시오"

이에 순임금이 말하였다.

"그렇소. 땅을 다스려 하늘의 뜻을 이루고, 여섯 가지 물자와 세
가지 일을 참으로 잘 다스려 만세에 이르도록 영원히 의지하게 되
었으니 이것은 그대의 공이오"

▨ 우(禹)와 익(益)이 순임금에게 임금으로서 지키고 삼가야 할 일과
올바른 다스림을 위한 길을 진언(進言)하였으며 순임금은 우를 치하하
였다. 고대부터의 커다란 과제인 치수의 일을 우가 잘 해결하고 있다는
것을 알 수 있다.

益曰吁라 戒哉하소서 儆戒無虞하사 罔失法度하시며 罔遊于逸하시며 罔
淫于樂하시며 任賢勿貳[1]하시며 去邪勿疑하소서 疑謀[2]를 勿成하시사 百志
惟熙[3]하리이다 罔違道하여 以干百姓之譽하시며 罔咈百姓[4]하여 以從己
之欲하소서 無怠無荒[5]하면 四夷도 來王[6]하리이다

禹曰於라 帝아 念哉하소서 德惟善政이오 政在養民하니 水火金木土
穀[7]이 惟修[8]하며 正德利用厚生[9]이 惟和하여 九功[10]이 惟敍하여 九敍를
惟歌어든 戒之[11]用休[12]하시며 董之[13]用威하시며 勸之以九歌하사 俾勿
壞[14]하소서

帝曰兪라 地平天成[15]하여 六府[16]三事[17]允治하여 萬世永賴時乃功[18]이니라

1) 任賢勿貳(임현물이) : 현명한 사람을 임명함에 두 가지 마음을 가지지 말라. 임은 임명하다. 현은 현명한 사람, 곧 어진 사람. 이는 두 가지 마음. 곧 간악한 사람들이 이간질하는 말에 현혹되지 말라는 뜻.

2) 疑謀(의모) : 의심스러운 계획. 곧 일의 성패(成敗)를 가름할 수 없는 계획. 확실성이 없는 계획.

3) 百志惟熙(백지유희) : 모든 뜻이 이루어진다. 백지는 온갖 생각 또는 온갖 이상적인 정치구상. 희는 여기서 이루어지다의 뜻.

4) 罔咈百姓(망불백성) : 백성의 뜻을 어기지 말라. 불은 어기다의 뜻.

5) 荒(황) : 여기서의 뜻은 등한히 하다, 소홀하게 하다의 뜻.

6) 來王(내왕) : 복종하여 와서 임금으로 받든다는 뜻.

7) 水火金木土穀(수화금목토곡) : 인간 생활에 있어서 꼭 필요한 물자인 물·불·쇠·나무·흙·곡식. 곧 육부(六府).

8) 修(수) : 다스리다, 정리하다의 뜻.

9) 正德利用厚生(정덕이용후생) : 나라를 다스리는 세 가지 일로, 정덕은 덕을 바로잡다. 이용은 쓰임을 이롭게 하다. 후생은 삶을 두텁게 하다. 곧 삼사(三事).

10) 九功(구공) : 아홉 가지 일. 곧 수(水)·화(火)·금(金)·목(木)·토(土)·곡(穀)의 여섯 가지 생활 필수품과 정덕(正德)·이용(利用)·후생(厚生)의 세 가지 나라를 다스리는 일을 아울러 이르는 말.

11) 戒之(계지) : 훈계함에 있어서. 경계함에 있어서.

12) 休(휴) : 아름다운 말. 좋은 말.

13) 董之(동지) : 지도함에 있어서. 독려함에 있어서. 알게 함에 있어서.

14) 俾勿壞(비물괴) : 그르치지 않게 하다. 나빠지지 않게 하다.

15) 地平天成(지평천성) : 땅을 다스려 하늘의 뜻을 이루다. 홍수를 다스려 백성이 편안한 삶을 누리게 한 우(禹)를 칭찬한 말.

16) 六府(육부) : 수(水)·화(火)·금(金)·목(木)·토(土)·곡(穀)의 여섯 가지 생활 필수품.

17) 三事(삼사) : 정도(正道)·이용(利用)·후생(厚生)의 세 가지 나라를 다스리는 일.

18) 時乃功(시내공) : 이것은 그대의 공이다. 시(時)는 시(是)와 같고, 내(乃) 는 너. 그대. 곧 우(禹)를 가리킨다.

3. 우에게 선위(禪位)의 뜻을 밝히다

순(舜)임금이 말하기를

"그대 우(禹)에게 고하오. 내가 임금의 자리에 있은 지 33년이 되었고, 나이도 아흔을 넘어 백 살을 바라보게 되니 나라 일에도 싫증이 나오. 그대는 게을리 하지 말고 나의 백성을 잘 다스려 주오." 하니, 우가 말하였다.

"저의 덕이 감당하기 어려우니 백성들이 따르지 않을 것입니다. 고요(皐陶)는 힘써 덕을 심으니 덕이 아래로 미쳐 백성이 그를 우러러보고 있습니다. 제왕께서는 굽어 살피십시오.

그를 생각하는 것은 그의 공적이 있기 때문이고, 그를 생각하지 않으려 해도 그의 공적은 남아 있으며, 그의 이름을 부르고 그를 말하는 것도 그의 공적 때문이고, 그에 대한 믿음이 우러나오는 것도 그의 공적 때문이니 제왕께서는 그의 공적을 잘 생각하십시오."

▨ 노년의 순(舜)임금이 막중한 국사(國事)를 그르칠까 두려워하여 치수(治水)의 위대한 업적을 쌓은 우(禹)에게 천자의 자리를 선양(禪讓)할 뜻을 보였다. 이에 우는 고요(皐陶)의 덕과 공이 커 뭇 백성이 그를 우러른다는 사실을 들어 고요를 천거하였다. 옛 성인들의 겸양의 덕을 엿볼 수 있다.

帝曰格[1]하라 汝禹아 朕이 宅帝位[2]三十有三載어니 耄期[3]하여 倦于勤하노니 汝惟不怠하여 總朕師[4]하라

禹曰朕德이 罔克[5]이라 民不依[6]어니와 皐陶는 邁種德이라 德乃降[7]하여 黎民이 懷之[8]하나니 帝念哉하소서 念玆在玆[9]하며 釋玆在玆[10]하며 名言玆在玆하며 允出玆在玆[11]니 惟帝念功하소서

1) 格(격) : 여기서는 고한다. 말한다는 뜻.

2) 宅帝位(택제위) : 임금의 자리에 있다. 택(宅)은 재(在)와 통한다.

3) 期(기) : 나이 100세를 뜻한다.

4) 總朕師(총짐사) : 나의 백성을 다스리라. 총(總)은 다스리다. 사(師)는 백성.

5) 朕德罔克(짐덕망극) : 나의 덕은 감당하지 못한다. 여기서의 짐(朕)은 우 (禹) 자신을 일컬은 것. 망극(罔克)은 불능(不能)·불가(不可)의 뜻으로, 결 국 자신은 제왕의 덕을 갖추지 못했다는 뜻.

6) 不依(불의) : 따르지 않는다.

7) 德乃降(덕내강) : 덕이 아래로 미치다. 강(降)은 아래로 내리다.

8) 懷之(회지) : 그를 우러러본다.

9) 念玆在玆(염자재자) : 그를 생각하는 것은 그의 공이 있기 때문이다. 앞의 자 (玆)는 그라는 뜻으로 고요(皐陶)를 가리키는 대명사이고, 뒤의 자(玆)는 그의 공적을 가리키는 대명사다.

10) 釋玆在玆(석자재자) : 그를 생각에서 떨쳐 버리려 해도 그 공적은 남아 있 다. 석(釋)은 앞에 있는 염(念)의 반대말로, 생각을 떨쳐 버리다. 생각하지 않는다의 뜻.

11) 允出玆在玆(윤출자재자) : 그에 대한 믿음이 우러나는 것도 그의 공적이 있 기 때문이다. 윤(允)은 믿음. 출(出)은 우러나다의 뜻.

4. 고요(皐陶)의 덕을 칭찬하다

순임금이 말하기를

"고요여, 이 나라의 신하들과 백성들 사이에 그 누구도 나의 바 른 정치를 문란하게 하는 이가 없는 것은 그대가 사(士)가 되어 다섯 가지 형벌을 밝히고 다섯 가지 가르침을 보필(輔弼)하여 나 의 다스림을 도와 잘 처리했기 때문이오 형벌로 다스리되 형벌 이 없어지도록 하였으며, 백성을 도와 바른길로 이끈 것은 그대 의 공이니 더욱 힘써 주오"

하니, 고요가 말하였다.

"임금님의 덕에 허물이 없으시어, 아랫사람을 대할 때 대범하 고, 백성을 너그럽게 다스렸으며, 벌을 주되 자손에게 미치지 않 고, 상을 주면 후손에게까지 뻗치며, 실수로 저지른 죄는 커도 너

그럽게 받아들이고, 고의(故意)로 저지른 죄는 작아도 벌을 주셨
습니다.

 죄가 의심스러우면 가볍게 벌 주고, 공은 의심스러워도 상은 후
하게 내렸으며, 죄없는 사람을 죽이기보다는 차라리 법도를 지키
는 태도를 굽히셨습니다. 삶을 아끼시는 덕이 백성들의 마음속까
지 스며드니 이로 말미암아 관리들을 거스리지 않게 된 것입니다."
 순임금이 말하였다.

 "내가 하고자 하는 대로 다스려 사방의 백성이 바람에 나부끼
듯 따르게 된 것은 오직 그대가 훌륭했기 때문이다."

 ▨ 우(禹)가 고요(皐陶)의 덕을 칭찬하며 고요를 천거하자 순임금이
친히 고요에게 공적을 치하하였다. 이에 고요는 모든 것은 순임금의 덕
에 의해 다스려지고 백성들이 따르는 것이요, 자신은 맡은 바 직무에 충
실할 수 있었다고 하였다.

 고요의 칭송에 순임금은 고요의 덕으로 자신이 백성들의 신임을 받아
다스릴 수 있었다고, 다시 고요의 공적을 치하하였다.

 帝曰皐陶아 惟玆臣庶[1] 罔或干予正[2]은 汝作士라 明于五刑하여 以
弼五敎[3]하여 期于予治[4]니 刑期于無刑[5]하여 民協于中[6]이 時乃功이니
懋哉어다

 皐陶曰帝德이 罔愆하사 臨下以簡하시고 御衆以寬하시며 罰弗及嗣[7]
하시고 賞延于世[8]하시며 宥過無大하시고 刑故[9] 無小[10]하시며 罪疑란 惟輕
하시고 功疑란 惟重[11]하시며 與其殺不辜[12]론 寧失不經[13]이라하사 好生之
德이 洽于民心이라 玆用不犯于有司[14]니이다

 帝曰俾予로 從欲以治하여 四方이 風動[15]한대 惟乃之休니라

1) 惟玆臣庶(유자신서) : 오직 이 나라의 신하들과 백성들. 자는 이 나라를 가
리키는 대명사, 신은 신하들, 서는 백성들을 가리킨다.
2) 罔或干予正(망혹간여정) : 그 누구도 나의 바른 정치를 문란하게 하는 이가
없다. 망은 없다. 혹은 아무도 또는 그 누가의 뜻. 간은 여기서 범하다 또는 문
란하게 하다의 뜻. 여는 나. 정은 바른 정치.
3) 五敎(오교) : 다섯 가지 가르침. 곧 오륜(五倫).

4) 期于予治(기우여치) : 나의 다스림을 도와 잘 처리하다. 여기서의 기는 잘 처리하다, 책임을 완수하다의 뜻.

5) 刑期于無刑(형기우무형) : 형벌로 다스리되 형벌이 없어지다. 여기서의 기(期)는 목적을 뜻하는 것으로, 형벌로 다스리되 형벌을 가하지 않는 목적을 달했다는 뜻.

6) 中(중) : 중정(中正)의 길. 곧 올바른 길.

7) 嗣(사) : 자손.

8) 賞延于世(상연우세) : 상은 후손에게까지 뻗치다. 연(延)은 뻗치다, 파급하다의 뜻. 세는 후손.

9) 故(고) : 고의(故意)로 저지른 죄를 말한다.

10) 無小(무소) : 작게 하지 않다. 곧 크게 벌을 주었다는 뜻.

11) 重(중) : 무겁다. 곧 무거운 상. 중상(重賞).

12) 與其殺不辜(여기살불고) : 무고(無辜)한 사람을 죽이기보다는. 여기(與其)는 그 무엇을 하기보다는의 뜻.

13) 寧失不經(영실불경) : 차라리 법을 지키지 않는다는 비난(非難). 실(失)은 지키지 못한다는 뜻.

14) 玆用不犯于有司(자용불범우유사) : 관리들의 위엄을 거스릴 필요가 없다. 용불(用不)은 구태여 할 필요가 없다는 뜻. 유사(有司)는 관리, 벼슬아치.

15) 風動(풍동) : 바람에 움직이다. 바람에 따라 풀이 한쪽으로 기울어지듯이 백성들의 마음이 순임금에게로 기울어지는 것을 뜻한다.

5. 제왕이 지녀야 할 덕을 가르침

순임금이 말하였다.

"오시오, 우(禹)여. 큰 홍수가 나를 불안하게 하였으나 믿음을 이루어 공을 이룬 것은 오직 그대가 현명해서였소. 나라에 대하여는 책임을 다하였고 집안에 대하여는 검소하였으며, 스스로 만족하거나 뽐내지 않은 것은 오직 그대가 현명해서였소. 그대는 교만하지 않으나 천하에서 그대와 재능을 겨룰 사람이 없을 것이며, 그대는 자랑하지 않으나 천하에서 그대와 공로를 겨룰 사람이 없

을 것이오. 나는 그대의 덕이 크다는 것을 알고 있으며 그대의 큰
공적을 가상(嘉尙)히 여기고 있소.

하늘의 돌아가는 운수가 그대의 몸에 있으니, 그대는 마침내 임
금의 자리에 오를 것이오.

사람의 마음은 불안하기만 하고 도를 향하는 마음은 미약하기
만 한 것이니, 오직 정신을 하나로 모아 성실한 마음으로 중정(中
正)의 도리를 지켜야 하오.

근거없는 말은 듣지 말고, 의논하지 않은 계책은 쓰지 말아야
하오.

사랑할 만한 것이 임금이 아니겠소. 두려워할 만한 것이 백성이
아니겠소. 백성은 임금이 아니면 누구를 받들겠소. 임금은 백성이
아니면 나라를 지켜줄 사람이 없을 것이오. 공경하시오. 그대의
자리를 삼가서 그들이 바라는 바를 삼가 닦으시오. 온 세상이 곤
궁해지면 하늘이 내려준 봉록(俸祿)도 영원히 끝장이 날 것이오.
입에서는 좋은 말이 나오기도 하지만, 전쟁을 일으키는 수도 있
소. 나는 다시 말을 하지 않겠소."

▨ 순(舜)임금이 우(禹)에게 선양할 것을 마음먹고 우의 공적을 치하
하며 다음으로 제위에 오를 사람으로서 지녀야 할 마음가짐과 덕에 대
해 자세히 말하고 있다.

우는 순임금의 명에 의해 치수사업(治水事業)에 온 정성을 쏟아 전국
을 돌며 직접 삽과 괭이를 들어 본보기가 되었다. 그러는 13년 동안 자기
집 앞을 세 번 지나쳤으나 한 번도 집에 들어가지 않고 치수에 열중하였
다. 우는 아버지 곤의 실패를 거울삼아 아버지가 행한 둑을 쌓는 일이 아
닌, 운하를 파 높은 곳에서 낮은 곳으로 물이 흐르게 하여 드디어 성공하
였던 것이다.

중국에서 고대로부터 가장 큰 문제였던 홍수의 피해에서 벗어나게 한
우의 공적을 높이 산 순임금은, 백성 없이 임금이 존재할 수 없는 것이니
백성을 공경하고 배반하지 않는 임금이 되어달라고 당부하였다.

帝曰來하라 禹아 洚水儆予[1]어늘 成允成功[2]한대 惟汝賢이며 克勤[3]于

邦하며 克儉于家하여 不自滿假[4]하는지 惟汝賢이니라 汝惟不矜하나 天下
莫與汝로 爭能하며 汝惟不伐[5]하나 天下莫與汝로 爭功하나니 予懋乃
德[6]하며 嘉乃丕績하노니 天之曆數[7]가 在汝躬이라 汝終陟元后[8]하리라

人心은 惟危[9]하고 道心은 惟微하니 惟精惟一하여야 允執厥中[10]하리라
無稽之言을 勿聽하며 弗詢之謀[11]를 勿庸하라

可愛는 非君[12]이며 可畏는 非民[13]가 衆非元后면 何戴며 后非衆이면
罔與守邦하니 欽哉하여 愼乃有位[14]하여 敬修其可願하라 四海困窮하
면 天祿[15]이 永終하리라 惟口는 出好하며 興戎[16]하나니 朕言은 不再하리라

1) 洚水儆予(홍수경여) : 홍수가 나서 나를 불안하게 하다. 홍수는 홍수(洪水)
와 같고, 경은 불안하게 하다. 또는 위협하다의 뜻.

2) 成允成功(성윤성공) : 믿음을 이루어 공을 이루다. 곧 믿음을 기르는 데에 성
공하여 공을 쌓는 데 성공했다는 뜻.

3) 勤(근) : 부지런하다. 곧 책임을 다했다는 뜻.

4) 滿假(만가) : 만족해 하고 뽐내다. 만은 자만심을 가진다는 뜻도 된다.

5) 伐(벌) : 여기서는 자랑한다는 뜻.

6) 予懋乃德(여무내덕) : 나는 그대의 덕이 크다는 것을 안다. 무는 여기서 우
의 덕이 크다는 것을 안다의 뜻. 내는 너 또는 그대.

7) 曆數(역수) : 하늘의 돌아가는 운수. 역(曆)은 천체(天體)의 운행.

8) 元后(원후) : 제왕(帝王). 후(后)는 제후국(諸侯國)의 군주(君主).

9) 人心惟危(인심유위) : 사람의 마음은 오직 위태롭다. 곧 불안하다. 사람의 마
음은 욕심으로 인해 언제나 흔들리기 쉽다는 뜻.

10) 允執厥中(윤집궐중) : 성실한 마음을 지니고 중정(中正), 곧 어느 쪽에도
기울지 않는 올바른 길을 지킴. 윤은 성실한 마음. 집은 잡다, 지니다, 지키다.

11) 弗詢之謀(불순지모) : 의논하지 않은 계획. 불(弗)은 불(不)과 같고, 순은
여러 사람과 상의하다. 모는 계획.

12) 可愛非君(가애비군) : 사랑할 만한 것은 임금이 아니겠는가. 일반적으로 임
금은 두려운 존재로 생각하기 쉬우나, 임금이 인(仁)과 덕(德)으로 백성을
다스릴 때 백성은 임금을 경애(敬愛)하게 된다.

13) 可畏非民(가외비민) : 두려워할 만한 것은 백성이 아니겠느냐. 일반적으로
백성이 임금을 두렵게 여기지만, 민심(民心)은 천심(天心)이라 백성을 두렵

게 여기는 임금이라야 나라를 잘 다스리게 된다는 뜻.

14) 有位(유위) : 제왕의 자리를 가리킨다.

15) 天祿(천록) : 하늘이 내려준 봉록(俸祿). 곧 제왕의 자리.

16) 興戎(흥융) : 전쟁이 일어난다. 융(戎)은 군사. 전쟁을 가리키는 말로 모든
시비는 입에서부터 나와 생긴다는 것을 강조한 말이다.

6. 우(禹)에게 모든 정권을 맡기다

우(禹)가 말하기를

"공신들을 하나하나 모두 점을 쳐 오직 길(吉)한 사람을 가려
다스리게 하십시오"

하니, 순(舜)임금이 말하였다.

"우여, 관청에서 치는 점은 먼저 뜻을 정하고 나서 큰 거북에게
명하는 것이오 나의 뜻은 먼저 정해졌으며, 물어서 의논하였으나
모두의 뜻이 같았고, 신령도 이에 따랐으며 거북의 점괘와 산가
지의 점괘도 같이 따랐소 점(占)은 길한 것을 다시 쳐서 묻지 않
는 법이오"

이에 우는 머리를 조아리며 굳이 사양하였다.

순임금이 다시 말하였다.

"그러지 마오. 오직 그대만이 이룰 수 있소"

정월 초하룻날 아침에 종묘에서 명을 받아 백관(百官)을 거느
리게 되었는데, 순임금이 처음에 임금의 일을 맡을 때와 같이 하
였다.

▨ 정치와 종교가 일치했던 당시에는 모든 큰 일을 하늘에 묻고 알렸
다. 점을 치는 것은 그 가운데 중요한 일로, 우에게 선양할 것이 확정되
자 우가 극구 사양하면서 하늘의 뜻을 알기 위해 모든 공신들의 점을 쳐
야 한다고 하였다. 순임금은 우에게 하늘의 뜻을 알리고 우에게 백성을
다스리게 하였다.

禹曰枚卜 1)功臣하사 惟吉之從 2)하소서 帝曰禹아 官占은 惟先蔽 3)志오

사 昆命于元龜[4]하나니 朕志先定이어늘 詢謀僉同하며 鬼神[5]이 其依하여 龜筮協從[6]하니 卜不習吉[7]이니라 禹拜稽首하여 固辭한대 帝曰毋하라 惟汝사 諧[8]니라

正月朔旦[9]에 受命于神宗[10]하사 率百官하시대 若帝之初[11]하시다

1) 枚卜(매복) : 하나 하나 모두 점을 친다.

2) 從(종) : 따르다. 여기서는 다스린다는 뜻으로 풀이된다.

3) 蔽(폐) : 여기서는 결정한다. 또는 결단을 내리다로 풀이된다.

4) 元龜(원구) : 큰 거북. 점치는 데 필요한 거북.

5) 鬼神(귀신) : 여기서는 신령(神靈)을 뜻한다.

6) 龜筮協從(구서협종) : 거북의 점괘와 산가지의 점괘가 서로 협조하듯이 자기의 뜻을 따랐다는 말.

7) 卜不習吉(복불습길) : 한번 점을 쳐서 길하다는 결과가 나온 점괘는 다시 점을 쳐 보는 것이 아니라는 뜻. 습(習)은 여기서 거듭한다, 되풀이한다의 뜻이다.

8) 惟汝諧(유여해) : 오직 그대만이 제업(帝業)을 이어받아 성공시킬 수 있다는 말. 해(諧)는 여기서 성공한다, 이룬다로 풀이된다.

9) 正月朔旦(정월삭단) : 정월 초하루 아침. 삭(朔)은 초하루, 단(旦)은 아침.

10) 神宗(신종) : 요임금의 종묘(宗廟).

11) 若帝之初(약제지초) : 순임금이 처음 임금이 되었을 때와 같은 의식을 가졌다는 뜻. 여기서의 제(帝)는 순임금을 가리킨다.

7. 묘족(苗族)을 덕으로 감화시키다

순임금이 말하였다.

"아아, 우여. 오직 묘족(苗族)만이 다스려지지 않으니, 그대는 가서 정벌하시오."

이에 우는 제후들을 모아놓고 군사들 앞에서 훈시하였다.

"여러분, 모두 나의 명령을 들으시오 어리석은 묘족은 사리에 어둡고 미혹하여 공경할 줄 모르고 남을 업신여기며 스스로 잘난 체하고 도에 반하여 덕을 무너뜨리고 있소 군자는 초야(草野)에 묻혀 있고 소인들이 벼슬자리에 있으며 백성은 그들의 땅을 버리

고 보호하지 않으며 하늘은 그들에게 재앙을 내리시니, 드디어 내가 그대들 병사들과 함께 임금님의 말씀을 받들어 그 죄를 치려 하오. 그대들은 더욱 마음과 힘을 하나로 뭉쳐야 공훈을 세울 수 있을 것이오."

그러나 30일 동안 묘족이 항거하자, 익(益)이 우를 도와서 말하였다.

"오직 덕만이 하늘을 움직여 아무리 먼 곳이라도 이르지 못하는 곳이 없습니다. 자만하는 자는 손해를 부르게 되고, 겸손하는 자가 이익을 받는 것은 하늘의 도입니다. 순임금께서 처음 역산(歷山)에 가서 농사지으실 때 매일 하늘과 부모를 향해 소리내어 울며 죄를 스스로 짊어지고 자기가 나쁘다고 하면서 아버지 고수(瞽瞍)를 공경하게 섬기며 조심하고 엄숙하고 송구한 태도를 가지시니 고수도 또한 믿고 따르게 되었던 것입니다. 지극한 정성은 신(神)도 감동시키는데 하물며 묘족이야 더 말할 것이 있겠습니까."

우는 그 훌륭한 말에 절하고, 말하기를

"그렇습니다."

하고, 군사를 거두어 되돌렸다.

순임금도 문치(文治)와 덕을 크게 펴고 방패와 깃을 들고서 섬돌 사이에서 춤을 추니, 70일 만에 묘족이 감복(感服)하였다.

▨ 묘족은 중원(中原)의 집권자가 바뀔 때마다 난을 일으켰으므로 매번 새로운 임금이 제위에 오를 때마다 묘족을 정벌해야만 했었다.

우는 순임금의 명을 받아 복종하지 않는 묘족을 정벌하게 되었다.

묘족이 완강하게 저항하자 익(益)이 우에게 덕으로 감화시켜야 함을 권고하였고 우는 그 권고를 받아들여 묘족을 굴복시켰다.

우는 이 공으로 대우(大禹)라는 존칭을 받게 된다.

帝曰咨禹아 惟時有苗弗率[1]하나니 汝徂征하라 禹乃會群后하여 誓[2]
于師曰濟濟[3]有衆아 咸聽朕命하라 蠢玆有苗昏迷[4]不恭하여 侮慢自
賢하며 反道敗德하여 君子在野하고 小人이 在位[5]한대 民棄不保하며 天
降之咎하실새 肆[6]予以爾衆士로 奉辭[7]伐罪하노니 爾尙一乃心力이라사

其克有勳[8]하리라

三旬을 苗民이 逆命[9]이어늘 益이 贊于禹曰惟德은 動天이라 無遠弗屆하니 滿招損[10]하고 謙受益이 時乃天道니이라 帝初于歷山[11]에 往于田[12]하여 日號泣于旻天과 于父母하사 負罪引慝하사 祇載[13]見瞽瞍하시대 夔夔[14]齊[15]慄하신대 瞽亦允若하니 至誠은 感神이온 矧玆有苗따녀 禹拜昌言曰兪라 班師振旅어늘 帝乃誕敷[16]文德하사 舞干羽[17]于兩階[18]러니 七旬에 有苗格[19]하니라

1) 弗率(불솔) : 다스려지지 않는다. 불(弗)은 불(不)과 같고, 솔(率)은 다스리다의 뜻.

2) 誓(서) : 훈시하다. 싸움에 임하여 지휘관이 장병에게 하는 훈시.

3) 濟濟(제제) : 많은 사람이 모인 상태를 가리키는 말. 많은 모양.

4) 昏迷(혼미) : 사리에 어둡고 분별이 없다.

5) 在位(재위) : 여기서는 높은 자리. 또는 벼슬자리를 뜻한다.

6) 肆(사) : 여기서는 드디어라는 뜻으로, 수(遂)와 같다.

7) 奉辭(봉사) : 말씀을 받들다. 곧 임금의 분부를 받든다는 말.

8) 其克有勳(기극유훈) : 그래야만 능히 공훈을 세울 수 있다. 기극(其克)은 그래야만 능히 ~할 수 있다로 풀이된다.

9) 逆命(역명) : 명을 거스르다로, 여기서는 항거(抗拒)한다는 뜻.

10) 滿招損(만초손) : 자만하면 손해를 부른다. 만(滿)은 만(慢)과 통하는 말로 자만(自慢)을 뜻한다.

11) 帝初于歷山(제초우역산) : 순임금이 처음에 역산에서…. 여기서의 제(帝)는 순임금을 가리키고, 역산(歷山)은 지금의 산동성(山東省) 역성현(歷城縣)에 있는 지명.

12) 往于田(왕우전) : 밭에 가다. 곧 밭을 가꾸다. 농사를 짓다.

13) 祇載(지재) : 공경하여 섬기다. 지(祇)는 공경하다. 재(載)는 여기서는 섬기다의 뜻으로 사(事)와 통한다.

14) 夔夔(기기) : 조심하고 두려워하는 모양.

15) 齊(제) : 여기서는 엄숙한 모양을 가리킨다.

16) 誕敷(탄부) : 크게 펴다. 탄(誕)은 여기서는 크다의 뜻이다.

17) 舞干羽(무간우) : 방패와 깃털을 들고 춤을 추다. 간(干)은 무공(武功)을

뜻하며, 우(羽)는 문치(文治)를 뜻한다.

18) 兩階(양계) : 두 섬돌이라는 뜻으로 섬돌과 섬돌 사이.

19) 苗格(묘격) : 묘족이 와서 순임금을 받들었다는 뜻.

제4장 고요모(皐陶謨)

이 장은 순임금의 신하인 고요(皐陶)가 순임금 앞에서 우(禹)
와 나눈 여러 가지 정책적인 의견을 수록한 것이다.

고요는 순임금의 신하로 형옥(刑獄)을 관장하는 사(士)라는
벼슬을 지낸 사람이다. 그는 법을 잘 알고 있었으므로 맡은 바의
직분을 충실하게 이행하였으며, 덕(德)으로써 백성을 다스리려
고 힘썼다.

뒤에 우(禹)가 제왕(帝王)이 되어 그를 재상(宰相)으로 삼았
으나 곧 죽고 말았으므로 우왕(禹王)은 그의 덕을 사모하여 그
의 아들에게 벼슬을 주었다.

1. 고요가 나라를 다스리는 덕을 설파하다

옛 고요(皐陶)에 대하여 자세히 살피건대, 고요가 말하기를

"진실로 덕을 따라 나아가면 계획하는 일이 밝게 서고 보필하
는 일도 이루어질 것입니다."

하니, 우(禹)가 말하였다.

"그렇습니다. 어떻게 하면 되겠소"

이에 대하여 고요가 말하였다.

"아, 삼가 그 몸의 덕을 닦고 생각을 신중하게 하면 집안이 화
목해져 질서가 잡히며, 백성들은 밝아져 힘써 도울 것이니, 가까
운 데서부터 시작하여 멀리 미치는 길이 여기에 있습니다."

우는 그 훌륭한 말에 대하여 절하면서

"그렇습니다."

하니, 고요가 말하였다.

"아아, 사람을 아는 지혜가 있어야 하며 백성을 편안하게 해 줄 수 있어야 합니다."

이에 대하여 우(禹)가 말하였다.

"아아, 이와 같이 하는 일은 순임금께서도 어려워하실 것이오 사람을 알 수 있으면 곧 명철(明哲)한 것이니 능히 사람에게 벼슬을 줄 수 있으며, 백성을 편안하게 해 주는 일은 곧 은혜를 베푸는 일이니 백성들이 우러러볼 것이오 능히 명철하고 은혜를 베풀 수 있다면 어찌 환두(驩兜)를 근심할 것이며, 어찌 묘족(苗族)을 내쫓을 것이며, 어찌 간교한 언행과 꾸미는 표정을 일삼는 간사한 공임(孔壬)을 두려워하겠소."

▨ 나라를 다스리는 데 필요한 덕(德)을 고요가 말하였다.

임금은 무엇보다도 덕을 스스로 닦아 몸에 지녀야만 백성을 편안하게 다스릴 수 있으며 덕을 쌓아야만 인재를 알아볼 수 있어 인재를 적합한 곳에 등용함으로써 나라를 잘 다스려 백성에게 덕이 미치게 할 수 있다는 것이다.

임금에게 덕이 있고 인재를 적재적소에 배치하고 백성이 편안하면 두려울 것이 없다고 하였다.

日若稽古皐陶한대 日允迪厥德[1]하면 謨明하며 弼諧[2]하리이다 禹日兪라 如何오 皐陶日都라 愼厥身修하며 思永[4]하며 惇敍九族[5]하며 庶明[6]이 勵翼하면 邇可遠[7]이 在玆하니이다 禹拜昌言日兪라

皐陶日都라 在知人[8]하며 在安民하니이다 禹日吁라 咸若時[9]한들 惟帝[10]도 其難之러시니 知人則哲이라 能官人[11]하며 安民則惠라 黎民이 懷之하리니 能哲而惠면 何憂乎驩兜며 何遷[12]乎有苗며 何畏乎巧言令色孔壬[13]이리오

1) 允迪厥德(윤적궐덕) : 진실로 그 덕을 펴 나아가면 이라는 뜻으로, 임금은 덕을 쌓아야 한다는 말. 윤(允)은 진실로, 적(迪)은 나아가다. 궐(厥)은 대명사 인 그로 풀이된다.

2) 謨明弼諧(모명필해) : 나라를 다스리는 계획이 밝게 세워지고 신하들의 유
   익한 보필이 이루어진다. 모(謨)는 꾀·계획의 뜻으로 모(謀)와 통하고, 해
   (諧)는 여기서 이루어지다로 풀이된다.

3) 都(도) : 감탄사로 아름다움을 감탄하는 말.

4) 思永(사영) : 길게 생각한다는 뜻으로 생각을 깊이 고려한다. 또는 신중하게
   생각한다는 말.

5) 惇敍九族(돈서구족) : 집안이 화목하고 질서가 잡힌다는 뜻. 돈(惇)은 감정
   을 두터이한다는 뜻으로 화목하다. 서(敍)는 질서, 구족(九族)은 자기를 중
   심으로 하여 고조·증조·조·아버지·아들·손자·증손·현손을 이르는 말로 가
   족, 동종 친족이라는 뜻이다.

6) 庶明(서명) : 백성들이 밝아지다.

7) 邇可遠(이가원) : 가까운 데서부터 시작하여 먼 데까지 잘 다스릴 수 있다는
   뜻. 이(邇)는 가까운 곳.

8) 在知人(재지인) : 사람을 아는 지혜가 있다. 사람을 잘 알아보고 적당한 자
   리에 등용하는 일이 곧 나라를 잘 다스리는 것이라는 뜻.

9) 咸若時(함약시) : 완전히 이와 같이 하다. 함(咸)은 다, 곧 완전하다. 시(時)
   는 시(是)와 통한다.

10) 帝(제) : 여기서는 순임금을 가리킨다.

11) 能官人(능관인) : 능히 사람에게 벼슬을 줄 수 있다. 곧 능히 적당한 사람에
    게 적당한 벼슬자리를 주어 등용한다는 뜻.

12) 遷(천) : 여기서는 쫓아냄을 뜻한다.

13) 孔壬(공임) : 순임금에게 내쫓기고 죽임을 당한 사흉(四凶) 중의 한 사람
    인 공공(共工)을 가리킨다.

2. 아홉 가지 덕을 설명하다

고요(皐陶)가 말하기를

"아아, 행동에는 또한 아홉 가지 덕이 있으니, 그 사람에게 덕
이 있다고 말할 때에는 어떤 일을 어떻게 행하였다고 말해야 할
것입니다."

하니, 우(禹)가 물었다.

"그것은 무엇을 말하는 것이오?"

이에 고요가 말하였다.

"너그러우면서도 위엄이 있는 것과, 부드러우면서도 꿋꿋한 것과, 성실하면서도 공손한 것과, 바로잡아 다스리면서도 공경하는 것과, 온순하면서도 굳센 것과, 곧으면서도 온화한 것과, 대범하면서도 염치가 있는 것과, 억세면서도 충실한 것과, 용맹하면서도 올바른 것입니다. 이 아홉 가지 덕이 언제나 밝은 사람은 길(吉)한 사람입니다.

매일 세 가지 덕을 베풀며 이른 아침부터 밤까지 깊이 밝힌다면 집안을 잘 거느릴 수 있습니다. 매일 여섯 가지 덕을 엄히 공경하고 받들면 업적을 빛나게 하고 나라를 잘 다스릴 수 있을 것입니다. 이러한 사람을 모두 받아들여 널리 덕을 베풀게 하면 아홉 가지 덕이 다 임금님을 받들게 될 것이고, 천사람 백사람 중에서 뛰어난 사람들이 벼슬자리에 오르게 될 것이며, 모든 벼슬아치들은 서로 배우면서 일을 하게 될 것이며, 백공(百工)이 때와 철을 따라 일을 할 것이니, 모든 업적이 모두 이루어질 것입니다."

▨ 앞에서 말한 재지인(在知人)에 대해 어떤 사람들이 훌륭한 인재인가 설명하였다. 아홉 가지 덕을 구체적으로 설명하고 그중 세 가지 덕을 갖춘 사람은 집안을 잘 다스릴 수 있고 여섯 가지 덕을 갖춘 사람은 한 나라를 다스릴 만한 인재라고 하였다.

이와 같은 덕을 갖춘 사람을 등용하여 적당한 자리에 배치하면 천하가 잘 다스려질 것이라고 하였다.

皐陶曰都라 亦行有九德[1]하니 亦言其人의 有德인데 乃言曰載采采[2]니이다 禹曰何오 皐陶曰寬而栗하며 柔而立[3]하며 愿而恭하며 亂[4]而敬하며 擾而毅하며 直而溫하며 簡[5]而廉[6]하며 剛而塞[7]하며 彊[8]而義니 彰厥[9]有常이 吉[10]哉니이다

日宣三德[11]하린 夙夜에 浚明有家[12]하리며 日嚴祗敬[13]六德[14]하린 亮采[15]有邦[16]하리니 翕受[17]敷施하면 九德이 咸事하여 俊乂在官[18]하여 百僚

師師[19]하며 百工이 惟時로 撫于五辰[20]하여 庶績이 其凝[21]하리이다

1) 九德(구덕) : 사람이 지녀야 할 아홉 가지 덕.

2) 載采采(재채채) : 어떤 일을 어떻게 행하였다는 뜻. 곧 이 일은 이렇게 저 일
   은 저렇게 행하였다는 뜻.

3) 立(입) : 꿋꿋하다. 스스로 설만큼 꿋꿋한데가 있어야 한다는 말.

4) 亂(난) : 어지러운 것을 바로잡아 다스린다는 뜻으로 풀이해야 한다. 여기서
   는 치(治)와 통한다.

5) 簡(간) : 간략하다. 곧 대범하다.

6) 廉(염) : 염치, 세심(細心). 곧 사리의 분별이 날카롭다는 뜻.

7) 塞(색) : 충실하다. 착실하다.

8) 彊(강) : 용맹하다. 날렵하다.

9) 厥(궐) : 대명사로 아홉 가지 덕을 가리킨다.

10) 吉(길) : 길한 사람. 곧 훌륭한 인물.

11) 三德(삼덕) : 세 가지 덕. 곧 아홉 가지 덕 가운데 세 가지 덕.

12) 有家(유가) : 집이 있다. 곧 집안을 거느릴 수 있다는 말. 제가(齊家).

13) 嚴祗敬(엄지경) : 엄히 공경하고 받들다. 지(祗)는 공경하다. 경(敬)은 여
    기서는 받들다로 풀이하는 것이 좋다.

14) 六德(육덕) : 여섯 가지 덕. 아홉 가지 덕 가운데 여섯 가지 덕.

15) 亮采(양채) : 업적을 빛나게 하다.

16) 有邦(유방) : 나라가 있다. 곧 나라를 잘 다스릴 수 있다는 말. 치국(治國).

17) 翕受(흡수) : 앞에서 말한 삼덕(三德)과 육덕(六德)을 갖춘 사람들을 모두
    받아들여 등용하다.

18) 俊乂在官(준예재관) : 천사람 백사람 가운데서 뛰어난 사람들이 벼슬자리
    에 오르게 된다. 준(俊)은 재주와 덕이 천 사람 가운데서 가장 뛰어난 사람.
    예(乂)는 재주와 덕이 백 사람 가운데서 가장 뛰어난 사람을 가리킨다.

19) 師師(사사) : 스승에게 배운다. 앞의 사(師)는 동사로 배운다는 뜻이요, 뒤
    의 사(師)는 명사로 스승에게의 뜻이다. 여기서는 벼슬아치들이 서로 상대방
    의 장점(長點)을 배운다는 말.

20) 五辰(오신) : 사철을 다스리는 다섯 별. 오행(五行)과도 같다.

21) 庶績其凝(서적기응) : 여러 면에 있어서 좋은 업적을 이룩하게 된다.

3. 백성은 예와 법으로 다스려야 한다

고요가 말하였다.

"안일(安逸)함과 욕심으로 나라를 다스리려 하지 말고 삼가 조심하고 두려워하십시오. 하루 이틀 사이에 만 가지 사단(事端)이 생기는 것입니다. 모든 벼슬아치들이 일을 저버리지 않도록 하십시오. 하늘의 일을 사람이 대신해야 합니다.

하늘의 질서에 법이 있어 우리에게 다섯 가지 법을 삼가 받들어 지키도록 하시니 이 다섯 가지 법을 두텁게 하십시오. 하늘의 등급에 예가 있어 우리에게 다섯 가지 등급의 예를 따르게 하셨으니 이 다섯 가지 예를 사용하도록 하십시오. 다 같이 삼가 받들고 서로 공경하여 화합하고 참되게 하십시오.

하늘의 명하심에 덕이 있으니 오복(五服)으로 다섯 등위(等位)를 밝히십시오. 하늘이 벌하시는 것은 죄가 있기 때문이니 오형(五刑)을 다섯 가지로 쓰십시오.

정사에 힘쓰고 또 힘쓰십시오."

▨ 고요가 자신이 가진 정치 이념의 구체적인 방안을 임금에게 직접 제시하고 있다.

임금된 자는 한시라도 해이해지지 않아야 하며 하늘의 뜻과 질서에 따라 백성을 이끌고 예와 법으로써 백성을 다스려야 한다고 주장하였다.

無敎逸欲有邦[1]하사 兢兢業業[2]하소서 一日二日에 萬幾[3]니이다 無曠[4]庶官하소서 天工[5]을 人其代之하나니이다

天敍有典[6]하시니 勅我五典[7]하사 五를 惇哉하시며 天秩有禮하시니 自[8]我五禮[9]하사 有를 庸哉하소서 同寅協恭[10]하사 和衷哉[11]하소서 天命有德이어시든 五服[12]으로 五章[13]哉하시며 天討有罪어시든 五刑으로 五用哉하사 政事를 懋哉懋哉[14]하소서

1) 無敎逸欲有邦(무교일욕유방) : 안일함과 욕심으로 나라를 다스리려 하지 말라. 무(無)는 금지사로 물(勿)과 같은 뜻으로서 말라로 풀이되고 교(敎)는

하여금의 뜻이다.

2) 兢兢業業(긍긍업업) : 긍긍은 삼가고 조심하는 모양. 업업은 두려워하는 모양.

3) 一日二日萬幾(일일이일만기) : 하루 이틀 사이에 만 가지 사단이 생긴다. 곧 아주 짧은 시간에 모든 일이 결정될 싹이 움튼다는 뜻.

4) 曠(광) : 일을 저버리다. 곧 벼슬아치들이 자리를 지키지 않고 공무(公務)를 태만히 하는 것을 가리키는 말.

5) 天工(천공) : 하늘의 일. 곧 하늘의 뜻.

6) 天敍有典(천서유전) : 하늘의 질서에 법이 있다. 서(敍)는 질서, 전(典)은 법 으로 언제나 지켜야 할 상법(常法).

7) 五典(오전) : 다섯 가지 법. 곧 오륜(五倫).

8) 自(자) : 여기서는 좇는다, 따르다의 뜻.

9) 五禮(오례) : 다섯 가지 예. 곧 천자(天子)·제후(諸侯)·경대부(卿大夫)· 사(士)·서(庶)의 다섯 등급이 지켜야 할 예의.

10) 同寅協恭(동인협공) : 다 같이 삼가서 오전(五典)과 오례(五禮)를 받들어 서로 공경하다.

11) 和衷哉(화충재) : 서로 화합하여 참마음으로 대하도록 하다.

12) 五服(오복) : 천자·제후·경대부·사·서민으로 나누어지는 신분을 나타내 는 다섯 가지 복장.

13) 五章(오장) : 오복(五服)으로 다섯 가지 등급을 밝히다. 장(章)은 밝힌다 는 뜻.

14) 懋哉懋哉(무재무재) : 힘쓰고 또 힘쓰라. 힘쓰라고 간곡하게 당부하는 말.

4. 민심이 천심(天心)이라는 것을 강조함

고요가 말하기를

"하늘이 보고 들으시는 것은 우리 백성이 보고 듣는 것을 따르 시며, 하늘이 밝히고 위압하시는 것은 우리 백성이 밝히고 위압 하는 것을 따르시는 것입니다. 위로 하늘과 아래로 백성은 서로 통하는 것이니 공경하십시오. 땅을 다스리는 이시여."

하고는 이어서 말하였다.

"제 말은 순리(順理)니 실행해 보실 수 있으실 것입니다."

이에 우가 말하기를

"그렇소 그대의 말을 실행하면 공을 이룰 수 있을 것이오"

하니, 고요가 말하였다.

"저는 아는 것이 없으나 돕고 도와서 업적을 이루게 할 생각뿐입니다."

▨ 앞에서부터 계속되는 고요의 말을 편의상 세 부분으로 나누었다.

고요는 민심(民心)은 곧 천심(天心)으로 백성이 바라는 바는 하늘이 바라는 바요, 백성이 싫어하는 임금은 하늘도 싫어한다고 말을 맺으면서 자신의 주장은 실천할 수 있는 일이며 자신은 아는 것이 없지만 임금을 도울 생각뿐이라고 겸손해 하였다.

天聰明[1]이 自[2]我民聰明하며 天明畏[3] 自我民明威라 達于上下[4]하니 敬哉어다 有土[5]아

皐陶曰朕言惠[6]하여 可底行[7]이리이다 禹曰兪라 乃言이 底可績[8]이로다 皐陶曰予未有知어니와 思曰[9]贊贊襄哉하노이다

1) 聰明(총명) : 듣고 보는 것.

2) 自(자) : 좇는다. 따르다.

3) 畏(외) : 위압하다. 위(威)와 같은 뜻으로 쓰였다.

4) 上下(상하) : 하늘과 백성. 곧 상(上)은 하늘을, 하(下)는 백성을 가리킨다.

5) 有土(유토) : 땅을 소유한 사람. 곧 천자(天子)를 가리킨다.

6) 惠(혜) : 순리(順理). 사리(事理). 순(順)과 통한다.

7) 底行(지행) : 실행해 볼 수 있다. 실천에 옮길 수 있다.

8) 底可績(지가적) : 실행해서 공을 이룰 수 있다.

9) 思曰(사왈) : 할 생각뿐이다. 곧 성심으로 도와 나라를 잘 다스리는 데에 이바지하겠다는 뜻.

제5장 익직(益稷)

이 장은 주로 순임금과 우(禹)의 대담을 내용으로 하고 있는데, 익(益)과 기(棄)의 공로와 임금과 신하로서의 도리를 역설(力說)하였다.

익(益)은 백익(伯益)이라고도 하는데 산과 연못을 관장하는 사람이었고, 직(稷)은 농사를 다스리는 관직을 말하는 것인데 기(棄)라는 사람이 그 직책을 잘 수행했으므로 직책의 이름이 그의 이름으로 통하게 된 것이다.

이 글은 내용으로 보나 문맥으로 보나 앞의 고요모와 연결되어야 할 것 같다.

1. 우가 익(益)·직(稷)과 공로를 아뢰다

순임금이 말하기를

"오시오, 우여. 그대도 좋은 말을 해 보시오"

하니, 우가 절하고 말하였다.

"아아, 임금이시여. 제가 무슨 말씀을 아뢰겠나이까. 저는 매일 부지런히 일할 것을 생각할 따름입니다."

고요가 말하기를

"오, 무슨 일을 생각하시는 것입니까."

하니, 우가 대답하였다.

"홍수가 나서 하늘에 닿을 듯한 물결이 산을 삼키고 언덕을 뒤덮어 백성이 어찌 할 바를 모르고 물에 빠지고 있을 때, 저는 네 가지 탈 것을 타고 산을 따라 나무를 베어 길을 내고 익과 더불어 백성들에게 날로 먹는 법을 가르쳐 주었으며, 아홉 냇물을 터 바다로 흐르게 하였으며, 밭도랑과 봇도랑을 깊게 파서 강에 이르도록 하였습니다. 직과 더불어 씨뿌리고 여러 가지 험한 음식과 날것으로 먹는 법을 가르쳐 주었으며, 힘써 있는 것으로 없는 것을 바꾸게 하였으며, 쌓인 물건을 먼 고장으로 날라다 팔게 하였습니다. 그래서 수많은 백성들은 쌀밥을 먹게 되고 온 나라가 잘 다스려졌습니다."

고요가 말하였다.

"그렇습니다. 그대의 훌륭한 말씀을 본받아야 하겠습니다."

우가 말하기를

"아아, 임금이시여. 삼가 당신의 자리를 지키십시오"

하니, 순임금이 말하였다.

"그렇게 하겠소"

우가 또 말하였다.

"당신의 뜻이 머무는 곳을 편안하도록 하시고, 모든 기미를 잘 살펴 나라를 평온하게 하십시오. 보필하는 신하들이 곧으면 그들이 행동하는 대로 백성들은 뜻을 따라 크게 호응할 것이며, 이로써 하늘에 밝게 아뢰어 받아들여지면 하늘은 거듭 명을 내려 축복하실 것입니다."

▨ 금문(今文)에는 익직편(益稷篇)이 고요모(皐陶謨)에 이어져 한 편을 이루고 있다.

우가 고요의 뒤를 이어 순임금의 권고에 따라 자신과 익(益), 직(稷)이 쌓은 공로를 이야기하였다. 그리고는 전국을 다니며 홍수를 다스릴 때의 경험을 순임금에게 말하고 임금의 자리를 지키며 나라를 평온하게 다스리면 하늘의 명이 다시 내릴 것이라고 하였다.

帝曰來라 禹아 汝亦昌言하라 禹拜曰都라 帝와 予何言하리잇고 予思日孜孜[1]하노이다 皐陶曰吁라 如何[2]오 禹曰洪水滔天[3]하여 浩浩[4]懷山襄陵하여 下民昏墊[5]이어든 予乘四載[6]하여 隨山刊木[7]하고 曁益[8]으로 奏庶鮮食[9]하며 予決九川[10]하여 距四海하며 濬畎澮[11]하여 距川하고 曁稷으로 播하여 奏庶艱食[12]鮮食하고 懋遷有無[13]하여 化居[14]하니 烝民이 乃粒[15]하여 萬邦이 作乂니이다 皐陶曰兪라 師[16]汝의 昌言하노라

禹曰都라 帝아 愼乃在位[17]하소서 帝曰兪라 禹曰安汝止[18]하사 惟幾
惟康하며 其弼直하면 惟動에 丕應徯志[19]하리니 以昭受上帝[20]어든 天其
申命用休[21]하시리이다

1) 日孜孜(일자자) : 날로 부지런히 힘써 일한다. 자자(孜孜)는 부지런히 힘써
일하는 모양.

2) 如何(여하) : 무슨 일들을 생각하느냐고 묻는 말.

3) 滔天(도천) : 하늘에 닿을 듯하다.

4) 浩浩(호호) : 큰 물결이 출렁이는 모양.

5) 昏墊(혼점) : 백성들이 어찌 할 바를 모르다. 곧 정신을 못 차리고 물에 휩쓸
려 내려가는 것을 말한다.

6) 四載(사재) : 네 가지 탈 것. 곧 땅에서는 수레, 물에서는 배, 진흙땅에서는 썰
매, 그리고 산길에서는 가마를 가리킨다.

7) 隨山刊木(수산간목) : 산에 이르면 나무를 베어 길을 낸다는 뜻. 수(隨)는 여
기서는 이른다의 뜻이다.

8) 曁益(기익) : 익(益)과 더불어. 익과 함께.

9) 奏庶鮮食(주서선식) : 여러 가지 물고기와 짐승의 고기를 날것으로 먹는 법
을 가르쳐 주었다는 뜻. 당시는 홍수가 심해서 정상적인 식사를 할 수가 없었
으므로 비상 대책을 강구한 것 같다. 주는 가르쳐 주다, 서는 백성, 선은 날것.

10) 決九川(결구천) : 아홉 냇물을 트다. 결은 막힌 물을 튼다는 말.

11) 畎澮(견회) : 밭도랑과 봇도랑. 곧 인공적으로 파서 낸 내를 가리킨다. 견은
밭 사이에 낸 도랑, 회는 봇도랑.

12) 艱食(간식) : 어려울 때 밥 대신으로 먹을 수 있는 나무열매나 나물 같은 종
류의 험한 음식.

13) 遷有無(천유무) : 유무상통(有無相通)이라는 말로, 있는 것으로 없는 것을
바꾼다는 뜻.

14) 化居(화거) : 쌓인 물건을 그 물건이 없는 곳으로 날라다 팔다.

15) 烝民乃粒(증민내립) : 백성이 이에 쌀밥을 먹다. 증민(烝民)은 백성, 입
(粒)은 쌀밥.

16) 師(사) : 여기서는 본받는다는 뜻.

17) 愼乃在位(신내재위) : 삼가 당신의 자리를 지키라. 곧 임금으로서 해야 할

정사를 잘 보살피라는 뜻.

18) 安汝止(안여지) : 당신의 뜻이 머무는 곳을 편안하게 하라. 곧 옳다고 생각
하는 바를 편안히 가지라는 뜻. 자신의 신념을 굽히지 말고 소신껏 밀고 나가
라는 뜻. 지(止)는 뜻이 향하는 곳.

19) 徯志(혜지) : 뜻을 따르다.

20) 昭受上帝(소수상제) : 하느님에게 밝게 받아들여진다.

21) 休(휴) : 축복.

2. 신하들에게 도움을 청한 순임금

순임금이 말하기를

"오오, 신하들이여. 내 옆에 있어 주오. 내 옆에서 보좌하는 이
여, 그대가 신하로다."

하니, 우가 말하였다.

"그러합니다."

순임금이 또 말하였다.

"신하는 나의 팔다리요, 귀와 눈이니, 내가 백성을 돕고자 할 때
그대들은 도와야 하오. 내가 힘을 사방에 펴고자 할 때 그대들이
실천하시오. 내가 옛 사람들이 입던 복장의 모습을 보아 규례를
보이고자 하니 해와 달과 별의 천체(天體)와 산과 용과 꿩의 무
늬를 만드시오. 종묘의 기물(器物)에도 또한 그렇게 하겠소. 조
(藻)와 화(火)와 분미(粉米)와 보(黼)와 불(黻) 따위를 색실로
수놓아 다섯 가지 색채로 분명하게 나타내어 의복을 만들려 하니,
그대들은 그 제도를 밝히시오. 내가 육률(六律)과 오성(五聲)과
팔음(八音)을 들어 정치의 다스려지고 다스려지지 않는 것을 살
피고, 음악을 통하여 다섯 가지 덕(德)에 맞는 말을 백성들에게
들려주고자 하오. 그대들은 들으시오.

내가 도(道)에 어긋날 때 나를 도와야 하나니, 그대들은 나의
면전(面前)에서만 따르고 물러나서 뒷말을 하는 일을 하지 마시
오. 내 측근에 있는 사람은 직무에 힘쓰시오.

모든 완악(頑惡)한 자들의 참설(讒說)이 옳지 못하니 법(法)
으로써 그 악을 밝히고, 종아리를 때려 징계하고, 그 사실을 등에
기록하여 알리도록 하시오 이렇게 하는 이유는 죄를 뉘우치게 하
여 같이 살리려 하기 때문이오 관리들은 납언(納言)을 선양(宣
揚)하여 바른 도리에 달한 사람은 용납(容納)하여 등용하고 그
렇지 못하면 위압(威壓)하시오"

▨ 순임금은 여러 신하들의 의견을 듣고 앞으로 자신이 하고자 하는
일과 해야 할 일을 하는데 있어 신하들의 도움을 부탁하였다.

또한 자신에게 잘못이 있을 때는 면전에서 서슴없이 말할 것을 당부
하고, 죄를 지은 사람도 죄를 뉘우치고 보통사람과 같이 잘 살 수 있도록
이끌어 주라고 당부하였다.

帝曰吁라 臣哉隣[1]哉며 隣哉臣哉니라 禹曰兪라

帝曰臣은 作朕股肱耳目이니 予欲左右[2]有民이어든 汝翼하며 予欲宣
力四方이어든 汝爲하며 予欲觀古人之象하여 日月星辰山龍華蟲[3]을 作
會[4]하며 宗彝[5]藻[6]火粉米[7]黼黻[8]을 絺繡[9]하여 以五采[10]로 彰施[11]于五
色하여 作服[12]이어든 汝明[13]하며 予欲聞六律五聲八音하여 在治忽[14]하여
以出納[15]五言[16]이어든 汝聽하라

予違[17]를 汝弼이니 汝無面從[18]하고 退有後言하여 欽四隣[19]하라

庶頑讒說[20]이 若不在時어든 侯[21]以明之하며 撻以記[22]之하며 書用識
哉[23]하여 欲竝生[24]哉니 工以納言으로 時而颺[25]之하여 格則承之庸之하
고 否則威之니라

1) 隣(인) : 이웃. 여기서는 옆에 있으면서 돕는다는 뜻.

2) 左右(좌우) : 돕다. 다스리다의 뜻.

3) 日月星辰山龍華蟲(일월성신산용화충) : 해와 달과 별과 산과 용과 꿩의 여
   섯 가지 무늬. 화충(華蟲)은 꿩을 이르는 말이다. 당시에는 상의(上衣)에 이
   런 무늬를 수놓아 입었다고 한다.

4) 會(회) : 그리다. 회(繪)와 통한다.

5) 宗彝(종이) : 종묘의 기물(器物). 종은 종묘(宗廟), 이(彝)는 종묘 제기(祭
   器)의 이름. 당시의 종묘 제기는 범의 무늬를 그렸다고 함.

6) 藻(조) : 물속에서 자라는 풀.

7) 粉米(분미) : 흰 쌀을 뜻한다.

8) 黼黻(보불) : 보는 흰빛과 검은빛으로 자루가 없는 도끼의 모양을 한 무늬.
불은 푸른빛과 검은빛으로 아(亞)자 모양을 한 무늬. 종이(宗彝)와 조(藻)
와 화(火)와 분미(粉米)와 보(黼)와 불(黻)의 여섯 가지 무늬는 옛날에 하
의(下衣)에 많이 수놓아 입었다고 한다.

9) 絺繡(치수) : 고운 베에 수를 놓았다는 뜻.

10) 五采(오채) : 청(靑)·황(黃)·적(赤)·백(白)·흑(黑)의 다섯 가지 색채.
오색(五色).

11) 彰施(창시) : 빛깔을 칠한다는 뜻.

12) 作服(작복) : 의복을 만들다. 계급을 나타내는 다섯 가지 의복을 만든다는
뜻이다.

13) 明(명) : 밝히다. 곧 신분에 맞도록 의복을 해 입는다는 뜻.

14) 在治忽(재치홀) : 다스리는 일이 소홀한가 아닌가를 살피다. 곧 다스려지는
가 아닌가를 살피다. 재(在)는 찰(察)과 통하는 것으로 살핀다는 뜻.

15) 出納(출납) : 말하여 받아들여지게 한다. 곧 말하여 알아듣게 한다.

16) 五言(오언) : 인(仁)·의(義)·예(禮)·지(智)·신(信)의 다섯 가지 덕(德)
에 맞는 말.

17) 予違(여위) : 나의 어긋나는 일. 곧 정도(正道)에 어긋나는 일.

18) 面從(면종) : 면전(面前)에서 순종하는 듯이 하는 것.

19) 四隣(사린) : 네 이웃. 곧 전후좌우에 있는 사람들. 측근에 있는 사람들.

20) 讒說(참설) : 남을 모해(謀害)하는 말을 잘하는 사람.

21) 侯(후) : 여기서는 법 또는 규율이라는 뜻으로 풀이된다.

22) 記(기) : 기록하다. 곧 징계한다는 뜻.

23) 書用識哉(서용식재) : 등에 나쁜 일을 한 사실을 기록함으로써 알게 하다.
당시의 형벌의 한 방법이다. 용(用)은 이(以)와 같다.

24) 欲竝生(욕병생) : 죄인으로 하여금 죄를 뉘우치게 하고 모두와 함께 살도록
한다는 뜻.

25) 颺(양) : 선양(宣揚)하다. 또는 등용하다.

3. 어질고 유능한 인재의 등용을 건의하다

우가 말하였다.

"옳은 말씀입니다. 임금이시여, 하늘 아래 바다끝까지 창생(蒼生)을 빛내시면 온 나라의 백성과 어진 이들이 모두 임금님의 신하가 되려고 할 것입니다. 임금께서는 이들을 수시로 등용하여 널리 말을 받아들이고 공을 백성에게 밝히며 수레와 옷을 주어서 중히 쓰시면 그 누가 감히 사양하지 않으며 감히 공경하지 않겠습니까. 임금께서 이렇게 하지 않으신다면 모두가 다 같이 날로 쌓은 것이 헛되이 될 것입니다.

단주(丹朱)처럼 오만하지 마십시오. 그는 오직 태만하고 놀기만 좋아하였으며, 밤낮없이 오만하고 포악한 짓을 그치지 않았으며, 물이 없는 곳에다 배를 띄우고, 떼를 지어 집안에서 음탕한 짓을 일삼다가 그 집안의 후손도 끊기고 말았습니다.

저는 이런 것을 교훈으로 삼아 도산(塗山)으로 장가를 들었습니다만, 신일(辛日)과 임일(壬日)과 계일(癸日)과 갑일(甲日)의 나흘만 함께 지냈습니다. 아들 계(啓)의 고고(呱呱)의 울음소리에도 아들이라고 돌볼 틈이 없이 흙일 다스리는 일만 꾀했던 것입니다. 이처럼 보필하여 다섯 지역을 이루어 그 거리는 5천 리에 이르렀으며, 고을마다 12명의 사(師)를 두었고, 밖으로는 사해(四海)에 이르기까지 뻗쳐 다섯 나라에 다 장(長)을 세웠습니다. 각기 일하는 대로 법도를 따랐으므로 각각 공을 세웠습니다. 묘족은 완고하고 우둔하여 일을 하지 않으므로 할 수 없이 제후의 자리에 두지 않고 제거하였으니, 임금께서는 이것을 고려해 주시기 바랍니다."

이에 순임금이 말하였다.

"내가 덕을 따르는 것은 그대의 공이 차례로 이루어진 까닭이오. 고요는 그 일을 받들어 죄를 표시만 하는 형벌을 쓰지 말고 좀더 밝은 형정으로 밝게 다스려야 할 것이오."

▨ 우(禹)가 순임금에게 많은 인재를 등용할 것과 단주(丹朱)와 같은 자가 되지 말 것을 상주(上奏)하였다.

또한 자기가 홍수를 다스릴 때 집안을 돌보지 않고 치수에만 전력을 기울인 일과 자신의 업적을 이야기하고 묘족에 대한 대책을 당부하였다.

당시는 전국을 구주(九州)로 나누고 전국을 다섯 지역으로 나누어 지역에 알맞은 복장을 하게 하여 신분을 나타내고, 구주 밖까지 세력을 뻗쳐 다섯 소국(小國)을 세우고 지도자를 세워 다스리게 하였음을 우의 이야기에서 짐작할 수 있다.

禹曰兪哉나 帝光[1]天之下하사 至于海隅[2]蒼生하시면 萬邦黎獻[3]이 共惟帝臣하리니 惟帝時擧니이다 敷納以言[4]하시며 明庶以功하시며 車服以庸[5]하시면 誰敢不讓하며 敢不敬應하리잇고 帝不時[6]하시면 敷同[7]하여 日奏罔功[8]하리이다

無若丹朱傲[9]하소서 惟慢遊[10]를 是好하며 傲虐을 是作하며 罔晝夜額額[11]하며 罔水行舟[12]하며 朋[13]淫于家하여 用殄厥世[14]하니이다 予創若時[15]하여 娶于塗山[16]하여 辛壬癸甲[17]이며 啓[18]呱呱而泣[19]이어늘 予弗子[20]하고 惟荒度土功[21]하여 弼成五服[22]하되 至于五千[23]하고 州十有二師하며 外薄四海히 咸建五長[24]하니 各迪[25]有功이어늘 苗頑하여 弗卽工하나니 帝其念哉하소서 帝曰迪朕德은 時乃功惟敍[26]니 皐陶方祗厥敍하여 方施象刑[27]하대 惟明[28]하나니라

1) 光(광) : 빛내다. 순임금의 덕을 이르는 말이다.

2) 海隅(해우) : 바다 끝. 바다가 끝닿는 곳.

3) 獻(헌) : 여기서는 어진 이. 곧 현인(賢人)을 이르는 말.

4) 敷納以言(부납이언) : 널리 말을 받아들이다. 부(敷)는 널리, 언(言)은 어진 이들의 말.

5) 車服以庸(거복이용) : 수레와 의복을 주어 등용한다. 곧 대우하여 등용한다는 말. 용(庸)은 용(用)과 같다.

6) 不時(불시) : 이와 같이 하지 않는다. 시(時)는 시(是)와 통한다.

7) 敷同(부동) : 두루 함께. 모두가 다 같이. 여기서의 부(敷)는 모두, 두루의 뜻.

8) 日奏罔功(일주망공) : 날로 쌓은 공이 헛되이 된다. 여기서의 주(奏)는 진

(進)과 통하여 진척되어 나아감을 뜻하며, 망공(罔功)은 무공(無功)과 같다.

9) 無若丹朱傲(무약단주오) : 단주(丹朱)와 같이 오만하지 말라. 무(無)는 물 (勿)과 같이 말라는 뜻. 단주(丹朱)는 요(堯)임금의 아들을 가리키는 말이다. 요임금은 자기의 아들인 주(朱)가 있음에도 불구하고 그의 사람됨이 옳지 않 으므로 천자 자리를 순(舜)임금에게 선양(禪讓)하고 아들인 주(朱)는 단연 (丹淵)이라는 지방의 제후(諸侯)로 봉(封)하였다. 그래서 단연(丹淵)이라 는 봉지(封地)의 단(丹)자와 이름인 주(朱)자를 합하여 단주(丹朱)라 한다.

10) 惟慢遊(유만유) : 직무에는 태만하고 오로지 놀기만 일삼았다.

11) 頟頟(액액) : 오만하고 포악한 모양.

12) 罔水行舟(망수행주) : 물이 없는 곳에 배를 띄우다. 놀기에 전념하였다는 뜻.

13) 朋(붕) : 여기서는 떼를 짓다. 곧 무리를 짓다.

14) 用殄厥世(용진궐세) : 그 집안의 대(代)가 끊어지고 말았다. 진(殄)은 다 하다의 뜻이요, 세(世)는 대(代)를 말한다.

15) 予創若時(여창약시) : 나는 이와 같은 것을 교훈으로 삼았다. 여는 나, 창은 여기서는 교훈, 약은 여(如)와 같고, 시는 시(是)와 통한다.

16) 塗山(도산) : 지명(地名)으로 지금의 안휘성(安徽省) 회원현(懷遠縣)에 해당하는데, 우(禹)가 이곳 제후(諸侯)의 집안으로 장가들었다는 말.

17) 辛壬癸甲(신임계갑) : 육십갑자(六十甲子)에 따른 일진(日辰)으로 신일 (辛日)·임일(壬日)·계일(癸日)·갑일(甲日)을 말하는데, 우(禹)가 장가들 어 처가에 나흘 동안 묵었던 일을 이르는 말이다.

18) 啓(계) : 우(禹)의 아들로, 뒷날 아버지의 뒤를 이어 천자가 된다. 이때부터 군주세습왕조(君主世襲王朝)가 시작되었다.

19) 呱呱而泣(고고이읍) : 아이가 어머니 배에서 떨어지면서 우는 소리. 고고지 성(呱呱之聲).

20) 弗子(불자) : 아들이라고 돌볼 틈이 없었다는 말. 불(弗)은 불(不)과 같다.

21) 荒度土功(황도토공) : 흙일 다스리는 일만 꾀했다. 황도(荒度)는 꾀하다, 계획하다의 뜻. 토공(土功)은 치산치수(治山治水)의 일을 가리킨다.

22) 五服(오복) : 다섯 지역. 곧 후(侯)·전(甸)·수(綏)·요(要)·황(荒)의 다 섯 지역.

23) 五千(오천) : 오복(五服)으로 나눈 땅이 각기 5백 리씩으로 정해져 있으므

로 동서와 남북을 합쳐 5천 리가 된다는 말.

24) 五長(오장) : 구주(九州) 밖 다섯 곳에 장(長)을 두어 다스리게 했다는 말.

25) 迪(적) : 일을 시키는 대로 법도에 따른다.

26) 時乃功惟敍(시내공유서) : 그대가 차례대로 공을 이루어 주다.

27) 方施象刑(방시상형) : 방(方)은 방법, 시(施)는 시행하다, 상형(象刑)은 죄지은 사람에게 벌을 가하지 않고 법을 어긴 사실만 표시하는 일.

28) 明(명) : 밝혀 처리하라는 뜻.

4. 음악의 효용이 크다는 사실을 아뢰다

기(夔)가 말하였다.

"가볍게 또는 세게 쳐 옥경(玉磬)을 울리고 거문고와 비파를 두드리고 치면서 노래하니, 조상들의 혼령이 강림(降臨)하시고 순임금의 손님이 제자리에 서고 제후들이 덕으로 사양하였습니다. 당(堂) 아래에는 피리와 북이 있고 축(柷)과 어(敔)로 음악을 합주하게 하고 멈추게 하며 생황과 큰종을 간간이 울리니, 새와 짐승들이 춤을 추었고 소소(簫韶)를 아홉 번 연주하니 봉황새도 날아와 맞추어 춤을 추며 축복하였습니다."

기가 다시 말하였다.

"오오, 제가 경(磬)을 치고 두드리니 모든 짐승이 따라 춤을 추고, 여러 관장(官長)들이 진실로 화합하게 되었습니다."

▨ 음악을 관장하며 그 음악으로 백성을 교화시키는 관직에 있는 기(夔)라는 사람이, 음악으로써 짐승까지 감화시켰다는 이야기를 하였다.

夔曰戛擊鳴球[1] 하며 搏拊琴瑟[2] 하여 以詠[3] 하니 祖考來格[4] 하시며 虞賓[5]이 在位하여 群后[6]로 德讓[7] 하나다 下[8] 管鼗鼓[9] 하고 合止柷敔[10] 하며 笙鏞以間[11] 하니 鳥獸蹌蹌[12] 하며 簫韶九成[13]에 鳳凰이 來儀[14] 하나다

夔曰於予擊石拊石에 百獸率舞하며 庶尹[15]이 允諧하나다

1) 戛擊鳴球(알격명구) : 옥경(玉磬)을 쳐서 울리다. 알은 가볍게 치는 것. 격은 세게 치는 것을 뜻한다. 구는 옥으로 만든 경(磬)이니, 곧 옥경(玉磬).

2) 琴瑟(금슬) : 금은 거문고 현악기(絃樂器)의 한 종류로, 옛날에는 오현금
(五弦琴)이었는데 뒤에 칠현금(七弦琴)으로 바뀌었다. 슬은 비파. 현악기의
한 가지로 십칠현(十七弦), 어십칠현(敔十七弦) 등이 있다. 금슬은 부부의
화락(和樂)을 뜻하기도 한다.

3) 詠(영) : 읊조리다. 여기서는 노래한다는 뜻.

4) 來格(내격) : 내려오다. 하림(下臨). 강림(降臨).

5) 虞賓(우빈) : 순(舜)임금의 손님이라는 뜻으로, 요(堯)임금의 아들인 단주
(丹朱)가 와 제사를 도왔는데, 그것을 가리키는 말.

6) 群后(군후) : 여러 제후(諸侯).

7) 德讓(덕양) : 덕으로 사양하다. 곧 서로 겸양(謙讓)의 덕(德)을 발휘하여 높
은 자리를 서로 사양하였다는 말.

8) 下(하) : 아래. 뜰 아래. 당하(堂下).

9) 管鼗鼓(관도고) : 관은 피리나 퉁소 따위 관악기(管樂器). 도는 작은 북. 고
는 큰북.

10) 合止柷敔(합지축어) : 축(柷)과 어(敔)로 음악을 합주(合奏)하게도 하고
멈추게도 하다. 합은 합주, 지는 멈추다. 축은 음악을 시작할 때 울리는 악기,
어는 음악을 멈추게 할 때 울리는 악기.

11) 笙鏞以間(생용이간) : 생황과 큰종을 간간이 울리다. 생(笙)은 생황(笙簧),
곧 관악기(管樂器)의 한 가지로 열아홉 개나 열세 개의 가는 대를 바가지로
만든 바탕에 묶어 세우고 그 부리로 부는 악기. 용(鏞)은 큰종.

12) 蹌蹌(창창) : 춤추는 모양.

13) 簫韶九成(소소구성) : 소소는 순임금이 만들었다고 하는 음악의 이름. 구성
은 아홉 번을 다른 음조(音調)로 연주하다.

14) 來儀(내의) : 날아와 춤을 추며 축복하다.

15) 庶尹(서윤) : 여러 관장(官長). 여러 지방 장관.

5. 임금이 노래 부르고 신하가 화답(和答)하다

순임금은 이에 노래를 지으면서 말하기를

"하늘의 명을 받들어 언제나 일에 힘쓰고 무슨 일에나 기미(幾

微)를 잘 살펴야 한다."
하고는, 이어 노래를 불렀다.

　고굉(股肱)의 신하들이 즐거워하면
　임금은 나라를 일으키고
　모든 관리들은 화락해지리로다.

　고요가 손을 땅에 짚고 머리를 조아리며 큰소리로 아뢰기를
"굽어 살피십시오 신하와 백성을 거느리며 나라의 일을 크게
일으키시되 당신의 법에 신중을 기하고 공경하십시오 당신께서
이루어 놓은 업적을 자주 살피고 받드십시오."
하고는, 이어 노래하였다.

　임금께서 현명하시면
　고굉의 신하들도 훌륭하고
　모든 일이 평안해지리이다.

　하고는, 다시 노래하였다.

　임금께서 번거롭고 졸렬하시면
　고굉의 신하들이 게을러져
　모든 일에 실패하리이다.

　순임금이 허리를 굽혀 말하였다.
"옳은 말이오 가서 공경히 일해 주시오"
　▨ 순임금이 중신이 잘 받들면 임금과 나라의 일이 바로잡히고 잘 되
어 가리라 노래하니, 고요는 임금이 현명해야 신하도 잘 받들고 나라가
태평하게 잘 다스려지리라 답하였다. 순임금과 고요의 대담이 노래로써
이루어지고 있다.

帝庸作歌曰勅[1]天之命한대 惟時[2]惟幾[3]라하시고 乃歌曰股肱[4]喜哉면 元首[5]起哉하여 百工熙[6]哉하라 皐陶拜手稽首[7]하여 颺言[8]曰念哉하사 率作興事하시든 愼乃憲하사 欽哉하시며 屢省乃成[9]하사 欽哉하소서 乃賡[10]載歌曰元首明哉하시면 股肱良哉하여 庶事康哉하리이다 又歌曰元首叢脞哉하시면 股肱惰哉하여 萬事墮[11]哉하리이다 帝拜曰兪라 往欽哉하라

1) 勅(칙) : 임금이 내리는 말이나 글. 여기서는 받들다로 풀이된다.
2) 惟時(유시) : 여기서는 언제나 일에 힘쓰다로 풀이된다.
3) 惟幾(유기) : 무슨 일에나 일의 발단이 되는 기미를 조심스럽게 살펴야 한다는 뜻.
4) 股肱(고굉) : 팔과 다리. 고굉의 신하. 신하를 가리키는 말. 임금은 머리에 해당하고 신하는 팔다리와 같다는 말.
5) 元首(원수) : 국가의 최고 지도자라는 뜻으로, 여기서는 임금을 가리킨다.
6) 熙(희) : 화락(和樂)하다. 즐겁고 화목하다.
7) 拜手稽首(배수계수) : 배수(拜手)는 손을 땅에 짚는다는 뜻이고, 계수(稽首)는 머리를 조아린다는 뜻이니, 아울러서 바닥에 엎드려 큰절을 한다는 뜻이다.
8) 颺言(양언) : 큰소리로 말하다.
9) 屢省乃成(누성내성) : 당신이 이루어 놓은 업적을 자주 살피라. 누는 자주, 성(省)은 살피다. 내(乃)는 당신, 성(成)은 이루어 놓은 업적.
10) 賡(갱) : 남이 노래한 뒤를 이어서 노래한다는 뜻.
11) 墮(타) : 무너진다. 곧 실패로 돌아간다.

제2권 하나라의 글〔夏書〕

아아, 어디로 돌아갈거나
내 가슴의 슬픔이여.
만백성이 모두 우리를 원수로 여기니
내 장차 누구를 의지할거나.
답답하고 서러운지고 내 마음이여.
낯이 뜨겁고 부끄러워라
삼가 그분의 덕을 받들지 못하였으니
뉘우친들 되돌릴 수 있을건가.

제2권 하나라의 글〔夏書〕

하왕조(夏王朝)는 우왕(禹王)에서 비롯하여 그 자손들이 중국을 다스렸던 왕조로 14대 17명의 임금이 약 4백여 년간의 왕업(王業)을 누렸는데 대략 BC 2183년에서 BC 1752년까지로 잡는다.

중국 역사상 첫 번째 왕조로 중국의 민족·정치·문화 등 모든 면에서 매우 중요한 시대로 간주되며, 중국 민족을 화(華) 또는 하(夏)라고 일컫는 것은 우(禹)가 창건한 하왕조의 하(夏)자에서 유래되었다.

이 하서(夏書)는 하왕조의 사관(史官)이 기록하여 후세에 남긴 것이라 하는데 여기에 수록된 것 이외의 것들은 유실되었다고 한다. 또한 이 하서는 본래 우서(虞書)와 함께 수록되어 있었다고 한다. 그래서 한대(漢代)의 학자들은 모두 우서와 하서를 아울러 우하서(虞夏書)라 칭하였다고 한다.

하왕조는 우왕의 뒤를 이어 아들 계(啓)가 즉위하였는데 재위 9년만에 죽고 계의 맏아들 태강(太康)이 물려받았으나 사냥과 놀이에만 급급하여 민심도 멀어진 상황에서 유궁(有窮)의 후예(后羿)에 의해 짐심(斟鄩) 땅에서 핍박받았다.

후예는 태강에게서 정권을 빼앗고 태강의 아우 중강(仲康)을 왕위에 앉혔다. 중강이 죽은 후 아들인 상(相)이 왕위에 올랐으나 상구(商邱) 지방으로 쫓겨나고 예가 스스로 제(帝)를 칭하며 왕위를 찬탈하였다.

후예는 활을 잘 쏘았는데 자신의 실력만 믿고 사냥만 일삼다가 자신의 부하인 한착(寒浞)에게 죽임을 당하였다.

이에 한착이 왕이라 일컬었으나 역시 정사를 돌보지 않았다.

한착이 예를 죽이는 동안 상은 짐관(斟灌)으로 옮겼다가 다시 제구(帝邱)로 옮겼다.

한착은 하왕족과 성이 같은 짐관, 짐심의 제후들을 먼저 모두 살해하고 이어 상을 죽였다.

이때 상의 비(妃)인 유민씨(有緡氏)는 임신중이었는데 상이 죽임을 당하자 유잉(有仍) 땅으로 피신하여 소강(小康)을 낳았다. 소강은 철이 들자 유우(有虞) 땅으로 가 그 지방의 제후의 도움을 받고 덕을 펴면서 노력한 결과 백성의 신망(信望)을 얻게 되었다.

그리하여 소강은 한착을 죽이고 우의 도읍인 안읍(安邑)으로 돌아와 다시 하왕조를 일으키고 호(號)를 중흥(中興)이라 하였다. 소강은 정사에 전념하여 올바르게 다스려 많은 업적을 남겼고 하왕조는 다시 대대로 이어졌다.

약 3백 년 간의 영화를 누리다가 걸왕(桀王) 때에 이르러, 너무나도 포악무도한 걸왕의 정치에 반발한 민심이 상(商)의 탕왕(湯王)에게 옮겨지고 걸왕이 탕(湯)에게 죽음을 당함으로써 하왕조는 멸망하였다.

제1장 우공(禹貢)

이 장은 우(禹)가 황하(黃河)의 범람하는 홍수를 다스리고, 또 중국을 아홉 주(州)로 나눈 업적 등을 기록한 것이다.

이 글을 우공(禹貢)이라 하는 것은 고대 중국에서 전세(田稅)를 부(賦)라 했고 제후(諸侯)들이 바치는 토산물(土産物)을 공(貢)이라 하였는데, 그 공물에 관한 기록이라는 뜻이다. 그러나 실제로 여기서는 공(貢)과 부(賦) 양자를 모두 일컫는 말로 쓰이고 있다.

우가 홍수를 다스리고 나서야 백성은 안정된 생활을 할 수 있게 되었고, 백성이 정착하게 되면서 조세(租稅)제도가 확립되었던 것이다.

1. 우는 먼저 기주(冀州)를 다스리다

우(禹)는 땅을 다스렸는데 산에 이르면 나무를 베어 버리고 높은 산과 큰 강을 안정시켰다.

기주(冀州) 호구산(壺口山)에서 시작하여 양산(梁山)과 기산(岐山)까지 다스렸고, 태원(太原) 땅을 닦고 악산(岳山) 남쪽 기슭에 이르렀으며, 담회(覃懷)에서 일을 이룩하여 장수(漳水)가 가로질러 흐르는 곳까지 이르렀다.

그 곳의 흙은 희고도 부드러웠다. 그 부세(賦稅)는 상상급(上上級)에 속하였으나 상중급(上中級)의 땅도 섞였으며, 그 곳의 밭은 중중급(中中級)에 속하였다.

항수(恒水)와 위수(衛水)가 잘 다스려지니 대륙(大陸)이라는 호수 근처에는 농사를 잘 지을 수 있게 되었다.

동북쪽에 사는 오랑캐들은 갖옷을 바쳐왔다. 그들은 갈석산(碣石山)을 오른쪽으로 끼고 황하(黃河)로 들어왔다.

▨ 우는 홍수를 다스리기 위해 중국 전역을 돌아다니며 지형(地形)을 샅샅이 조사하게 되었다. 그리하여 홍수를 다스린 후, 그때까지 제대로 정리되어 있지 않았던 전 국토를 9주(九州)로 대분(大分)하였는데 이후 중국을 구주라고 일컫기도 한다.

후대에 더욱 세분화되고 확대되었으나 우가 정한 9주의 분류가 기초가 되었다. 기주(冀州)가 당시 정치·경제·문화의 중심지였으므로 가장 먼저 정리하게 되었고 차례로 9주를 다스린 내용을 적고 있다.

禹敷土[1] 하시고 隨[2] 山刊木 하사 奠[3] 高山大川 하시다

冀州[4] 라

旣載壺口[5] 하사

治梁及岐[6] 하시며

旣修太原[7] 하사 至于岳陽[8] 하시며

覃懷[9] 에 底績[10] 하사 至于衡漳[11] 하시다

厥土는 惟白壤[12]이오

厥賦[13]는 惟上에 上[14]이니 錯[15]하며 厥田은 惟中에 中이니라

恒衛旣從[16]하며 大陸[17]旣作하니라

島夷[18]는 皮服[19]이로다

夾右碣石[20]하여 入于河[21]하나니라

1) 敷土(부토) : 땅을 다스린다.

2) 隨(수) : 여기서는 이르다의 뜻이다.

3) 奠(전) : 정하다. 곧 안정시키다. 제사지낸다의 뜻으로 보기도 한다.

4) 冀州(기주) : 중국 상고시대 황제(黃帝)때부터의 정치·문화의 중심지.

5) 載壺口(재호구) : 재는 시작하다. 곧 땅을 다스리기 시작하다. 호구는 산의
이름으로 호구산(壺口山). 지금의 산서성(山西省) 길현(吉縣) 서남쪽에 위
치한다.

6) 治梁及岐(치량급기) : 양산과 기산까지 다스리다. 양(梁)은 양산(梁山)으로
여량산(呂梁山)이라고도 하는 산의 이름인데, 지금의 산서성(山西省) 이석
현(離石縣)에 위치한다. 기(岐)는 기산(岐山)으로 호기산(狐岐山)이라고
도 하는 산의 이름인데, 지금의 산서성(山西省) 개휴현(介休縣)에 위치한다.

7) 修太原(수태원) : 태원(太原) 땅을 닦다. 수(修)는 닦는다는 말로 정리한다
는 뜻이요, 태원(太原)은 땅 이름으로 지금의 산서성(山西省) 영하현(榮河
縣)과 문희현(聞喜縣) 사이에 위치한다.

8) 岳陽(악양) : 악산(岳山)의 양지쪽. 곧 남쪽 기슭. 악(岳)은 악산(岳山) 곧 태
악(太岳)을 가리키는데, 지금의 산서성(山西省) 곽현(霍縣) 동남쪽에 위치
한다. 여기는 요(堯)임금의 도읍지인 평양(平陽)이었던 곳이라고도 전한다.

9) 覃懷(담회) : 지방의 이름. 지금의 하남성(河南省) 무척현(武陟縣)이라고
한다.

10) 績(적) : 땅을 다스리는 일을 가리킨다.

11) 衡漳(형장) : 장수(漳水)가 가로질러 흐르다. 형(衡)은 횡(橫)과 같고 가
로지르다의 뜻. 장(漳)은 물 이름으로 장수(漳水)를 말하며 지금의 하북성
(河北省) 부성현(阜城縣)에서 황하(黃河)와 합류한다.

12) 白壤(백양) : 희고 부드럽다. 양(壤)은 부드러운 흙.

13) 賦(부) : 나라에서 매겨서 받는 세금.

14) 上上(상상) : 부세(賦稅)의 등급으로 가장 높은 것. 곧 상상급(上上級). 토
질(土質)의 좋고 나쁨에 따라 아홉 등급이 있었는데, 그것은 상상(上上)·상
중(上中)·상하(上下)·중상(中上)·중중(中中)·중하(中下)·하상(下上)·
하중(下中)·하하(下下)이다.

15) 錯(착) : 여기서는 상상(上上)보다 아래의 질(質)인 상중(上中)이 섞여 있
었다는 뜻.

16) 恒衛旣從(항위기종) : 항(恒)은 항산(恒山)에서 흘러내리는 항수(恒水),
위(衛)는 지금의 하북성(河北省) 영수현(靈壽縣)을 흐르는 위수(衛水)를
가리킨다. 종(從)은 여기서는 다스려져서 물이 흐르게 되었음을 가리키는 말.

17) 大陸(대륙) : 여기서는 지금의 하북성(河北省) 평향현(平鄉縣)에 있는 호
수(湖水)를 가리키는 말이다.

18) 島夷(도이) : 중국 동북쪽에서 살던 미개인. 곧 오랑캐를 가리키는 말. 하왕
조 이전의 중국 민족과 가장 빈번하게 접촉했던 묘족과 같은 이민족(異民族)
을 말한다. 고대 중국에서는 동북쪽에 살고 있던 이민족들을 모두 이(夷)라
고 불렀다. 여기서는 도이(島夷)라 했지만 '사기(史記)' 등 다른 사서(史
書)에서는 모두 조이(鳥夷)라고 기록되어 있다.

19) 皮服(피복) : 갖옷. 짐승의 모피(毛皮)로 만든 옷.

20) 碣石(갈석) : 산의 이름으로 갈석산(碣石山)을 이른다. 지금의 하북성(河
北省) 창려현(昌黎縣)에 위치한다.

21) 河(하) : 황하(黃河)를 말한다.

2. 연주(兗州)를 개발하여 다스리다

제수(濟水)와 황하 사이가 연주다.

아홉 갈래의 황하수를 잘 소통(疏通)시켜 뇌하(雷夏)를 호수
(湖水)로 만들고 옹수(灉水)와 저수(沮水)를 합류(合流)하게
하였다.

뽕나무가 잘 자라는 토지에서는 누에를 먹이게 하니 언덕 위의
사람들이 평지에 내려와 살았다.

그 곳의 흙은 검고 기름져서 그 곳의 풀은 우거지고 나무도 높

게 잘 자랐다. 그 곳의 밭은 중하(中下)인데, 부세(賦稅)는 구등
(九等)이었다. 13년 동안을 일구고 가꾸어서야 부세가 다른 고을
과 같아졌다.

그 곳의 공물(貢物)은 칠(漆)과 명주실과 대바구니와 무늬를
넣어 짠 비단이었다. 그 곳 사람들은 제수(濟水)와 탑수(漯水)
에 배를 띄워 황하에 이르렀다.

▨ 산동성 서부(西部)의 연주를 다스린 우(禹)의 업적을 말하고 있다.

濟河[1]에 惟兗州라
九河[2] 旣道[3]하며
雷夏[4] 旣澤하며
灉沮[5] 會同[6]이로다
桑土[7] 旣蠶하니 是降丘宅土[8]로다
厥土는 黑墳이니 厥草는 惟繇오 厥木은 惟條[9]로다
厥田은 惟中에 下오 厥賦는 貞[10]이로소니 作[11]十有三載라사 乃同[12]이로다
厥貢은 漆絲오 厥篚는 織文[13]이로다
浮[14]于濟漯[15]하여 達于河하나니라

1) 濟河(제하) : 제수(濟水)와 황하(黃河).
2) 九河(구하) : 아홉 갈래의 황하. 옛날 황하의 지류(支流)가 아홉이었음을 가
　리킨다.
3) 道(도) : 도(導)와 같은 뜻으로 인도하다. 곧 물을 잘 소통(疏通)시켰다는 말.
4) 雷夏(뇌하) : 호수의 이름. 뇌택(雷澤)이라고도 하는데, 지금의 산동성(山東
　省) 동남쪽에 위치한다. '사기(史記)'에 의하면 순임금이 여기서 고기를 낚
　았다고 한다.
5) 灉沮(옹저) : 옹수(灉水)와 저수(沮水). 둘 다 뇌하(雷夏)로 들어간다고 한다.
6) 會同(회동) : 모여서 한 줄기가 되었다는 말. 합류(合流).
7) 桑土(상토) : 뽕나무를 가꾸기에 알맞은 땅.
8) 是降丘宅土(시강구택토) : 그리하여 언덕 위의 사람들이 내려와 평지에서 살
　았다. 시(是)는 그리하여라는 뜻이요, 택(宅)은 살다의 뜻. 토(土)는 평지라
　는 뜻. 곧 홍수를 피해 높은 데로 올라가서 살던 사람들이 홍수가 다스려져

마음 놓고 평지로 내려와서 살았다는 말.

9) 條(조) : 길게 자라다. 곧 높고 크게 자란다는 말.

10) 貞(정) : 아홉번째. 정(正)과 통하는 말로, 우(禹)가 아홉 고을 중 연주(兗州)를 가장 늦은 아홉번째로 다스렸는데, 그 곳 부세(賦稅)의 등급이 일의 순서대로 바르게(正) 아홉번째라는 뜻의 말이다.

11) 作(작) : 여기서는 다스리다의 뜻.

12) 乃同(내동) : 이에 같아졌다. 곧 13년을 더 일구고 가꾼 뒤에야 다른 여덟 고을과 같아졌다는 말.

13) 織文(직문) : 무늬를 넣어서 짠 비단.

14) 浮(부) : 뜨다. 곧 배를 타다.

15) 漯(탑) : 물 이름인 탑수(漯水). 지금의 산동성(山東省) 우성현(禹城縣)에서 비롯하여 동으로 고원현(高苑縣)을 거쳐 바다로 흐름.

3. 청주(靑州)를 다스리고 이족에게 목축을 가르치다

바다와 태산(泰山) 사이가 청주다.

우이(嵎夷) 지방을 다스리고 나니 유수(濰水)와 치수(淄水)가 소통(疏通)되었다. 그 곳 흙은 희고 걸찬데 바닷가는 넓은 갯벌이었다.

그 곳의 밭은 상(上)의 하(下)급이고 부세(賦稅)는 중상(中上)이었다. 그 공물(貢物)은 소금과 갈포(葛布)와 해산물이 섞여 있었다. 태산 골짜기에서는 명주실과 모시와 납과 소나무와 괴석(怪石)이 났다.

내산(萊山)의 이족(夷族)들에게 목축을 하게 하니, 그들은 바구니에 산누에고치에서 뽑은 실을 바쳤다.

그 곳의 백성은 문수(汶水)를 지나서 제수(濟水)에 이르렀다.

▨ 우가 청주(靑州) 지방을 다스리고 이 지방에 사는 이족(夷族)에게 목축업을 가르친 것을 기록하였다.

청주는 지금의 산동성 동부(東部)이다.

海岱[1]에 惟靑州라

嵎夷[2] 旣略하니

濰淄[3] 其道하도다

厥土는 白墳[4]이니 海濱은 廣斥이로다

厥田은 惟上에 下오 厥賦는 中에 上이로다

厥貢은 鹽絺[5]오 海物은 惟錯이로다 岱畎에 絲枲와 鉛松과 怪石이로다

萊夷[6] 作牧[7]하니 厥篚는 檿絲[8]로다

浮于汶[9]하여 達于濟하나니라

1) 岱(대) : 대종(岱宗). 곧 태산(泰山)을 가리킨다.

2) 嵎夷(우이) : 동해변(東海邊)을 가리킨다. 일설(一說)에는 우리 나라를 가리키는 말이라고도 하지만, 당시 중국의 세력이 우리 나라까지 미치지는 못하였다.

3) 濰淄(유치) : 유수(濰水)와 치수(淄水). 유수는 지금의 산동성(山東省) 거현(莒縣)에서 발하여 창읍(昌邑)에서 바다로 흘러 들어가는 물의 이름이고 치수는 지금의 산동성 내무현(萊蕪縣)에서 발하여 수광현(壽光縣)을 거쳐 바다로 흘러 들어가는 물의 이름이다.

4) 白墳(백분) : 희고 걸차다. 희고 비옥(肥沃)하다.

5) 絺(치) : 고운 칡으로 짠 천. 칡베. 갈포(葛布).

6) 萊夷(내이) : 내산(萊山)에 사는 오랑캐. 내산에 사는 이족(夷族). 내산은 지금의 산동성 황현(黃縣)에 위치한다.

7) 作牧(작목) : 목축(牧畜)을 가르쳐 하게 했다는 뜻.

8) 檿絲(염사) : 산누에고치에서 뽑은 실.

9) 汶(문) : 문수(汶水). 지금의 산동성 내무현(萊蕪縣)에 그 수원(水源)을 두고 서남쪽으로 흘러 제수(濟水)와 합류(合流)하였는데, 지금은 운하(運河)로 흘러 들어간다.

4. 서주(徐州)를 다스려 몽산과 우산에서도 농사짓다

바다와 태산과 회수(淮水) 사이가 서주다.

회수와 기수(沂水)를 다스리니 몽산(蒙山) 지방과 우산(羽

山) 지방에서도 농사를 지을 수 있게 되었으며, 대야호(大野湖)에 둑을 쌓으니 동원(東原) 땅이 평탄하게 되었다.

그 곳의 흙은 붉고 차지며 기름져 풀과 나무는 자라서 무성해 졌다. 그 곳의 밭은 상(上)의 중(中)인데 부세(賦稅)는 중(中)의 중(中)이었다.

그 곳 공물로는 오색(五色)의 흙과 우산(羽山) 골짜기에서 나는 여름꿩의 깃과 역산(嶧山)의 남쪽 기슭에서 홀로 자라는 오동나무와 사수(泗水)가에서 나는 부경(浮磬)의 돌 따위였다.

회수가의 이족(夷族)은 진주와 물고기를 바쳤는데, 그들의 공물 바구니에는 검은 무늬를 넣어 짠 흰빛의 비단이 담겨 있었다.

회수나 사수에서 배를 타고 황하에 이르렀다.

▨ 서주는 지금의 산동성 남부와 회수 이북의 지방으로 우가 서주를 다스린 것과 서주의 지형, 토산물 등을 적고 있다.

海岱及淮[1]에 惟徐州라
淮沂[2]其乂하니
蒙羽[3]其藝[4]하도다
大野旣豬[5]하니
東原[6]이 底平[7]하도다
厥土는 赤埴墳이니 草木은 漸包[8]로다
厥田은 惟上에 中이오 厥賦는 中에 中이로다
厥貢은 惟土五色[9]과 羽畎[10]에 夏翟[11]과 嶧陽[12]에 孤桐[13]과 泗濱[14]에 浮磬[15]이로다 淮夷는 蠙珠[16]暨魚로소니 厥篚는 玄纖縞[17]로다
浮于淮泗하여 達于河하나니라

1) 淮(회) : 회수(淮水). 지금의 하남성(河南省) 동백산(桐栢山)에서 발원(發源)하여 안휘성(安徽省)과 강소성(江蘇省)을 거쳐서 바다로 들어가는 물의 이름인데, 지금은 물길이 많이 바뀌었다.
2) 淮沂(회기) : 회수(淮水)와 기수(沂水). 기수(沂水)는 지금의 산동성(山東省) 몽음현(蒙陰縣)에 그 수원(水源)을 두고 남쪽으로 흘러 강소성(江蘇省) 비현(邳縣)에서 사수(泗水)와 합류하는 물의 이름인데, 대기하(大沂

河)라고도 한다.

3) 蒙羽(몽우) : 몽산(蒙山)과 우산(羽山). 몽산은 지금의 산동성(山東省) 비현(費縣)에 위치한 산의 이름이요, 우산은 지금의 산동성 담성(郯城)에 위치한 산의 이름이다.

4) 藝(예) : 여기서는 곡식을 심을 수 있다. 또는 농사를 지을 수 있다는 뜻으로 쓰였다.

5) 大野旣豬(대야기저) : 대야호(大野湖)에 둑을 쌓아 물이 넘치지 못하게 하였다는 뜻. 대야(大野)는 지금의 산동성에 있는 호수 이름.

6) 東原(동원) : 땅 이름. 지금의 산동성 동평현(東平縣)과 태안현(泰安縣)에 걸쳐 있었다.

7) 底平(저평) : 평탄해졌다. 곧 농사짓기가 좋아졌다는 뜻.

8) 漸包(점포) : 점점 자라서 무성해지다. 점(漸)은 자란다는 뜻. 포(包)는 무성하다는 뜻.

9) 土五色(토오색) : 청(靑)·적(赤)·백(白)·흑(黑)·황(黃)의 다섯 가지 빛깔의 흙. 지금의 제성(諸城)과 서주 동산(徐州銅山)의 오색토(五色土)는 유명하다.

10) 羽畎(우견) : 우산(羽山)의 골짜기.

11) 夏翟(하적) : 여름꿩. 꿩의 일종으로, 그 깃털로 기를 장식한다.

12) 嶧陽(역양) : 역산(嶧山)의 양지쪽. 곧 역산의 남쪽 기슭. 역산은 지금의 산동성(山東省) 역현(嶧縣)에 있는 산의 이름.

13) 孤桐(고동) : 홀로 자라는 오동나무. 거문고와 비파 등의 악기를 만드는 좋은 재료였다.

14) 泗濱(사빈) : 사수(泗水)의 물가. 사수(泗水)는 지금의 산동성 사수현(泗水縣)에서 발원(發源)하여 남으로 흘러 강소성(江蘇省) 청하현(淸河縣)에서 회수(淮水)와 합류하는 물의 이름.

15) 浮磬(부경) : 흙 가운데에서 물에 뜬 듯이 두드러지게 나타난 경석(磬石). 경(磬)을 만드는 원석(原石)이다.

16) 蠙珠(빈주) : 조개에서 나는 진주.

17) 玄纖縞(현섬호) : 검은 무늬를 넣어서 짠 비단. 호(縞)는 흰 비단.

5. 양주(揚州)를 다스려 물이 일정해졌다

회수(淮水)와 바다 사이가 양주다.

팽려라는 호수에 둑을 쌓으니 철을 따라 옮겨 다니는 물새들이 그 곳에 살게 되었다. 세 갈래의 물줄기를 바다로 흘러들게 하니 진택의 못물이 일정해졌다.

호숫가에는 가는 대나무와 굵은 대나무들이 잘 자랐으며, 그 곳 풀은 우거지고 나무들은 높다랗게 뻗어 올랐다.

그 곳의 흙은 진흙으로 밭의 등급은 하(下)의 하(下)요, 그 부세는 하(下)의 상(上)이며, 중(中)의 하(下)도 섞여 있었다.

그 곳의 공물은 금(金)·은(銀)·동(銅) 세 가지와 요(瑤)·곤(琨)이라는 구슬과 가늘고 굵은 대나무, 상아(象牙), 짐승의 가죽, 새의 깃털, 소의 꼬리털, 그리고 목재였다.

도이족(島夷族)은 풀로 만든 옷을 입었는데, 그들의 바구니에는 조개무늬의 비단이 담겨 있었고, 보자기에 귤과 유자(柚子)를 싸서 공물로 바쳤다.

강과 바다를 따라 오르면 회수(淮水)와 사수(泗水)에 이르게 된다.

▨ 우(禹)가 다스린 양주(揚州) 지방의 토질과 풍물을 기록하였다.

양주는 회수(淮水) 이남을 가리키는데 지금의 절강성과 강서성 모두 이에 포함된다.

淮海에 惟揚州라
彭蠡[1] 旣豬하니
陽鳥[2]에 攸居[3]로다
三江[4]이 旣入하니
震澤[5]이 底定[6]하도다
篠簜이 旣敷[7]하니 厥草는 惟夭[8]며 厥木은 惟喬오 厥土는 惟塗泥로다
厥田은 惟下에 下오 厥賦는 下에 上이로소니 上錯[9]이로다

厥貢은 惟金三品[10]과 瑤琨[11] 篠簜과 齒[12] 革羽毛[13]와 惟木이로다 島夷[14]는 卉服[15]이로소니 厥篚는 織貝[16]오 厥包[17] 橘柚는 錫貢[18]이로다 沿[19] 于江[20] 海하여 達于淮泗하나니라

1) 彭蠡(팽려) : 호수의 이름. 강서성(江西省)에 있으며, 중국 제2의 큰 호수인 지금의 파양호(鄱陽湖)를 가리킨다.

2) 陽鳥(양조) : 철을 따라 서식처를 옮겨 다니는 철새. 후조(候鳥).

3) 攸居(유거) : 그 곳에 산다. 서식처(棲息處)로 삼는다는 뜻.

4) 三江(삼강) : 어느 하천(河川)을 가리키는지, 그 설(說)이 구구하다. 누강(婁江)·동강(東江)·송강(松江)을 지칭한다고 함.

5) 震澤(진택) : 지금의 태호(太湖)를 가리킨다. 강소성(江蘇省)과 절강성(浙江省)에 걸쳐 있다.

6) 底定(지정) : 일정하게 되었다는 뜻.

7) 篠簜旣敷(소탕기부) : 가는 대와 굵은 대(장대)가 자라 번졌다는 말. 소는 가는 대나무, 탕은 굵은 장대.

8) 夭(요) : 여기서는 우거지다, 무성하다의 뜻.

9) 上錯(상착) : 하상(下上)의 위인 중하(中下), 곧 여섯째 등급도 섞여 있다는 뜻.

10) 金三品(금삼품) : 쇠붙이의 세 가지. 곧 금(金)과 은(銀)과 동(銅).

11) 瑤琨(요곤) : 요(瑤)와 곤(琨). 두 가지가 다 옥돌의 이름으로서, 미옥(美玉)을 가리키는 말.

12) 齒(치) : 이빨. 여기서는 코끼리의 이빨인 상아(象牙)를 말한다.

13) 毛(모) : 터럭. 여기서는 소의 꼬리털을 말한다.

14) 島夷(도이) : 섬에 사는 이족(夷族)을 가리킨다. 앞에서도 도이(島夷)가 나왔는데, 그것은 동북 지방의 이족을 가리킨 말로 여기서 말하는 도이와는 다르다.

15) 卉服(훼복) : 온갖 풀로 만든 옷.

16) 織貝(직패) : 조개무늬를 넣어서 짠 비단.

17) 包(포) : 보자기. 보따리.

18) 錫貢(석공) : 공물(貢物)을 바치다. 납공(納貢).

19) 沿(연) : 물길을 따라간다는 뜻.

20) 江(강) : 장강(長江). 곧 양자강(揚子江)을 가리킨다. 보통 하(河)는 황하

(黃河)를 가리키고 강(江)은 양자강(揚子江)을 가리킨다.

6. 형주(荊州)의 강수와 한수를 합류시키다

형산(荊山)과 형산(衡山)의 남쪽 기슭 사이가 형주(荊州)다.
강수(江水)와 한수(漢水)를 합류시켜 바다로 흘러들게 하니
아홉 가닥의 강줄기가 크게 바로잡혔다. 타수(沱水)와 잠수(潛
水)가 소통되니 운택(雲澤)의 바닥이 드러나고 몽택(夢澤)의 물
도 다스려졌다.

그 곳의 땅은 진흙이 많아 밭은 하(下)의 중(中)이나 부세(賦
稅)는 상(上)의 하(下)였다.

그 곳의 공물은 새의 깃털, 소의 꼬리털, 상아(象牙), 가죽, 금
(金)·은(銀)·동(銅), 참나무·산뽕나무·향나무·잣나무, 거친
숫돌·고운 숫돌, 살촉을 만드는 돌, 단사(丹砂) 등이었고 조릿대
인 균(菌)과 노(簵), 호(楛)나무 등은 운택(雲澤)과 몽택(夢澤)
에 가까운 세 나라에서 공물로 바쳐 이름이 났다.

보따리와 궤짝에 가시 있는 띠풀을 넣고 보자기로 쌌으며, 바구
니에는 검은 비단과 붉은 비단, 둥글지 않은 구슬과 수실 달린 끈
이 있었다. 구강(九江)에서는 공물로 큰 거북을 바쳤다.

그들은 배를 타고 강수(江水)·타수(沱水)·잠수(潛水)·한수
(漢水)를 거슬러 올라가 낙수(洛水)를 거쳐 남쪽 황하에 이르렀다.

▨ 지금의 호북성과 호남성 일대의 형주(荊州) 지방을 다스린 것과
토질과 풍물을 적고 있다. 옛날 형주 지방과 양주 지방은 오늘날 중국의
곡창지대로 손꼽히고 있다.

荊[1]及衡陽[2]에 惟荊州라
江漢[3]이 朝宗[4]于海하며
九江[5]이 孔殷[6]하도다
沱潛[7]이 旣道하니
雲土[8]오 夢[9]作乂하도다

厥土는 惟塗泥니 厥田은 惟下에 中이오 厥賦는 上에 下로다

厥貢은 羽毛齒革과 惟金三品과 杶榦栝柏[10]과 礪砥砮丹[11]이로다 惟菌簵楛[12]는 三邦[13]이 底貢厥名[14]하나니라 包匭菁茅[15]며 厥篚는 玄纁[16]璣組[17]로소니 九江이 納錫[18]大龜하놋다

浮于江沱潛漢하여 逾于洛[19]하여 至于南河하나니라

1) 荊(형) : 형산(荊山). 지금의 호북성(湖北省) 남장현(南漳縣)에 위치한다.

2) 衡陽(형양) : 형산(衡山)의 남쪽 기슭. 형산(衡山)은 지금의 호남성(湖南省) 형산현(衡山縣)에 위치하는데, 순전(舜典)에 나오는 남악(南岳)이 그 산이다.

3) 江漢(강한) : 장강(長江)과 한수(漢水). 강(江)은 장강(長江) 곧 양자강(揚子江)을 이르는 말이요, 한(漢)은 한수(漢水)로 지금의 섬서성(陝西省) 영강현(寧羌縣)에 그 수원(水源)을 두고 지금의 무한(武漢)에 이르러 장강(長江)과 합류한다.

4) 朝宗(조종) : 강물이 바다로 흘러 들어가는 것을 비유하여 이르는 말로, 제후(諸侯)들이 천자(天子)를 찾아뵈는 듯이 한다고 해서 이르는 말이다. 조(朝)는 제후가 봄에 천자를 뵙는 일, 종(宗)은 제후가 여름에 천자를 뵙는 것을 말한다고 한다.

5) 九江(구강) : 아홉 가닥의 강줄기. 지금의 동정호(洞庭湖)로 들어가는 아홉 줄기의 강을 이르는 말이라고 하나 그 설(說)이 구구하다.

6) 孔殷(공은) : 크게 바로잡히다. 공(孔)은 크다는 뜻이요, 은(殷)은 바로잡는다는 뜻이다.

7) 沱潛(타잠) : 타수(沱水)와 잠수(潛水). 타수는 지금의 호북성(湖北省) 지강현(枝江縣)에서 장강(長江)으로 합류되는 물의 이름이요, 잠수는 잠수(涔水)라고도 하는데, 지금의 호북성 잠강현(潛江縣)에 흐르던 물의 이름이다.

8) 雲土(운토) : 운택(雲澤)의 바닥이 드러났다는 말. 운(雲)은 운택(雲澤)으로 당시 장강(長江) 남쪽에 있던 호수요, 토(土)는 호수의 바닥이 드러났다는 말.

9) 夢(몽) : 장강 남쪽에 있던 호수의 이름.

10) 杶榦栝柏(춘간괄백) : 모두 나무 이름이다. 춘은 참나무로 수레를 만드는 데 사용하였다고 한다. 간은 산뽕나무로 활을 만드는 데 사용하였다고 한다. 괄은 향나무. 백은 잣나무.

11) 礪砥砮丹(여지노단) : 여는 거친 숫돌을 말하고 지는 고운 숫돌을 말한다.
노는 살촉으로 여기서는 살촉을 만드는 데 쓰는 돌을 말한다. 단은 단사(丹砂)로 붉은 물감의 원료이다.

12) 菌簵楛(균노호) : 균과 노는 조릿대를 말하는데, 둘 다 가늘고도 단단해서
화살대로 사용되었다. 호는 호나무로 역시 가늘고 단단해서 화살대를 만드는
데 적합하였다고 한다.

13) 三邦(삼방) : 세 나라. 운택(雲澤)과 몽택(夢澤) 근처에 있던 세 나라를 뜻
한다. 구체적으로 어느 나라인지는 미상(未詳)이다.

14) 厎貢厥名(지공궐명) : 공물을 바쳐 그 이름이 널리 알려진 것.

15) 包匭菁茅(포궤청모) : 가시가 달린 띠풀을 궤짝에 넣고 다시 보자기로 쌌
다는 말. 포는 보자기로 싸다. 궤는 궤짝. 청모는 가시가 달린 띠풀. 당시 종묘
에서 제사 지낼 때 그 풀에다 술을 걸렀다고 함.

16) 玄纁(현훈) : 비단. 현은 검은 비단, 훈은 붉은 비단.

17) 璣組(기조) : 기는 구슬. 둥글게 다듬지 않은 구슬. 조는 끈. 구슬 같은 것을
매다는 수실이 달린 끈.

18) 納錫(납석) : 공물로 바치다.

19) 洛(낙) : 낙수(洛水). 지금의 섬서성(陝西省) 낙남현(雒南縣)에 수원을 두
고 낙양(雒陽)을 거쳐 공현(鞏縣)에서 황하와 합류하는 물.

7. 예주(豫州)에서 네 물을 황하로 빠지게 하다

형산(荊山)과 황하(黃河) 사이가 예주다.

이수(伊水)·낙수(洛水)·전수(瀍水)·간수(澗水)의 물을 황
하로 빠지게 하니, 형(滎)수와 파(波)수의 물이 못을 이루었다.

가택(菏澤)의 물을 맹저(孟豬)라는 못으로 끌어들였다.

그 곳의 땅은 부드러우나 낮은 쪽의 흙은 기름지면서도 검고 굳
었다. 밭은 중(中)의 상(上)인데, 부세(賦稅)는 상(上)의 중(中)
이고, 상(上)의 상(上)이 섞이기도 했다.

그 곳의 공물은 칠(漆)과 모시와 갈포(葛布)와 모시옷감이고,
바구니에는 가는 무명실이 있었으며, 명(命)에 따라 경석(磬石)

을 가는 숫돌을 바치기도 했다.

그들은 낙수에 배를 띄워 황하에 이르렀다.

▨ 예주(豫州)는 지금의 하남성으로 도읍지와 가장 가까운 곳에 위치하고 있었다.

예주의 백성들은 주로 황하를 이용하여 도읍지와 왕래하였는데 서쪽에서는 낙수(洛水)를 따라 황하로 들어가 황하를 거슬러 도읍지에 이르렀다. 우가 예주를 다스린 것과 예주의 풍물, 지질을 기록하였다.

荊河[1]에 惟豫州라
伊洛瀍澗[2]이 旣入于河하며
滎波[3]旣豬로다
導菏澤[4]하사 被孟豬[5]하시다
厥土는 惟壤이니 下土[6]는 墳壚[7]로다
厥田은 惟中에 上이오 厥賦는 錯이로소니 上에 中[8]이로다
厥貢은 漆枲[9]絺紵[10]오 厥篚는 纖纊[11]이로소니 錫貢[12]磬錯[13]하놋다
浮于洛하여 達于河하나니라

1) 荊河(형하) : 형산(荊山)과 황하(黃河).
2) 伊洛瀍澗(이락전간) : 모두 물 이름이다. 이는 이수(伊水)로 지금의 하남성(河南省) 노씨현(盧氏縣)에 수원(水源)을 두고 동북으로 흘러 낙양(雒陽)에서 낙수(雒水)와 합류하는 물이요, 낙은 낙수(洛水)요, 전은 전수(瀍水)로 지금의 하남성 맹진현(孟津縣)에 그 수원을 두고 동으로 흐르다가 언사(偃師)에서 낙수와 합류하는 물이요, 간은 간수(澗水)로 지금의 하남성 면지현(澠池縣)에서 발원(發源)하여 역시 낙양(雒陽)에서 낙수로 합류되는 물이다.
3) 滎波(형파) : 물 이름. 형수와 파수.
4) 菏澤(가택) : 호수 이름. 지금의 산동성(山東省) 정관현(定關縣)에 옛 자취만 남아 있다고 한다.
5) 孟豬(맹저) : 연못 이름. 지금의 하남성 상구현(尙丘縣)에 있다.
6) 下土(하토) : 낮은 곳의 흙. 밑흙.
7) 壚(노) : 검고 굳은 흙.

8) 錯上中(착상중) : 상(上)의 중(中)으로 둘째 등급인데, 상(上)의 상(上)인 첫째 등급이 섞이기도 했다는 말.

9) 枲(시) : 모시풀. 곧 모시의 실.

10) 紵(저) : 모시베. 이미 옷감으로 짜인 모시.

11) 纖纊(섬광) : 가는 무명실.

12) 錫貢(석공) : 명(命)에 따라 바치는 공물.

13) 磬錯(경착) : 경석(磬石)을 가는 숫돌.

8. 양주(梁州)의 민산·파산 일대를 농경지로 가꾸다

화산(華山)의 남쪽 기슭에서 흑수(黑水)까지가 양주다.

민산(岷山)과 파산(嶓山) 일대를 농경지로 가꾸어 농사를 짓게 하고, 타수(沱水)와 잠수(潛水)를 유통시켰다. 채산(蔡山)과 봉산(蒙山) 일대도 잘 정리하여 경작할 수 있게 하였으며, 화수(和水)의 이족(夷族)을 잘 다스리는 공적을 이루었다.

그 곳의 흙은 검푸르렀고 밭은 하(下)의 상(上)이었는데, 부세(賦稅)는 하(下)의 중(中)에 세 가지로 섞여 있었다.

그 곳의 공물은 질이 좋은 황금과 철(鐵)·은(銀)·강철·살촉돌·경석(磬石) 등과 곰·말곰·여우·너구리 등의 털가죽으로 짠 융단이었다.

서경산(西傾山)의 산물은 환수(桓水)를 이용하여 들어올 수 있었으며, 잠수(潛水)에 배를 띄워 면수(沔水)를 지나, 다시 위수(渭水)를 거쳐 황하를 가로질러 들어왔다.

▨ 우(禹)는 지금의 사천성과 섬서성 남부인 양주(梁州)를 다스려 경작하게 하였다.

華陽[1] 黑水[2]에 惟梁州라

岷嶓[3] 旣藝하며

沱潛[4]이 旣道하도다

蔡蒙[5]에 旅平[6]하시며

和夷⁷⁾에 底績⁸⁾하시다

厥土는 靑黎⁹⁾니

厥田은 惟下에 上이오 厥賦는 下에 中이로소니 三錯¹⁰⁾이도다

厥貢은 璆¹¹⁾鐵과 銀鏤¹²⁾와 砮磬과 熊羆와 狐狸와 織皮¹³⁾와로다

西傾¹⁴⁾으로 因桓¹⁵⁾是來하여 浮于潛하며 逾于沔¹⁶⁾하며 入于渭¹⁷⁾하여 亂¹⁸⁾于河하나니라

1) 華陽(화양) : 화산(華山)의 남쪽 기슭. 화산(華山)은 순전(舜典)에 나오는 서악(西岳)이다.

2) 黑水(흑수) : 지금의 금사강(金沙江)을 이르는 말이라고 하나 여러 가지 설(說)이 있다.

3) 岷嶓(민파) : 다 산의 이름으로 민산(岷山)과 파산(嶓山). 민산은 문산(汶山)이라고도 하며 지금의 사천성(四川省) 송반현(松潘縣)에 있는 양자강(揚子江)의 발원지(發源地). 파산은 지금의 섬서성(陝西省) 영강현(寧羌縣)에 있는데, 반총산(潘冢山)이라고도 하여 한수(漢水)의 발원지라고 한다.

4) 沱潛(타잠) : 다 물의 이름으로 타수(沱水)와 잠수(潛水)인데, 앞에서 나온 형주(荆州)의 타수와 잠수와는 다르다. 타수는 민강(泯江)의 지류(支流)인데 지금의 사천성 관현(灌縣)에서 갈라져 노현(瀘縣)에서 양자강과 합류하며, 잠수는 가릉강(嘉陵江)의 북쪽 지류인데 지금의 사천성 광원현(廣元縣)에 있다.

5) 蔡蒙(채몽) : 산의 이름으로 채산(蔡山)과 몽산(蒙山). 지금의 사천성 아안현(雅安縣)에 있다.

6) 旅平(여평) : 정리하여 고르게 해놓았다는 뜻. 여(旅)는 여기서 정리한다는 뜻. 평(平)은 고르게 하였다는 뜻으로 경작할 수 있게 하였다는 말.

7) 和夷(화이) : 화수(和水) 근처에 사는 이족(夷族).

8) 底績(지적) : 다스린 공적을 이루었다는 말.

9) 靑黎(청려) : 푸르고 검은 빛깔. 검푸른 빛깔.

10) 下中三錯(하중삼착) : 하(下)의 중(中)에 세 가지로 섞여 있었다. 곧 아홉 등급 중 여덟째 등급인데다가 일곱째 등급과 아홉째 등급이 섞여 있었다는 뜻.

11) 璆(구) : 옥(玉)을 이르는 말이나 여기서는 질(質)이 좋은 황금을 말한다.

12) 鏤(누) : 강철(鋼鐵).

13) 織皮(직피) : 털가죽으로 짠 융단.

14) 西傾(서경) : 산의 이름으로 서경산(西傾山). 지금의 청해성(靑海省)에 있는 노찰포랍산(魯察布拉山)이라고도 한다.

15) 桓(환) : 물 이름으로 환수(桓水).

16) 沔(면) : 물 이름으로 면수(沔水). 한수(漢水)의 지류.

17) 渭(위) : 물 이름으로 위수(渭水). 지금의 감숙성(甘肅省) 위원현(渭源縣) 조서산(鳥鼠山)에 그 수원을 두고 동관(潼關)에 이르러 황하로 들어간다.

18) 亂(난) : 흐르는 물줄기를 똑바로 가로질러 건너가는 것.

9. 옹주(雍州)를 다스려 서쪽 오랑캐의 질서를 잡다

흑수(黑水)에서 서하(西河)까지의 사이가 옹주다.

약수(弱水)를 서쪽으로 흐르게 하고, 경수(涇水)를 모아 위수(渭水)가 굽이치는 곳으로 흘러들게 하였으며, 칠수(漆水)와 저수(沮水)를 유통시켰고, 예수(澧水)도 함께 합쳐지게 하였다.

형산(荊山)과 기산(岐山)을 정리하고 종남산(終南山)과 돈물산(惇物山)을 거쳐 조서산(鳥鼠山)까지 이르게 하였으며 평야와 진펄에서 공을 이루고 저야호(豬野湖)까지 다스리니, 삼위산(三危山) 일대에서도 사람이 살 수 있게 되어 삼묘족(三苗族)이 크게 다스려졌다.

그 곳의 흙은 누렇고 부드러워 밭은 상(上)의 상(上)인데, 부세(賦稅)는 중(中)의 하(下)였다.

그 곳의 공물은 옥경(玉磬)과 옥돌 들이었다.

적석산(積石山) 기슭에서 배를 띄워 용문산(龍門山)의 서하(西河)에 이를 수 있고 위수가 굽이치는 곳에 이를 수 있었다.

짐승의 털가죽으로 짠 융단은 곤륜(崑崙)과 석지(析支)와 거수(渠搜) 지방에서 났는데, 이를 서쪽 오랑캐들도 잘 따라서 질서가 잡혔다.

▨ 지금의 섬서성과 감숙성(甘肅省)에 해당하는 옹주(雍州)를 우(禹)가 다스린 것과 옹주의 토질, 풍물들을 적고 있다.

우(禹)가 백성들을 가장 괴롭히던 극심한 홍수를 다스려 9주(九州)로 나누고 안정된 생활을 하도록 한 공적을 차례대로 열거하였다.

이와 같은 큰일을 이루었기에 우는 순임금으로부터 천자의 자리를 물려받을 수 있었고 백성의 마음을 모을 수 있었다.

黑水[1]西河[2]에 惟雍州라
弱水[3]旣西하며
涇[4]이 屬渭汭[5]하며
漆沮[6]旣從[7]하며
澧水[8]攸同이로다
荊岐[9]에 旣旅하시고 終南[10]惇物[11]로 至于鳥鼠[12]하시며
原隰[13]에 底績하사 至于豬野[14]하시다
三危[15]旣宅[16]하니 三苗丕敍하도다
厥土惟黃壤이니
厥田은 惟上에 上이오 厥賦는 中에 下오
厥貢은 惟球琳琅玕[17]이로다
浮于積石[18]하여 至于龍門[19]西河하여 會于渭汭하나니라
織皮는 崑崙[20]과 析支[21]와 渠搜[22]들과 西戎[23]이 卽敍하도다

1) 黑水(흑수) : 물 이름. 지금의 감숙성(甘肅省) 감주(甘州)에 있는 장액계산(張掖鷄山)에 그 수원(水源)을 두고 남으로 돈황(燉煌)을 거쳐 남해(南海)로 빠졌다고 한다. 앞에서 나온 양주(梁州)의 흑수(黑水)와는 다르다.

2) 西河(서하) : 물 이름. 지금의 산서성(山西省)과 섬서성(陝西省) 사이 성(省)의 경계를 남북으로 하여 흐르는 황하(黃河)의 일부를 가리킨다.

3) 弱水(약수) : 물 이름. 지금의 감숙성에 있는 장액하(張掖河).

4) 涇(경) : 물 이름으로 경수(涇水). 지금의 감숙성 화평현(化平縣)에 그 수원을 두고 있으며, 동으로 흘러 섬서성 고릉현(高陵縣)에서 위수(渭水)와 합류한다.

5) 屬渭汭(촉위예) : 한 줄기로 모아 위수(渭水)가 굽이치는 곳으로 끌어들였다는 뜻.

6) 漆沮(칠저) : 둘 다 물 이름으로 칠은 칠수(漆水). 지금의 섬서성 동관현(東

官縣) 동북에 위치하는 대신산(大神山)에 그 수원을 두고 서남쪽으로 흘러 섬서성 요현(耀縣)에서 저수(沮水)와 합류한다. 저는 저수(沮水). 지금의 섬서성 요현(耀縣)쪽에 그 수원을 두고 동남으로 흘러 칠수(漆水)와 합류하고, 두 물이 한 줄기가 되어 다시 조읍(朝邑)에서 위수(渭水)와 합류한다.

7) 從(종) : 다스려지다. 곧 유통(流通)시키다의 뜻.

8) 澧水(예수) : 물 이름. 지금의 섬서성 영섬현(寧陝縣)의 동쪽 진령(秦嶺)에 그 수원을 두고 함양(咸陽)에 이르러 위수와 합류한다.

9) 荊岐(형기) : 둘 다 산 이름. 형은 형산(荊山). 지금의 섬서성 부평(富平)에 있다. 앞에서 나온 형주(荊州)의 형산(荊山)과는 다르다. 기는 기산(岐山). 지금의 섬서성 기산현(岐山縣)에 있다.

10) 終南(종남) : 산 이름으로 종남산(終南山). 지금의 섬서성 장안(長安) 남쪽에 위치한다.

11) 惇物(돈물) : 산 이름으로 돈물산(惇物山). 지금의 섬서성 무공현(武公縣) 남쪽에 위치한다.

12) 鳥鼠(조서) : 산 이름으로 조서산(鳥鼠山). 지금의 감숙성 위원현(渭源縣)에 위치한다.

13) 原隰(원습) : 평야와 진펄. 원(原)은 들, 곧 평야. 습(隰)은 진펄, 곧 진창으로 된 벌.

14) 豬野(저야) : 호수의 이름으로 저야호(豬野湖). 지금의 감숙성 양주(凉州)에 있었다.

15) 三危(삼위) : 산의 이름으로 삼위산(三危山). 지금의 감숙성 돈황현(燉煌縣) 남쪽에 위치함. 순전(舜典)에 나오는 지방 이름이 아님.

16) 宅(택) : 사람이 농사를 지으면서 살 수 있게 되었다는 뜻.

17) 球琳琅玕(구림랑간) : 네 가지가 모두 옥과 옥돌을 이르는 말로 옥의 각각 다른 종류를 말한다.

18) 積石(적석) : 산 이름으로 적석산(積石山). 지금의 대설산(大雪山)을 이르는 말이라고도 하는데, 청해성(靑海省) 남쪽에 위치한다. 대적산(大積山)이라고도 한다.

19) 龍門(용문) : 산 이름으로 용문산(龍門山). 지금의 산서성 하진(河津)과 섬서성 한성(韓城) 사이에 위치한다. 중국에는 이 밖에도 용문산이라는 이름

을 가진 산이 여러 곳에 있다.

20) 崑崙(곤륜) : 산 이름이며 지방 이름. 황하의 발원지로 지금의 감숙성 서녕
현(西寧縣)에 해당한다.

21) 析支(석지) : 지방 이름. 지금의 청해성 북쪽과 감숙성 귀덕현(貴德縣)에
걸친 지역에 해당한다.

22) 渠搜(거수) : 지방 이름. 지금의 섬서성 회원현(懷遠縣) 북쪽에서 몽고(蒙
古)에 이르는 지역에 해당한다.

23) 西戎(서융) : 서쪽 오랑캐. 중국 서쪽 지방에 살던 미개인(未開人)을 가리
킨다. 곤륜(崑崙)·석지(析支)·거수(渠搜)에 거주하던 사람들은 다 서융
(西戎)에 해당하는 족속들이었다.

10. 산을 중심으로 많은 업적을 남기다

견산(岍山)과 기산(岐山)에서부터 시작하여 형산(荊山)까지
다스려 나아가 황하를 건너 호구산(壺口山)과 뇌수산(雷首山)
을 지나 태악(太岳)에 이르렀다. 지주산(底柱山)과 석성산(析城
山)을 거쳐 왕옥산(王屋山)까지 나아갔으며, 태행산(太行山)과
항산(恒山)을 거쳐 갈석산(碣石山)에 이르러서는 바닷가에 이
르렀다.

서경산(西傾山)과 주어산(朱圉山)과 조서산(鳥鼠山)에서부
터 시작하여 태화산(太華山)까지 나아갔으며, 웅이산(熊耳山)
과 외방산(外方山)과 동백산(桐柏山)을 거쳐 배미산(陪尾山)
에 이르렀다.

파총산(嶓冢山)에서부터 시작하여 형산(荊山)까지 다스려 나
갔으며, 내방산(內方山)을 거쳐 대별산(大別山)까지 이르렀다.

민산(岷山)의 남쪽 기슭에서부터 시작하여 형산(衡山)에 이
르렀으며, 아홉 줄기의 강물을 지나 부천원산(敷淺原山)에까지
이르렀다.

▨ 중국의 산을 중심으로 우(禹)가 이룬 업적을 나열하였다.

導[1]岍[2]하시대 及岐하여 至于荊山[3]하시며 逾[4]于河하사 壺口雷首로 至
于太岳하시며 底柱析城으로 至于王屋하시며 太行恒山으로 至于碣石[5]하
사 入于海[6]하시다

西傾[7]과 朱圉와 鳥鼠과로 至于太華[8]하시며 熊耳와 外方과 桐柏과로 至
于陪尾[9]하시다

導嶓冢[10]하시대 至于荊山하시며 內方[11]으로 至于大別[12]하시다

岷山之陽으로 至于衡山[13]하시며 過九江하사 至于敷淺原[14]하시다

1) 導(도) : 인도하다. 다스리다. 여기서는 시작하여 다스려 나아갔다의 뜻.

2) 岍(견) : 산의 이름인 견산(岍山). 지금의 섬서성(陝西省) 농현(隴縣)에 위
   치하는데, 오악산(吳嶽山)이라고도 한다.

3) 岐·荊山(기·형산) : 앞에 나온 옹주(雍州)의 기산(岐山)과 형산(荊山).

4) 逾(유) : 지나가다. 거치다. 여기서는 황하를 건넜다는 뜻.

5) 壺口·雷首·太岳·底柱·析城·王屋·太行·恒山·碣石(호구·뇌수·태악·지
   주·석성·왕옥·태행·항산·갈석) : 모두 기주(冀州)의 산 이름. 호구산과 태
   악산, 갈석산은 앞의 기주편에 나왔고 뇌수산은 지금의 산서성(山西省) 영
   제현(永濟縣)에 위치하며 지주산은 지금의 하남성(河南省) 섬현(陝縣) 동
   북쪽에 위치하며 황하를 끼고 있다. 석성산과 왕옥산은 지금의 산서성 양성
   현(陽城縣)에 위치하며 태행산은 산서성 진성현(晉城縣)에 위치하고 항산
   은 지금의 하북성 곡양현(曲陽縣)의 서북쪽, 산서성 혼원현(渾遠縣)의 동남
   쪽에 위치하는 산으로 순전(舜典)의 북악(北岳)은 항산을 말하는 것이다.

6) 入于海(입우해) : 바다로 들어간다. 곧 바닷가에 이른다.

7) 西傾(서경) : 양주(梁州)편에 나오는 서경산을 말한다.

8) 朱圉·鳥鼠·太華(주어·조서·태화) : 모두 옹주(雍州)의 산으로, 주어산은
   지금의 감숙성 복강현(伏羌縣)에 위치하며 속칭 백암산(白巖山)이라 불리
   며, 조서산은 옹주편에 나왔고 태화산은 오악(五嶽)의 하나인 화산(華山)
   을 말하는 것으로 지금의 섬서성 화음현(華陰縣)에 위치한다.

9) 熊耳·外方·桐柏·陪尾(웅이·외방·동백·배미) : 모두 예주(豫州)의 산으
   로, 웅이산은 지금의 하남성 노씨현(盧氏縣)에 위치하며, 외방산은 오악의
   하나인 숭산(崇山)을 말하며, 동백산은 하남성 동백현(桐柏縣)에 배미산은
   산동성 사수현(泗水縣)에 위치한다.

10) 嶓冢(파총) : 파총산(嶓冢山). 산의 형태가 무덤[冢]같이 생겼다. 앞에 나
온 양주(梁州)의 파산(嶓山)과 같다.

11) 內方(내방) : 내방산(內方山). 지금의 호북성 종상현(鐘祥縣)에 위치하는
데, 장산(章山)이라고도 한다.

12) 大別(대별) : 산의 이름인 대별산(大別山). 지금의 호북성 한양현(漢陽縣)
동북쪽에 위치하는데, 노산(魯山)이라고도 한다.

13) 衡山(형산) : 산의 이름으로, 앞에 나온 형주(荊州)의 형산(衡山)과 같으
며, 순전(舜典)에 나오는 남악(南岳)과 같다.

14) 敷淺原(부천원) : 산의 이름인 부천원산(敷淺原山). 확실한 위치는 알 수
없는데, 지금의 강서성 구강현(九江縣)에 위치한 여산(廬山)이라는 설(說)
이 유력하다.

11. 약수·흑수·황하·양수를 잘 다스렸다

약수(弱水)의 물을 인도하여 합려산(合黎山) 쪽으로 흐르게
하였으며, 나머지 흐름은 유사(流沙)로 흐르게 하였다.

흑수(黑水)의 물을 인도하여 삼위산(三危山) 쪽으로 흘러서
남쪽 바다로 빠지게 하였다.

황하(黃河)를 인도하여 적석산(積石山)을 거쳐 용문산(龍門
山)에 이르도록 하였고, 남으로는 화산(華山)의 북쪽 기슭에 이
르도록 하였으며, 동으로 지주산(底柱山)에 이르러서는 다시 동
으로 흘러 맹진(孟津)에 이르도록 하였고, 이어 동으로 낙수(洛
水)의 굽이를 지나 대비산(大伾山)에 이르도록 하였으며, 북으
로 홍수(洚水)를 지나 대륙호(大陸湖)에 이르도록 하고, 다시 북
으로 아홉 물줄기로 나누어지게 하였다가 그것을 함께 다시 황하
로 모아 바다로 빠지게 하였다.

파총산(嶓冢山)의 양수(漾水)를 인도하여 동쪽으로 흘러서
한수(漢水)가 되게 하였고, 다시 동으로 흘러 창랑지수(滄浪之
水)를 이루게 하였으며, 삼서(三澨)를 지나 대별산(大別山)으
로 이르게 하였고, 남으로는 장강(長江)에 흘러 들어가도록 하였

는데, 동쪽으로 괸 물이 팽려호(彭蠡湖)를 이루었고, 또 동으로는 북강(北江)이 되어 바다로 흘러 들어갔다.

민산(岷山)에서부터 장강(長江)을 다스리기 시작하여, 동쪽으로 따로 타수(沱水)를 이루게 하였고, 다시 동으로 흘러 예수(澧水)에 이르게 하였으며, 구강(九江)을 지나 동릉(東陵)에 이르게 하고, 동쪽을 비껴 흘러 북으로 물이 괴어 이루어진 호수인 팽려호(彭蠡湖)와 합류시키고는, 동으로 흘러 중강(中江)을 이루게 하고 바다로 흘러들게 하였다.

연수(沇水)를 인도하여 동으로 흘러 제수(濟水)가 되어 황하로 들어가게 하고, 넘치는 물을 형수(滎水)가 되게 하고는 동으로 나가 도구(陶丘) 북쪽으로 흐르게 하였으며, 다시 동으로 흘러 가택(菏澤)에 이르도록 하고 또 동북으로 흘러 문수(汶水)와 합치게 하여 다시 북동으로 흘러 바다로 흘러 들어가게 하였다.

동백산(桐柏山)에서 회수(淮水)를 인도하여 동으로 사수(泗水)와 기수(沂水)를 합쳐 동으로 흘러 바다로 들어가게 하였다.

위수(渭水)를 인도하여 조서동혈산(鳥鼠同穴山)에서부터 동으로 흘러 예수(澧水)와 합치게 하고 다시 동으로 흘러 경수(涇水)와 합치게 하고 다시 동으로 흘러 칠수(漆水)와 저수(沮水)를 지나 황하로 들어가게 하였다.

낙수(洛水)를 인도하여 웅이산(熊耳山)에서부터 동북으로 흘러 간수(澗水)와 전수(瀍水)를 합치게 하고는 다시 동으로 흘러 이수(伊水)와 모이게 하였으며, 또 동북으로 흘러 황하로 들어가게 하였다.

▨ 중국 대륙을 흐르는 강물을 다스려 치수사업(治水事業)을 성공한 우(禹)임금의 업적을 중심으로 기록하였다.

약수·흑수·황하를 시작으로 회수, 위수, 낙수 등을 다스린 공적을 차례로 적고 있다.

導[1]弱水하시대 至于合黎[2]하여 餘波[3]를 入于流沙[4]하시다
導黑水하시대 至于三危하사 入于南海하시다

導河하시대 積石으로 至于龍門하며 南至于華陰[5]하며 東至于底柱하며
又東至于孟津[6]하며 東過洛汭하여 至于大伾[7]하며 北過洚水[8]하여 至于
大陸하며 又北播[9]爲九河하여 同爲逆河[10]라 入于海하니라

嶓冢에 導漾[11]하사 東流爲漢하며 又東爲滄浪之水[12]하며 過三澨[13]하
여 至于大別하여 南入于江하며 東匯[14]澤하여 爲彭蠡하며 東爲北江[15]하
여 入于海하니라

岷山에 導江하사 東別爲沱[16]하며 又東至于澧하며 過九江하여 至于東
陵하며 東迤[17]北會하여 爲匯하며 東爲中江하여 入于海하니라

導沇水[18]하시대 東流爲濟하여 入于河하며 溢爲滎[19]하며 東出于陶丘[20]
北하며 又東至于菏[21]하며 又東北으로 會于汶하여 又北東으로 入于海하니라

導淮하시대 自桐柏하여 東會于泗沂하여 東入于海하니라

導渭하시대 自鳥鼠同穴[22]하여 東會于澧하며 又東會于涇하며 又東過
漆沮하여 入于河하니라

導洛하시대 自熊耳하여 東北으로 會于澗瀍[23]하며 又東會于伊[24]하며 又
東北으로 入于河하니라

1) 導(도) : 인도하다. 곧 물길이 범람하지 않도록 다스려 잘 흐르게 하는 것을
   뜻한다.
2) 合黎(합려) : 산 이름으로 합려산(合黎山). 지금의 감숙성 장액현(張掖縣)
   에 위치한다.
3) 餘波(여파) : 나머지 흐름. 남은 물줄기.
4) 流沙(유사) : 사막(沙漠). 여기서는 감숙성 정신현(鼎新縣) 동쪽의 사막을
   가리킨다.
5) 華陰(화음) : 화산(華山)의 북쪽 기슭. 화산은 앞에 나온 태화산(太華山)과
   같고, 음(陰)은 응달쪽을 말하는 것이니 산의 응달쪽은 북쪽 기슭이다.
6) 孟津(맹진) : 나룻터의 이름. 지금의 하남성 맹현(孟縣)에 있다.
7) 大伾(대비) : 산의 이름인 대비산(大伾山). 지금의 하남성 준현(濬縣)에 위
   치한다.
8) 洚水(홍수) : 물의 이름. 지금의 하북성 곡주현(曲周縣)과 비향현(肥鄕縣)
   사이에 흐른다. 장수(漳水)라고도 한다.
9) 播(파) : 나누어지게 하다. 헤치다.

10) 同爲逆河(동위역하) : 아홉 물줄기로 흩어졌던 흐름이 함께 모여 한 물줄기로 다시 이루어졌다는 뜻. 역(逆)은 영(迎)과 통하여 맞는다. 곧 다시 모으다의 뜻이다.

11) 漾(양) : 물의 이름인 양수(漾水). 지금의 섬서성 영강현(寧羌縣)에 그 수원을 두고 동남으로 흘러 면수(沔水)가 되고, 다시 한중(漢中)에서 동으로 흘러 한수(漢水)를 이룬다. 양수(養水)라고도 한다.

12) 滄浪之水(창랑지수) : 한수(漢水)의 일부분인 호북성 균현(均縣)에 흐르는 한수를 가리킨다.

13) 三澨(삼서) : 물의 이름인 삼삼수(三參水)의 속칭(俗稱). 지금의 호북성 천문현(天門縣)에 흐른다.

14) 匯(회) : 물이 괴어 호수가 되는 것을 말한다.

15) 彭蠡·北江(팽려·북강) : 팽려는 양주(揚州)의 세 강 중의 하나. 팽려호(彭蠡湖), 곧 지금의 파양호(鄱陽湖)를 가리킨다. 북강은 어디인지 자세하지 않다.

16) 沱(타) : 물 이름인 타수(沱水). 앞에 나온 양주(梁州)의 타수(沱水)와 같다.

17) 東迤(동이) : 동쪽으로 물길을 약간 비껴서 흐른다는 뜻.

18) 沇水(윤수) : 물 이름. 지금의 하남성 청원현(淸源縣) 왕옥산(王屋山)에서 발원(發源)하여 동으로 흘러 하내현(河內縣)을 거쳐 황하로 빠진다. 제수(濟水)의 상류(上流).

19) 滎(형) : 물 이름인 형수(滎水). 앞에 예주(豫州)에서 나왔다.

20) 陶丘(도구) : 땅 이름. 지금의 산동성 정도현(定陶縣)에 해당한다.

21) 菏(가) : 호수의 이름인 가택(菏澤). 앞에 나온 예주(豫州)의 가택(菏澤)과 같다.

22) 鳥鼠同穴(조서동혈) : 산 이름인 조서산(鳥鼠山)의 별칭(別稱).

23) 澗瀍(간전) : 물의 이름인 간수(澗水)와 전수(瀍水).

24) 伊(이) : 물의 이름인 이수(伊水).

12. 구주(九州) 곳곳이 잘 다스려지다

아홉 주(州)가 다같이 잘 다스려지니 사방의 바닷가 구석구석까지 사람이 살 수 있게 되었다. 아홉 주의 모든 산은 나무를 베어 길을 닦아 정돈되었고, 아홉 주의 모든 하천(河川)은 수원(水源)에서부터 잘 흐르도록 터놓았으며, 아홉 주의 호수는 방죽을 쌓아 막아 놓았다.

이에 사해(四海)의 제후(諸侯)가 임금을 받들었다.

모든 물자가 크게 다스려져 모든 지방이 다같이 바로잡혔다.

재물과 부세(賦稅)를 신중히 다루어 모두 세 등급의 땅에 따라 나라의 부세를 정하였다.

땅을 백성에게 나누어 주고, 공경하고 덕으로써 먼저 몸소 실천해 보이니,

"내가 행하는 일에 아무도 어기는 사람이 없다."

라고 하기에 이르렀다.

서울을 중심으로 하여 사방 5백 리의 땅이 전복(甸服)이다. 백 리 안은 부세(賦稅)로 곡식을 베어 묶은 채 단으로 바치도록 하였고, 두번째 백 리 안은 벼이삭으로 바치게 하였고, 세번째 백 리 안은 짚과 고갱이만 딴 것을 바치게 하였고, 네번째 백 리 안은 찧지 않은 낟알을 바치게 하였으며, 다섯번째 백 리 안은 찧은 알곡식을 바치게 하였다.

그 다음 사방 5백 리의 땅은 후복(侯服)이다. 첫번째 백 리 안은 경대부(卿大夫)들이 봉(封)함을 받은 땅이었고, 두번째 백 리 안은 남작(男爵)들이 봉함을 받은 땅이었고, 나머지 3백 리 안은 제후(諸侯)들이 다스리는 땅이었다.

그 다음 사방 5백 리의 땅은 수복(綏服)이다. 3백 리 안은 백성의 교화(教化)를 원칙으로 삼았으며, 나머지 2백 리 안의 땅은 무공(武功)을 떨쳐 나라를 지키게 하였다.

그 다음 사방 5백 리의 땅은 요복(要服)이다. 3백 리 안은 이족(夷族)들을 살게 하였고, 나머지 2백 리의 땅은 가벼운 죄인들을 귀양 보내는 땅이었다.

그 다음 사방 5백 리의 땅은 황복(荒服)이다. 3백 리 안은 만족(蠻族)들을 살게 하였고, 나머지 2백 리의 땅은 중죄인(重罪人)을 귀양 보내는 유형지(流刑地)로 삼았다.

이렇게 하여 동으로는 바다에 닿았고 서쪽으로는 유사(流沙)에까지 미치었다. 북에서 남녘에 이르기까지 명성과 교화가 온 세상에 퍼졌다.

우(禹)는 현규(玄圭)를 바치면서 그 공이 이루어졌음을 고하였다.

▨ 우(禹)임금이 치산치수(治山治水)하고 행정적 체계를 확립하여 중국의 방방곡곡이 잘 다스려진 것을 서술하고 또 그의 공적을 크게 칭송한 것이다.

九州[1]攸同[2]하니 四隩[3]旣宅[4]하도다 九山[5]에 刊旅[6]하며 九川에 滌源[7]하며 九澤이 旣陂[8]하니 四海會同[9]이도다

六府[10]孔修[11]하여 庶土交正[12]이어늘 厎愼財賦[13]하시대 咸則三壤[14]하사 成賦中邦하시다

錫土姓[15]하시다

祗台德先[16]하신대 不距[17]朕行하니라

五百里는 甸服[18]이니 百里는 賦納總[19]하고 二百里는 納銍[20]하고 三百里는 納秸服[21]하고 四百里는 粟[22]하고 五百里는 米[23]니라

五百里는 侯服[24]이니 百里는 采[25]오 二百里는 男邦[26]이오 三百里는 諸侯니라

五百里는 綏服[27]이니 三百里는 揆[28]文敎하고 二百里는 奮武衛하나니라

五百里는 要服[29]이니 三百里는 夷오 二百里는 蔡[30]이니라

五百里는 荒服[31]이니 三百里는 蠻[32]이오 二百里는 流[33]니라

東漸[34]于海하며 西被[35]于流沙하며 朔南에 曁하여 聲敎[36]訖于四海어늘 禹錫玄圭[37]하사 告厥成功하시다

1) 九州(구주) : 우(禹)가 중국 전 국토를 다니면서 개척한 아홉 지방. 곧 기주(冀州)·연주(兗州)·청주(靑州)·서주(徐州)·양주(揚州)·형주(荊州)·예주(豫州)·양주(梁州)·옹주(雍州).

2) 攸同(유동) : 이와 같다. 다 같다. 곧 아홉 주(州)가 다 같이 다스려져 질서가 잘 잡혔다는 뜻.

3) 四隩(사오) : 사방 바닷가. 곧 전국 구석구석까지. 오는 물가의 언덕이라는 뜻.

4) 宅(택) : 사람이 살게 되었다는 뜻.

5) 九山(구산) : 아홉 주의 모든 산을 이르는 말.

6) 刊旅(간려) : 나무를 베고 길을 닦는 등 잘 정돈되었다는 뜻. 여(旅)는 여기
서 정돈되다로 풀이된다.

7) 滌源(척원) : 물의 근원부터 잘 흐르도록 다스려 터놓았다는 뜻.

8) 陂(피) : 둑. 제방. 방죽을 쌓았다는 뜻.

9) 會同(회동) : 제후(諸侯)들이 천자를 받들어 모신다는 뜻. 회(會)는 모이다.
동(同)은 여러 제후가 일시에 모여들어 천자를 뵙고 인사드리는 것을 말한다.

10) 六府(육부) : 백성이 살아가는 데 있어 밀접한 관계를 가진 모든 물자를 가리
킨다. 곧 수(水)·화(火)·철(鐵)·목(木)·토(土)·곡식(穀食) 등 여섯 가지.

11) 孔修(공수) : 크게 다스려지다. 매우 잘 다스리다.

12) 庶土交正(서토교정) : 여러 지방을 다 같이 질서를 바로잡다. 서토(庶土)
는 여러 지방, 교(交)는 다 같이, 정(正)은 바로잡다의 뜻.

13) 厎愼財賦(지신재부) : 재물과 부세(賦稅)를 신중하게 다루었다. 지(厎)는
여기서 다루다의 뜻이다.

14) 咸則三壤(함칙삼양) : 땅을 세 등급으로 나누어 모든 백성이 이 법칙에 따
르도록 하였다는 뜻. 함(咸)은 모두의 뜻, 칙(則)은 따르도록 정해진 법칙. 삼
양(三壤)은 상(上)·중(中)·하(下)의 세 등급.

15) 錫土姓(석토성) : 백성에게 땅을 주어 충분히 먹고 살게 하였다는 뜻. 석
(錫)은 주다로 사(賜)와 같은 뜻. 토(土)는 땅, 성(姓)은 백성.

16) 祗台德先(지이덕선) : 공경히 덕으로 먼저 보이다. 이(台)는 이(以)와 통함.

17) 距(거) : 여기서는 막는다의 뜻으로 거(拒)와 통한다.

18) 甸服(전복) : 서울을 중심으로 하여 사방 5백 리의 땅을 가리킨다. 전(甸)
은 서울 근교의 지역인 경기(京畿) 지역이라는 뜻.

19) 總(총) : 곡식을 벤 채로 묶어 둔 단.

20) 銍(질) : 곡식의 이삭. 벼이삭.

21) 秸服(갈복) : 짚과 고갱이만 따다. 겉껍질이 그대로 있는 곡식.

22) 粟(속) : 찧지 않은 낟알.

23) 米(미) : 찧은 알곡식. ※이런 다섯 가지 부세(賦稅) 방법은 먼 지방의 백성
에게 운반의 부담을 덜어 주기 위한 것이었다는 설이 있다.

24) 侯服(후복) : 제후(諸侯)들이 다스리는 땅이라는 뜻이다.

25) 采(채) : 경(卿)과 대부(大夫)들이 봉(封)함을 받은 땅.

26) 男邦(남방) : 남작(男爵)의 계급에 해당하는 제후들이 다스리는 땅. 중국
    상고시대의 제후들에게는 공(公)·후(侯)·백(伯)·자(子)·남(男)의 다섯
    등급의 계급이 있었다.

27) 綏服(수복) : 나라를 편안하게 다스리는 데 필요한 땅이라는 뜻.

28) 揆(규) : 여기서는 원칙으로 삼았다는 뜻.

29) 要服(요복) : 위엄으로 다스리는 땅이라는 뜻.

30) 蔡(채) : 죄질이 가벼운 경죄인(輕罪人)들을 귀양살이 시키는 곳.

31) 荒服(황복) : 잘 다스려지지 않은 거친 땅이라는 뜻.

32) 蠻(만) : 만족(蠻族). 이족(夷族)보다 더 미개하였던 민족이다. ※상고시
    대 중국에서는 주변에 사는 한족(漢族) 이외의 민족을 모두 미개인이라고 하
    여 오랑캐라 불렀다. 동쪽에 사는 민족을 동이(東夷), 서쪽에 사는 민족을 서
    융(西戎), 남쪽에 사는 민족을 남만(南蠻), 북쪽에 사는 민족을 북적(北狄)
    이라고 하여 업신여겨졌다.

33) 流(유) : 중죄인(重罪人)을 유배(流配)하는 유형지(流刑地).

34) 漸(점) : 여기서는 바다와 맞닿았다는 뜻.

35) 被(피) : 여기서는 유사(流沙 : 사막)에까지 미쳤다는 뜻.

36) 聲敎(성교) : 명성(名聲)과 교화(敎化).

37) 禹錫玄圭(우석현규) : 우(禹)가 현규(玄圭)를 바치다. 석(錫)은 여기서 바치
    다의 뜻. 현규(玄圭)는 검은 빛깔이 나는 옥으로 만들어진 홀(笏)을 가리킨다.

제2장 감서(甘誓)

이 장은 우(禹)의 뒤를 이어 왕이 된 계(啓)가 싸움의 취지를
밝히고 군령(軍令)을 전달하는 동시에 장졸(將卒)들을 격려한
맹세이다.

계(啓)가 왕위에 오르니, 다른 제후들은 모두 그를 옹호했으나

오직 유호씨(有扈氏)만 복종하지 않았다. 이에 계는 친히 유호씨를 정벌하기에 이르렀고, 그래서 감(甘)이라는 곳에서 이 감서(甘誓)를 지어 휘하 장병을 격려한 것이다.

그리하여 유호씨를 멸망시키고 모든 제후들의 지지를 얻어 대국(大局)을 안정시키고 왕위의 세습 제도를 확립하여 하왕조(夏王朝)의 기틀을 잡았다.

1. 유호씨(有扈氏)와의 싸움에 앞서 훈계하다

감(甘) 땅에서 크게 싸울 때 육경(六卿)을 불러 말하였다.

"오오, 육경들이여, 나는 맹세하여 그대들에게 고한다.

유호씨(有扈氏)는 다섯 가지 바른 행실을 모멸(侮蔑)하고 세 가지 올바른 도리를 태만히 여겨 저버리니, 하늘이 그들의 천명(天命)을 끊으려 하고 있다.

오늘 나는 삼가 하늘을 대신하여 그들에게 벌을 내리고자 한다.

좌군(左軍)이 왼쪽의 적을 공격하지 않으면 명에 복종하지 않는 것이며, 우군(右軍)이 오른쪽의 적을 공격하지 않으면 명에 복종하지 않는 것이다. 또 전차(戰車)를 모는 사람이 말을 제대로 몰지 않는 것도 명에 복종하지 않는 것이다.

명을 잘 받드는 사람은 조상의 위패(位牌) 앞에서 상을 받을 것이다.

명을 받들지 않는 사람은 지신(地神)의 위패 앞에서 죽이되 나는 그들의 처자(妻子)까지도 죽일 것이다."

大戰于甘¹⁾하실새 乃召六卿²⁾하시다

王曰嗟六事之人³⁾아 予誓告汝⁴⁾하노라

有扈氏⁵⁾威侮⁶⁾五行⁷⁾하며 怠棄三正⁸⁾할새 天用⁹⁾勦絶其命하시나니 今予는 惟恭行天之罰이니라

左不攻于左¹⁰⁾하면 汝不恭命¹¹⁾이며 右不攻于右하면 汝不恭命이며 御非其馬之正¹²⁾이면 汝不恭命이니라

用命¹³⁾이란 賞于祖¹⁴⁾하고 不用命이란 戮于社¹⁵⁾하대 予則孥戮汝¹⁶⁾하리라

1) 甘(감) : 땅 이름. 지금의 섬서성(陝西省) 호현(鄠縣)에 해당한다.

2) 六卿(육경) : 여섯 군대의 장수들. 일설(一說)에는 후직(后稷)·사도(司徒)·질종(秩宗)·사마(司馬)·사(士)·공공(共工)의 여섯 관직(官職)을 일컫는 말이라고 했다.

3) 六事之人(육사지인) : 육군(六軍)에 소속되는 모든 사람들. 전군(全軍)을 가리키는 말.

4) 予誓告汝(여서고여) : 나는 맹세하여 그대들에게 고한다. 서(誓)는 맹세한다는 뜻이나 여기서는 말로써 남을 승복(承服)시킨다는 뜻이 내포되어 있다. 여(汝)는 그대들의 뜻이다.

5) 有扈氏(유호씨) : 유호(有扈)는 나라 이름이며 하(夏)나라와 동성(同姓)으로 감(甘)이라는 강(江)의 북쪽을 다스리던 제후(諸侯).

6) 威侮(위모) : 모멸. 위(威)자는 멸(蔑)자를 잘못 쓴 것이라고 함.

7) 五行(오행) : 다섯 가지 행실. 곧 인(仁)·의(義)·예(禮)·지(智)·신(信)의 오륜(五倫)을 가리킨다.

8) 三正(삼정) : 세 가지 올바른 도리. 삼(三)은 천(天)·지(地)·인(人)의 삼재(三才)를 가리킨다.

9) 用(용) : 그러므로. 여기서는 고(故)와 같은 뜻이다.

10) 左不攻于左(좌불공우좌) : 왼쪽의 군사들이 왼쪽의 적군을 공격하지 않는다. 앞의 좌(左)는 이쪽의 왼쪽 군사 곧 좌군(左軍), 뒤의 좌(左)는 왼쪽에 있는 적군(敵軍)을 가리킨다.

11) 不恭命(불공명) : 삼가 명(命)을 받들지 않는다. 곧 명에 복종하지 않는다는 뜻.

12) 御非其馬之正(어비기마지정) : 전차(戰車)를 똑바로 몰지 않는다는 뜻. 어(御)는 말을 모는 사람이나 여기서는 전차를 모는 사람.

13) 用命(용명) : 명령을 잘 받드는 사람. 여기서의 용(用)은 따르다의 뜻.

14) 賞于祖(상우조) : 조상의 위패 앞에서 상을 주다. 조(祖)는 조상을 뜻하는데 옛날에 전쟁에 나갈 때는 천자나 왕이 먼저 지신(地神)에게 제사 지내고 종묘(宗廟)에 고한 다음에 그 신패(神牌)를 수레에 싣고 싸움터에 나갔다고 한다. 따라서 조상이라 함은 조상의 위패 앞에서라는 뜻이 된다.

15) 戮于社(육우사) : 지신(地神)의 위패를 모신 앞에서 죽이다. 사(社)는 사
    직(社稷) 곧 지신(地神)을 뜻하는데 여기서는 지신의 위패를 모신 수레 앞
    이라는 뜻.

16) 孥戮汝(노륙여) : 너의 처자(妻子)까지도 죽인다. 노는 아내와 아들을 아
    울러서 이르는 말.

제3장 오자지가(五子之歌)

이 장은 내용에 있어 매우 교훈적인 면을 띠고 있다.

오자(五子)는 계왕(啓王)의 다섯 아들인데, 이들이 모두 형인
태강왕(太康王)을 원망하여 노래 불렀으므로 오자지가(五子之
歌)라는 이름이 붙게 된 것이다.

본디 계왕에게는 여섯 아들이 있었는데, 맏아들 태강이 왕위를
계승하였다. 그러나 태강은 정사에 힘쓰지 않고 사냥 등 놀이만
을 즐기다가 결국은 왕위에서 쫓겨나고 말았다.

이에 다섯 아우가 형의 실정(失政)을 한탄하여 이 노래를 지어
불렀다고 한다.

1. 유희를 일삼다 멸망하니 다섯 동생이 한탄하다

태강(太康)은 헛되이 왕위에 올라 안일과 유희로 그 덕을 잃었
도다.

백성은 모두 두 마음을 지녔건만 절도(節度)없이 돌아다니며
놀이에만 빠졌어라.

낙수(洛水) 남쪽으로 사냥을 떠나 백일이 넘도록 돌아올 줄 모
르더라.

유궁국(有窮國) 후예(后羿)가, 백성이 견딜 수 없음을 이유로
황하에서 그를 막았도다.

그의 다섯 아우는 어머니를 모시고 따라갔다가 낙수 북쪽 물굽이에서 그를 기다렸노라.

다섯 아우가 모두 원망하여, 우임금의 훈계를 서술하여 노래 불렀다.

▨ 계(啓)가 재위 9년 만에 죽어 맏아들 태강(太康)이 즉위하게 되었다. 태강은 정사에 전념하지 않고 사냥하고 노는 데만 신경을 써 민심이 그에게서 떠났다. 그런데도 여전히 노는 데만 급급하자 유궁국의 후예가 무력으로 태강을 위협하여 정권을 빼앗았다.

이에 태강의 다섯 아우가 태강의 덕(德) 없음을 원망하고 나라 잃음을 슬퍼하였다.

太康[1]尸位[2]하여 以逸豫로 滅厥德한대 黎民이 咸貳[3]커늘 乃盤[4]遊無度하여 畋于有洛之表[5]하여 十旬을 弗反하니라

有窮[6]后羿[7]가 因民弗忍하여 距于河하니라

厥弟五人이 御其母以從하여 徯于洛之汭[8]하더니 五子咸怨하여 述大禹之戒하여 以作歌하니라

1) 太康(태강) : 계(啓)의 맏아들로, 계를 이어 왕위에 올랐다. 재위(在位) 기간은 29년(BC 2168～BC 2139).

2) 尸位(시위) : 하는 일 없이 헛되이 자리만 차지하고 있다는 말. 신주를 모셔 놓은 것처럼 하는 일 없이 앉아있다는 뜻에서 나온 말.

3) 咸貳(함이) : 모두 두 마음을 가졌다는 뜻으로, 백성의 마음이 태강왕에게서 멀어졌음을 뜻한다.

4) 盤(반) : 즐기다. 곧 돌아다니면서 놀기만 한다는 뜻.

5) 表(표) : 여기서는 낙수(洛水)의 대안(對岸)인 남쪽을 가리킨다.

6) 有窮(유궁) : 제후(諸侯)의 나라 이름인 유궁국(有窮國). 지금의 산동성(山東省) 유현(濰縣) 동쪽에 해당한다.

7) 后羿(후예) : 제후인 예(羿). 후는 제후라는 뜻이요, 예는 유궁국의 군주(君主) 이름. 활을 잘 쏘기로 유명했다.

8) 汭(예) : 물굽이. 물이 흐르다가 굴곡진 기슭.

2. 첫째 아우가 형을 한탄하여 노래 부르다
그들 중 첫째가 노래하였다.

할아버지인 우(禹)임금께서 훈계하셨도다.
백성은 가까이할지언정 업신여겨서는 안 된다고
백성은 나라의 근본이니, 근본이 굳어야 나라가 편하리라.
내 천하를 둘러보니 어리석은 남자와 어리석은 여자가 모두 나보다 낫더라.
한 사람이 여러 번 실수할 수 있는 것, 원망이 어찌 겉으로 밝혀지기를 기다리랴.
원망이 나타나지 않았을 때 조치해야 하느니라.
내 만백성을 대함에 있어 썩은 고삐로 여섯 마리의 말을 몰 듯 두려워하노니
남의 윗자리에 앉아 어찌 공경하지 않을 수 있겠는가.

其一¹⁾曰皇祖²⁾有訓하시니 民可近이언정 不可下³⁾니라 民惟邦本이니 本固라사 邦寧하나니라
予視天下한대 愚夫愚婦⁴⁾一能勝予⁵⁾라하나니 一人이 三失이어니 怨豈在明⁶⁾이리오 不見에 是圖⁷⁾니라 予臨兆民⁸⁾하대 懍乎若朽索之馭六馬⁹⁾하나니 爲人上者는 奈何不敬고

1) 其一(기일) : 여럿 가운데 하나라는 뜻. 구체적으로 누구인 지는 알 수 없으나, 다섯 아우 중 맨 윗사람이 부르지 않았을까 생각된다.
2) 皇祖(황조) : 우(禹)임금. 이들에게 있어 우임금은 조부이다.
3) 不可下(불가하) : 얕잡아 볼 수 없다. 하(下)는 낮추어보다, 천대하다, 얕잡아 보다, 업신여기다의 뜻으로 쓰였다.
4) 愚夫愚婦(우부우부) : 어리석은 남자와 어리석은 여자. 평범한 일반 남녀.
5) 一能勝予(일능승여) : 반드시 능함이 나보다 낫다. 일(一)은 일정(一定)하다는 뜻이니 반드시로 풀이되며, 승(勝)은 낫다는 말이다.

6) 怨豈在明(원기재명) : 원망이 어찌 겉으로만 밝혀지랴. 곧 백성의 원망이 뚜렷해지도록 실수를 여러 번 거듭할 수가 있느냐는 말.

7) 不見是圖(불견시도) : 보이지 않을 때 도모해야 한다. 곧 백성의 원망이 나타나기 전에 일을 좋은 방향으로 만들어야 한다는 뜻.

8) 予臨兆民(여림조민) : 내가 만백성을 대하다. 여기서의 여(予)는 이 글이 우왕(禹王)의 훈계이기 때문에 그 자신을 가리키는 것. 조민(兆民)은 만백성, 또는 억조창생(億兆蒼生).

9) 六馬(육마) : 여섯 마리의 말. 천자의 마차는 일반적으로 네 마리의 말이 끌었다고 하는데, 이 경우에는 특별한 경우인 것 같다.

3. 둘째와 셋째가 노래 부르다

그들 중 둘째가 노래하였다.

조부님의 훈계가 있으시니,
안으로 여색(女色)에 미혹(迷惑)되거나
밖으로 사냥질에 빠지거나
술을 좋아하고 음률을 즐기거나
집을 높이고 담에 무늬를 새기거나,
이런 것들 가운데 한 가지라도 여기에 있다면
망하지 않는 자가 없으리라고.

그들 중 셋째가 노래하였다.

저 도당(陶唐)의 요(堯)임금 때부터
이 기주(冀州) 지방을 다스렸건만
오늘 그 도(道)를 잃고
나라의 기강(紀綱)이 어지러워졌으니,
그리하여 멸망하기에 이르렀도다.

其二曰訓[1]에 有之하시니 內[2]作色荒[3]이어나 外作禽荒[4]이어나 甘酒[5]嗜
音이어나 峻宇彫牆[6]이어나 有一于此하면 未或不亡이니라

其三曰惟彼陶唐[7]으로 有此冀方하시니 今失厥道[8]하여 亂其紀綱하여
乃底滅亡[9]이로다

1) 訓(훈) : 훈계. 그들의 조부인 우(禹)임금의 훈계를 가리킨다.

2) 內(내) : 안의 뜻. 대궐 안을 가리킨다.

3) 色荒(색황) : 여색(女色)에 빠지다. 황은 미혹(迷惑)되다의 뜻.

4) 禽荒(금황) : 사냥질에 빠지다. 금(禽)은 새의 뜻이나 여기서는 짐승을 사냥
하는 것을 뜻한다.

5) 甘酒(감주) : 술을 달게 여기다. 곧 술을 좋아하다. 술을 즐기다의 뜻. 감(甘)
은 동사다.

6) 峻宇彫牆(준우조장) : 높은 집과 조각한 담장. 준은 높이다의 뜻. 조장은 담장
에 무늬를 새기다. 준우조장(峻宇彫牆)은 화려한 궁궐(宮闕)을 가리키는 말.

7) 陶唐(도당) : 요(堯)임금의 호(號). 요임금은 지금의 산동성(山東省) 정도
현(定陶縣) 서남쪽인 도구(陶丘)의 제후(諸侯)였는데, 그의 형인 지(摯)가
제위(帝位)에 오르면서 그를 당후(唐侯)에 봉(封)하였다. 그래서 도구(陶
丘)의 도(陶)와 당후(唐侯)의 당(唐)을 합하여 도당(陶唐)이라는 호가 생
긴 것이다.

8) 厥道(궐도) : 그 도(道). 곧 요임금이 천하를 다스리던 시대의 올바른 도(道)
또는 성덕(聖德).

9) 乃底滅亡(내지멸망) : 그리하여 멸망하지 않을 수 없게 되었다는 말.

4. 넷째와 다섯째가 노래 부르다

그들 중 넷째가 노래하였다.

밝은 덕을 밝히신 우리 조부님께서는
모든 나라의 임금으로서
법과 규율이 있어
이를 자손에게 물려주시었도다.

섬(石)으로 헤아리는 곡식이
통용되게 하고 고르게 하시어
왕의 부고(府庫)에 가득하였는데,
그분의 유업(遺業)을 함부로 다루어 떨어뜨리고
종족(宗族)을 멸망시키고 후사(後嗣)를 끊었도다.

그들 중 다섯째가 노래하였다.

아아, 어디로 돌아갈거나,
내 가슴의 슬픔이여.
만백성이 모두 우리를 원수로 여기니
내 장차 누구를 의지할거나.
답답하고 서러운지고 내 마음이여.
낯이 뜨겁고 부끄러워라.
삼가 그분의 덕을 받들지 못하였으니,
뉘우친들 되돌릴 수 있을건가.

▨ 다섯 동생이 한탄하는 노래를 차례로 적었다.

첫째는 백성이 나라의 근본인데 근본을 저버리고 놀기만 한 형이 임금으로서 갖추어야 할 덕을 잃은 것을 한탄하였다.

둘째는 망하지 않을 수 없는 여러 원인을 들어 한탄하였으며, 셋째는 올바른 도와 기강이 어지러워진 것이 형의 부덕(不德)에서 온 것이라고 한탄하였다.

넷째는 조부인 우(禹)의 덕을 추모하고 이어져 온 유업을 망친 사실을 한탄하였으며, 다섯째는 모든 백성의 원망의 표적이 된 자신들의 처지를 슬퍼하고 한탄하였다.

其四曰明明[1]我祖는 萬邦之君이시니 有典[2]有則하사 貽厥子孫이라 關石[3]和鈞이 王府에 則有[4]하니 荒墜厥緒[5]하여 覆宗絶祀[6]로다

其五曰嗚呼曷歸오 予懷之悲여 萬姓이 仇予[7]하나니 予將疇依[8]오 鬱陶[9]乎라 予心이여 顔厚[10]有忸怩[11]하라 弗愼厥德이어니 雖悔인들 可追[12]아

1) 明明(명명) : 밝음을 밝힌다. 곧 밝은 덕을 밝힌다로 풀이된다. 앞의 명(明)
   은 동사요, 뒤의 명(明)은 명사.

2) 典(전) : 나라의 법.

3) 關石(관석) : 섬으로 통용된다. 관(關)은 통용(通用)한다는 뜻인 통(通)과
   통하고, 석(石)은 섬, 곧 곡식을 헤아리는 기구(器具).

4) 則有(즉유) : 여유가 있다는 말.

5) 荒墜厥緒(황추궐서) : 조부의 유업(遺業)을 함부로 하여 떨어뜨렸다는 말.
   서(緒)는 실마리라는 뜻으로 조상의 유업을 가리킨다.

6) 覆宗絶祀(복종절사) : 복종은 종족(宗族)을 뒤집다. 곧 종족을 멸망시켰다
   는 뜻. 절사는 제사가 끊기다. 곧 제사를 모실 후손이 끊어졌다는 말로, 후사
   (後嗣)가 끊어졌다는 말.

7) 萬姓仇予(만성구여) : 만백성이 우리를 원수로 여기다. 만성(萬姓)은 만백
   성 곧 모든 백성. 구(仇)는 원수로 여기다. 여(予)는 나라는 단수가 아니고
   우리라는 복수로 풀어야 한다.

8) 疇依(주의) : 누구에게 의지할까. 주(疇)는 누구의 뜻.

9) 鬱陶(울도) : 마음이 답답하고 서럽다.

10) 顔厚(안후) : 낯이 두껍다. 낯가죽이 두껍다. 곧 부끄러워서 낯이 뜨겁게 달
    아오른다는 뜻.

11) 忸怩(육니) : 부끄러워서 어쩔 줄 몰라 하는 태도를 가리킨다.

12) 雖悔可追(수회가추) : 비록 후회한들 되돌릴 수 있겠는가. 가추(可追)는 따
    라갈 수 있겠는가의 뜻이나 여기서는 돌이킬 수 있겠는가로 풀이된다.

제4장 윤정(胤征)

이 장은 윤후(胤侯)가 왕명을 받고 출정(出征)하기 전에 휘하
의 군사들 앞에서 선서(宣誓)하여 전쟁을 일으키게 된 취지를 말
한 것이다.

태강왕(太康王)이 쫓겨나고 중강(仲康)이 왕위를 이었다. 이

때 희씨(羲氏)라는 제후(諸侯)와 화씨(和氏)라는 제후가 정사를 올바로 하지 못하므로 백성들의 원성(怨聲)이 높았다. 이에 중강왕은 윤후에게 명하여 희씨와 화씨를 정벌하게 하였다.

정(征)이라는 것은 윗사람이 아랫사람에게 책임을 묻고 바로잡기 위해 친다는 뜻이다.

1. 희(羲)·화씨(和氏) 정벌 전에 군사에게 선서

중강(仲康)이 왕위에 올라 온 천하를 다스리게 되니 윤후(胤侯)에게 명하여 육사(六師)를 관장(管掌)하게 하였다.

그 때 희씨(羲氏)와 화씨(和氏)가 직책을 저버리고 자신들의 고을에서 술에 빠져 지내니, 윤후가 왕명을 받들어 정벌하게 되었다. 이에 윤후가 여러 군사들에게 말하였다.

"오, 나의 군사들이여. 성왕(聖王)께서 훌륭한 교훈을 남기셨으니, 나라를 안정시키고 보호할 밝은 증험(證驗)이 되고 있다. 옛날 선대의 왕들은 하늘이 경계하심을 공경하시고 신하들은 언제나 법을 지켰다. 모든 관리는 맡은 바를 한정하여 그들의 임금을 보필하였으니, 온 천하가 밝고 밝았었다.

해마다 맹춘(孟春)이 되면 주인(遒人)은 나무추가 달린 큰 방울을 흔들면서 거리를 돌아다니고, 관리들은 서로 가르치고 바로잡아 주며, 공인(工人)과 기예(技藝)에 종사하는 사람들도 일을 하면서 남의 잘못을 충고하고, 혹 받들지 않는 사람이 있으면 나라에는 일정한 법이 있어 벌을 내리게 된다고 알려 주고 있다."

▨ 맡은 바 직무에 태만한 희씨와 화씨에 대한 원성이 높자 중강의 명으로 윤후가 그들을 정벌하게 되었다. 이에 윤후는 희씨와 화씨를 국법으로 다스려야 하는 대의명분(大義名分)을 내세워 군사들을 독려하였다.

惟仲康[1]이 肇位[2]四海하사 胤侯[3]를 命掌六師러시니 羲和[4]廢厥職하고 酒荒于厥邑한대 胤后承王命하여 徂征[5]하니라

告于衆曰嗟予有衆아 聖[6]有謨訓[7]하시니 明徵定保[8]니라 先王이

克[9]謹天戒[10]어시든 臣人이 克有常憲[11]하여 百官이 修輔할새 厥后[12]惟明明[13]이시니라

每歲孟春[14]에 遒人[15]이 以木鐸[16]으로 徇于路하대 官師相規[17]하며 工執藝事하여 以諫하여 其或不恭하면 邦有常刑하나니라

1) 仲康(중강) : 태강왕(太康王)의 동생. 앞에서 서술한 바와 같이 후예(后羿)는 태강을 몰아내고 그의 동생인 중강을 왕위에 올렸던 것이다. 재위(在位) 기간은 13년 동안이었는데, 대개 BC 2139년에서 BC 2126년으로 추정한다.

2) 肇位(조위) : 처음으로 왕위에 올라 나라를 다스렸다는 뜻.

3) 胤侯(윤후) : 윤(胤)이라는 지방의 제후(諸侯). 윤(胤)이라는 지방이 지금의 어디에 해당하는지, 또 윤후가 어떤 인물이었는지는 역사의 기록이 없어 더 자세히 알 길이 없다.

4) 羲和(희화) : 희씨(羲氏)와 화씨(和氏). 각기 자기 땅을 다스리는 제후(諸侯)들. 천체의 운행을 살피는 일을 했다고 한다.

5) 徂征(조정) : 정벌하러 가다. 조는 왕(往)과 같다.

6) 聖(성) : 성왕(聖王). 곧 우(禹)임금을 가리킨다.

7) 謨訓(모훈) : 나라를 다스리는 훌륭한 교훈.

8) 定保(정보) : 나라를 안정시키고 보호한다.

9) 克(극) : 이겨내다. 곧 능히 해낸다는 뜻.

10) 天戒(천계) : 하늘의 경계. 곧 일식(日蝕)·월식(月蝕)·혜성(彗星)·지진(地震)·홍수(洪水) 따위로, 당시로서는 불가사의(不可思議)한 자연 현상을 말한다. 옛날 사람들은 그런 자연 현상은 모두 임금의 잘못을 하늘이 경계하는 것으로 받아들였다.

11) 常憲(상헌) : 언제나 지켜야 할 법.

12) 修輔厥后(수보궐후) : 그들의 임금을 잘 받들어 일을 잘 처리하고 보필(輔弼)함. 수(修)는 덕을 닦아 맡은 바의 임무를 잘 수행하다.

13) 明明(명명) : 밝고도 밝다.

14) 孟春(맹춘) : 이른 봄. 정월은 맹춘(孟春), 2월은 중춘(仲春), 3월은 계춘(季春)이다.

15) 遒人(주인) : 전령관(傳令官). 곧 왕명을 전달하는 관리.

16) 木鐸(목탁) : 명령을 전달할 때 흔들고 다니던 방울. 방울에는 목탁과 금탁

(金縢)이 있었다.

17) 官師相規(관사상규) : 관리들이 서로 좋은 점을 가르치고 서로 바로잡아 주
다. 사(師)는 서로 상대방에게 좋은 점을 가르쳐 준다는 뜻. 규(規)는 여기서
는 바로잡아 준다는 뜻이다.

2. 희씨와 화씨의 죄상(罪狀)을 폭로하다

윤후는 말을 계속하였다.

"희씨와 화씨는 그 덕을 뒤집어엎어 버리고 술에 빠져 국정을
어지럽히며 관직(官職)을 돌보지 않고 자리에서 떠나, 처음으로
하늘의 기강을 문란하게 하였다.

그들이 맡은 바 소임을 멀리 저버렸기 때문에 구월 초하룻날 신
(辰)이 방(房)의 성좌(星座)에 모이지 않아 일식(日蝕)이 일어
났다. 눈먼 악관(樂官)은 북을 치고 하급 관리들은 달리고 백성
들은 뛰었건만, 희씨와 화씨는 헛되이 자리만 차지했을 뿐 백성
의 소리를 들으려고도 알려고도 하지 않았다.

이에 하늘의 현상이 어둡고 미혹하여 선대의 임금님께 큰 죄를
범하였다.

나라를 다스리는 법전에서도 말하기를 '때에 앞서는 자도 죽여
용서하지 말 것이며, 때에 미치지 못하는 자도 죽여 용서하지 말
라.' 라고 하였다."

▨ 일월성신(日月星辰)의 운행을 살피고 백성에게 알려 주어야 하는
직책을 맡은 희씨와 화씨가 자신들의 직무를 저버렸기 때문에 혼란스러워
졌음을 이야기하고, 정벌의 당위성을 선왕의 법전을 인용하여 주장하였다.

惟時義和顚覆厥德이오 沈亂于酒하여 畔官[1]離次하여 俶擾天紀하여
遏棄厥司[2]하여 乃季秋[3]月朔[4]에 辰[5]이 弗集于房[6]이어늘 瞽奏鼓[7]하며
嗇夫[8]馳하며 庶人이 走커늘 義和尸厥官[9]하여 罔聞知하여 昏迷于天象
하여 以干先王[10]之誅하니 政典[11]에 曰하대 先時者[12]도 殺無赦하며 不及
時者[13]도 殺無赦라하도다

1) 畔官(반관) : 관(官)에서 떨어지다. 곧 관직을 돌보지 않는다는 뜻.

2) 退棄厥司(하기궐사) : 그 맡은 바 소임을 멀리 저버리다. 하(退)는 멀다의
   뜻. 기(棄)는 버리다, 사(司)는 맡은 바 소임을 가리킨다.

3) 季秋(계추) : 늦가을. 음력으로 7월은 맹추(孟秋), 8월은 중추(仲秋), 9월은
   계추(季秋)다.

4) 朔(삭) : 초하루.

5) 辰(신) : 해와 달이 엇갈리는 현상을 가리킨다.

6) 房(방) : 별의 이름. 28수(宿)의 하나로 창룡칠수(蒼龍七宿)의 넷째라고 한
   다. 네 개의 별로 이루어졌는데 9월 초하루에 방(房)의 성좌(星座)로 모여
   해와 달이 머무르게 된다고 함. 따라서 신(辰)이 방(房)에 모이지 않았다고
   하는 것은 곧 일식(日蝕)을 뜻하는 말.

7) 瞽奏鼓(고주고) : 눈이 먼 악관이 북을 쳤다는 뜻. 옛날 중국에서는 일식이
   있을 때 해에게 활력을 불어넣어 주기 위해 큰 북을 두드렸다고 한다.

8) 嗇夫(색부) : 하급 관리를 가리킨다.

9) 尸厥官(시궐관) : 하는 일 없이 헛되이 벼슬자리만 차지했다는 말.

10) 先王(선왕) : 옛날의 성군(聖君). 선대의 거룩한 임금.

11) 政典(정전) : 나라를 다스리는 데 필요한 선왕(先王)의 법전(法典).

12) 先時者(선시자) : 때에 앞서는 자. 곧 때에 맞추어 일을 하지 않고 일찍 서
    두르는 사람을 말한다.

13) 不及時者(불급시자) : 때에 미치지 못하는 자. 곧 때에 맞추지 못하고 늦게
    야 일을 하는 사람을 말한다.

3. 옥석(玉石)을 가려 처벌하겠다

윤후가 다시 말을 계속하였다.

"오늘 나는 그대들과 함께 명을 받들어 천벌(天罰)을 내리려고
한다. 여러 군사들은 왕실(王室)을 위해 힘을 합하고, 바라건대
나를 도와 천자(天子)의 위엄 있는 명령을 삼가 받들도록 하라.

곤산(崑山)에 불이 붙으면 옥과 돌을 가리지 않고 함께 태우나
니 천자의 관리가 덕을 잃는 일은 맹렬한 불길보다 더욱 사나운

것이다.

저들의 괴수(魁首)는 섬멸할 것이로되 협박에 의해 따른 자들
은 다스리지 않을 것이다.

예전에 물든 더러운 습속(習俗)은 모두 새로워지도록 하겠다.

오호라, 위엄이 사사로운 정을 이기면 진실로 일을 이루게 될
것이고 사사로운 정이 위엄을 누르면 진실로 공을 이루지 못할 것
이니, 그대들 모든 군사는 힘쓰고 경계하라."

▨ 우두머리격인 화씨와 희씨만 칠 것이요 협박에 의해 억지로 동조
한 자는 용서할 것을 약속하고, 사사로운 정에 얽매여 큰 일을 그르치는
일이 없도록 당부하였다.

今予以爾有衆으로 奉將[1]天罰하노니 爾衆士는 同力王室하여 尙[2]弼
予하여 欽承天子威命하라

火炎崑[3]岡하면 玉石이 俱焚[4]하나니 天吏逸德은 烈于猛火하니 殲厥
渠魁[5]하고 脅從[6]이란 罔治하여 舊染汙俗咸與惟新[7]하리라

嗚呼라 威[8]克厥愛하면 允濟오 愛克厥威하면 允罔功이니 其爾衆士는
懋戒哉어다

1) 將(장) : 장차 ~하려고 한다의 뜻.

2) 尙(상) : 바라건대. 여기서는 바라다의 뜻.

3) 崑(곤) : 곤산(崑山). 곤륜산(崑崙山). 파밀고원(巴密高原)의 총령(蔥嶺)
에서 비롯된 산줄기가 신강(新疆)·티벳〔西藏〕의 두 지역에 여러 갈래로 뻗
쳐 있으며, 큰 줄기가 중국 땅으로 깊숙이 뻗어 있다. 이 산에서 미옥(美玉)
이 많이 나기로 옛날부터 유명하다. 곤륜산맥(崑崙山脈)은 중국에서 가장 큰
산맥의 하나다.

4) 玉石俱焚(옥석구분) : 옥과 돌을 가리지 않고 함께 태운다는 뜻.

5) 渠魁(거괴) : 한 무리의 우두머리. 괴수(魁首). 거(渠)와 괴(魁)는 다 같이
우두머리라는 뜻이다.

6) 脅從(협종) : 협박에 못이겨 마지못해 따른 자들을 가리킨다.

7) 咸與惟新(함여유신) : 모두가 새로워지도록 하다. 여(與)는 여기서 주다의 뜻.

8) 威(위) : 군령(軍令)의 위엄을 가리키는 말.

제3권 상나라의 글〔商書〕

"오호라, 하늘은 친할 수 없으나
공경하는 사람은 친해질 수 있고
백성은 특정한 분을 우러러보지 않으나
인(仁)을 갖춘 분이면 우러러보며
귀신은 일정한 분의 공양을 받지 않으나
정성으로 모시는 사람에게서만
공양을 받고 복을 내리니
천자(天子)의 자리가 어려운 것입니다.
덕이 있으면 천하는 다스려지고
덕이 없으면 천하는 어지러워집니다…"

제3권 상나라의 글〔商書〕

상서(商書)는 상왕조(商王朝)시대의 사적(史蹟)을 기록한 것이다. 상(商)은 성탕(成湯)의 조상인 설(契)의 후예가 제후(諸侯)로 봉(封)함 받은 땅의 이름이었는데, 성탕이 무도(無道)한 하왕조(夏王朝)의 걸왕(桀王)을 쳐 멸망시키고 새 왕조의 국호(國號)를 상이라 부르게 된 것이다.

상왕조를 세운 성탕은 순임금시대에 교육을 담당한 사도(司徒) 설(契)의 14대 손(孫)이라고 전한다.

상왕조는 BC 1751년에서 BC 1111년까지 중국을 통치하였다. 그런데 이 상왕조는 전후기(前後期)로 나누어진다.

전기(前期)는 탕왕에서부터 360여 년 간을 말하고, 후기(後期)는 제17대 왕인 반경(盤庚)에 이르러 은(殷) 땅으로 천도(遷都)한 BC 1383년에서부터 주왕(紂王)의 멸망에 이르기까지를 말한다.

반경이 은(殷) 땅으로 천도한 뒤로 상나라를 은나라라고 부르게 되는데, 그것은 지금 알려져 있는 상대(商代)의 기록과 사적(史的) 자료 및 기타 문물(文物)들이 모두 이 시대에 남겨진 것들이기 때문이다.

상서 가운데 남은 기록은 탕서(湯誓)·중훼지고(仲虺之誥)·탕고(湯誥)·이훈(伊訓)·태갑(太甲)·함유일덕(咸有一德)·반경(盤庚)·열명(說命)·고종융일(高宗肜日)·서백감려(西伯戡黎)·미자(微子) 등 11종목인데, 이중 태갑·반경·열명은 상중하(上中下)로 나뉘어져 있다.

제1장 탕서(湯誓)

이 장은 상(商)의 성탕(成湯)이 무도한 하왕조(夏王朝)의 걸왕(桀王)을 쳐부수어야 할 취지를 밝힌 글이다. 제후로서 왕을 정벌하게 되는 것이므로 천하 사람들의 빈축을 살까 두려워 출사(出師)에 신중을 기하고, 정벌의 취지를 제후들에게 알리지 않을 수 없었던 것이다.

상나라는 성탕대에 이르러 강대한 제후로 발전하여 하왕조와 동서에서 대치하는 국면에 이르렀던 것이다.

야심이 만만한 성탕은 이윤(伊尹)이라는 명재상을 등용하여 힘을 기르면서 동방의 영도자가 되고, 서쪽의 하왕조를 토벌하기에 이른 것이다.

1. 무도한 하(夏)나라를 정벌하는 것은 하늘의 뜻

임금이 말하였다.

"그대들에게 고하노니 모두들 와 나의 말을 들어라.

나 같은 작은 사람이 감히 난을 일으키려는 것이 아니고 하(夏)나라 임금의 죄가 너무 크기 때문에 하늘이 나에게 그를 멸망시키라고 하신 것이다.

이제 그대들 모든 사람은 '우리 임금〔我后 : 하나라의 걸왕〕이 우리들을 사랑하지 않는다. 우리들의 농사를 그르치면서라도, 하(夏)나라의 학정을 바로잡아야 한다.' 라고 말한다. 나도 그대들의 말을 들었으니, 하나라 임금의 죄가 크다. 나는 하늘이 두려워 감히 바로잡지 않을 수가 없다.

지금 그대들은 말할 것이다. '하나라의 죄가 어떤 것이냐' 고 하나라의 임금은 백성의 힘을 소진하게 하고 하나라의 모든 고을

을 해치기만 하였다. 그래서 백성은 모두 게을러지고 협동할 줄
모르며, '이 해가 언제 없어질 것인가. 우리는 너와 함께 망해 버
렸으면 한다.' 라고 말하게 되었다. 하나라의 덕이 이와 같으니 이
제 내가 반드시 가 정벌해야 하겠다.

바라건대 그대들은 나 한 사람을 도와 하늘의 벌을 이루도록 하
라. 나는 그대들에게 크게 상을 내릴 것이다. 그대들은 이 말을 믿
지 않는 일이 없도록 하라.

나는 결코 헛된 말을 하지 않는다. 그대들이 나의 훈시(訓示)
를 따르지 않으면 나는 그대들을 처자(妻子)와 함께 죽일 것이
며 용서하는 일이 없을 것이다."

▨ 여러 제후들 중 두각을 나타낸 상(商)의 탕왕은 하(夏)의 걸왕(桀
王)의 포악무도를 보고도 걸왕을 지지하는 제후들이 있어 보고만 있었
다. 서로 작당하여 더욱 포악하고 방자해지자 먼저 작당한 제후들을 정
벌하고 걸왕과 정면 승부하려 하였으나 아직도 이족(夷族)이 걸왕에게
충성을 바치고 있었다.

이에 재상(宰相)인 이윤(伊尹)이 공물을 바치지 말고 동정을 엿보라
고 하여 계책대로 따르니 걸왕이 노하여 구이(九夷)의 군사를 일으켜 정
벌하려 하였다. 이윤은 때가 이르지 않았음을 알고 사과하게 하여 걸왕
의 화를 가라앉혔는데 다음 해에 또 공물을 바치지 않았다. 이에 걸왕은
다시 구이의 군사를 일으키려 하였으나 구이가 듣지 않았다.

드디어 이윤의 계책대로 탕왕이 군사를 일으켜 명조(鳴條)에서 서로
싸우게 되었다. 걸왕은 크게 패하여 남소(南巢)로 쫓겨가 3년 후 정산
(亭山)에서 죽으니 곧 하왕조의 멸망으로 기원전 1751년의 일이다.

걸왕을 정벌하기 전 탕왕이 한 훈시로 걸왕의 죄상을 열거하고 걸왕
을 정벌하는 일은 오로지 하늘의 뜻이라는 것을 강조하고 장병들에게 공
을 이룰 것을 당부하였다.

王[1]曰格[2]하라 爾衆庶[3]아 悉聽朕言하라 非台小子[4]敢行稱亂이라 有
夏[5]多罪어늘 天命殛之하시나니라
今爾有衆이 汝曰我后不恤我衆하여 舍我穡事[6]하고 而割正夏[7]라하

나니 予惟聞汝衆言이나 夏氏有罪어늘 予畏上帝라 不敢不正[8]이니라

今汝其曰하대 夏罪는 其如台[9]라하나니 夏王이 率[10]遏衆力[11]하며 率割夏邑한대 有衆이 率怠弗協하여 曰時日[12]은 曷喪[13]고 予及汝로 皆亡이라하나니 夏德이 若玆라 今朕이 必往하리라

爾尙輔予一人[14]하여 致天之罰하라 予其大賚[15]汝하리라 爾無不信하라 朕不食言[16]하리라 爾不從誓言[17]하면 予則孥戮汝하여 罔有攸赦하리라

1) 王(왕) : 임금. 여기서는 상왕조(商王朝)의 탕왕(湯王)을 가리킨다. 탕왕은 순(舜)과 우(禹)를 보좌하여 상(商)의 제후로 봉함받은 설(契)의 14세손(十四世孫)이다.

2) 格(격) : 여기서는 오라고 부르는 말.

3) 衆庶(중서) : 여러분. 곧 무리들인 전 장병을 가리키는 말이다.

4) 台小子(이소자) : 나와 같은 작은 사람. 이는 나라는 일인칭 대명사. 소자(小子)는 작은 사람이라는 뜻으로 자기를 낮춰서 이르는 말.

5) 夏(하) : 나라 이름인 하(夏)나라. 여기서는 하나라 마지막 임금인 폭군(暴君) 걸왕(桀王)을 가리키는 말.

6) 舍我穡事(사아색사) : 우리의 농사일을 버리다. 사(舍)는 사(捨)와 통하여 버린다는 말이요, 색사(穡事)는 농사일.

7) 割正夏(할정하) : 하(夏)나라를 깎고 베다. 할(割)은 깎는다는 뜻. 정(正)은 정(征)과 통하여 벤다는 뜻.

8) 不敢不正(불감부정) : 감히 바로잡지 않을 수 없다. 여기서의 정(正)은 바로잡다로, 곧 정벌(征伐)한다는 뜻.

9) 如台(여이) : 어떠하냐. 여하(如何)와 같다.

10) 率(솔) : 어조사(語助辭). 아래에 나오는 솔(率)도 같다.

11) 遏衆力(알중력) : 백성들의 힘을 진(盡)하게 하였다는 말. 알은 갈(竭)과 통하여 소진하게 하였다, 또는 소모할 대로 소모하게 하였다는 뜻. 중(衆)은 모든 백성을 가리킨다.

12) 日(일) : 해. 여기서는 하나라의 임금인 걸왕(桀王)을 가리킨다.

13) 曷喪(갈상) : 언제 없어질까. 갈(曷)은 언제의 뜻. 상(喪)은 없어지다, 곧 망하다의 뜻.

14) 爾尙輔予一人(이상보여일인) : 그대들은 바라건대 나 한 사람을 도와라. 이

(爾)는 여(汝)와 같은 뜻으로 그대들, 너희들의 뜻. 상은 바라다, 또는 바라
건대의 뜻. 보(輔)는 보필하다, 돕다의 뜻.

15) 大賚(대뢰) : 상을 크게 내리다.

16) 食言(식언) : 말을 먹다. 곧 약속을 지키지 않는 말. 헛된 말.

17) 誓言(서언) : 훈시(訓示)하는 말.

제2장 중훼지고(仲虺之誥)

이 글은 중훼(仲虺)라는 탕왕(湯王)의 신하가, 탕왕이 의거(義
擧)의 깃발을 올리지 않을 수 없었던 취지를 다시 천명한 기록이
다. 요임금이 순임금에게, 순임금이 우왕에게 제위(帝位)를 전하
는 선양(禪讓)을 제왕의 덕으로 보던 시대이니, 하왕조의 걸왕을
쫓아내는 일에 대하여 비난의 소리도 적지 않았던 것이다.

물론 하왕조에 이르러 제위를 자손 대대로 물려주는 세습 제도
(世襲制度)가 확립되었지만 제왕을 무력으로 쫓아내고 그 왕의
자리를 차지한 일은 일찍이 없었던 것이다.

1. 천명이라고 탕왕을 위로한 중훼

성탕(成湯)이 하(夏)의 걸왕(桀王)을 남소(南巢)로 내치고
나서 자기의 덕을 부끄럽게 여겨 말하기를

"나는 후세에 내가 이야기거리가 될까 두렵소"

하니, 이에 중훼(仲虺)가 고(誥)를 지어 말하였다.

"오호라, 하늘이 사람을 내실 때 욕망을 가지게 하셨으니, 임금
이 없으면 곧 어지러워질 것이므로 하늘은 총명한 이를 내리시어
그들을 다스리게 하였습니다.

하나라의 임금은 덕에 어두워 백성을 도탄(塗炭)에 빠지게 하
였습니다. 이에 하늘은 임금님께 용기와 지혜를 내려주어 온 나

라의 의표(儀表)가 되어 나라를 바로잡게 하셨으며, 우(禹)임금
의 옛 일을 계승하여 행하게 하셨습니다. 이것은 하늘의 법도를
따라 천명(天命)을 받들어 행하시는 일이옵니다."

　▨ 신하로서 임금을 내친 자신의 무덕(無德)함을 부끄럽게 여기는 탕
왕을, 중훼라는 신하가 그것은 천명이었다고 위로하였다.

　成湯[1]이 放桀[2]于南巢하시고 惟有慙德[3]하사 曰予恐來世以台로 爲
口實[4]하노라

　仲虺[5] 乃作誥[6]曰鳴呼라 惟天이 生民有欲하니 無主[7]면 乃亂일새 惟
天이 生聰明하신든 時乂[8]시니 有夏昏德하여 民墜塗炭[9]이어늘 天乃錫王
勇智[10]하사 表正[11]萬邦하사 纘禹舊服[12]하시니 玆率厥典하여 奉若天命
이니이다

1) 成湯(성탕) : 탕임금을 이르는 말. 성탕(成湯)이라 함은 왕업(王業)을 이루
　　었으므로 그렇게 부르게 되었다는 설(說)도 있고, 무훈(武勳)을 세웠으므로
　　그렇게 부르게 되었다는 설도 있다.

2) 桀(걸) : 하왕조(夏王朝)의 마지막 왕인 폭군(暴君) 걸왕(桀王)을 말한다.

3) 慙德(참덕) : 덕을 부끄럽게 여기다. 이신벌군(以臣伐君), 곧 신하로서 임금
　　을 쳤다는 사실에 대하여 탕왕은 정신적인 부담을 느꼈던 것이다.

4) 口實(구실) : 이야기거리. 곧 비난의 대상이 된다는 뜻.

5) 仲虺(중훼) : 이윤(伊尹)과 함께 탕왕을 도운 신하.

6) 誥(고) : 권고(勸告)·충간(忠諫)·포고(佈告) 등의 뜻으로 쓰이는데, 여기
　　서는 중훼가 탕왕에게 권고한 것을 이른다. 고(告)와 같은 뜻으로 쓰인다.

7) 無主(무주) : 주인이 없다. 곧 왕(王)이 없다는 말. 주(主)는 왕(王)과 같은 뜻.

8) 惟天生聰明時乂(유천생총명시예) : 하늘이 총명한 사람을 내어 다스리게 한
　　다는 뜻.

9) 塗炭(도탄) : 본뜻은 진흙과 숯불인데 몹시 곤궁한 처지, 또는 아주 난처하고
　　딱한 형편에 놓이는 것을 비유하는 말이다.

10) 錫王勇智(석왕용지) : 왕에게 용기와 지혜를 주다. 석(錫)은 사(賜)와 통
　　하여 준다는 뜻이다.

11) 表正(표정) : 남의 모범(模範)이 되어 바로잡는다는 뜻. 표(表)는 여기서

의표(儀表), 곧 모범의 뜻이다.

12) 服(복) : 여기서는 행한다는 뜻.

2. 천명이 상(商)나라에 내렸음을 역설하다

중훼가 이어 말하였다.

"하(夏)나라의 임금은 죄가 있으니, 곧 위로 하늘을 속이고 명(命)을 아래로 백성에게 내렸습니다. 하늘은 이것을 옳게 여기지 않고 상(商)나라로 하여금 명을 받들게 하여 백성을 밝게 하라고 하신 것입니다.

하나라에는 현명한 이를 업신여기고 권세에 아부하는 무리들만 득실거렸습니다. 처음부터 우리 나라는 하(夏)나라 임금에게, 모 가운데 자라나는 가라지풀이나 낟알에 섞인 쭉정이와 같이 여겨졌었습니다. 그래서 우리 나라의 작고 큰 벼슬아치들이 모두 두려워 떨면서 죄없이 두려워하지 않은 이가 없었습니다. 하물며 우리 임금님의 덕에 관한 말씀은 들으시기에 족할 뿐인데 어찌하겠습니까."

▨ 하나라 걸왕의 잘못을 이야기하고, 걸왕이 상나라를 매우 핍박했던 사실을 들고, 그대로 앉아 당하고만 있을 수 없었던 상황을 말하면서, 이제 하늘의 명이 상나라에 내려졌으니 하늘의 뜻을 받들어야 함을 이야기하고 있다.

夏王이 有罪하여 矯誣上天하여 以布命于下[1]한대 帝用不臧[2]하사 式[3] 商受命하사 用爽厥師[4]하시니이다

簡賢附勢[5]寔繁有徒[6]하여 肇我邦[7]이 于有夏에 若苗之有莠[8]하며 若粟之有秕[9]하여 小大[10]戰戰[11]하여 罔不懼于非辜어늘사 矧予[12]之德이 言足聽聞[13]잇따녀

1) 布命于下(포명우하) : 명(命)을 아래로 백성에게 내렸다. 곧 하(夏)의 걸왕(桀王)은 백성들의 신망이 자기에게서 멀어진 것을 알고, 자주 천명을 빙자해서 명을 백성에게 하달(下達)한 것을 가리킨다.

2) 不臧(부장) : 옳게 보지 않다.

3) 式(식) : 그래서. 앞의 용(用)과 같이 원인을 나타내는데 이(以)와도 같다.

4) 師(사) : 여기서는 백성을 가리킨다.

5) 簡賢附勢(간현부세) : 현명한 이를 업신여기고 세도가(勢道家)에게 아부한
   다. 간(簡)은 업신여긴다. 또는 소홀하게 하다의 뜻. 이 구절은 걸왕의 신하
   들을 가리키는 말이다.

6) 寔繁有徒(식번유도) : 실로 그러한 무리들이 득실거리다. 식은 실(實)로, 참
   으로의 뜻. 번은 많다. 득실거리다의 뜻.

7) 我邦(아방) : 우리 나라. 곧 제후국(諸侯國)이던 상(商)나라를 가리킨다.

8) 若苗之有莠(약묘지유유) : 모 가운데에 자라나는 가라지풀과 같다. 유(莠)
   는 가라지풀. 이 구절은 다음 구절과 아울러서, 걸왕은 상나라의 탕왕을 눈엣
   가시처럼 여겨 없애 버리려고 했다는 말.

9) 秕(비) : 곡식의 쭉정이.

10) 小大(소대) : 벼슬이 낮은 자와 높은 자. 곧 작은 벼슬아치와 큰 벼슬아치.

11) 戰戰(전전) : 두려워서 떠는 모양. 전전긍긍(戰戰兢兢).

12) 予(여) : 나. 우리. 여기서는 우리 탕왕(湯王)이라는 뜻이다.

13) 足聽聞(족청문) : 듣기에 족한 데가 있었다. 곧 받아들일 만한 것이 있었다
    는 말. 이 구절은 탕왕의 덕행을 걸왕이 인정하고 용납할 만했다는 뜻이니, 탕
    왕이 덕을 펼쳐 백성의 신망을 모으고 있다는 사실을 안 걸왕이 탕왕에게 여
    러 번 박해를 가했다는 사실을 가리키는 것이다.

3. 탕왕의 덕을 칭송하다

중훼가 이어 말하였다.

"임금님께서는 노래와 여색을 가까이하지 않고, 재화와 이익을
불리려 하지 않으셨습니다. 덕이 많은 사람에게는 힘써 벼슬을 주
고 공이 많은 사람에게는 힘써 상을 내리셨습니다. 사람을 등용할
때는 자신과 같이 대우하고, 허물을 고치는 일에는 주저하지 않았
으며, 관후하고 인자하여 만백성이 밝게 믿고 따르게 하셨습니다.
갈(葛) 땅의 제후가 밭에 밥 나르던 사람을 죽여 원수가 되니

처음으로 갈 땅부터 정벌하셨습니다. 동쪽을 정벌하면 서쪽 오랑캐가 원망하고, 남쪽을 치면 북쪽 오랑캐가 원망하여 '왜 우리만 뒤로 미루느냐.' 라고 하였습니다.

임금님께서 가시는 곳의 백성들은 온 집안 가족들이 서로 경하하며 '우리 임금님이 오시기를 기다렸는데, 이제 오셔서 살려 주신다.' 라고 하니, 백성들이 상(商)나라를 떠받드는 것은 이미 오래된 일입니다."

▨ 중훼가 탕왕의 덕을 칭송하고, 모든 백성이 탕왕의 덕을 사모하여 자신들의 포악무도한 임금을 저버리고 먼저 자신들의 나라를 정벌하기를 바랐다는 예를 들었다. 곧 천하의 민심이 탕왕에게 기울어졌다는 것을 강조하고 있다.

惟王은 不邇聲色하시며 不殖貨利하시며 德懋懋官[1]하시며 功懋懋賞하시며 用人惟己[2]하시며 改過不吝하사 克寬克仁하사 彰信兆民하시니이다

乃葛伯이 仇餉[3]이어늘 初征自葛[4]하사 東征에 西夷怨하며 南征에 北狄怨하여 曰奚獨後予[5]오하며 所徂之民[6]은 室家[7]相慶하여 曰徯予后[8]하다소니 后來하시니 其蘇[9]라하니 民之戴商이 厥惟舊哉[10]니이다

1) 德懋懋官(덕무무관) : 덕이 많은 사람에게 힘써 벼슬을 주다. 앞의 무(懋)는 성대하다는 말로 많다는 뜻, 뒤의 무는 힘쓰다의 뜻.

2) 用人惟己(용인유기) : 사람을 쓸 때에는 자기처럼 믿고 아끼다. 용(用)은 쓰다. 곧 등용(登用). 기(己)는 자기.

3) 乃葛伯仇餉(내갈백구향) : 이에 갈(葛) 땅의 제후가 밥 나르는 사람을 죽여 원수가 되다. 갈은 땅 이름으로, 지금의 하남성(河南省) 채구현(蔡丘縣)에 해당하며, 백은 백작(伯爵)에 해당하는 제후(諸侯). 구는 원수, 향은 음식을 보내는 일. 갈(葛) 땅의 제후가 제사를 지내지 않았다. 그래서 탕왕이 그 까닭을 물으니 갈백(葛伯)이 대답하기를 제사 지낼 곡식이 없어서 그렇다는 것이었다. 이에 탕왕은 자기 백성을 동원하여 갈 땅의 농사를 돕도록 하니, 한편으로 늙은이들과 어린이들은 밥을 지어 그들에게 날라다 주기에 이르렀다. 그런데 갈백은 그 밥 나르는 사람들을 잡아 밥을 빼앗고는 그들을 모두 죽여 버렸다. 이리하여 갈(葛)과 상(商)은 서로 원수가 되었다.

4) 初征自葛(초정자갈) : 처음으로 갈(葛) 땅부터 정벌하였다. 자(自)는 ~부
터 ~까지의에서 ~부터를 뜻한다.

5) 奚獨後予(해독후여) : 왜 홀로 우리만 뒤로 미루느냐. 왜 빨리 자기네의 포
악한 제후를 정벌하여 도탄에 허덕이는 자기들을 구해 주지 않느냐고 원망하
는 말. 이 말은 탕왕의 신망이 두터워 미개인들까지도 따른다는 것을 말하는
것이다.

6) 所徂之民(소조지민) : 가는 곳마다의 백성. 곧 탕왕이 정벌하는 곳마다의 백
성. 조는 왕(往)과 같다.

7) 室家(실가) : 온 집안의 가족을 가리킨다.

8) 徯予后(혜여후) : 우리 임금님을 기다리다.

9) 蘇(소) : 살아나다. 소생(蘇生).

10) 厥惟舊哉(궐유구재) : 그것은 오래전부터의 일이다.

4. 임금으로서 할 일을 아뢰고 천명을 보전케 함

중훼가 계속하여 말하였다.

"어진 사람을 돕고 덕 있는 사람을 돌보시며, 충성된 사람을 드
러내고 착한 사람을 끌어올리십시오. 약한 자는 어우르고 어리석
은 자는 공격하고 어지럽히는 자는 취하고 망할 짓을 하는 자는 모
욕을 주십시오. 도를 망치는 자는 밀어뜨리고 도를 살리는 자는 견
고(堅固)하게 해 주시면 나라는 곧 창성(昌盛)해질 것입니다.

덕이 날로 새로워지면 모든 나라가 우러러보고 따를 것이요, 조
그만 뜻을 이루고 스스로 만족해 하면 온 집안이 떨어져 나갈 것
이니, 임금님께서는 힘써 큰 덕을 밝혀 백성에게 올바른 도를 세
워 주십시오.

의(義)로써 일을 바로잡고, 예(禮)로써 마음을 바로잡아 후손
에게 풍족함을 내리십시오.

제가 들으니, 스스로 능히 스승을 얻은 자는 왕 노릇을 할 것이요,
남을 자기보다 못하다고 여기는 자는 망할 것이며, 묻기를 좋아하
면 넉넉해지고, 스스로의 뜻만 굳이 쓰면 작아진다고 하였습니다.

오호라, 그 끝을 신중하게 맺으려 하면 처음부터 신중하게 하여
야 한다고 하니, 예를 아는 사람은 북돋워 주고, 어리석고 난폭한
자는 뒤엎도록 하십시오 천도(天道)를 공경하고 숭상하시어 길
이 천명(天命)을 보전하도록 하십시오"

▨ 중훼가 탕왕에게 만백성의 임금으로서 지녀야 할 덕을 아뢰었다.
어질고 충성된 자를 끌어올리고, 공격하고 어지럽히는 자는 멸하게 하
며, 작은 일에 만족하고 우쭐해지면 민심은 떠나게 되니 항상 신중하고
겸허하게 천도(天道)를 숭상하여 천명을 길이 지키도록 당부하고 있다.

佑賢輔德하시며 顯[1]忠遂良[2]하시며 兼弱攻昧하시며 取亂侮亡하사 推
亡固存[3]하시사 邦乃其昌하리이다

德日新하면 萬邦이 惟懷[4]코 志自滿하면 九族[5]이 乃離하리니 王은 懋昭
大德하사 建中[6]于民하소서 以義로 制[7]事하시며 以禮로 制心하시사 垂裕後
昆[8]하리이다 予聞하니 曰能自得師者는 王이오 謂人莫己若者[9]는 亡이라
好問則裕코 自用[10]則小니이다

嗚呼라 愼厥終핟든 惟其始[11]니 殖[12]有禮하시며 覆[13]昏暴하사 欽崇天
道하시사 永保天命하시리이다

1) 顯(현) : 밝히다. 나타내다. 드러내다.

2) 遂良(수량) : 착한 사람을 끌어올리다. 수(遂)는 여기서 끌어올리다로 풀이
   되며, 양(良)은 착한 사람을 뜻한다.

3) 推亡固存(추망고존) : 도(道)를 그르쳐 망치게 하는 자는 밀어뜨리고 도를
   존속(存續)시키는 자는 견고(堅固)하게 하여 뒷받침해 주라는 뜻. 망은 도
   를 망치게 하는 자, 존은 도를 존속시키는 자.

4) 懷(회) : 여기서는 우러르고 따른다는 뜻.

5) 九族(구족) : 온 집안. 탕왕을 중심으로 한 고조(高祖)·증조(曾祖)·조
   (祖)·부(父)·자(子)·손(孫)·증손(曾孫)·현손(玄孫). 곧 가장 가까운 혈
   족(血族).

6) 建中(건중) : 올바른 도(道)를 세우다. 곧 중용(中庸)의 도를 세운다는 말.

7) 制(제) : 바로잡는다는 뜻으로 풀이된다.

8) 垂裕後昆(수유후곤) : 후손에게 풍족함을 내리다. 수유(垂裕)는 올바르게

살아갈 수 있도록 여유를 주자는 뜻. 후곤(後昆)은 후손.

9) 莫己若者(막기약자) : 자기만 같지 못한 사람. 자기보다 못한 사람.

10) 自用(자용) : 스스로의 뜻만 굳이 쓰다. 곧 자기 스스로가 해답을 얻어 일을 처리한다는 말.

11) 愼厥終惟其始(신궐종유기시) : 그 끝을 신중하게 맺으려면 처음부터 신중하게 하여야 한다는 뜻으로, 유종(有終)의 미(美)를 거두기 위해서는 처음부터 끝까지 신중을 기해야 한다는 말.

12) 殖(식) : 여기서는 북돋워 준다는 뜻.

13) 覆(복) : 뒤엎다. 곧 멸망시키다.

제3장 탕고(湯誥)

이 장은 탕왕(湯王)이 하왕조(夏王朝)의 걸왕(桀王)을 쫓아내고 돌아와 모든 제후와 신하들을 모아놓고 걸왕을 정벌한 이유와 자기 자신의 소신(所信)을 천하에 고한 것이다.

적어도 중국 천하에서 제후로서 제왕을 몰아낸 이신벌군(以臣伐君)의 역성혁명(易姓革命)을 일으킨 첫 주자(走者)가 된 탕왕이므로 그가 어떤 정신과 마음가짐으로 만민의 위에 군림(君臨)했는지 엿볼 수 있다는 점에서 그 의미를 찾을 수 있다.

1. 하(夏)나라를 정벌하고 천벌이라고 함

탕왕은 하(夏)나라를 쳐 이기고 돌아와 박(亳) 땅에 이르러 온 천하에 크게 고하였다.

"아아, 그대들 온 천하의 백성들이여, 나의 고함을 분명하게 들어라. 위대하신 상제(上帝)께서는 낮은 백성들에게 올바른 마음을 내려 언제나 올바른 성품을 지닌 사람을 따르게 하셨으니, 그 올바른 길을 따를 수 있는 사람만이 임금이 될 수 있다.

하나라의 걸왕(桀王)은 덕을 멸(滅)하고 위세로 누르려 했으며, 포학(暴虐)한 정치를 펼쳐 그대들 온 천하의 백성을 대하였다. 그대들 온 천하의 백성들은 흉악한 박해(迫害)를 당하였으며, 그 고통을 참지 못하여 다같이 죄없음을 천지신명(天地神明)에게 고하였다.

하늘의 법도는 착한 사람에게는 복을 내리고 나쁜 사람에게는 재화를 내리는 것이니, 재앙을 하나라에 내려 그 죄를 밝히셨다."

▨ 하나라의 걸왕을 쳐 이기고 돌아온 탕왕이 천하 만백성에게 올바른 덕을 베풀어 어진 정치를 하는 사람만이 임금의 자리에서 백성을 다스릴 수 있는 것이라 역설하고, 걸왕은 백성을 포악한 정치로써 박해하였으므로 하늘의 벌을 받았다고 말하고 있다.

王¹⁾이 歸自克夏하사 至于亳²⁾하사 誕告萬方하시다

王曰嗟爾萬方有衆아 明聽予一人誥하라 惟皇上帝³⁾降衷于下民⁴⁾하사 若有恒性⁵⁾하니 克綏厥猷⁶⁾사 惟后니라

夏王이 滅德⁷⁾作威⁸⁾하여 以敷虐于爾萬方百姓한대 爾萬方百姓이 罹其凶害⁹⁾하여 弗忍荼毒¹⁰⁾하여 竝告無辜于上下神祇¹¹⁾하니 天道는 福善禍淫¹²⁾이라 降災于夏하사 以彰厥罪하시니라

1) 王(왕) : 여기서는 탕왕(湯王)을 가리킨다.
2) 亳(박) : 상(商)나라의 도읍지(都邑地). 지금의 하남성(河南省) 상구현(商丘縣)에 해당한다.
3) 皇上帝(황상제) : 위대한 하느님. 상제(上帝)는 하느님이라는 말인데 그것을 높여 이렇게 불렀다.
4) 下民(하민) : 낮은 백성. 백성이라는 뜻.
5) 恒性(항성) : 언제나 올바른 성품을 지닌 사람.
6) 克綏厥猷(극수궐유) : 그 길을 편안하게 극복하는 사람. 곧 올바른 길을 따를 수 있는 사람.
7) 滅德(멸덕) : 덕을 멸하다. 곧 덕을 망치다.
8) 作威(작위) : 위세(威勢)를 짓다. 곧 함부로 위세를 떨쳐 백성을 억눌렀다는 뜻.
9) 罹其凶害(이기흉해) : 그 흉악한 박해를 당하다. 이(罹)는 걸리다, 당하다의 뜻.

10) 荼毒(도독) : 고통(苦痛). 도는 쓴 나물. 독(毒)은 독사나 독벌레의 독. 곧
    견디기 어려운 고통을 안겨 주는 괴로운 상대를 비유함.
11) 上下神祇(상하신기) : 천지신명(天地神明). 상(上)은 천(天)이니 상신(上
    神)은 천신(天神), 하(下)는 지(地)니 하기(下祇)는 지기(地祇) 곧 지신
    (地神).
12) 福善禍淫(복선화음) : 착한 자에게는 복을 내리고 악한 자에게는 재화(災
    禍)의 벌을 내린다. 음(淫)은 악(惡)과 같다.

2. 하나라를 정벌한 것은 천명을 거역할 수 없어서

탕왕은 말을 이었다.

"그러므로 나와 같은 작은 사람이 천명(天命)을 받들고 위엄
을 밝혀 감히 용서하지 못하였다. 이에 감히 검은 황소를 제물로
바쳐 위로 천신(天神)에게 밝혀 아뢰고 하(夏)나라 임금에게 죄
있음을 청하였다.

마침내 위대한 성인(聖人)을 구하여 그와 함께 힘을 합쳐서 그
대들 백성과 더불어 하늘의 명을 청하였던 것이다.

위의 하늘은 진실로 아래의 백성을 보살펴 죄인을 내치고 굴복
시키셨다. 하늘의 명이 어그러지지 않음은, 아름답기가 풀과 나무
에 꽃이 피는 것과 같으니 천하의 만백성은 참으로 번성하게 되
었다.

나 한 사람에게 그대들의 나라를 화합하게 하고 편안하게 하도
록 하셨다. 이에 나는 위로 하늘과 아래로 백성에게 죄를 짓고 있
는 것 아닌지 몰라 두려워 떨기를 마치 깊은 연못에 떨어질 듯이
하고 있다."

▨ 탕왕은 이미 상제께 포악무도한 걸왕에게 벌을 내려주십사 빌었음
을 이야기하고 천명이 어긋나지 않아 자신이 걸왕을 내쫓을 수 있었다
고 하였다.

그러나 신하로서 임금을 쳐 내쫓았으니 위로는 하늘에 아래로는 백성
에게 죄를 짓는 것 같아 많은 고통을 느꼈다는 것을 이야기하고 있다.

肆¹⁾台小子將²⁾天命明威³⁾하여 不敢赦일새 敢用玄牡⁴⁾하여 敢昭告于上天神后⁵⁾하여 請罪有夏⁶⁾하고 聿求元聖⁷⁾하여 與之戮力⁸⁾하여 以與爾有衆으로 請命⁹⁾하라

上天이 孚佑¹⁰⁾下民이라 罪人이 黜伏하니 天命弗僭¹¹⁾이 賁若草木¹²⁾이라 兆民이 允殖하니라

俾予一人으로 輯¹³⁾寧爾邦家하시니 玆朕이 未知獲戾¹⁴⁾于上下하여 慄慄¹⁵⁾危懼하여 若將隕于深淵하노라

1) 肆(사) : 그러므로, 그런 까닭에.

2) 將(장) : 여기서는 받든다로 풀이된다.

3) 明威(명위) : 하늘의 위엄을 밝히다.

4) 玄牡(현모) : 검은 황소. 모(牡)는 황소. 곧 수소. 상나라에서는 검은색을 성스럽게 생각하였다.

5) 天神后(천신후) : 천신(天神)의 임금. 곧 하느님. 일설에는 후(后)는 지신(地神)으로, 천신과 지신을 아울러 부르는 것이라고도 한다.

6) 請罪有夏(청죄유하) : 하나라에 죄가 있음을 청하다. 곧 임금인 걸왕이 죄를 지었으니 벌을 내려 달라고 주청(奏請)하였다는 말.

7) 聿求元聖(율구원성) : 마침내 위대한 성인을 구하다. 원성(元聖)은 위대한 성인. 곧 이윤(伊尹)을 가리킨다.

8) 與之戮力(여지륙력) : 그와 함께 힘을 합치다.

9) 請命(청명) : 하늘의 명(命)을 청하다.

10) 孚佑(부우) : 진실로 보살피다.

11) 天命弗僭(천명불참) : 천명이 기대에 어그러지지 않다. 불(弗)은 불(不)과 같다.

12) 賁若草木(비약초목) : 풀과 나무에 피는 꽃과 같이 아름답다는 뜻. 비(賁)는 가꾸어 아름답게 되었다는 뜻.

13) 輯(집) : 화합, 화평, 화목.

14) 獲戾(획려) : 죄를 짓다.

15) 慄慄(율률) : 두려워서 떠는 모양.

3. 유종의 미를 거두자고 호소함

탕왕은 계속하여 말하였다.

"무릇 우리가 새로 세운 나라는 옳지 않은 법을 따르게 하지 않을 것이며, 방자하고 방탕하게 나아가지 못하게 할 것이다.

각자 그대들의 법도를 지킴으로써 하늘의 훌륭한 명(命)을 이어 받들도록 하라.

그대들이 착하면 나는 감히 덮어두지 않을 것이며, 죄가 의당 나의 몸에 미치면 감히 스스로를 용서하지 않을 것이요, 오로지 상제(上帝)의 마음을 살펴 행하도록 하겠다.

그대들 온 천하에 죄가 있으면 나 한 몸이 책임을 질 것이나 나 한 몸에 죄가 있으면 그대들 온 천하와는 아무 관계가 없다.

오호라, 정성을 바쳐야 또한 끝이 좋을 것이다."

▨ 천명을 거역할 수 없어 걸왕을 쳐 내쫓은 후 탕왕은 백성들에게 새로운 시대가 시작되었으니 올바른 법을 잘 지켜 생활하고 하늘의 명을 지켜 달라고 당부하였다.

또한 만백성에게 죄가 있다면 자신이 잘못 다스린 탓이기에 자신의 죄요, 한 몸의 죄는 만백성과 관계없는 것이라 하고 상제의 마음을 살펴 행할 것이니 더욱 정성을 다해 좋은 세상을 만들도록 함께 노력하자고 하였다.

凡我造邦[1]은 無從匪彝[2]하며 無卽慆淫[3]하여 各守爾典하여 以承天休[4]하라

爾有善이면 朕弗敢蔽[5]오 罪當朕躬이면 弗敢自赦니 惟簡이 在上帝之心[6]하니라 其爾萬方의 有罪는 在予一人[7]이오 予一人의 有罪는 無以爾萬方이니라

嗚呼라 尙克時忱이라사 乃亦有終[8]하리라

1) 造邦(조방) : 새로 세운 나라.

2) 匪彝(비이) : 옳지 않은 법. 비는 비(非)와 같다. 이(彝)는 법.

3) 無卽慆淫(무즉도음) : 방자하고 방탕하게 나아가지 않는다. 즉(卽)은 나아
가다의 뜻.

4) 天休(천휴) : 하늘의 훌륭함. 휴(休)는 훌륭하다의 뜻으로, 훌륭한 명(命).

5) 朕弗敢蔽(짐불감폐) : 나는 감히 덮어두지 않는다. 곧 상을 내린다.

6) 惟簡在上帝之心(유간재상제지심) : 오직 상제(上帝 : 하느님)의 마음을 살
펴 이에 맞는 행동을 취하겠다.

7) 在予一人(재여일인) : 나 한 사람에게 있다. 곧 나 한 사람에게 책임이 있다
는 말.

8) 有終(유종) : 끝맺음이 좋다는 뜻. 유종지미(有終之美).

제4장 이훈(伊訓)

이 글은 이윤(伊尹)이라는 재상(宰相)이, 탕왕의 뒤를 이어 왕
위에 오른 태갑(太甲)에게 훈계한 글이다.

이윤은 덕이 높고 현명한 사람이었다. 초야(草野)에 묻혀 농사
를 짓고 사는데, 그가 현명하다는 소문을 들은 탕왕이 두터운 예
를 갖추어 세 번이나 찾아온 열의에 감동되어, 아직 제후로 있는
탕왕을 도와 천하를 얻게 하였다.

탕왕(湯王)이 걸(桀)을 멸하고 이윤과 중훼라는 어진 신하들
의 보필을 받으며 백성을 다스리자 천하는 크게 안정되었다.

그러나 상왕조를 세운 지 13년 만에 탕왕이 죽었다. 이에 태자
인 태정(太丁)이 이미 죽고 없을 때였으므로 태정의 동생 외병
(外丙)이 왕위에 올랐는데 그도 2년 만에 죽었다. 이어 그 동생
중임(仲壬)을 왕으로 세웠으나 4년 만에 죽어 태정의 아들 태갑
(太甲)을 왕으로 세우게 되었다.

왕위에 오른 태갑에게 대재상(大宰相)인 이윤이 왕으로서 지
녀야 할 마음가짐을 설명한 글이다.

1. 이윤(伊尹)이 태갑(太甲)을 훈계함

원년(元年) 12월 을축일(乙丑日)에 이윤(伊尹)은 선왕(先王)께 제사를 드릴 때, 뒤를 이은 왕을 받들어 공손히 그 조상을 뵙도록 하였다.

후복(侯服)과 전복(甸服)을 입은 여러 제후(諸侯)들이 모두 있었고 모든 관원(官員)이 자세를 바르게 하여 재상(宰相)의 말을 들었다.

이윤은 열조(烈祖)가 이룩한 덕을 밝히고, 이로써 왕에게 훈계하였다.

"오호라, 옛날에 하(夏)나라를 다스린 첫째 임금은 덕에 힘을 써서 하늘의 재앙을 입지 않았습니다. 산천(山川)의 귀신들도 편안하지 않은 자가 없었으며, 새와 짐승과 물고기에 이르기까지 모두 마음이 편안하였습니다. 그러나 그 자손에 이르러 그 덕을 따르지 않으니 하늘이 재앙을 내리셨습니다. 우리의 손을 빌려 명하셨으므로 명조(鳴條)에서 공격하게 되었고, 우리는 박(亳)에서부터 시작하였던 것입니다."

▨ 왕위에 오르게 되는 태갑이 선왕에게 고하는 자리에서, 이윤은 하나라의 우왕은 훌륭한 덕으로써 나라를 세웠으나 그 자손인 걸왕이 포악무도하게 행동하여 우왕의 덕을 쫓지 않아 망한 것을 예로 들면서, 왕으로서 지녀야 할 바른 덕을 갖추고 잃지 않도록 힘쓰라고 훈계하고 있다.

惟元祀[1] 十有二月乙丑에 伊尹[2]이 祠于先王[3]할새 奉嗣王[4]하여 祗見厥祖[5]어늘 侯甸[6]群后咸在하며 百官이 總己[7]하여 以聽冢宰[8]어늘 伊尹이 乃明言烈祖[9]之成德하여 以訓于王하니라

曰嗚呼라 古有夏先后[10] 方[11]懋厥德하실새 罔有天災하며 山川鬼神이 亦莫不寧하며 曁鳥獸魚鼈[12]이 咸若하더니 于其子孫에 弗率한대 皇天이 降災하사 假手于我有命[13]하시니 造攻은 自鳴條[14]어늘 朕哉自亳하시니이다

1) 元祀(원사) : 원년(元年). 곧 태갑(太甲)이 즉위한 원년을 가리킨다. 상(商)

나라 때에는 지금의 연(年)을 사(祀)라고 하였다 한다.

2) 伊尹(이윤) : 상(商)나라 탕왕(湯王)을 보필하여 천하를 얻게 한 현신(賢臣). 이름은 지(摯). 본디 유신씨(有莘氏) 집안의 들에서 농사짓고 있었는데 탕왕의 간곡한 청에 못이겨 탕왕을 보좌하여 천하를 얻게 하였다. 그 전에 탕왕은 이윤을 다섯 번이나 하(夏)의 걸왕(桀王)에게 보내 충간(忠諫)하였으나 걸왕은 이윤의 말을 받아들이지 않다가 결국 멸망하고 말았다.

3) 祠于先王(사우선왕) : 선왕(先王)에게 제사 지내다. 사는 제사로, 태갑(太甲)이 새로 왕위에 오른 것을 선왕에게 고하는 제사. 선왕(先王)은 탕왕(湯王)을 이른다.

4) 嗣王(사왕) : 왕위를 계승하여 왕위에 오른 왕. 곧 태갑(太甲).

5) 厥祖(궐조) : 그 할아버지. 그 조상. 곧 탕왕을 가리킨다.

6) 侯甸(후전) : 후복(侯服)과 전복(甸服). 다 제후(諸侯)들이 각각 그 등급에 따라 갖추어 입는 복장.

7) 總己(총기) : 몸을 긴장하다. 곧 자세를 바로잡다의 뜻.

8) 冢宰(총재) : 왕을 도와 모든 관원을 지휘하는 벼슬. 재상(宰相).

9) 烈祖(열조) : 공이 많은 조상. 여기서는 탕왕을 가리킨다.

10) 有夏先后(유하선후) : 하나라의 선왕(先王). 곧 우(禹)임금.

11) 方(방) : 바야흐로. 우임금이 애써 덕을 편 것을 강조하는 말.

12) 魚鱉(어별) : 물고기와 자라. 모든 물고기를 통틀어서 이르는 말.

13) 我有命(아유명) : 우리 왕에게 천명(天命)을 시행하게 하였다는 뜻. 아(我)는 우리 왕이라는 뜻으로 탕왕을 가리킨다.

14) 造攻自鳴條(조공자명조) : 명조(鳴條)에서부터 공격해 나아가다. 명조(鳴條)는 지명으로 걸왕(桀王)의 도읍지라고도 한다.

2. 탕왕을 이어 덕치(德治)를 펼 것을 강조함

이윤은 말을 이었다.

"우리 상(商)나라 왕께서는 거룩한 무위(武威)를 펼쳐 밝히고 포악한 정치를 대신하여 너그러움을 베푸시니, 만백성이 진실로 따르게 되었던 것입니다.

　이제 왕께서는 그 덕을 이어받으셨는데 모든 것은 처음에 달려
있습니다. 사랑을 세우는 일은 집안 사람에서부터 하고, 공경함을
세우는 일은 어른에서부터 시작하시어, 먼저 집안과 나라에서 시
작하여 온 천하에서 끝맺도록 하십시오.

　오호라, 선왕(先王)께서는 사람의 기강(紀綱)을 닦는 일에서
시작하여 충간(忠諫)을 좇아 선(善)한 일을 어기는 일이 없으셨
습니다. 하나라의 백성(百姓 : 先民)들도 이를 좇아 순종하였으
며 위에 있는 사람은 백성을 다스리는 도에 능히 밝았으며 아래
있는 사람들은 능히 충성하였습니다. 남에게 모든 것이 다 갖추
어지기를 바라지 않고, 자신을 부족함이 있는 사람으로 살펴 끝
내 온 세상을 다스리셨으니 이것이 얼마나 어려운 일입니까.”

　▨ 이윤은 탕왕의 덕을 밝혔다.

　탕왕은 처음부터 사회의 기강을 세우고 중신(重臣)들의 간언(諫言)
을 받아들여 정사를 잘 살피니 하나라의 백성들도 탕왕을 받들었으나 이
에 교만하지 않고 겸허한 태도로 신하와 백성을 대했기 때문에 천하를
얻었다는 것을 이야기하였다.

　탕왕의 일을 이야기한 이윤은 태갑에게 그 덕을 이어받아 훌륭한 덕
치(德治)를 펴 나가도록 당부한 것이다.

　惟我商王[1]이 布昭聖武[2]하사 代虐以寬[3]하신대 兆民이 允懷[4]하니이다
　今王이 嗣厥德하시든 罔不在初[5]하니 立愛[6]惟親[7]하시며 立敬惟長[8]하
사 始于家邦하사 終于四海하소서
　嗚呼라 先王이 肇修人紀하사 從諫弗咈하시며 先民을 時若[9]하시며 居
上克明[10]하시며 爲下克忠[11]하시며 與人[12]不求備하시며 檢身若不及[13]하
사 以至于有萬邦[14]하시니 玆惟艱哉니이다

1) 商王(상왕) : 상(商)나라 임금. 곧 탕왕을 가리킨다.
2) 聖武(성무) : 거룩한 무위(武威). 무(武)는 무위·무훈(武勳)·무공(武功)
　으로 새 왕조(王朝)의 창업(創業)을 이르는 말.
3) 代虐以寬(대학이관) : 포악한 정치를 대신하여 너그러움을 베풀다. 학(虐)
　은 걸왕의 포악한 정치, 관(寬)은 탕왕의 너그러운 정치.

4) 允懷(윤회) : 진실로 우러러보고 따르다.

5) 罔不在初(망불재초) : 처음에 있지 않은 것이 없다. 곧 처음에 달려 있다는 말을 부정사 망(罔)과 불(不)을 겹쳐 씀으로써 강조한 말.

6) 立愛(입애) : 사랑을 세우다. 곧 백성을 사랑하는 정신에 입각하여 정치의 도 (道)를 세운다는 뜻.

7) 惟親(유친) : 집안 사람인 친족부터 시작하여 차츰 다른 사람에게 미치게 하 라는 말.

8) 惟長(유장) : 나이 많은 어른부터 시작하여 차츰 다른 사람에게 미치게 하라 는 말.

9) 先民時若(선민시약) : 선민들도 탕왕의 법을 따르도록 하였다는 뜻. 선민(先 民)은 여기서는 망한 하(夏)나라의 백성을 가리키는 말.

10) 居上克明(거상극명) : 윗자리에 있는 사람들은 늘 밝은 정치를 하여 다스 렸다는 뜻. 거상(居上)은 윗자리에서 다스리는 사람을 뜻한다.

11) 爲下克忠(위하극충) : 아래 백성되는 사람들도 능히 나라에 충성을 바쳤다 는 뜻. 위하(爲下)는 아래의 백성되는 사람을 뜻한다.

12) 與人(여인) : 남을 대함에 있어서.

13) 檢身若不及(검신약불급) : 자기 자신을 미치지 못하는 사람같이 처신하였 다는 뜻. 검은 살피다. 곧 처신하다. 약불급(若不及)은 완전한 인간이 못 되 는 것 같이 생각했다는 뜻.

14) 有萬邦(유만방) : 온 세상의 모든 나라를 다스린다는 말.

3. 탕왕의 교훈을 지침으로 삼으라고 건의함

이윤은 말을 계속하였다.

"탕왕께서는 널리 현철(賢哲)한 사람을 구하여 후손의 왕들을 돕게 하셨습니다.

관(官)에 형벌을 제정하고 벼슬자리에 있는 사람들에게 경계 하여 말씀하시기를 '감히 궁중 안에서 항상 춤추고 집안에서 취 하여 노래 부르는 것은 무당의 풍속이라 이르는 것이고, 감히 재 물과 여색을 추구하고 언제나 놀이와 사냥을 일삼는 것은 방탕한 풍속이라 이르는 것이며, 감히 성현(聖賢)의 말씀을 모멸(侮蔑)하고 충성되고 곧음을 거스르며 노인과 덕있는 이를 멀리하는 미련하고 유치하기 어린아이와 같은 사람과 친한 것은 문란한 풍속이라 이르는 것이다. 이 세 가지 풍속과 열 가지 허물 중에 한 가지라도 벼슬하는 사람이 지니게 되면 그 집안은 반드시 망하게 될 것이며, 나라의 임금이 이 중의 한 가지만이라도 행한다면 그 나라는 반드시 망할 것이다. 또 신하들이 이것을 바로잡아 주지 않으면 그 형벌은 묵형(墨刑)이 될 것이다.' 라고 하고는 이 모든 교훈을 모든 선비들에게 내리셨습니다.

오호라, 뒤를 이으신 임금께서는 자신의 몸을 공경하고 생각하십시오 성현의 교훈은 위대하고 그의 훌륭한 말씀은 아주 밝습니다. 하느님께서는 일정하지 않으시어 선(善)한 일을 행하면 온갖 복록을 내리지만, 선을 행하지 않으면 온갖 재앙을 내리십니다.

당신께서 덕을 행하시되 작은 것이라도 상관하지 않으시면 온 세상이 경하(慶賀)할 것입니다. 당신께서 덕이 아닌 일을 행하시면 비록 큰 것이 아니라 하더라도 종묘와 사직(社稷)은 무너지게 될 것입니다."

▨ 이윤은 계속해서 탕왕이 어진 이를 등용하여 보필하게 하였다는 것을 말하였다.

또한 임금이 잘못을 하였을 때 신하된 자가 바로잡지 못하면 그 신하는 마땅히 벌을 받아야 한다는 탕왕의 교훈을 들려 주면서 만약 태갑에게 잘못이 있을 때 자신이 바로잡지 못하면 탕왕의 교훈에 어긋난다는 것을 강조하고, 탕왕의 훈계를 명심하고 훌륭한 임금이 되어 줄 것을 간청하였다.

敷求哲人하사 俾輔于爾後嗣하시니이다

制官刑[1]하사 儆于有位[2]하사 曰敢有恒舞于宮하며 酣歌于室[3]하면 時謂巫風[4]이며 敢有殉于貨色하며 恒于遊畋하면 時謂淫風[5]이며 敢有侮聖言하며 逆忠直하며 遠耆德하며 比頑童[6]하면 時謂亂風이니 惟玆三風[7]十愆에 卿士有一于身하면 家必喪하고 邦君이 有一于身하면 國必

亡하나니 臣下不匡[8]하면 其刑이 墨[9]이라하사 具訓于蒙士[10]하시니이다

嗚呼라 嗣王은 祗厥身[11]하사 念[12]哉하소서 聖謨[13]洋洋[14]하여 嘉言[15]이 孔彰하시니 惟上帝는 不常하사 作善이어든 降之百祥[16]하시고 作不善이어든 降之百殃하시나니 爾惟德이어든 罔小[17]어다 萬邦의 惟慶이니이다 爾惟不德이어든 罔大[18]어다 墜厥宗[19]하리이다

1) 官刑(관형) : 관(官)에서 내리는 형벌.

2) 有位(유위) : 벼슬자리에 있는 사람. 곧 형벌을 다스리는 사람.

3) 酣歌于室(감가우실) : 술에 취하여 집안에서 노래 부르다.

4) 時謂巫風(시위무풍) : 이것은 무당의 풍속이라 이른다. 시(時)는 시(是)와 같은 뜻으로 쓰여 이것으로 풀이된다.

5) 淫風(음풍) : 방탕한 풍습. 음(淫)은 여기서 방탕하다의 뜻.

6) 比頑童(비완동) : 미련하고 짓궂기가 아이와 같은 사람과 친하다. 비(比)는 친하다는 뜻.

7) 三風(삼풍) : 세 가지 좋지 않은 풍습. 곧 무풍(巫風)과 음풍(淫風)과 난풍(亂風).

8) 不匡(불광) : 바로잡지 않는다.

9) 刑墨(형묵) : 형벌이 묵형(墨刑)에 처해진다. 묵(墨)은 입묵(入墨). 곧 먹물을 살 속에 넣어 검은색으로 글자 등을 새기는 것.

10) 蒙士(몽사) : 아직 관직에 나아가지 못한 선비.

11) 祗厥身(지궐신) : 자신의 몸을 공경하라. 곧 자기 자신을 왕자(王者)답게 근엄하게 가지라는 말.

12) 念(염) : 생각하라. 곧 탕왕의 훈계를 잊지 말라는 말.

13) 聖謨(성모) : 성현(聖賢)의 교훈. 모(謨)는 좋은 교훈.

14) 洋洋(양양) : 넓고도 큰 모양. 위대하다. 빛나고 훌륭하다.

15) 嘉言(가언) : 아름답고 훌륭한 말씀. 곧 탕왕의 교훈을 가리킨다.

16) 百祥(백상) : 온갖 복록.

17) 惟德罔小(유덕망소) : 덕을 행함에 작은 것이라도 상관하지 않는다. 곧 작은 덕이라도 행하여야 한다는 말.

18) 不德罔大(부덕망대) : 덕이 아닌 것을 행함에 비록 큰 것이 아니라도의 뜻.

19) 宗(종) : 종묘(宗廟)와 사직(社稷)을 아울러 이르는 말이다.

제5장 태갑(太甲)

이 장은 이윤이 태갑에게 훈계한 것이다. 태갑이 왕위에 올랐는데 행실이 밝지 못하였다. 이윤이 누누이 훈계하였으나 태갑은 그 훈계를 받아들이지 않았다. 이윤은 태갑을 동(桐) 땅으로 내쫓고 스스로 섭정(攝政)이 되었다.

태갑이 동 땅에서 이윤의 훈계를 받아 근신하기 3년 만에 이윤은 태갑을 다시 맞아들여 정권을 맡겼다. 그리고 자신은 전과 같이 재상이 되어 태갑을 보좌하면서 태갑을 훈계하여 지은 것이 이 글이다.

이 글은 상·중·하 세 부분으로 나뉘어진다.

가. 태갑 상(太甲上)

1. 태갑에게 법도를 따를 것을 훈계하다

뒤를 이은 왕이 아형(阿衡 : 이윤)의 말을 따르지 아니하니 이윤(伊尹)이 글을 지어 아뢰었다.

"선왕(先王)께서는 하늘의 밝은 명을 살펴 천지신명(天地神明)을 받드셨으며, 사직(社稷)과 종묘(宗廟)에 대하여도 공경하셨습니다. 하늘은 그분의 덕을 굽어보고 큰 명을 내려 온 세상을 어루만져 평안하게 하도록 하셨습니다. 이윤은 직접 그분을 도와 백성을 안정시켰습니다. 그래서 사왕(嗣王)께서는 이룩된 유업(遺業)을 계승하게 된 것입니다.

이윤이 직접 먼저 서쪽에 도읍하였던 하(夏)나라를 가 보았더니 임금은 임금으로서의 일을 다하고 재상은 재상으로서의 일을 모두 잘하고 있었습니다. 그후 뒤를 이은 왕이 임금으로서의 임무를 다하지 못하니 재상들도 자기 소임을 다하지 못하였습니다. 뒤를 이으신 왕께서는 이 일을 경계하여 당신께서도 법도를 공경하십시오. 왕께서 법도를 따르지 않으면 조상을 욕되게 하는 것입니다."

惟嗣王이 不惠[1]于阿衡[2]하신대

伊尹이 作書하여 曰先王이 顧諟天之明命하사 以承上下神祇하시며 社稷[3]宗廟를 罔不祗肅[4]하신대 天監厥德하사 用集大命[5]하사 撫綏萬方이어시늘 惟尹이 躬克左右厥辟[6]하여 宅師[7]하니 肆嗣王이 丕承基緖하시니이다

惟尹이 躬先見于西邑夏[8]하니 自周有終[9]한대 相亦惟終[10]이러니 其後嗣王이 罔克有終한대 相亦罔終하니 嗣王은 戒哉하사 祗爾의 厥辟[11]하소서 辟不辟[12]이면 忝厥祖[13]하리이다

1) 惠(혜): 여기서는 따르다. 좇다의 뜻. 종(從)과 같다.

2) 阿衡(아형): 이윤(伊尹)의 관명(官名)이라고 한다. 일설(一說)에는 이윤의 호(號)라고도 한다.

3) 社稷(사직): 사(社)와 직(稷). 사(社)는 토신(土神)이고 직(稷)은 곡신(穀神)으로서, 고대의 왕은 반드시 사직(社稷)을 세워 제사를 지냈는데, 이것이 후대에 이르러서는 국가라는 뜻으로 쓰이기도 하였다.

4) 罔不祗肅(망불지숙): 삼가 공경하지 아니치 못하다. 곧 삼가 공경한다는 뜻.

5) 大命(대명): 큰 명령. 곧 왕조(王朝)를 이룩하라고 하는 큰 명령.

6) 尹躬克左右厥辟(윤궁극좌우궐벽): 이윤(伊尹)은 직접 능히 그 임금을 보필하였다. 윤(尹)은 이윤(伊尹) 자신을 가리키는 말이요, 궁은 몸소·직접, 좌우는 좌우(佐右) 곧 보필하다·보좌하다·돕다의 뜻. 벽은 여기서 임금의 뜻이다.

7) 宅師(택사): 백성을 안정시키다. 택은 안정·안주시키다. 사는 여기서 백성을 가리킨다.

8) 西邑夏(서읍하): 서쪽에 도읍하였던 하왕조(夏王朝).

9) 自周有終(자주유종): 임금이 끝을 잘 맺다. 곧 임금은 임금으로서의 일을 다 한다는 뜻. 주(周)는 임금이라고 풀이된다.

10) 相亦惟終(상역유종): 재상 또한 끝을 잘 맺다. 곧 재상은 재상으로서의 일을 다한다는 뜻. 상은 재상(宰相).

11) 厥辟(궐벽) : 그 법도 곧 탕왕이 세운 나라의 법.
12) 辟不辟(벽불벽) : 임금이 법을 지키지 않다. 앞의 벽(辟)은 임금이라는 뜻, 뒤의 벽은 법이라는 뜻이다.
13) 忝厥祖(첨궐조) : 그 조상을 욕되게 하다. 첨은 욕되게 하다의 뜻.

2. 이윤이 다시 충고하다

태갑왕(太甲王)은 용렬(庸劣)하여 이윤의 훈계를 들을 생각도 하지 않으니 이윤이 또 말하였다.

"선왕(先王)께서는 이른 새벽부터 크게 덕을 밝히고자 앉아서 아침을 기다리시며, 널리 뛰어나고 어진 인재를 구하여 후손들에게 나아갈 길을 열어 주셨습니다. 그분(탕왕)의 명을 어겨 스스로 망하는 일이 없도록 하시옵소서.

삼가 검약(儉約)의 덕으로써 길이 계책을 세우소서.

사냥을 관장하는 관리〔虞人〕가 쇠뇌의 시위를 당겨놓고 가서 살펴 화살의 꼬리가 각도(角度)에 맞으면 쏘는 것처럼, 생각한 바를 받들어 그대의 조부(탕왕)께서 행하신 바를 따르도록 하시옵소서. 그러면 저도 이로써 기뻐할 것이며 왕께서는 또한 만세에 걸쳐 찬사(讚辭)를 듣게 되실 것입니다."

王이 惟庸[1]하사 罔念聞하신대
伊尹이 乃言曰先王이 昧爽[2]에 丕顯하사 坐以待旦하시며 旁求俊彦[3]하사 啓迪後人[4]하시니 無越厥命[5]하사 以自覆하소서
愼乃儉德하사 惟懷永圖[6]하소서
若虞[7] 機張[8]이어든 往省括[9]于度[10]則釋[11]이니 欽厥止[12]하사 率乃祖攸行하시면 惟朕이 以懌이며 萬世에 有辭[13]하시리이다

1) 庸(용-) : 어리석다. 용렬(庸劣). 범용(凡庸).
2) 昧爽(매상) : 해가 아직 떠오르기 전인 새벽.
3) 俊彦(준언) : 뛰어나고 재주있는 사람과 어질고 착한 사람.
4) 啓迪後人(계적후인) : 후손들에게 나아갈 길을 열어 주다.

5) 越厥命(월궐명) : 월은 여기서 도(道)에 벗어나는 행동으로 풀이된다. 궐명은 그 명령. 곧 탕왕(湯王)의 교훈.

6) 圖(도) : 꾀하다. 도모(圖謀)하다. 계책을 세우다.

7) 虞(우) : 사냥하는 곳을 다스리는 사람. 우인(虞人).

8) 機張(기장) : 쇠뇌〔弩〕의 시위를 당기다. 기(機)는 쇠뇌의 시위.

9) 括(괄) : 여기서는 화살의 끝. 화살의 꼬리.

10) 度(도) : 각도(角度). 목표를 제대로 겨냥하고 있는 상태.

11) 釋(석) : 여기서는 쏘다〔射〕로 풀이된다.

12) 止(지) : 생각한 바.

13) 有辭(유사) : 말씀이 있다. 곧 찬사(讚辭)를 듣는다. 칭송(稱頌)을 듣는다.

3. 태갑을 동(桐) 땅으로 내쫓다

이윤의 거듭된 충고에도 불구하고 태갑왕이 여전히 변하지 않자 이윤이 말하였다.

"그분의 의롭지 못한 것은 이미 습성이 되어 성격을 이루었소 나는 의를 좇지 않는 사람과는 가까이 할 수 없소. 동(桐) 땅에 궁(宮)을 짓고 선왕(탕왕) 곁에서 그 교훈을 받게 하여 평생토록 미혹(迷惑)되지 않게 합시다."

이에 태갑왕을 동 땅으로 보내 거상(居喪)하게 하니, 마침내 뉘우치고 진실한 덕을 갖추게 되었다.

▨ 임금이 된 태갑이 이윤의 훈계를 듣지 않고 행실이 좋지 않자 이윤은 탕왕이 천지신명을 받들고 종묘사직을 공경하여 대업(大業)을 이룩하였으며 하나라의 멸망은 걸왕의 잘못된 행실에서 말미암은 것을 들어 걸왕과 같은 일이 없도록 당부하며 탕왕의 유업을 받들라고 간언하였다.

그러나 태갑은 듣지 않았다. 이에 다시 이윤은 탕왕이 어진 인재를 등용하여 후손을 돌보게 하고 덕을 크게 밝혀 실천하려 했다는 것을 말하며 태갑도 검약한 덕을 행하고 탕왕의 덕을 이어받아야 한다고 하였다.

그래도 여전히 듣지 않는 태갑을 드디어 탕왕의 무덤이 있는 땅에 궁궐을 짓고 기거하며 매일같이 탕왕의 무덤을 보며 탕왕의 교훈을 되새겨 반성하도록 하였다.

3년 동안 동(桐) 땅에서 기거하며 자신의 잘못을 뉘우친 태갑은 드디어 덕을 갖추게 되었다.

王이 未克變[1]하신대

伊尹曰玆乃不義는 習與性成이로소니 予는 弗狎于弗順[2]케하리니 營于桐[3]宮하여 密邇先王[4]其訓하여 無俾世[5]迷케하리라

王이 徂桐宮居憂[6]하사 克終允德[7]하시다

1) 王未克變(왕미극변) : 왕은 변하지 않는다. 곧 왕이 나쁜 버릇을 고치려 하지 않는다는 뜻.

2) 弗順(불순) : 의(義)를 따르지 않다. 태갑이 이윤의 올바른 충고를 듣지 않는 것을 말한다.

3) 桐(동) : 땅 이름. 탕왕(湯王)의 무덤이 있던 땅의 이름.

4) 密邇先王(밀이선왕) : 선왕 가까이에 살게 한다. 곧 탕왕의 무덤이 있는 동 (桐) 땅의 궁(宮)에서 살게 한다는 뜻.

5) 世(세) : 태갑의 한평생을 가리킨다.

6) 居憂(거우) : 상복(喪服)을 입혀 억지로 3년상(三年喪)을 치르게 하였다는 뜻.

7) 克終允德(극종윤덕) : 마침내 진실한 덕을 갖추게 되었다.

나. 태갑 중(太甲中)

1. 태갑은 회개하고 앞날을 다짐하다

태갑(太甲) 3년 12월 초하룻날에 이윤은 관면과 예복을 가지고 가 태갑왕을 모시고 박(亳)으로 돌아왔다. 그리고 글을 지어 올렸다.

"백성은 임금이 아니면 서로 바로잡아 주면서 살 수가 없고, 임금은 백성이 아니면 세상을 다스릴 수가 없습니다. 하늘이 돌보시고 보호하여 상(商)나라가 있게 하고 뒤를 이으신 왕께서 마

침내 왕의 덕을 갖추게 하시니, 참으로 만세(萬世)토록 한량없는 경사이옵니다."

이에 임금은 큰절하고 말하였다.

"이 작은 사람은 덕에 밝지 못하여 스스로 못난 짓을 함으로써 욕망으로 하여 법도를 망치고 방종으로 하여 예의를 어겨 죄가 빨리 이 몸에 이르게 하였습니다. 하늘이 내리는 재앙은 피할 수 있으나 스스로 만든 재앙에서는 도망갈 수가 없습니다. 지난날에는 스승과 보호자의 훈계를 어기고 처음에 잘못하였습니다만, 바로잡아 구해 주시는 덕에 힘입어 끝까지 잘 다스리는 데 힘쓰고자 합니다."

이윤이 큰절을 하고 말하였다.

"몸을 닦아 진실한 덕으로 아래의 백성과 화합하면 명철(明哲)한 임금이 됩니다.

선왕(先王)께서는 곤궁한 백성을 자식처럼 사랑하셨으니, 백성들은 그분의 명령에 복종하며 기뻐하지 않은 사람이 없었습니다. 그분과 함께 정사를 맡았던 제후국의 이웃 백성까지도 우리 임금님을 기다리며 임금님이 오시면 벌받는 일이 없어진다고들 하였습니다.

왕께서는 당신의 덕에 힘쓰시며 조부의 본을 받아, 언제나 편안하고 태만(怠慢)하고자 하지 마십시오.

선조를 섬김에는 효도를 생각하고, 아랫사람을 대할 때에는 공손함을 생각하십시오. 멀리 밝게 보시고, 덕을 들을 때는 귀담아 들으십시오. 그러면 저는 임금님의 훌륭함을 받드는 데 있어 싫어하는 일이 없을 것입니다."

▨ 태갑이 진실로 덕을 갖추자 이윤이 도읍인 박 땅으로 모셔와 태갑의 덕 갖춤을 기뻐하였다.

이에 태갑은 자신의 옛 일을 뉘우치고 더욱 바로잡아 줄 것을 당부하였다. 태갑의 당부에 이윤이 답하여 탕왕의 덕을 다시 상기시키고 탕왕의 덕을 본받아 훌륭한 임금이 되어 줄 것을 다시 한 번 간언하였다.

惟三祀[1]十有二月朔에 伊尹이 以冕服[2]으로 奉嗣王하여 歸于亳하다
作書曰民非后면 罔克胥匡以生[3]이며 后非民이면 罔以辟[4]四方하리니
皇天이 眷佑有商하사 俾嗣王으로 克終厥德하시니 實萬世無疆之休[5]샷다
王拜手稽首[6]曰予小子는 不明于德하여 自底不類[7]하여 欲敗度하며
縱敗禮하여 以速戾于厥躬하니 天作孼[8]은 猶可違어니와 自作孼은 不可
逭이니 旣往에 背師保[9]之訓하여 弗克于厥初하나 尙賴匡救之德[10]하여
圖惟厥終[11]하노이다

伊尹이 拜手稽首曰修厥身하며 允德이 協于下는 惟明后니이다

先王이 子惠困窮하신대 民服厥命하여 罔有不悅하여 竝其有邦[12]한 厥
隣[13]이 乃曰徯我后하노소니 后來하시면 無罰[14]아

王懋乃德하사 視[15]乃烈祖하사 無時豫[16]怠하소서

奉先思孝하시며 接下[17]思恭하시며 視遠惟明하시며 聽德惟聰하시면 朕
承王之休[18]하여 無斁[19]하리이다

1) 三祀(삼사) : 태갑왕(太甲王) 3년이라는 뜻.
2) 冕服(면복) : 동(桐) 땅으로 쫓겨가서 상복(喪服)을 입고 지내는 태갑을 다시
    왕으로 모시게 되니, 왕의 정복인 면복(冕服)을 준비해 가지고 갔다는 말이다.
3) 罔克胥匡以生(망극서광이생) : 서로 상대방의 잘못을 바로잡아 가면서 살아
    가지 못한다는 뜻.
4) 辟(피) : 여기서는 임금이 다스린다는 뜻.
5) 無疆之休(무강지휴) : 한량없는 경사. 휴(休)는 여기서 경사라는 뜻으로 풀
    이된다.
6) 拜手稽首(배수계수) : 큰절하다. 임금이 신하에게 하지 않는 것이나 이윤은
    태갑왕의 스승이며 보호자이므로 그렇게 한 것이다.
7) 自底不類(자지불류) : 스스로 못난 짓을 하기에 이르다. 지는 지(至)와 같이
    이르다의 뜻이요, 불류(不類)는 못나다의 뜻.
8) 天作孼(천작얼) : 하늘이 주는 재앙.
9) 師保(사보) : 스승이며 보호자. 스승과 보호자.
10) 尙賴匡救之德(상뢰광구지덕) : 더욱 바로잡고 구해 줄 덕에 힘입어. 상(尙)
    은 더욱, 뇌(賴)는 힘입다. 광(匡)은 바로잡다.
11) 圖惟厥終(도유궐종) : 끝까지 잘 다스리는 데 힘쓰겠다는 뜻.

12) 竝其有邦(병기유방) : 탕왕과 아울러 제후국(諸侯國)을 다스리는 제후(諸侯)를 말한다.

13) 厥隣(궐린) : 이웃 제후국의 백성들이라는 뜻.

14) 無罰(무벌) : 벌을 받지 않게 된다는 뜻.

15) 視(시) : 여기서는 본받는다로 풀이된다.

16) 豫(예) : 여기서는 편안하다의 뜻.

17) 接下(접하) : 아랫사람을 대하다. 하(下)는 신하와 백성을 아울러 이르는 말.

18) 王之休(왕지휴) : 왕의 훌륭함. 휴(休)는 훌륭한 덕치(德治).

19) 斁(역) : 싫어한다. 싫증을 느낀다.

다. 태갑 하(太甲下)

1. 어진 임금이 되라고 타이른 이윤

이윤은 거듭 왕에게 타일렀다.

"오호라, 하늘은 친할 수 없으나 공경하는 사람은 친해질 수 있고, 백성은 특정한 분을 우러러보지 않으나 인(仁)을 갖춘 분이면 우러러보며, 귀신은 일정한 분의 공양을 받지 않으나 정성으로 모시는 사람에게서만 공양을 받고 복을 내리니, 천자(天子)의 자리가 어려운 것입니다.

덕이 있으면 천하는 다스려지고, 덕이 없으면 천하는 어지러워집니다. 다스리는 사람과 함께 도를 행하면 반드시 흥(興)하지 않는 일이 없으나 어지러운 사람과 일을 하면 망하지 않는 일이 없습니다. 처음부터 끝까지 함께 할 사람을 신중히 가리시면 밝은 덕을 밝히는 임금이 될 것입니다.

선왕께서는 언제나 그분의 덕에 힘쓰시어 상제(上帝)의 짝이 될 수 있으셨습니다. 이제 왕께서는 훌륭한 업을 이어받으셨으니 더욱 이것을 살피시옵소서."

이윤은 계속 말하였다.

"높은 데에 오를 때에는 반드시 아래에서부터 시작하는 것과 같이 하시고, 먼 데에 나갈 때는 반드시 가까운 데서부터 시작하는 것과 같이 하십시오.

백성의 일을 가벼이 여기지 말고 어렵게 생각하시며, 임금의 자리를 편안하게 여기지 말고 위태롭게 생각하십시오.

끝을 삼가기 위해서는 처음부터 잘 하십시오.

어떤 말이 당신의 마음에 거슬리면 반드시 그것이 도에 맞는지를 생각해 보고, 어떤 말이 당신의 뜻에 따르면 반드시 그것이 도에 어긋나지 않는가를 생각해 보시옵소서.

오호라, 잘 생각하지 않고 행한다면 무엇을 얻을 수 있으며, 행하지 않는다면 무엇을 이루겠습니까.

한 사람이 크게 훌륭하면 온 천하가 그것으로 해서 바르게 될 것입니다.

임금이 교묘한 말에 끌려 옛 정치를 어지럽히지 않고, 신하가 임금의 총애와 이익에 끌려 자기가 이루어 놓은 공에 머물러 있지 않으면 나라는 영원토록 아름다움을 보전할 것입니다."

▨ 탕왕이 덕으로써 백성을 다스리고 백성은 그를 따랐다는 사실을 이야기하며 항상 덕을 잃지 말 것을 당부하고 탕왕이 힘써 덕을 쌓아 하늘의 짝이 되었듯이 태갑도 항상 자신을 돌아보라고 하였다.

또한 나라의 흥망은 임금에게 달려 있으니 덕을 어지럽히지 말고 지켜 나갈 것을 당부하며 임금으로서 알고 행해야 할 일들을 알려 주었다.

伊尹이 申誥¹⁾于王曰嗚呼라 惟天은 無親²⁾하사 克敬을 惟親하시며 民은 罔常懷³⁾하여 懷于有仁하며 鬼神은 無常享⁴⁾하여 享于克誠⁵⁾하나니 天位艱哉니이다

德이면 惟治하고 否德이면 亂이라 與治로 同道하면 罔不興하고 與亂으로 同事하면 罔不亡하나니 終始에 愼厥與⁶⁾는 惟明明后⁷⁾니이다

先王이 惟時로 懋敬厥德하사 克配上帝⁸⁾하시니 今王이 嗣有令緖⁹⁾하시니 尙監玆¹⁰⁾哉인저

若升高하리 必自下하며 若陟遐하리 必自邇하니이다

無輕民事_{하사} 惟難_{하시며} 無安厥位_{하사} 惟危_{하소서}

愼終于始¹¹⁾_{하소서}

有言이 逆于汝心_{이어든} 必求諸道¹²⁾_{하시며} 有言이 遜于汝志_{어든} 必求諸非道_{하소서}

嗚呼_라 弗慮_면 胡獲¹³⁾_{이며} 弗爲_면 胡成_{이리오} 一人이 元良_{하면} 萬邦이 以貞_{하리이다}

君罔以辯言¹⁴⁾_{으로} 亂舊政¹⁵⁾_{하며} 臣罔以寵利_로 居成功¹⁶⁾_{하여서} 邦其永孚¹⁷⁾于休_{하리이다}

1) 申誥(신고) : 거듭 타이르다.

2) 無親(무친) : 친함이 없다. 친할 수 없다. 곧 일정하게 가까운 사람이 없다는 뜻.

3) 民罔常懷(민망상회) : 백성은 특정한 사람을 우러러보고 따르지 않는다. 망(罔)은 무(無)와 같고, 상(常)은 특정한 사람, 회(懷)는 우러러보고 따르다의 뜻.

4) 無常享(무상향) : 일정한 누림이 없다. 향(享)은 누린다의 뜻으로, 인간이 바치는 공양을 받는다는 말.

5) 享于克誠(향우극성) : 정성으로 모시는 사람의 공양을 받고 복을 내리다. 여기서의 향(享)은 공양을 받고 복을 내린다는 말.

6) 終始愼厥與(종시신궐여) : 처음부터 끝까지 일을 함께 하는 사람을 신중하게 가리다. 궐여(厥與)는 임금과 함께 일하는 신하(臣下).

7) 明明后(명명후) : 밝은 덕을 밝히는 임금. 또는 밝고 밝은 임금.

8) 克配上帝(극배상제) : 하느님의 짝이 되다. 곧 하느님과 어울릴 수 있다는 말.

9) 令緒(영서) : 훌륭한 업(業)을 이어받다. 곧 탕왕이 덕으로 다스려서 물려준 훌륭한 기업(基業)을 말한다.

10) 玆(자) : 이것. 곧 탕왕이 덕을 힘써 닦고 공경하여 하늘의 짝이 될 수 있었던 것을 가리킨다.

11) 愼終于始(신종우시) : 끝을 삼가기 위해서는 처음부터 잘하라. 곧 처음부터 그러했듯이 끝까지 신중을 기하라는 말.

12) 求諸道(구제도) : 도에 맞는지 생각해 보다. 곧 도에 맞는지를 생각하여 답을 얻어야 한다는 뜻.

13) 弗慮胡獲(불려호획) : 생각하지 않고 무엇을 얻으랴. 호(胡)는 하(何)와 같다.

14) 辯言(변언) : 듣기 좋도록 번드르르하게 잘 하는 말. 교묘(巧妙)한 말. 교언

(巧言).

15) 舊政(구정) : 옛 정치. 곧 조상의 훌륭한 정치. 조상은 탕왕.

16) 臣罔以寵利居成功(신망이총리거성공) : 신하는 이루어 놓은 공으로 해서 임금의 총애를 받고 이로움이 있다고 하여 거기 머물러 있지 말라. 거(居)는 머물러 있다. 곧 벼슬자리에 안거(安居)한다는 뜻.

17) 永孚(영부) : 영원토록 보전하다.

제6장 함유일덕(咸有一德)

이 장 역시 이윤의 교훈을 기록한 것이다.

함유일덕(咸有一德)이란 위의 제왕이나 제왕을 보필하는 신하가 다 같이 올바른 도리를 깨닫고 그 올바른 도리에서 조금도 흔들림이 없어야 하는 덕을 말하는 것이다.

왕위에 다시 오른 태갑은 많이 뉘우치기는 했으나 아직도 왕으로서의 덕은 부족한 점이 많았다. 그래서 노령(老齡)인 이윤은 은퇴하기에 앞서 그것을 근심하여 태갑에게 왕으로서의 도리를 다시 훈계한 것이다.

1. 태갑에게 덕에 대해 훈계한 이윤

이윤이 임금에게 정사를 되돌려주고 장차 고향으로 돌아가려는 뜻을 고할 즈음 임금에게 덕에 대하여 훈계하였다.

"오호라, 하늘은 믿기 어렵고 명(命)은 항상 같은 것이 아니니, 항상 그 덕을 닦으면 그 자리를 보전하고, 항상 그 덕을 닦지 않으면 구주(九州)가 그 때문에 망하게 될 것입니다.

하(夏)나라 임금은 항상 덕을 닦지 않았으며 신(神)을 소홀히 여기고 백성을 학대하였으니, 하늘은 그를 보호하지 않으시고 온 세상을 살펴 천명(天命)을 받을 사람에게 길을 열어 주셨으며, 순수하고 일관된 덕을 지닌 사람을 구하여 신을 받드는 주(主)가 되게 하셨습니다.

이윤은 직접 탕왕과 함께 순수하고 일관된 덕을 닦아 능히 천심(天心)을 받을 수 있었고, 그래서 하늘의 밝은 명을 받아 구주의 백성을 다스릴 수 있었으며, 이에 하나라의 정월(正月)을 개혁할 수 있었던 것입니다."

▨ 임금에게 사직 인사를 하러 간 이윤이 하늘은 항상 덕을 닦는 사람에게 천하를 다스리도록 명령한다는 것을 전제하고 하나라의 걸왕은 덕을 닦지 않았기에 덕을 닦은 탕왕에게 하늘의 명령이 내려졌다고 먼저 말하였다.

또한 이윤 자신은 탕왕과 함께 순수하고 일관된 덕을 닦아 능히 하늘의 명을 이행할 수 있었다고 하며 태갑왕에게 덕을 닦을 것을 다시 강조하였다.

伊尹이 旣復政¹⁾厥辟²⁾하고 將告歸³⁾할새 乃陳戒于德하니라

曰嗚呼라 天難諶命은 靡常⁴⁾이니 常厥德하면 保厥位하고 厥德이 靡常⁵⁾하면 九有⁶⁾以亡하리이다

夏王이 弗克庸⁷⁾德하여 慢神⁸⁾虐民한대 皇天이 弗保하시고 監于萬方⁹⁾하사 啓迪有命¹⁰⁾하사 眷求一德¹¹⁾하사 俾作神主¹²⁾어시늘 惟尹이 躬曁湯으로 咸有一德하여 克享天心¹³⁾하여 受天明命하여 以有九有之師¹⁴⁾하여 爰革夏正¹⁵⁾하소이다

1) 復政(복정) : 정사를 되돌려주다.

2) 厥辟(궐벽) : 그 임금. 곧 태갑을 가리킨다. 벽은 임금.

3) 告歸(고귀) : 고향으로 돌아갈 뜻을 고하다. 은퇴(隱退)할 뜻을 밝힌다는 말.

4) 天難諶命靡常(천난심명미상) : 하늘의 명은 항상 같지 않아 믿기가 어렵다. 곧 하늘은 일정하지 않아서, 일단 천명(天命)을 내렸던 사람에게도 그가 덕을 잃으면 천벌(天罰)을 내린다는 말이다. 곧 천명은 덕이 있는 사람에게 바꾸어가며 내린다는 뜻이다.

5) 靡常(미상) : 항상 덕을 닦지 않는다는 말.

6) 九有(구유) : 다스리는 아홉 주(州). 고대 중국 천하 전부.

7) 庸(용) : 상(常)과 같다.

8) 慢神(만신) : 신(神)을 소홀히 여기다.

9) 監于萬方(감우만방) : 온 세상을 살피다. 곧 중국의 모든 제후국(諸侯國)을
   둘러본다는 뜻이다.

10) 啓迪有命(계적유명) : 천명을 받을 사람에게 나아갈 길을 열어 주다.

11) 一德(일덕) : 순수하고 일관된 덕. 순일(純一)한 덕.

12) 神主(신주) : 신을 받드는 제주(祭主). 곧 임금을 가리킨다.

13) 享天心(향천심) : 하늘의 뜻을 받들다. 향은 받들다의 뜻.

14) 師(사) : 여기서는 백성으로 풀이된다.

15) 革夏正(혁하정) : 하(夏)나라의 정월을 바꾸다. 하나라의 정월은 인월(寅
    月) 곧 지금의 음력 정월이었는데, 상(商)나라에서는 축월(丑月) 곧 지금의
    음력 12월을 정월로 바꾸었던 것이다. 새로운 역법(曆法)의 제정은 곧 왕조
    혁명(王朝革命)의 상징이다.

2. 순일(純一)한 덕을 지닌 사람에게 명을 내림

이윤은 말을 이었다.

"하늘이 우리 상나라에 사사로운 정이 있어서가 아니요, 오직
하늘이 순일(純一)한 덕을 돌보신 것입니다. 상나라가 아래로 백
성에게 구한 것이 아니요, 오직 백성이 순일한 덕으로 돌아온 것
입니다.

덕이 순일하면 움직여 길하지 않은 것이 없고, 덕이 둘이나 셋
으로 갈리면 움직여 흉하지 않은 것이 없습니다. 길하고 흉한 것
은 사람에게 있지 않고 오직 하늘이 그 사람의 덕을 평가하여 재
앙이나 복을 내리는 것입니다.

이제 뒤를 이으신 왕께서는 새롭게 하늘의 명을 따르게 되었습
니다. 새롭게 덕을 행하여 처음부터 끝까지 순일하게 하시면 이
것은 곧 날로 새로워지는 것입니다.

벼슬자리는 오직 어질고 재주있는 사람에게 맡기시고, 주위에
도 오직 그런 사람만 두십시오.

신하는 윗사람을 대신하여 덕을 행하고 아래로는 백성을 위하
여야 합니다. 그것은 어렵고도 삼가야 하는 일이니, 오직 화합하
고 오직 순일하도록 하여야 합니다."

▨ 하늘이 탕왕에게 명을 내린 것은 사사로운 정 때문이 아니고 탕왕
이 순일한 덕을 갖추었기 때문이었다고 말하면서, 어질고 재주있는 인재
를 등용하고 서로 융화하여 덕을 쌓도록 태갑에게 거듭 당부하였다.

非天이 私我有商[1]이라 惟天이 佑于一德이며 非商이 求于下民이라 惟
民이 歸[2]于一德이니이라

德惟一이면 動罔不吉하고 德二三[3]이면 動罔不凶하리니 惟吉凶이 不
僭在人[4]은 惟天이 降災祥이 在德이니이다

今嗣王이 新服厥命하시란대 惟新厥德[5]이니 終始惟一이 時乃日新이
니이다

任官하대 惟賢材하시며 左右[6]를 惟其人하소서 臣은 爲上爲德하고 爲下
爲民하나니 其難其愼하시며 惟和惟一[7]하소서

1) 非天私我有商(비천사아유상) : 하늘이 우리 상나라에 사사로운 정이 있어서
   가 아니다. 곧 상나라가 예뻐서 명을 내린 것이 아니라는 뜻.
2) 歸(귀) : 돌아가다. 곧 상나라를 따르고 의지하게 되었다는 뜻.
3) 二三(이삼) : 둘이나 셋. 곧 순일(純一)하지 못하고 여럿으로 갈린다는 뜻.
4) 不僭在人(불참재인) : 사람에 의해 좌우되는 것이 아니라는 뜻.
5) 惟新厥德(유신궐덕) : 왕은 덕을 닦아 새로이 해야 한다는 뜻.
6) 左右(좌우) : 가까이 거느리는 대신들. 주위(周圍).
7) 惟和惟一(유화유일) : 오직 화합하고 오직 순일하다. 곧 신하들과 마음을 같
   이하고 덕을 순일하게 하라는 뜻.

3. 만민이 칭송하는 임금이 될 것을 당부하다

이윤은 또 말을 이었다.

"덕에는 일정한 스승이 없고 선(善)을 위주로 하는 것이 스승
이며, 선에도 일정한 기준이 없고 덕이 순일할 수 있는 데로 화합

하는 것입니다.

만백성으로 하여금 모두 '위대하시도다. 임금의 말씀이여.' 라고 말하게 하고 '순일하시도다. 임금의 마음이여.' 라고 말하게 하십시오. 그렇게 되면 선왕(先王)의 녹(祿)을 편안하게 하고 길이 뭇 백성의 삶을 이루게 할 수 있습니다.

오호라, 7세(七世)에 걸친 종묘의 제도로 왕의 덕을 볼 수 있으며, 만민(萬民)의 우두머리를 통하여 그 나라의 정치를 볼 수 있습니다.

임금은 백성이 아니면 부릴 자가 없고, 백성은 임금이 아니면 섬길 데가 없습니다. 자신은 크고 남은 작다고 하지 마십시오. 일반 평민 남녀가 그들의 능력을 발휘하지 못하게 되면 백성과 임금이 다 같이 그 공을 이루었다고 할 수 없습니다."

▨ 이윤은 태갑에게 오로지 덕 갖추기를 노력하여 만백성이 우러러 칭송하는 임금이 되도록 당부하고, 평범한 백성들을 업신여기지 말고 그들의 능력을 발휘하도록 도와야만 나라를 유지하고 잘 다스릴 수 있다고 하였다.

德無常師하여 主善이 爲師[1]며 善無常主하여 協于克一[2]이니이다

俾萬姓으로 咸曰大哉라 王言이어케하시며 又曰一哉[3]라 王心이어케하사 克綏先王之祿[4]하사 永底烝民之生하소서

嗚呼라 七世之廟[5]에 可以觀德이며 萬夫之長[6]에 可以觀政이니이다

后非民이면 罔使오 民非后면 罔事며 無自廣以狹人[7]하소서 匹夫匹婦不獲自盡[8]하면 民主罔與成厥功[9]하리이다

1) 主善爲師(주선위사) : 선을 위주로 하는 것이 스승이 된다.

2) 協于克一(협우극일) : 덕은 순일할 수 있는 데로 화합한다.

3) 一哉(일재) : 순일하시도다.

4) 祿(녹) : 하늘이 내린 녹(祿)이라는 뜻으로, 천하를 다스리게 하는 하늘의 명(命)을 말한다.

5) 七世之廟(칠세지묘) : 7대까지의 조상 신위(神位)를 모신 종묘.

6) 萬夫之長(만부지장) : 만민(萬民)의 우두머리, 곧 천자(天子)를 가리킨다.

7) 無自廣以狹人(무자광이협인) : 자기를 넓다 하고 남을 좁다고 하지 말라. 자기
   의 덕이나 능력을 크다고 보고 남의 덕이나 능력을 작다고 생각하지 말라는 말.
8) 自盡(자진) : 스스로 나라를 위해 재능을 최대한으로 발휘하는 일.
9) 厥功(궐공) : 그 공로. 곧 나라를 훌륭하게 다스리는 일.

제7장 반경(盤庚)

반경(盤庚)은 상(商)나라를 중흥(中興)시킨 영주(英主)로서,
도읍을 엄(奄) 땅에서 은(殷) 땅으로 옮긴 임금이다. 이로부터
상나라는 은나라로 불리게 되는데, 이 때가 BC 1384년경이다.
이 장은 도읍을 옮겨야 할 취지를 밝힘으로써 천도(遷都)를 꺼
리는 백성을 달랜 것이다.

가. 반경 상(盤庚上)

1. 백성의 인명과 재산을 보호하기 위해 천도하겠다

반경이 은(殷) 땅으로 천도(遷都)하고자 하는데, 백성들이 그
곳에 가 살기를 좋아하지 않으니 측근의 신하들에게 호소하며 나
아가 백성들을 달래게 하였다. 그 신하들은

"우리의 선왕께서 여기 와 사시게 된 것은 우리 백성을 중히 여
겨, 모두 해를 입어 죽는 일이 없도록 하기 위해서였다. 백성들이
살아가지 못하게 되었을 때 점을 쳐 천도하는 것이 좋은지 나쁜
지를 물어보았는데, 천도하는 것이 좋다는 점괘를 보고 하늘의 뜻
도 우리 왕과 같다고 말하였다.

선왕들은 신중하게 일을 행하여 천명을 받들었다. 이와 같이 하
여도 오히려 항상 편안하지 못하여 한 도읍지에 오래 살지 못하

고 지금까지 다섯 번이나 도읍지를 옮겼다. 이제 도읍지를 옮겨
야 할 때에 옛 임금들의 행하심을 이어받지 않으면 하늘이 그대
들의 명을 끊으려 하는 것을 모르는 것이다. 그대들은 그런 것도
모르면서 어찌 능히 선왕의 공업을 따른다 할 수 있겠는가.

마치 쓰러진 나무에서 새로 가지가 자라듯 하늘이 우리에게 준
천명을 새로운 도읍지에서 영원히 이어지게 할 것이다. 도읍지를
옮기고 선왕의 대업을 이어받아 천하의 백성을 편안하게 하려는
것이니라."
라고 반경의 말을 전하였다.

▨ 새로운 도읍지로 옮기려는 일은 백성의 생업을 보호하고 생활의 편
의를 위해서라는 것을 역설(力說)하였다.

盤庚[1]이 遷于殷할새 民不適[2]有[3]居어늘 率籲衆慼[4]하사 出矢言[5]하시다
曰我王[6]이 來하사 旣爰宅于玆[7]하산든 重我民이라 無盡劉[8]어신마는 不
能胥[9]匡以生일새 卜稽[10]하니 曰其如台라하나다
先王이 有服[11]이어시든 恪謹天命하시대 玆猶不常寧하사 不常厥邑[12]이
于今五邦[13]이시니 今不承于古[14]하면 罔知天之斷命이온 矧曰其克從
先王之烈[15]아
若顚木之有由蘗[16]이라 天其永我命于玆新邑[17]하사 紹復先王之
大業하여 底綏四方이시니라

1) 盤庚(반경) : 상(商)나라 중흥(中興)의 영주(英主)로서, 도읍을 엄(奄)에
서 은(殷)으로 옮긴 임금.
2) 不適(부적) : 좋아하지 않는다. 적(適)은 열(悅)과 같다.
3) 有(유) : 여기서는 우(于)와 같은 뜻으로 쓰였다.
4) 率籲衆慼(솔유중척) : 측근의 신하에게 호소하다. 솔(率)은 용(用)·이(以)
의 뜻, 유는 호소한다는 뜻으로 호(呼)와 같고, 척은 척(戚)과 통하는 것으로
측근인 가까운 신하를 가리킨다.
5) 出矢言(출시언) : 나가서 달래다. 시언(矢言)은 달래다 또는 설득하다의 뜻.
6) 我王(아왕) : 우리 임금. 반경(盤庚)의 선왕(先王)인 조을(祖乙)을 가리킨다.
7) 玆(자) : 여기. 엄(奄) 땅을 가리킨다.

8) 劉(유) : 죽이다. 여기서는 수재(水災)로 인하여 인명(人命) 피해가 많았던
   사실을 가리킨다.
9) 胥(서) : 서로.
10) 卜稽(복계) : 점을 쳐서 묻는다.
11) 服(복) : 행(行)하다.
12) 邑(읍) : 여기서는 도읍지(都邑地)를 말한다.
13) 五邦(오방) : 여기서는 상(商)나라가 빈번한 수재(水災)로 말미암아 다섯
    번이나 도읍지를 옮겼던 사실을 말한다.
14) 不承于古(불승우고) : 선대의 왕들이 행한 것을 계승하지 않는다. 승(承)은
    계승한다의 뜻. 고(古)는 선대의 왕들이 행하였던 일들.
15) 先王之烈(선왕지열) : 선왕의 공적. 열(烈)은 공적을 가리킨다.
16) 若顚木之有由蘖(약전목지유유얼) : 나라의 중흥(中興)을 비유하는 말. 전
    목은 쓰러진 나무, 유(由)는 나무에서 가지가 생겨남을 가리키고 얼(蘖)은
    나무가 잘려져 쓰러진 뒤 움트는 싹을 가리킨다.
17) 新邑(신읍) : 새 도읍지. 곧 은(殷) 땅을 가리킨다.

2. 옛날의 규범을 본받고 간언을 막지 말아야 한다

반경은 백성을 깨우침에 있어 벼슬자리에 있는 사람들부터 하
였다.

옛날의 법규를 숭상하고 법도를 바로잡고 말하였다.

"만약 백성들의 간언(諫言)이 있을 때 감히 숨기지 말라."

모든 벼슬아치에게 명하여 모두 궁정(宮廷)으로 모이게 하여
다음과 같이 말하였다.

"그대들에게 고한다. 내 그대들에게 훈계하노니, 그대들은 자
신이 원하는 바를 낮추도록 하여, 오만하게 안일(安逸)함을 좇지
말라.

옛날 우리 선왕들께서는 오직 옛 동료들을 임용하여 함께 정사
를 도모하셨다. 임금은 자신이 행할 바를 널리 알려 그 취지를 감
추지 않으셨다. 임금은 크게 선정(善政)을 베풀어 허튼 말을 하

지 않았으므로 백성은 크게 교화되었다.

지금 그대들은 떠들썩하게 그릇되고 사악(邪惡)한 말을 아뢰고 있으니 내 그대들이 논쟁하는 바가 무엇인지 모르겠다.

내 스스로 이 덕을 저버린 것이 아니라 오직 그대들이 그대들의 덕만 고집하여 나를 두려워하지 않고 있다. 내 그대들의 사정을 불을 보듯 분명히 알고 있으나 나 또한 졸렬한 일을 꾀하여 그대들이 잘못을 저지르게 한 것이다.

그물에는 벼리가 매어져 있어야 조리(條理)가 있어 문란(紊亂)하지 않으며, 농부가 밭에서 힘써 일하여 가꾸어야만 가을에 풍성한 수확을 기대할 수 있는 것과 같다.

그대들이여, 임금에게 반항하는 마음을 낮추고 실속있는 덕을 백성들에게 베풀어 그것이 친척과 친구들에게까지 미치도록 하라. 그래야만 그대들은 덕을 쌓았다고 감히 큰소리 칠 수 있다.

그대들은 먼 장래나 가까운 시일에 큰 재앙이 있더라도 두려워하지 말라. 게으른 농부가 스스로 편안하기만 구하여 힘써 농사짓지 않고 논밭에서 일하지 않으면 이에 곡식의 수확이 없을 것이다.

그대들은 백성들에게 좋은 말을 퍼뜨려 불만을 해소시키지 않으면 그대들 스스로가 재난을 낳게 하는 것이다. 그리하여 파멸과 재난, 내분과 반란으로 그대들 스스로 자기 몸을 해치게 될 것이다. 또 그대들은 이미 백성들보다 먼저 나쁜 짓을 했기 때문에 그 고통을 당하는 것이니 그대들 스스로 뉘우친들 어찌 돌이킬 수 있겠는가.

지위가 낮은 백성들을 보면 오히려 서로 타이르는 말로 돌보고 있는데, 그들이 말하려 하면 그대들은 잘못된 말을 한다. 내 그대들의 짧고 긴 목숨을 마음대로 할 수 있는데도 그대들은 어찌하여 남에게 알리지 않고 근거없는 말로 서로 선동하여 백성들을 두려움에 떨게 하는가. 뜬소문이란 들판에 불이 붙은 것 같아 가까이 갈 수는 없으나 그것을 오히려 꺼 버릴 수는 있다.

그대들이 스스로 죄를 지으니 내가 그대들에게 벌을 준다고 해도 그것은 그대들 모두가 스스로 잘못한 짓이므로 나에게 어떤 허물이 있는 것은 아니다.

지임(遲任)이 말하기를 '사람은 오직 옛 사람을 구하고, 그릇은 옛것을 구하지 말고 새것을 구하라.'라고 하였다.

옛날 우리 선왕들은 그대들의 할아버지와 아버지들과 더불어 서로 고락(苦樂)을 함께 하였으니, 내가 감히 가벼이 부당한 벌을 줄 수 있겠는가. 대대로 그대들의 공로를 헤아리고 있으며, 나는 그대들의 좋은 점을 덮어두지 않을 것이다.

내가 선왕들에게 크게 제사를 받들 때 그대들의 조상들도 따라와 함께 제향을 받고 복을 내리기도 하고 재앙을 내리기도 하는 것이니, 나 또한 감히 행동함에 있어 덕이 아닌 짓은 하지 않을 것이다."

▨ 모든 벼슬아치를 모아놓고 한편으로 위협을 가하고 한편으로 달래며 백성의 간언을 막지 말고 덕을 저버린 행동을 하지 않도록 당부하였다.

盤庚이 斆于民하시대 由乃在位¹⁾하사 以常舊服²⁾으로 正法度하사 日無或敢伏小人之攸箴³⁾하라하사 王이 命衆하신대 悉至于庭하니라

王若日格汝衆아 予告汝訓하노니 汝猷黜⁴⁾乃心하여 無傲從康하라

古我先王이 亦惟圖任舊人하사 共政하시니 王이 播告之修커시든 不匿厥指⁵⁾한들로 王用丕欽⁶⁾하시며 罔有逸言⁷⁾한들로 民用丕變⁸⁾하더니 今汝聒聒⁹⁾하여 起信이 險膚¹⁰⁾하니 予不知乃의 所訟이로다

非予自荒¹¹⁾茲德이라 惟汝含德하여 不惕予一人하나니 予若觀火언마는 予亦拙謀라 作乃逸¹²⁾이니라

若網이 在綱¹³⁾이라사 有條而不紊하며 若農이 服田力穡이라사 乃亦有秋니라

汝克黜乃心하여 施實德于民하되 至于婚友¹⁴⁾오사 丕乃敢大言汝有積德이라하라

乃不畏戎毒于遠邇¹⁵⁾하나니 惰農이 自安하여 不昏¹⁶⁾作勞하여 不服田畝하면 越其罔有黍稷¹⁷⁾하리라

汝不和¹⁸⁾吉을 言于百姓하나니 惟汝自生毒이로다 乃敗禍姦宄¹⁹⁾로 以自災于厥身하여 乃旣先惡于民이오 乃奉其恫²⁰⁾하여서 汝悔身인들 何及이리오 相²¹⁾時憸民²²⁾한대 猶胥顧于箴言²³⁾하논든 其發²⁴⁾에 有逸口²⁵⁾니 矧

予制乃短長之命²⁶⁾이따녀 汝는 曷弗告朕하고 而胥動以浮言²⁷⁾하여 恐沈
于衆고 若火之燎于原하여 不可嚮邇나 其猶可撲滅이니 則惟爾衆이
自作不靖²⁸⁾이라 非予有咎니라

遲任²⁹⁾이 有言曰하대 人惟求舊³⁰⁾요 器非求舊라 惟新이라하도다

古我先王이 曁乃祖乃父로 胥及逸勤³¹⁾하시니 予敢動用非罰아 世選
爾勞³²⁾하나니 予不掩爾善하리라 玆予大享于先王할새 爾祖其從與享³³⁾
之하여 作福作災³⁴⁾하나니 予亦不敢動用非德하리라

1) 由乃在位(유내재위) : 벼슬자리에 있는 사람들부터 하다. 유(由)는 말미암
다. 곧 ~부터 하다의 뜻. 재위는 지위에 있다는 말로 벼슬자리에 있는 사람.

2) 以常舊服(이상구복) : 옛날의 법규를 숭상하다. 상(常)은 상(尙)과 통하여
숭상(崇尙)하다의 뜻. 구복(舊服)은 옛날의 법규.

3) 小人之攸箴(소인지유잠) : 백성들의 간언(諫言). 백성들의 충고. 소인(小
人)은 백성을 가리킨다.

4) 黜(출) : 물리치다의 뜻이나 여기서는 낮추다로 풀이한다.

5) 不匿厥指(불닉궐지) : 그 취지를 숨기지 않다. 익(匿)은 숨기다. 지(指)는 지
(旨)와 통하여 취지라는 뜻.

6) 王用丕欽(왕용비흠) : 임금이 크게 선정(善政)을 베푸는 것. 용(用)은 이
(以)와 같고, 비(丕)는 크다. 흠(欽)은 선정을 베푼다는 뜻.

7) 逸言(일언) : 허튼 소리. 잘못된 말.

8) 丕變(비변) : 크게 변하다. 곧 크게 교화되었다는 뜻.

9) 聒聒(괄괄) : 떠들썩한 모양. 서로 자기의 의견만 내세워 남의 옳은 의견을
받아들이지 않는 모양.

10) 起信險膚(기신험부) : 더욱 사악(邪惡)한 소문을 퍼뜨리다. 기는 여기서 갱
(更)과 같아 더욱이라는 뜻. 신은 신(申)과 통하여 퍼뜨리다의 뜻. 험은 사악
(邪惡)하다의 뜻. 부는 여기서 뜬소문.

11) 荒(황) : 버리다. 황폐하게 하다. 여기서는 저버리다로 풀이된다.

12) 謀作乃逸(모작내일) : 졸렬한 계책으로 잘못을 저지르다. 일(逸)은 잘못 또
는 착오(錯誤)의 뜻.

13) 綱(강) : 벼리. 그물의 끝이나 가장자리에 달려서 그물을 잘 다룰 수 있게 하
는 끈을 가리킨다.

14) 婚友(혼우) : 친척과 친구. 혼(婚)은 인척(姻戚)을 뜻하나 여기서는 친척
으로 풀이된다.

15) 乃不畏戎毒于遠邇(내불외융독우원이) : 이에 멀고 가까운 큰 재앙을 두려
워하지 않는다. 융독은 큰 재앙의 뜻. 원이는 멀고 가깝다는 뜻이나 여기서는
먼 장래나 가까운 시일(時日)로 풀이된다.

16) 不昏(불혼) : 힘쓰지 않다. 혼은 면(勉)과 통한다.

17) 黍稷(서직) : 서는 메기장, 직은 찰기장을 뜻하는 말이나, 여기서는 곡식을
통틀어서 말한다.

18) 不和(불화) : 퍼뜨리지 않다. 화는 퍼뜨리다로 풀이되며 선(宣)과 통한다.

19) 乃敗禍姦宄(내패화간궤) : 이에 파멸과 재난, 그리고 나라 안팎에 우환(憂
患)이 생긴다는 뜻. 패는 파멸, 화는 재난, 간궤는 나라 안팎으로 생기는 우환.

20) 乃奉其恫(내봉기통) : 그리하여 그 고통을 당하다. 봉(奉)은 여기서 당하
다의 뜻으로 풀이되고 통은 고통.

21) 相(상) : 본다.

22) 憸民(험민) : 낮은 백성. 소민(小民).

23) 箴言(잠언) : 훈계하는 말. 타이르는 말.

24) 發(발) : 발언(發言)한다는 뜻인데, 여기서는 말하려고 한다는 뜻.

25) 逸口(일구) : 잘못된 말. 실언(失言).

26) 制乃短長之命(제내단장지명) : 그대의 짧고 긴 목숨을 마음대로 한다. 제
는 마음대로 한다는 뜻. 내는 너 또는 그대의 뜻. 단장지명은 목숨이 짧고 긴
것. 곧 너희들의 목숨은 내 손에 달렸거늘 그럼에도 불구하고 너희들은 함부
로 그릇된 말을 전하니 목숨이 아깝지 않으냐고 하는 책임추궁이다.

27) 動以浮言(동이부언) : 뜬소문으로써 선동하다. 동은 선동하다의 뜻. 부언은
근거없는 말, 곧 뜬소문.

28) 自作不靖(자작부정) : 스스로 죄를 짓다. 정은 선(善)이라는 뜻으로 부정
(不靖)은 불선(不善)이다.

29) 遲任(지임) : 옛 현인(賢人)의 이름이나 자세하지 않다.

30) 人惟求舊(인유구구) : 사람은 오직 옛 사람을 구한다. 인(人)은 관리를 가
리킨다. 구(舊)는 옛 사람. 곧 지난날에 함께 일하던 동료.

31) 胥及逸勤(서급일근) : 서로가 고락(苦樂)을 함께 했다. 급(及)은 여(與)와

통하여 함께의 뜻이다. 일은 편안함을 누린다는 뜻, 근은 힘써 일한다는 뜻이
니, 일근(逸勤)은 고락(苦樂)의 뜻이다.

32) 世選爾勞(세선이로) : 대대(代代)로 그대들의 공적을 기록하다. 세는 대대
   (代代), 선은 기록하다 또는 헤아리다, 노는 공적.

33) 享(향) : 제사 지내다.

34) 作福作災(작복작재) : 하늘이 복을 내리기도 하고 재앙을 내리기도 한다는 뜻.

3. 백성을 멸시하지 말라

반경은 말을 계속하였다.

"내 그대들에게 어려운 일을 말하려 하나니 활 쏘는 사람이 과
녁을 겨냥하여 쏘아야 하는 것과 같다. 그대들은 늙은 사람을 업
신여기지 말고 약하고 외로운 어린이를 괴롭히지 말며 각기 그들
이 오래 살고 있는 곳에 살게 하라. 힘써 그대들의 역량을 발휘하
여 나 한 사람의 계획을 듣고 따라 주기 바란다.

멀고 가까움을 가리지 않고 죄를 지으면 죄를 다스러서 뒤에 죽
을 죄를 범하는 자가 없도록 하고, 덕을 쌓으면 그의 훌륭함을 밝
혀 칭찬할 것이다. 나라가 잘 다스려지는 것은 오직 그대들 모두
에게 달렸고, 나라가 그릇되는 것은 오직 나 한 사람의 잘못된 정
치에 대한 벌이다.

무릇 그대들은 서로 타이르고 오늘부터 훗날에 이르기까지 각
자 공손하게 자신의 일을 잘 처리하라. 그대들의 지위를 바로 하
고 그대들의 입을 법도에 맞게 하라. 벌이 그대들의 몸에 미치는
때에 후회하는 일이 없도록 하라."

▨ 백성을 업신여기지 말고 자신이 세운 계획에 따라 열심히 노력해
줄 것을 당부하였다.

또한 쓸데없는 말을 삼가라고 하였다.

予告汝于難하나니 若射之有志[1]하며 汝無侮老成人[2]하며 無弱孤有
幼하고 各長于厥居[3]하여 勉出乃力[4]하여 聽[5]予一人之作猷[6]하라

無有遠邇히 用罪7)란 伐厥死하고 用德8)이란 彰厥善9)하리니 邦之臧은 惟汝衆10)이오 邦之不臧은 惟予一人이 有佚罰11)이니라

凡爾衆은 其惟致告하여 自今으로 至于後日이 各恭爾事하여 齊乃位하며 度乃口하라 罰及爾身하면 弗可悔리라

1) 若射之有志(약사지유지) : 과녁을 겨냥하여 활을 쏘아야 하는 것과 같다. 곧 일정하게 나아갈 방향과 목표가 정해져야 한다는 뜻. 지(志)는 여기서 과녁을 뜻한다.

2) 侮老成人(모로성인) : 늙은이를 업신여기다. 노성인(老成人)은 늙은이라는 뜻이나, 늙고 경험 있는 사람으로 풀이할 수도 있다.

3) 各長于厥居(각장우궐거) : 각기 길이 그 곳에 산다. 장(長)은 길이 또는 영구히의 뜻.

4) 勉出乃力(면출내력) : 애써 그대들의 힘을 내어. 곧 그대들의 역량(力量)을 발휘하도록 노력하라는 뜻. 내(乃)는 그대 또는 너.

5) 聽(청) : 듣다. 듣고 따르다.

6) 作猷(작유) : 작성한 계획.

7) 用罪(용죄) : 죄를 저지르다.

8) 用德(용덕) : 덕을 쌓다. 덕을 행하다.

9) 厥善(궐선) : 그 훌륭한 점. 선(善)은 여기서 훌륭하다로 풀이된다.

10) 邦之臧惟汝衆(방지장유여중) : 나라가 잘 다스려지는 것은 오직 그대들 모두에게 달렸다. 장(臧)은 여기서는 잘되다, 잘 다스려지다의 뜻.

11) 佚罰(일벌) : 잘못된 데에 대한 벌.

나. 반경 중(盤庚中)

1. 천도는 백성의 이익을 위한 조치이다

반경이 일어나 황하를 건너 백성을 옮기고자 꾀할 때, 이에 따르려 하지 않는 백성을 모아 정성껏 타이르니 백성들은 모두 모였으며 임금의 궁정(宮庭)에서 방자하게 구는 사람은 없었다.

반경이 이에 백성들을 앞으로 다가오게 하여 말하였다.

"분명하게 나의 말을 듣고 나의 명령을 거역하지 말라.

오호라, 옛날 우리 선왕들께서는 백성을 보호하지 않은 분이 없었으며 백성은 임금과 서로 친하였으니, 천시(天時)와 부합되지 않은 일이 없었다.

은(殷)나라에 하늘이 큰 재난을 내린 것에 대해 선왕들께서는 불쌍히 여겼으며, 그분들께서는 이윽고 일어나 백성에게 이로움이 있는 곳을 살펴보고 도읍을 옮기셨다.

그대들은 어찌하여 이러한 우리 옛 임금들에 관해 들은 것을 생각해 보지 않으려 하는가.

나는 그대들을 보호하고 그대들의 이익을 도모하여 그대들과 함께 즐거움과 편안함을 누리려 하는 것이지, 그대들에게 잘못이 있기 때문에 도읍을 옮기는 것으로써 벌을 주려는 것이 아니다.

내가 이와 같이 새 도읍지로 오라고 호소하는 것은 또한 그대들을 위하는 일이니, 이렇게 함으로써 나도 선왕들의 뜻을 따르려는 것이다.

이제 나는 그대들과 함께 도읍을 옮겨 나라를 안정시키려고 하는데, 그대들은 내 마음의 괴로움을 근심하지 않고, 모두 그대들의 본심을 펴 진심으로 엄숙하게 생각해서 나를 감동시키려 하지 않는다.

그대들은 오직 스스로 곤혹(困惑)과 고뇌(苦惱)를 부르는 결과가 될 것이니, 이것은 배를 타고도 그대들이 건너가지 않으면 배에 실린 물건을 썩히는 것과 같다. 그대들의 성의는 선인(先人)에 미치지 못하여 서로가 다 빠져 죽을 수밖에 없다. 그것을 조금이라도 생각해 보지 않는다면 스스로 화를 내보아도 어찌 그러한 고통에서 빠져 나올 수 있겠는가.

그대들은 먼 장래를 위하여 생각해 보지도 않고 그대들이 겪었던 재난만 생각한다면 다만 근심을 조장(助長)하게 될 뿐이다. 만약 지금 이 상태로 나간다면 오늘이 있을 뿐 뒷날이 없을 것이니 어찌 그대들이 남의 위에 서서 생존할 수 있겠는가.

이제 나는 그대들에게 오직 진실한 마음을 명하노니, 더러운 행동으로 자신을 망치지 말라.

그 누가 그대들의 행동을 한쪽으로 끌어당겨 마음을 사악하게 할까 두렵다.

나는 그러므로 하늘에 매인 그대들의 목숨을 연장하게 하고자 하는 것이지 내 어찌 그대들을 벌하겠는가. 다만 그대들 모든 백성을 돕고 안정된 삶을 누리도록 할 뿐이다.

나는 우리의 돌아가신 신령하신 선왕들께서 그대들의 선조들에게 수고를 끼쳤던 일들을 생각하면서 나도 크게 그대들을 부양(扶養)하려는 것이고 그대들의 마음을 안정시키려는 것이다.

나는 정사에 실패하면서 여기에 오래 머물러 있었으니, 선왕들께서 죄에 대하여 큰 재앙을 엄중하게 내리시며 '어찌하여 나의 백성들을 학대하는가.'라고 하실 것이다.

그대들 만백성이 만약 삶을 꾀하여 나와 한마음이 되지 않으면 선왕들께서 그대들에게도 그 죄에 대하여 큰 재앙을 내리시며 '어찌하여 나의 어린 자손과 합심하지 않는가.'라고 하실 것이다.

그러므로 나와 합심하지 않으면 밝은 덕을 가진 선왕께서 위로부터 그대들에게 벌을 내리실 것이니, 그대들은 피할 길이 없을 것이다."

▨ 옛 선왕들이 시행한 여러 차례의 천도(遷都)는 백성을 보호하고 백성의 이익을 위한 것임을 밝혔다. 또 자신의 천도 역시 선왕들의 뜻을 이어 그 뜻을 받들기 위한 것임을 민중에게 간곡하게 호소한 것이다.

또한 현재의 재해만 생각하지 말고 먼 장래를 보고 계획을 수립하여 안정된 생활을 영위하기 위해서는 새로운 도읍지로 옮겨야 한다고 자신의 주장을 강조하였다.

만약 옮기지 않고 현 상태에서 고통을 계속 받게 된다면 자신은 선왕으로부터 벌을 받을 것이요, 백성이 자신과 일심동체가 되지 않을 때도 벌을 내릴 것이므로 서로 합심하여 천도하는 데 노력할 것을 당부한 것이다.

盤庚이 作하사 惟涉河[1]하여 以民遷할새 乃話民[2]之弗率하사 誕告用亶[3]이어시늘 其有衆이 咸造[4]하여 勿褻[5]在王庭이러니 盤庚이 乃登進厥民하시다

曰明聽朕言하여 無荒失朕命하라

嗚呼라 古我前后罔不惟民之承하신대 保后胥慼[6]한들로 鮮以不浮于天時[7]하니라

殷降大虐이어늘 先王이 不懷[8]하사 厥攸作은 視民利하여 用遷이시니 汝는 曷弗念我의 古后之聞[9]고 承汝俾汝[10]는 惟喜康共이니 非汝有咎라 比于罰이니라

予若籲懷玆新邑은 亦惟汝故니 以丕從厥志니라

今予將試以汝遷하여 安定厥邦이어늘 汝不憂朕心之攸困이오 乃咸大不宣乃心하여 欽念以忱[11]하여 動予一人하니 爾惟自鞫[12]自苦로다 若乘舟하니 汝弗濟하면 臭厥載[13]하리라 爾忱이 不屬[14]하니 惟胥以沈[15]이로다 不其或稽어니 自怒인들 曷瘳리오

汝不謀長[16]하여 以思乃災[17]하나니 汝誕勸憂로다 今其[18]有今이나 罔後하리니 汝何生이 在上이리오

今予命汝하노니 一[19]하여 無起穢以自臭[20]하라 恐人이 倚乃身[21]하여 迂乃心[22]하노라

予迓[23]續乃命于天하노니 予豈汝威[24]리오 用奉畜汝衆이니라

予念我先神后[25]之勞爾先하노니 予丕克羞[26]爾는 用懷爾然[27]이니라

失于政하여 陳于玆하면 高后丕乃崇降罪疾[28]하사 曰曷虐朕民고하시리라

汝萬民이 乃不生生[29]하여 暨予一人猷로 同心하면 先后丕降與汝罪疾하사 曰曷不暨朕幼孫으로 有比[30]오하시리니 故有爽德이라 自上[31]으로 其罰汝하시리니 汝罔能迪하리라

1) 作惟涉河(작유섭하) : 일어나서 황하를 건너고자 꾀하다. 작은 여기서 일어나다로 풀이되고, 유는 모(謀)와 통하여 꾀하다 또는 도모(圖謀)하다의 뜻이며, 하는 황하(黃河)를 말한다. 은(殷) 땅은 엄(奄) 땅에서 약간 북쪽에 치우쳐 있으므로 황하를 건너야 했다.

2) 話民(화민) : 백성을 모으다. 화(話)는 여기서 회(會)와 같다.

3) 亶(단) : 정성. 정성껏.

4) 咸造(함조) : 모두 모이다. 조(造)는 모이다로 풀이된다.

5) 褻(설) : 부담없다. 버릇없다. 방자하게 굴다.

6) 后胥慼(후서척) : 임금과 서로 친하다. 척은 친근하다는 뜻.

7) 鮮以不浮于天時(선이불부우천시) : 천시(天時)에 부합(符合)되지 않는 것
   이 없었다. 선(鮮)은 드물다 곧 없다의 뜻, 부(浮)는 부합하다의 뜻, 백성들
   이 천시에 맞추어 일하지 않았던 경우가 없다는 말.

8) 不懷(불회) : 마음이 불안하다. 곧 불쌍하게 여기다.

9) 古后之聞(고후지문) : 선왕들에 대하여 들은 것. 문(聞)은 선왕들이 백성을
   불쌍히 여겨 그들에게 이로움이 있는 곳을 보아 도읍을 옮겼다는 사실에 대
   하여 들은 것.

10) 承汝俾汝(승여비여) : 그대들을 보호하고 그대들의 이익을 꾀하였다는 뜻.

11) 欽念以忱(흠념이침) : 진심으로 엄숙히 생각하다.

12) 鞠(국) : 여기서는 곤혹(困惑)의 뜻.

13) 臭厥載(취궐재) : 그 배에 실은 물건이 썩는다. 취(臭)는 여기서 썩는다는
    뜻이다.

14) 爾忱不屬(이침불속) : 그대들의 성의가 부족하다. 곧 그대들의 성의가 선인
    (先人)에 미치지 못한다는 뜻.

15) 惟胥以沈(유서이침) : 서로가 다 빠져 죽는다. 곧 도읍을 옮기지 않으면 결
    국 나라가 망하고 만다는 것을 비유하는 말.

16) 汝不謀長(여불모장) : 그대들은 먼 훗날을 생각하고 계획을 세우지 않는다.
    장(長)은 먼 훗날을 가리킨다.

17) 以思乃災(이사내재) : 그대들은 겪었던 재난(災難)만 생각한다. 내(乃)는
    그대들. 재(災)는 수재(水災)를 가리킨다.

18) 今其(금기) : 지금 이 상태로 나간다면의 뜻. 이 상태는 도읍을 옮기지 않은
    상태를 말한다.

19) 一(일) : 순일(純一)한 마음. 곧 진실한 마음.

20) 無起穢以自臭(무기예이자취) : 더러운 행동으로 자신을 망치지 말라. 기
    (起)는 행동하다. 취(臭)는 망치다로 풀이된다.

21) 倚乃身(의내신) : 그대의 행동을 한쪽으로 끌어당기다. 의는 끌어당기다. 구
    부러지게 하다의 뜻. 신(身)은 여기서 행동을 뜻한다.

22) 迂乃心(우내심) : 그대의 마음을 사악(邪惡)하게 한다. 우(迂)는 여기서 사악하고 간사하다의 뜻.

23) 迂(아) : 여기서는 그러므로의 뜻.

24) 威(위) : 징계하다. 처벌하다.

25) 先神后(선신후) : 돌아가신 신령하신 임금. 후(后)는 선왕들.

26) 羞(수) : 여기서는 부양(扶養)한다는 뜻.

27) 懷爾然(회이연) : 그대들을 안정시키고자 한다. 곧 도읍지를 옮겨서 백성을 편안하게 한다는 뜻. 회(懷)는 안(安)과 통하여 안정시키다, 편안하게 한다는 뜻.

28) 崇降罪疾(숭강죄질) : 죄에 대한 재앙을 엄중하게 내리다. 숭(崇)은 여기서 엄중하다의 뜻. 질(疾)은 재앙.

29) 乃不生生(내불생생) : 만약 삶을 꾀하지 않는다면. 내(乃)는 여기서 만약의 뜻. 생생(生生)은 삶을 꾀하다. 생업(生業)을 영위하다.

30) 比(비) : 친하다. 화합하다. 합심하다.

31) 上(상) : 위, 곧 하늘을 가리킨다.

2. 신하는 임금을 도와 백성을 길러야 한다

반경은 이어 관리들에게 말하였다.

"옛날 우리 선왕들께서는 그대들의 할아버지들과 아버지들에게 수고를 끼쳤으니, 그대들도 함께 나를 도와 백성을 길러야 하건만 그대들은 백성을 학대하니 그대들의 마음이 밝지 못해서이다.

우리 선왕들께서는 그대들의 할아버지들과 아버지들을 신뢰하셨다. 그대들의 할아버지나 아버지들은 이에 그대들을 끊어버리고, 악한 일에 대한 벌로써 선왕들께서 그대들에게 내리는 죽음의 벌에 대해서도 구하려 하지 않을 것이다.

이에 나에게 정사를 어지럽히고 법을 지키지 않으면서 재물 모으는 데만 마음을 쓰는 자가 있다면, 그대들의 할아버지와 아버지들은 우리 선왕들에게 크게 고하여 '나의 후손들에게 큰 형벌을 내려 주옵소서.' 라고 말할 것이다. 그리하여 선왕들께서는 큰 재앙을 내리시게 될 것이다.

　오호라, 이제 내가 그대들에게 쉽지 않은 일을 고하였으니, 길이 크게 근심스러운 일을 근신하고 서로 멀어지지 않도록 하라.

　그대들은 분수에 따라 함께 꾀하고 생각하여 서로 협조하고 남의 주장에 따르고 각기 그 마음속에 충심으로 화합할 것을 생각하라.

　그대들 가운데 좋지 않고 순종하지 않는 자가 있어 일을 그르치고 명령을 어겨 남을 속이고 간사하게 국법을 범하고 난을 일으킨다면, 나는 그를 베어 멸망시키고 자손도 남기지 않음으로써 이 새로운 도읍으로 씨가 옮겨가지 못하도록 할 것이다.

　가서 생업에 힘써라. 이제 나는 그대들을 옮겨 영원한 그대들의 집을 세워 주려는 것이다.”

　▨ 천도(遷都)는 임금과 백성이 한마음 한뜻이어야 한다. 조상대대로 이어져 온 도읍지는 백성과도 끈끈한 정이 있기 때문에 그러한 상황을 강조하였다.

　백성을 괴롭히고 탐욕을 일삼는 관리들은 먼저 조상들의 벌을 받을 것이며, 또 이들을 선왕에게 고하여 큰 벌을 내리도록 하겠다고 경고하였다.

　이는 서로 화목하고 단결할 것은 강조한 것으로 국법을 어기는 자는 엄벌할 것도 단호히 했으며, 백성들이 지켜야 할 도리를 말하고 굳은 천도 의사를 밝혀 결론을 맺고 있다.

　古我先后는 旣勞乃祖乃父라 汝共作我畜民[1]이니 汝有戕[2]이 則在乃心하면 我先后綏[3]乃祖乃父하여시든 乃祖乃父乃斷棄汝[4]하여 不救乃死[5]하리라

　玆予有亂政[6]同位具[7]乃貝玉하면 乃祖乃父丕乃告我高后하여 曰作丕刑于朕孫이라하여 迪高后하여 丕乃崇降弗祥하리라

　嗚呼라 今予告汝不易[8]하노니 永敬大恤[9]하여 無胥絶遠[10]하여 汝分猷念以相從하여 各設中于乃心[11]하라

　乃有不吉不迪[12]이 顚越[13]不恭[14]과 暫遇[15]姦宄[16]어든 我乃劓殄滅[17]之無遺育[18]하여 無俾易種[19]于玆新邑하리라

往哉生生하라 今予는 將試以汝遷하여 永建乃家니라

1) 汝共作我畜民(여공작아휵민) : 그대들은 나와 함께 백성을 기른다.

2) 戕(장) : 해치다. 학대하다.

3) 綏(수) : 여기서는 신뢰하다로 풀이된다.

4) 乃斷棄汝(내단기여) : 이에 그대들을 끊어 버리다. 곧 그래서 그대들과 관계를 끊어 돌보지 않는다는 뜻.

5) 不救乃死(불구내사) : 그대들의 죽음을 구하지 않다. 곧 그대들이 저지른 악한 일에 대해 선왕들이 벌을 내려 죽게 되어도 그대들을 구하려 들지 않을 것이라는 뜻.

6) 亂政(난정) : 어지럽게 법을 지키지 않는 신하들.

7) 具(구) : 여기서는 모으다의 뜻.

8) 不易(불이) : 쉽지 않다. 곧 나라를 유지하는 일이 쉽지 않다는 뜻.

9) 敬大恤(경대휼) : 큰 걱정거리를 근신하다. 경은 근신한다는 뜻. 대휼은 크게 근심스러운 일. 큰 걱정.

10) 絶遠(절원) : 멀어지다. 소원(疎遠)해지다. 곧 가까이하라라는 뜻.

11) 各設中于乃心(각설중우내심) : 각기 그 마음속에 충심으로 화합할 생각을 가지라는 뜻. 설중(設中)은 충심으로 화합하다의 뜻. 설(設)은 화합하다로 흡(翕)과 같다.

12) 迪(적) : 여기서는 유순하다. 온화한 태도, 순종하다의 뜻.

13) 顚越(전월) : 일을 그르치게 하다.

14) 不恭(불공) : 여기서는 명령에 따르지 않는다는 뜻.

15) 暫遇(잠우) : 속이고 간사하다. 잠(暫)은 여기서 속인다는 뜻. 우(遇)는 여기서 간사하다는 뜻.

16) 姦宄(간궤) : 국법을 범하고 난을 일으키다. 간은 여기서 국법을 범하다의 뜻. 궤는 여기서 난을 일으키다의 뜻.

17) 我乃劓殄滅(아내의진멸) : 나는 너의 전 가족을 몰살하겠다.

18) 無遺育(무유육) : 남는 자손이 없다. 곧 자손도 남기지 않는다는 뜻. 육(育)은 치(稚)와 통하여 어린아이를 가리킨다.

19) 種(종) : 씨. 씨앗. 여기서는 사악한 자의 씨앗을 가리킨다.

다. 반경 하(盤庚下)

1. 태만하지 말고 힘써 국운을 받들라

반경은 도읍을 옮기고 그 살 곳을 안정시키고 모든 제도를 바르게 하여 백성을 편안하게 해 주었다. 그리고 말하였다.

"놀며 태만하지 말고 힘써 국운(國運)을 받들라.

지금 나는 마음속에 있는 것을 다 드러내어 분명히 그대들 백성에게 나의 뜻을 말하겠다.

나는 그대들을 벌하지 않을 것이니, 그대들은 함께 분노하지 말고 서로 화목하여 나 한 사람을 비방하지 말라.

옛날 우리 선왕들께서는 전대(前代)의 공보다 공을 많이 이루고자 하여 높은 곳으로 도읍을 옮겨 우리들의 재난을 제거하고 우리 나라에 좋은 공적을 이루셨다. 그러나 지금 우리 백성들은 유동(流動)하고 분산(分散)하여 흩어져 살고 있으므로 안정되게 머무를 곳이 없다.

그대들은 나에게 '어찌하여 만백성을 진동(震動)시키면서 도읍을 옮겼느냐.'라고 말할 것이다. 그러나 하느님은 우리 높으신 조상의 덕행을 회복하여 우리 나라를 다스려 주셨다.

나는 행실이 도탑고 공경하는 신하들과 협력하여, 백성의 생명을 삼가 보호하면서 영구히 새 도읍지에 살려고 한다.

나이 어린 나는 그 계획을 버리지 않고 많은 사람과 의논하여 그 중에서 가장 바른 의견에 따라 도읍을 옮긴 것이다. 점을 쳐 보아도 도읍을 옮기는 것이 좋다고 하였으므로 각자가 감히 점친 것을 어기지 않은 것이다. 다 같이 이 훌륭한 거사를 거대하게 실행하라."

▨ 드디어 천도(遷都)를 행한 반경이 새로운 상황에 접한 백성들에게 새로운 각오로 임해 줄 것과 자신에 대한 원망과 자신의 일을 방해하는 일이 없도록 당부하였다.

선왕들이 천도하여 백성을 편안하게 해 준 것 같이 자신도 노력할 테니 당장의 불편을 참고 합심하여 안정되고 훌륭하며 영원한 도읍지로 만들자고 호소하였다.

盤庚이 旣遷¹⁾하사 奠厥攸居²⁾하시고 乃正厥位³⁾하사 綏爰有衆하시다
曰無戲怠하여 懋建大命⁴⁾하라
今予其敷心腹腎腸⁵⁾하여 歷⁶⁾告爾百姓于朕志하니 罔罪爾衆⁷⁾이니 爾無共怒하여 協比讒言予一人하라
古我先王이 將多于前功하리라 適于山⁸⁾하사 用降⁹⁾我凶德하사 嘉績于朕邦하시니라
今我民이 用蕩析離居¹⁰⁾하여 罔有定極¹¹⁾이어늘 爾謂朕하대 曷震動萬民하여 以遷고하나다
肆上帝將復我高祖之德¹²⁾하사 亂越我家¹³⁾어시늘 朕及篤敬으로 恭承民命¹⁴⁾하여 用永地于新邑하라
肆予沖人¹⁵⁾이 非廢厥謀¹⁶⁾라 弔由靈¹⁷⁾이며 各非敢違卜이라 用宏茲賁¹⁸⁾이니라

1) 旣遷(기천) : 이미 도읍을 옮겼다.
2) 奠厥攸居(전궐유거) : 그 살 곳을 안정시키다. 전(奠)은 안정시키다.
3) 正厥位(정궐위) : 제도를 정비하다. 정(正)은 바르게 하다, 곧 정비하다의 뜻. 궐위(厥位)는 여기서 제도를 말한다.
4) 大命(대명) : 큰 명령. 곧 임금과 신하가 함께 타개해야 할 운명.
5) 心腹腎腸(심복신장) : 마음속. 마음과 뱃속의 콩팥과 창자라는 뜻으로 마음속을 통틀어서 이르는 말인데, 여기서는 자기의 참된 뜻을 나타내 보이겠다는 뜻.
6) 歷(역) : 여기서는 분명히의 뜻.
7) 罔罪爾衆(망죄이중) : 그대들에게 벌을 주지 않는다. 망(罔)은 않는다. 죄(罪)는 벌(罰).
8) 適于山(적우산) : 산으로 가다. 곧 수해를 피해 높은 지대로 도읍을 옮겼다는 뜻. 적(適)은 도읍을 옮긴 사실을 뜻하며, 산(山)은 높은 지대를 가리킨다.
9) 降(강) : 여기서는 제거(除去)하다의 뜻.
10) 蕩析離居(탕석이거) : 유동(流動)하고 분산(分散)되어 흩어져서 살다. 탕

(蕩)은 유동(流動) 또는 유랑(流浪)의 뜻으로, 안정된 거처가 없는 처지를
가리킨다. 석(析)은 분산(分散)되어 흩어진다는 뜻.

11) 定極(정극) : 안정되게 머무르다. 안정된 거처(居處). 극(極)은 머무르다의
뜻으로 지(止)와 같다.

12) 高祖之德(고조지덕) : 높은 조상의 덕행(德行). 여기서의 덕행은 수재를 피
해 높은 지대로 도읍을 옮긴 사실을 가리킨다.

13) 亂越我家(난월아가) : 우리 나라를 다스리다. 난(亂)은 여기서 다스린다는
뜻. 월(越)은 어(於)와 같으며, 가(家)는 나라라는 뜻.

14) 恭承民命(공승민명) : 삼가 백성의 생명을 보호한다. 승(承)은 여기서 보
호하다의 뜻이다.

15) 沖人(충인) : 젊은 사람. 나이 어린 사람. 반경(盤庚)이 자기를 낮추어서 하
는 말.

16) 厥謀(궐모) : 그 의견. 그 계획. 곧 선왕들이 도읍지를 옮긴 계획.

17) 弔由靈(조유령) : 훌륭하게 명을 받들다. 곧 가장 바른 의견을 따른다는 말.
영(靈)은 영(令)과 통한다.

18) 賁(분) : 아름답다. 훌륭하다.

2. 관원은 한뜻으로 나라를 이끌어 나가라

반경은 말을 이었다.

"오호라, 제후(諸侯)들과 관장(官長)들과 모든 나라 일에 종
사하는 관원들이여, 바라건대 모두가 나의 뜻을 헤아려 주기를 바
란다. 그러면 나도 힘써 그대들을 도울 것이다. 나의 백성들을 돌
보고 불쌍히 여겨라.

나는 재물을 좋아하는 사람은 등용하지 않을 것이며, 능히 생업
에 종사하는 사람과 함께 할 것이다. 곤란한 사람을 부양(扶養)
하여 편안히 살게 해 주는 사람을, 나는 관제(官制)의 질서에 따
르면서 중용하겠다.

이제 나는 그대들에게 이미 나의 뜻을 다 말하였으니 그대들은
나의 의견에 찬성하거나 찬성하지 않거나 상관없이 복종하지 않

는 자 없도록 하라.

　조심성 없는 언동을 삼가고 재물을 긁어 모으려 하지 말며, 오직 선(善)을 행하기에 힘써 스스로 공을 세우도록 하라.

　백성에게 은덕을 베풀어 길이 한마음 한뜻이 되도록 하라."

　▨ 여러 관원들에게 자신의 일을 잘 돕고 백성을 아끼고 잘 다스려 줄 것과 분수 외의 재물은 탐하지 말고 언동을 삼가며 힘써 선(善)한 일을 행하도록 당부하였다.

　그리하여 한마음 한뜻으로 노력하여 새로운 도읍지를 홀륭히 가꾸어 나가자고 부탁하였다.

　嗚呼라 邦伯[1] 師長百執事之人[2]은 尙皆隱哉[3]어다

　予其懋簡相[4]爾는 念敬我衆[5]이니라

　朕은 不肩好貨[6]하여 敢恭生生[7]하여 鞠人[8]謀人之保居[9]를 敍欽[10]하노라

　今我旣羞告[11]爾于朕志하니 若否[12]를 罔有弗欽[13]하라

　無總于貨寶하고 生生으로 自庸[14]하라

　式敷民德하여 永肩一心[15]하라

1) 邦伯(방백) : 방국지장(邦國之長). 곧 제후(諸侯)들을 가리킨다.

2) 百執事之人(백집사지인) : 나라 일에 종사하는 모든 사람. 곧 백관(百官).

3) 尙皆隱哉(상개은재) : 바라건대 모두가 헤아려 달라. 상(尙)은 여기서 바라다의 뜻. 은(隱)은 여기서 가름하다, 헤아리다의 뜻이다.

4) 簡相(간상) : 많이 도와준다는 뜻.

5) 念敬我衆(염경아중) : 나의 백성을 돌보고 불쌍하게 여겨라. 염은 여기서 돌봐 주다의 뜻. 경은 여기서 긍휼(矜恤). 중은 백성.

6) 不肩好貨(불견호화) : 재물을 좋아하는 사람을 임용(任用)하지 않는다. 견(肩)의 뜻은 임용하다.

7) 敢恭生生(감공생생) : 능히 생업(生業)에 종사하는 사람과 함께 하다. 감은 여기서 능(能)히, 공(恭)은 공(共)으로 함께의 뜻. 생생(生生)은 생업에 종사하는 사람.

8) 鞠人(국인) : 곤란한 사람을 부양(扶養)하다.

9) 保居(보거) : 편안하게 살다. 보는 편안하다로 안(安)과 같다.

10) 敍欽(서흠) : 관제(官制)의 질서에 따르면서 중용(重用)하겠다는 말. 서는 관제의 질서, 곧 관작(官爵)의 차례. 흠(欽)은 훌륭함을 장려한다는 뜻이니, 곧 중용한다는 말.

11) 羞告(수고) : 자진하여 알리다. 털어놓고 다 말하다.

12) 若否(약부) : 찬성하거나 안 하거나. 동의하든 말든.

13) 罔有弗欽(망유불흠) : 공경하지 않는 자 없도록 하라는 말.

14) 生生自庸(생생자용) : 선(善)을 행하여 스스로 공을 세운다는 뜻.

15) 永肩一心(영견일심) : 영원히 한마음을 가지도록 하라. 길이 한마음이 되자. 여기서의 견은 오로지 하다의 뜻.

제8장 열명(說命)

열(說)은 고종(高宗) 때의 명재상(名宰相)이었던 부열(傅說)의 이름이며, 명(命)은 고종이 부열에게 내린 교훈적인 명령을 뜻한다. 그러니까 제목은 '열에게 내린 명령'이라는 말이다.

고종은 반경(盤庚) 3대 후의 왕으로서, 반경·태무(太武)와 더불어 상대(商代)의 중흥 군주(中興君主)로 알려지는데, 그것은 부열의 공적이었다.

이 글은 고종과 부열의 대화를 다루었는데, 상·중·하로 나누어져 있다.

가. 열명 상(說命上)

1. 부열(傅說)을 찾아서 정사를 부탁함

임금이 거상(居喪)하여 정사를 신하에게 맡기고 3년상을 치렀는데, 상(喪)을 벗은 뒤에도 아무 말이 없었다. 이에 여러 신하들이 모두 왕에게 간(諫)하였다.

"오호라, 사물을 잘 아는 것을 밝고 어질다 하나니, 밝고 어질면 진실로 규범(規範)을 만들 수 있습니다. 천자(天子)께서는 온 나라를 다스리는 분이며, 모든 관리는 받들고 공경하여 임금의 말씀을 명령으로 지키는 것입니다. 그런데 임금께서 말씀하지 않으시면 신하들은 명령을 받들 곳이 없게 됩니다."

임금은 글을 지어 그것으로써 고하여 말하였다.

"나에게 천하를 바로잡게 하였으나 나는 덕이 옛 임금들에 미치지 못하므로 두려워 말하지 못하고 공경하여 묵묵히 올바른 도를 깊이 생각하고 있었는데, 꿈에 상제(上帝)께서 나에게 훌륭하게 보필할 사람을 보내 주셨으니 그가 대신하여 말할 것이다."

이에 임금은 꿈에 본 그의 모습을 살펴서 그리게 하여 천하에 두루 찾게 하였다. 이 때 부열(傅說)은 부암(傅巖)이라는 들에서 흙일을 하고 있었는데, 꿈에 본 얼굴과 닮았다. 이에 왕은 그를 재상(宰相)으로 삼아 곁에 있게 하였다.

왕은 부열에게 명하였다.

"아침 저녁으로 좋은 교훈을 들려 주어 나의 덕치(德治)를 보좌(補佐)해 주시오. 만약 내가 쇠라면 그대는 숫돌이 되어 주고, 만약 내가 큰 내를 건너려 할 때에는 그대는 배의 노가 되어 주고, 만약 어느 해에 큰 가뭄이 들면 그대는 단비가 되어 주시오. 그대의 마음을 열어 나의 마음을 윤택(潤澤)하게 해 주시오. 만약 약(藥)이 강하지 않으면 그 병은 고쳐지지 않을 것이고, 만약 맨발로 걸으면서 땅을 보지 않으면 그 발은 상처를 입게 될 것이오.

그대의 동료들과 한마음이 되어 그대들의 임금인 나를 보좌하시오. 동료들로 하여금 선왕들을 따르게 하고 우리 옛 임금들을 좇도록 하여 만백성을 편안하게 해 주시오. 오호라, 삼가 나의 명을 받들어 좋은 끝을 맺게 해 주시오."

이에 대하여 부열이 임금에게 대답하였다.

"나무가 먹줄을 따르면 바르게 되고, 임금은 간언(諫言)을 따르면 성군(聖君)이 됩니다. 임금께서 능히 성군이 되신다면 신하

는 명하지 않아도 그 뜻을 받들 것이니, 그 누가 감히 임금님의 훌
륭하신 말씀을 받들어 따르지 않겠습니까."

▨ 고종이 꿈속에서 본 사람을 찾아 정사를 맡겨 자신을 보좌하도록
하리라 말하고 꿈속에서 상제가 보여준 얼굴을 그려 그 사람을 찾았다.

부암(傅巖)이라는 들에서 꿈속에서 본 얼굴과 닮은 부열을 찾아 재상
(宰相)으로 삼아 자신의 덕치(德治)를 올바로 보좌해 줄 것을 당부하
였다.

또한 동료 관원들을 잘 이끌어 백성을 편안하게 해 줄 것을 부탁하니
부열이 그 뜻을 받들 것을 다짐하였다.

王[1]이 宅憂[2]亮陰[3]三祀하사 旣免喪[4]하시고 其惟弗言이어시늘 群臣이
咸諫于王曰嗚呼라 知之曰明哲[5]이니 明哲이 實作則하나니 天子惟君
萬邦[6]이어시든 百官이 承式하여 王言을 惟作命하나니 不言하시면 臣下罔
攸稟令하리이다

王庸作書以誥曰以台[7]로 正于四方하실새 台恐德의 弗類[8]하여 玆故
로 弗言하여 恭默思道하다니 夢에 帝賚予良弼[9]하시니 其代予言이리라

乃審[10]厥象하사 俾以形[11]으로 旁求于天下하시니 說이 築傅巖之野[12]
하더니 惟肖하더라

爰立作相하사 王이 置諸其左右[13]하시다

命之曰朝夕에 納誨하여 以輔台德하라

若金이어든 用汝하여 作礪하며 若濟巨川이어든 用汝하여 作舟楫하며 若
歲大旱이어든 用汝하여 作霖雨[14]하리라

啓乃心하여 沃朕心하라

若藥이 弗瞑眩[15]하면 厥疾이 弗瘳하며 若跣이 弗視地[16]하면 厥足이 用
傷하리라

惟曁乃僚로 罔不同心하여 以匡乃辟[17]하여 俾率先王하여 迪我高后
하여 以康兆民하라

嗚呼라 欽予時命하여 其惟有終[18]하라

說이 復[19]于王曰惟木이 從繩則正하고 后從諫則聖하나니 后克聖이시
면 臣不命其承[20]이온 疇敢不祗若王之休命[21]하리잇고

1) 王(왕) : 무정(武丁) 임금. 곧 고종(高宗)을 가리킨다. 무정은 반경왕의 조카. 반경의 아버지 조정(祖丁)이 죽자 큰아들 양갑(陽甲)이 왕위에 올랐고 양갑이 죽자 동생 반경이 왕위에 올라 도읍을 은으로 옮겼다. 반경이 재위 28년 만에 죽자 그 동생 소졸(小卒)이 왕위를 이었고 소졸이 죽자 동생 소공(小工)이 왕위에 올랐다. 소공이 재위 28년에 죽자 아들 무정이 왕위에 올라 많은 치적을 남겨 후세에 성천자(聖天子)라고까지 불리워졌는데 부열의 공이 크다.

2) 宅憂(택우) : 부모의 상중(喪中)에 있는 것. 거상(居喪).

3) 亮陰(양음) : 정치를 신하에게 맡기고 간섭하지 않는 것이라는 설(說)이 있고, 상중(喪中)에 움막을 짓고 그 속에서 지내는 것이라는 설이 있는데, 여기서는 앞의 설을 따랐다.

4) 免喪(면상) : 상(喪)을 면하다. 곧 상을 벗다. 상을 다 치르다.

5) 知之曰明哲(지지왈명철) : 사리를 아는 것을 밝고 어질다고 말한다.

6) 君萬邦(군만방) : 온 나라를 다스리다. 군(君)은 다스린다는 뜻.

7) 以台(이이) : 나로써. 나로 하여금. 이(台)는 나의 뜻.

8) 德弗類(덕불류) : 덕이 옛 임금에 미치지 못하다. 곧 옛 임금들 같은 덕을 지니지 못했다는 말.

9) 良弼(양필) : 훌륭하게 보필(輔弼)할 사람.

10) 審(심) : 살피다. 곧 꿈에 본 그의 모습을 상상한다는 뜻.

11) 形(형) : 여기서는 그의 모습을 그리게 한다는 뜻.

12) 說築傅巖之野(열축부암지야) : 부열은 부암의 들에서 흙일을 하다. 열(說)은 부열(傅說)을 가리키며, 축(築)은 흙일, 부암(傅巖)은 지명(地名)으로 오늘의 산서성(山西省) 평륙현(平陸縣)에 있다.

13) 王置諸其左右(왕치저기좌우) : 왕은 그 곁에다 그를 두었다. 저(諸)는 지어(之於)의 준말로, '~에다 그를'의 뜻. 좌우(左右)는 곁이라는 뜻.

14) 霖雨(임우) : 장마비. 여기서는 단비라는 뜻으로도 풀이된다.

15) 瞑眩(명현) : 여기서는 약이 강하고 독한 것에 비유한 것.

16) 跣弗視地(선불시지) : 맨발로 땅을 보지 않다. 곧 맨발로 걸으면서 땅을 주의하여 살피지 않는다는 뜻.

17) 以匡乃辟(이광내벽) : 그대들의 임금을 바로잡다. 광은 바로잡는다는 뜻이니 보좌(補佐)한다는 말이요, 벽은 임금.

18) 其惟有終(기유유종) : 좋은 끝을 맺다. 곧 힘써 끝까지 받들어 훌륭한 결과
   를 맺도록 하라는 뜻.

19) 復(복) : 여기서는 대답한다는 뜻.

20) 臣不命其承(신불명기승) : 신하는 명령하지 않아도 받든다. 곧 임금이 훌륭
   하면 신하는 명령이 없어도 받들어 훌륭하게 보좌한다는 뜻.

21) 休命(휴명) : 훌륭한 말씀. 휴(休)는 여기서 훌륭하다의 뜻. 명(命)은 명령,
   곧 말씀.

나. 열명 중(說命中)

1. 안일하지 않으면 백성은 다스려진다

왕은 부열에게 명하여 백관(百官)을 거느리게 하였다. 부열은
이에 임금에게 나아가 아뢰었다.

"오호라, 밝으신 임금께서는 하늘의 도(道)를 받들어 따르고,
나라를 세워 도움을 베풀고, 천자와 제후(諸侯)들의 법도를 세워
대부와 관장(官長)들로 하여금 받들게 하고, 안일함과 즐거움을
좇지 않으시면 그것으로써 백성을 다스릴 수 있습니다.

하늘은 총명하시니 성군께서 이것을 본받으시면 신하들은 삼
가 순종할 것이며, 백성들도 따르게 될 것입니다.

입으로부터 수치스러운 일은 생기는 것이고, 갑옷과 투구로부
터 싸움은 일어나는 것입니다.

의상(衣裳)은 장롱 속에 간직하였다가 덕 있는 이에게 내리고,
방패와 창은 그 사람됨을 살펴서 맡기십시오. 임금께서 이를 경
계하고, 이를 진실로 밝히실 수 있다면 이에 훌륭하지 않음이 없
겠습니다.

나라가 다스려지고 어지러워지는 것은 여러 관원에게 달려 있
습니다. 벼슬을 사사로이 친근한 사람에게 내리지 마시고 오직 능
력에 따라 주십시오. 작위(爵位)는 악덕(惡德)한 사람에게 내리

지 마시고 오직 현인(賢人)에게 내리십시오.

선(善)한가를 생각하여 움직이고 움직임에는 그 때를 맞추십시오.

스스로 선하다고 하는 자는 그 선함을 잃은 자이고, 능력이 있다고 자랑하는 자는 그 공을 잃은 자입니다.

매사(每事)에는 그 준비가 있어야 하나니, 준비가 되어 있으면 근심할 것이 없습니다.

총애(寵愛)하는 마음을 열어 모멸(侮蔑)을 받지 마시고, 잘못을 저지른 뒤에 그것을 부끄럽게 여기면 더 그릇된 일을 저지르게 되니 부끄러이 여기지 마십시오. 오직 지켜야 할 도리에 따라 행하시면 정사는 순수해질 것입니다.

제사를 자주 지내는 것은 도리어 공경하지 않는 일이 됩니다. 예를 번거롭게 하면 어지러워지고, 신을 섬기기가 어려워집니다.”

이에 임금이 말하기를

“훌륭하십니다. 부열이여. 그대의 말대로 행하겠소. 그대가 좋은 말을 해 주지 않았다면 나는 행할 바를 알지 못했을 것이오.”

하니, 부열은 머리를 조아려 큰절을 하고 말하였다.

“그것을 아는 것이 어려운 것이 아니라, 그것을 행하는 것이 어렵습니다. 임금께서 정성껏 행하고 어렵게 여기지 않으시면 진실로 선왕께서 이루신 덕과 화합하게 될 것입니다. 저 부열이 말씀드리지 않았다면 그 허물은 저(부열)에게 있을 것입니다.”

▨ 부열이 재상이 되어 백관을 거느리고 나아가 임금에게 고한 이야기이다.

안일과 놀이를 추구하지 말며, 시비를 잘 가리고, 어질고 능력 있는 사람에게 벼슬을 주고, 만사에 준비를 잘 하고, 자신이 저지른 잘못에 너무 집착하지 말라는 등의 여러 이야기를 하며 여기에 힘쓰며 차츰 덕을 쌓는다면 자연히 백성들이 따르고 나라는 잘 다스려질 것이라고 하였다.

이에 좋은 말을 했다고 임금이 칭찬하니 아는 것은 쉬워도 실행하는 것은 어려우니 힘써 노력하여 선왕의 덕과 화합하도록 당부하였다.

惟說이 命으로 總[1]百官하니라

乃進于王曰嗚呼라 明王이 奉若天道하사 建邦設都하사 樹后王君
公하시고 承以大夫師長하산든 不惟逸豫라 惟以亂民이니이다

惟天이 聰明하시니 惟聖이 時憲[2]하시면 惟臣이 欽若하며 惟民이 從乂
하리이다

惟口는 起羞[3]하며 惟甲冑는 起戎[4]하나니이다 惟衣裳을 在笥[5]하시며 惟
干戈를 省厥躬[6]하사 王惟戒玆하사 允玆克明하시면 乃罔不休하리이다

惟治亂이 在庶官하니 官不及私昵[7]하사 惟其能하시며 爵罔及惡德하
사 惟其賢하소서

慮善以動하시대 動惟厥時[8]하소서

有其善[9]하면 喪厥善하고 矜其能하면 喪厥功하리이다

惟事事乃其有備니 有備하사 無患하리니다

無啓寵하사 納侮[10]하시며 無恥過하사 作非[11]하소서

惟厥攸居[12]라사 政事惟醇하리이다

黷[13]于祭祀時[14]謂弗欽이니 禮煩則亂이라 事神則難하니이다

王曰旨哉라 說[15]아 乃言이 惟服[16]이로다 乃不良于言[17]하든들 予罔聞
于行이랏다

說이 拜稽首曰非知之艱이라 行之惟艱하니 王忱不艱[18]하시면 允協
于先王成德하시리니 惟說이 不言하면 有厥咎[19]하리이다

1) 總(총) : 거느리다.

2) 憲(헌) : 여기서는 본뜨다의 뜻.

3) 口起羞(구기수) : 입이 수치를 일으킨다. 곧 수치스러운 일은 입을 함부로 놀
   리는 데서 비롯된다는 뜻.

4) 甲冑起戎(갑주기용) : 갑옷과 투구는 싸움을 일으킨다. 주(冑)는 투구로 지
   금의 철모와 같다. 융은 싸움, 곧 전쟁을 뜻한다.

5) 衣裳在笥(의상재사) : 의상은 장롱 속에 간직하다. 곧 의상은 상으로 내리되
   함부로 주지 말고 공이 있는 사람에게만 내리라는 말.

6) 干戈省厥躬(간과성궐궁) : 무기는 그 사람됨을 살펴서 맡기다. 무기, 즉 병
   마(兵馬)의 권한을 맡길 때에는 그 사람의 덕망이 어떠한지 잘 알아보고 맡
   겨서 함부로 전쟁을 일으킬 위험성을 사전에 방비하라는 뜻. 간은 방패이고

과는 창으로 간과는 무기의 총칭(總稱).

7) 官不及私昵(관불급사닐) : 벼슬은 사사로이 친근한 사람에게 주지 말라는 뜻. 급(及)은 급(給)과 같이 준다는 뜻이고 사닐은 사사로이 친한 사람이니, 임금의 친지들을 가리킨다.

8) 厥時(궐시) : 그 때. 곧 적당한 시기를 가리라는 뜻.

9) 有其善(유기선) : 스스로 선(善)하다고 하는 자.

10) 無啓寵納侮(무계총납모) : 총애하는 마음을 열어 모멸을 받지 말라. 누구를 특별히 총애하면 그로 인해 모든 사람의 시기를 받게 된다는 뜻.

11) 作非(작비) : 더욱 그릇된 일을 저지르게 된다는 말.

12) 居(거) : 여기서는 지켜야 할 도리에 따라 행한다는 뜻.

13) 黷(독) : 여기서는 자주 한다는 뜻.

14) 時(시) : 이것은. 여기서는 시(是)와 같은 뜻으로 쓰였다.

15) 旨哉說(지재열) : 훌륭하도다. 부열이여.

16) 乃言惟服(내언유복) : 그대의 말대로 오직 행하겠다. 복(服)은 여기서 행(行)한다는 뜻.

17) 乃不良于言(내불량우언) : 그대가 좋은 말을 해 주지 않았더라면.

18) 王忱不艱(왕침불간) : 왕이 정성껏 행하여 어렵게 여기지 않다. 침은 여기서 정성껏 행한다는 뜻.

19) 厥咎(궐구) : 그 허물. 임금이 덕을 열심히 실천하는데도 신하된 부열 자신이 덕행에 대하여 말하지 않는다면 그것은 자기의 잘못이 된다는 것이다.

다. 열명 하(說命下)

1. 배운 바가 적으니 잘 가르쳐 달라고 부탁하다

임금이 말하였다.

"오시오, 그대 부열이여. 이 어린 사람은 예전에 감반〔甘盤〕에게 배웠으나 곧 황량한 들에 물러나 살아야 했고, 황하 안쪽으로 들어가 살다가 황하에서 박(亳) 땅으로 가야 했으니 마침내 뚜렷

하게 배운 것이 없소

그대는 내가 뜻을 세우도록 가르쳐 주어, 술이나 단술을 빚을 때 그대는 누룩이 되어 주고 국물을 만들 때 그대는 소금이나 식초가 되어 주오 그대는 여러 가지로 나에게 배움을 닦게 하여 나를 버리지 말아 주오 나는 그대의 가르침을 실행할 수 있을 것이오"

부열이 말하였다.

"임금이시여. 사람이 많이 듣기를 원하면 일을 이룰 수 있고 옛 교훈을 배우면 얻는 바가 있습니다. 옛날 교훈을 스승으로 본받지 않고 능히 세대를 영원하게 이었다는 말을 이 부열은 들은 적이 없습니다. 오직 배움에 있어서는 뜻을 겸손하게 하여야 하고, 언제나 힘써 기민하게 배우시면 그 닦은 데 대한 결실을 맺을 것입니다.

진실로 이와 같은 뜻을 품으시면 그 몸에 도가 쌓일 것입니다. 가르치는 것은 배우는 것의 반이니 처음부터 끝까지 언제나 배움에 힘쓰면 그 덕이 깨닫지 못하는 사이에 닦아질 것입니다. 옛 임금들께서 이루어 놓으신 모범을 살피시면 길이 잘못되는 일이 없을 것입니다. 이 부열은 공경하고 받들어 널리 뛰어난 인재를 불러모아 여러 벼슬자리에 나가게 하겠습니다."

왕이 말하였다.

"오호라, 부열이여. 온 세상 사람들이 모두 나의 덕을 우러러보게 된 것은 그대의 영향이오

다리와 팔이 있어야 사람 구실을 하듯, 어진 신하가 있어야 성군이 되는 것이오

옛날 선대(先代)의 재상인 보형(保衡)은 우리 선왕을 일어나게 한 분인데, 그는 말하기를 '내가 우리 임금님을 요순(堯舜)과 같게 하지 못할 때에는 그 마음의 부끄러움이 장터에서 종아리 맞는 것과 같을 것이다.' 라고 하였소 그리고 한 사람이라도 올바른 행동을 하지 못하는 사람이 있으면 '이것은 나의 과실이다.' 라고 말하였소 그는 공훈을 세우신 우리 조상을 도와서 하늘에까지 알려지게 하였소

바라건대 그대는 나를 밝게 보호하여 아형(阿衡)만이 우리 상(商)나라에서 유일(唯一)하게 아름다운 이름을 얻은 사람으로 만들지 마시오.

임금은 현인(賢人)이 아니면 다스리지 못하고, 현인은 임금이 아니면 녹(祿)을 먹지 못하오. 그대는 그대의 임금으로 하여금 선왕의 뒤를 잇게 하여 백성을 길이 편안하게 하시오."

부열은 머리를 조아려 큰절을 하고 아뢰었다.

"감히 천자의 훌륭하신 명에 보답하고, 반드시 이것을 선양(宣揚)하겠습니다."

▨ 임금이 부열에게, 자신은 감반이라는 사람에게 학문을 배웠으나 별로 배운 것이 없으니 여러 모로 잘 가르쳐 주고 보좌해 줄 것을 당부하였다.

이에 부열이 옛 성현의 가르침을 배우면 반드시 얻는 바가 있으며 선왕들을 본받으면 허물이 없다고 말하고 견문을 넓혀 훌륭한 업적을 이룩할 것을 간언하였다. 한편 자신은 널리 인재를 구해 임금을 잘 보좌하도록 하겠다고 대답하였다.

임금은 부열의 대답을 듣고 이윤(伊尹) 같은 명재상이 되어 나라와 백성이 잘 살도록 자기를 도우라고 하였으며 부열은 임금의 뜻을 받들어 노력하겠다고 하였다.

王曰來汝說아 台小子舊學于甘盤[1]하더니 旣乃遯[2]于荒野하며 入宅于河하며 自河徂亳하여 暨厥終하여 罔顯[3]하라

爾惟訓于朕志하여 若作酒醴어든 爾惟麴糵[4]이며 若作和羹[5]이어든 爾惟鹽梅[6]라 爾交[7]修予하여 罔予棄하라 予惟克邁[8]乃訓하리라

說曰王아 人을 求多聞은 時惟建事니 學于古訓하여서 乃有獲하리니 事不師古[9]하고 以克永世[10]는 匪說의 攸聞이로소이다

惟學은 遜志니 務時敏[11]하면 厥修乃來하리니 允懷于玆하면 道積于厥躬하리이다

惟斆은 學半[12]이니 念終始를 典[13]于學하면 厥德修를 罔覺하리이다

監于先王成憲하사 其永無愆하소서

惟說이 式克欽承하여 旁招俊乂[14]하여 列于庶位하리이다

王曰嗚呼라 說아 四海之內咸仰朕德은 時乃風[15]이니라

股肱이라사 惟人[16]이며 良臣이라사 惟聖이니라

昔先正[17]保衡[18]이 作我先王하여 乃曰予弗克俾厥后惟堯舜이면 其
心愧恥若撻于市하며 一夫나 不獲[19]이어든 則曰時予之辜라하여 佑我烈
祖[20]하여 格于皇天[21]하니 爾尙明保予하여 罔俾阿衡으로 專美有商[22]하라

惟后이 非賢이면 不乂[23]하고 惟賢이 非后면 不食[24]하나니 其爾克紹
乃辟[25]于先王하여 永綏民하라 說이 拜稽首曰敢對揚[26]天子之休命
하리이다

1) 甘盤(감반) : 왕이 왕자로 있을 때 사사(師事)하던 사람의 이름. 왕이 왕위
   에 오른 뒤에는 한때 왕을 보좌했던 것 같다.

2) 遯(둔) : 물러나다. 무정(武丁)이 왕자로 있을 때 부왕(父王)인 소공(小工)
   의 명을 받아 백성과 섞여서 산 일.

3) 罔顯(망현) : 뚜렷하게 무엇을 배웠다고 나타내지 못함을 뜻함.

4) 麴糱(국얼) : 누룩. 누룩은 술을 빚을 때 꼭 필요로 하는 것으로, 부열이 자신
   에게 꼭 필요한 존재가 되어 달라는 뜻.

5) 和羹(화갱) : 여러 가지 양념을 넣고 간을 맞춘 국의 이름. 이 말도 앞의 국얼
   (麴糱)과 같이 비유로 쓴 말인데, 뒤에 그것이 굳어져 천자를 보좌하는 재상
   의 직무라는 뜻으로 전의(轉意)되었다고 한다.

6) 梅(매) : 식초. 옛날에는 식초를 매실(梅實)로 만들었다고 한다.

7) 交(교) : 여기서는 여러 가지라는 뜻이다.

8) 邁(매) : 실행(實行)하다.

9) 不師古(불사고) : 옛날의 교훈을 스승으로 삼지 않다. 고(古)는 여기서 고훈
   (古訓)을 가리킨다.

10) 以克永世(이극영세) : 그것으로써 능히 세대를 영원하도록 잇는다.

11) 務時敏(무시민) : 힘써서 언제나 기민하게 배우다. 시(時)는 언제나라는 뜻.
    곧 항시(恒時). 민(敏)은 기민하다.

12) 惟斆學半(유효학반) : 가르치는 것은 배우는 것의 반이다. 효(斆)는 가르
    치는 것.

13) 典(전) : 여기서는 상(常)과 같은 뜻으로, 언제나 힘쓴다는 말.

14) 俊乂(준예) : 뛰어난 인재. 준(俊)은 천 명 가운데에서 가장 뛰어난 사람, 예

(乂)는 백 명 가운데에서 가장 뛰어난 사람.

15) 時乃風(시내풍) : 이것은 그대의 영향이다. 시(時)는 시(是)와 같고, 풍(風)은 바람이 부는 대로 풀이 기울어지는 것을 뜻하는 말인데, 그것은 바람의 영향으로 그렇게 되는 것이라고 풀이함.

16) 股肱惟人(고굉유인) : 다리와 팔이 있어야 사람이다. 곧 사람은 팔다리가 있어야 사람 구실을 할 수 있다는 뜻. 이 말에서 나라의 요직에 있는 신하를 고굉지신(股肱之臣)이라 이르게 된 것이다.

17) 先正(선정) : 선대의 재상(宰相). 정(正)은 재상이라는 뜻.

18) 保衡(보형) : 뒤에 나오는 아형(阿衡)과 같은 뜻으로, 상(商)나라의 시조인 탕(湯)임금을 보좌하여 탕임금이 성군(聖君)이 되게 한 이윤(伊尹)을 가리킨다.

19) 一夫不獲(일부불획) : 한 사람이라도 올바른 행동을 하게 하지 못하다. 한 사람이라도 올바르지 않은 사람이 있으면. 일부(一夫)는 백성 가운데의 한 남자를 말하고, 불획(不獲)은 감화를 주어 올바른 곳으로 마음대로 움직이게 하지 못한다면의 뜻.

20) 烈祖(열조) : 공훈(功勳)을 세운 조상. 곧 상나라를 세운 탕왕을 말한다.

21) 格于皇天(격우황천) : 하늘에까지 알려지게 하다. 격(格)은 이르다, 미치다, 알려지다의 뜻. 황천(皇天)은 하늘.

22) 罔俾阿衡專美有商(망비아형전미유상) : 아형만 상나라에서 오로지 아름다운 사람으로 만들지 말라. 곧 그대 부열도 아형 만큼 훌륭한 재상이 되어 아형 만한 인물이 되라는 말. 아형은 보형(保衡)과 같은 말이요, 전미는 오로지 아름답다. 곧 그만이 유일하게 훌륭한 인물이라는 뜻.

23) 惟后非賢不乂(유후비현불예) : 오직 임금은 어진 사람을 임용해야만 나라를 잘 다스릴 수 있다는 말. 예(乂)는 나라를 다스린다는 뜻.

24) 不食(불식) : 먹지 못한다. 식(食)은 나라의 녹봉(祿俸)이므로 봉급을 받지 못한다는 말.

25) 乃辟(내벽) : 그대의 임금. 곧 임금이 스스로 자신을 가리키는 말.

26) 對揚(대양) : 보답하여 선양하다. 대(對)는 보답(報答)한다는 뜻. 양(揚)은 선양(宣揚)하다.

제9장 고종융일(高宗肜日)

고종(高宗)은 무정왕(武丁王)의 시호(諡號)이다. 이 글은 무정왕의 뒤를 이어 왕위에 오른 조경(祖庚)이 즉위하여 부왕에게 융제(肜祭)를 지내던 날에, 조기(祖己)라는 신하가 조경에게 간(諫)한 말의 기록이다.

1. 하늘이 명을 내릴 때는 덕을 살펴 내린다

고종의 융제(肜祭)를 지내던 날에 꿩이 날아와 울었다.

이에 대하여 조기(祖己)가 말하기를

"옛날 도(道)에 통달한 임금들은 이변(異變)이 있으면 그것을 바로잡았다."

하고는, 이어 임금에게 간(諫)하였다.

"하늘이 아래로 백성을 살필 때에는 의(義)로써 다스리시고, 수명(壽命)을 내림에는 길고 길지 않음이 있습니다. 하늘이 백성을 요절(夭折)하게 하는 것이 아니라 백성의 마음이 목숨을 끊는 것입니다. 백성이 덕을 따르지 않고 지은 죄를 인정하지 않으면 하늘은 진실로 명을 내려 그 덕을 바로잡게 합니다. 그런데 '나를 어찌할 것이냐.' 하고 있습니다.

오호라, 뒤를 이은 임금은 백성을 공경하여야 합니다. 선왕들은 하늘의 아들이 아닌 분이 없으시니, 늘 지내는 제사를 가까운 분에게만 풍성하게 차리지 마십시오"

▨ 고종의 제사를 지낼 때 꿩이 날아와 우는 이변이 일어나자 조기(祖己)라는 신하가 임금에게 간언(諫言)한 것이다.

하늘은 의(義)로써 다스리고 덕을 살펴 명을 내려 바로잡게 하니 백성을 공경하여야 한다고 하고, 선왕들은 모두 하늘의 아들이 아닌 사람이 없으니 망부(亡父)의 제사만 풍성하게 차리는 것은 잘못된 일이라고 하였다.

高宗肜日¹⁾에 越有雊雉²⁾어늘
祖己曰惟先格王코자 正厥事³⁾하리라
乃訓⁴⁾于王曰惟天이 監下民하사대 典厥義⁵⁾니 降年⁶⁾이 有永有不永은 非天이 天民⁷⁾이라 民中⁸⁾絶命이니이다
民有不若德하며 不聽罪⁹⁾할새 天旣孚¹⁰⁾命으로 正厥德이어시늘 乃曰其如台¹¹⁾아
嗚呼王司¹²⁾敬民이시니 罔非天胤¹³⁾이시니 典祀¹⁴⁾를 無豊于昵¹⁵⁾하소서

1) 高宗肜日(고종융일) : 고종은 무정왕(武丁王)의 시호(諡號). 융일은 융제(肜祭)를 지내는 날로, 제사 지낸 다음 날에 또 지내는 제사.
2) 有雊雉(유구치) : 우는 꿩이 있다. 구는 꿩의 울음소리.
3) 厥事(궐사) : 그 일. 여기에 대해서는 제사를 지내는 데 있어 예에 벗어난 일이라고 보기도 하고 제사 지내는 데 꿩이 울었다는 이변(異變)이 발생한 것은 통치자의 부덕(不德) 때문이라고 하여 임금의 행위를 보다 도(道)에 맞게 해야 한다는 해석을 취하기도 한다.
4) 訓(훈) : 훈계한다는 뜻. 임금에게 간(諫)하는 것을 이르는 말이다.
5) 典厥義(전궐의) : 의로 다스린다. 전은 다스리다, 관리하다의 뜻.
6) 降年(강년) : 수명(壽命)을 내리다. 연(年)은 수명 곧 목숨.
7) 非天夭民(비천요민) : 하늘이 백성을 요절(夭折)하게 하지 않는다. 요는 요절 곧 목숨이 짧다의 뜻. 단명(短命).
8) 民中(민중) : 백성의 마음. 중(中)은 여기서 마음이라는 뜻.
9) 不聽罪(불청죄) : 지은 죄를 인정하지 않는다. 청(聽)은 여기서 인정한다는 뜻.
10) 孚(부) : 여기서는 진실로라는 뜻.
11) 如台(여이) : 나를 어찌할 것인가.
12) 王司(왕사) : 왕위를 계승하다. 사(司)는 여기서 사(嗣)와 같다.
13) 天胤(천윤) : 하늘의 아들. 천자(天子).
14) 典祀(전사) : 늘 지내는 제사.
15) 昵(일) : 종묘(宗廟). 여기서는 가까운 조상의 묘(廟)라는 뜻으로 부왕(父王)인 무정왕의 제사를 가리킨다.

제10장 서백감려(西伯戡黎)

서백(西伯)은 주(周)나라 문왕(文王)을 이르는 말이며, 감려 (戡黎)는 여(黎)라는 제후국을 이겼다는 말이다.

문왕은 상(商 : 殷)나라의 폭군인 주왕(紂王)과 동시대 사람 으로 인정(仁政)을 베풀어 나라가 강성해졌는데, 무도(無道)한 제후국인 여(黎) 등을 정벌했다.

이 글은 이때 상나라의 현신인 조이(祖伊)가 상나라를 걱정하 여 주왕(紂王)에게 훈계한 말이다.

1. 상나라에 맡겼던 명을 거둠

서백(西伯)이 이미 여(黎)를 쳐 이기자 조이(祖伊)는 두려워 달려와 임금에게 고하였다.

"천자(天子)시여, 하늘은 이미 우리 은(殷)나라의 명(命)을 끊으셨으니 격인(格人)도 원귀(元龜)도 감히 길(吉)하다고 알 리지 않습니다. 선왕들께서 우리 뒷사람을 돕지 않으시는 것이 아 니라 오로지 임금께서 음탕한 놀이로 스스로 끊으시는 것입니다.

하늘이 우리를 버리셨으므로 편안히 먹고 살지 못하게 되었으 며, 천성(天性)을 즐길 수 없게 되었고, 법도를 따르지 못하게 되 었습니다.

지금 우리 백성들은 모두 망하기를 바라지 않는 이가 없으며, 모두 '하늘은 어찌하여 벌을 내리지 않으십니까. 대명(大命)을 내리지 않으시니 지금의 임금을 어찌하여야 하겠습니까.' 라고 말 하고 있습니다."

임금이 말하기를

"오호라, 나는 태어나면서부터 명(命)이 하늘에 매여 있지 아니한가."

하니, 조이가 대답하였다.

"오호라, 당신께서 지은 죄가 많아 하늘에 벌려 있거늘 어찌 당신께서 그 명을 하늘에 책할 수 있겠습니까. 은나라가 곧 멸망하게 된 것은 바로 당신께서 이룬 일이니 당신의 나라는 멸망하지 않을 수 없습니다."

▨ 주나라의 문왕으로 받들어진 서백(西伯)이 여(黎)나라를 쳐 이겼다는 말을 듣고, 무도(無道)하기로 이름난 은나라의 주왕에게 신하인 조이가 간언하였다.

주왕이 음란하며 놀기 좋아하고 잔학한 짓만 하며 하늘은 이제 천명을 거두고 은나라에 재난을 내리며 민심은 돌아서서 백성은 은나라가 망하기만 기다리니 어떻게 할 것인가 하고, 새로운 자세로 정사에 임해 줄 것을 간청하였다.

그러나 주왕은 오만하게 천명이 태어나면서부터 자신에게 내려져 있으니 걱정할 것 없다고 대답하였다. 자신의 잘못을 뉘우칠 줄 모르는 주왕의 대답을 듣고 조이는 은나라의 멸망을 한탄하며 주왕의 잘못으로 은나라는 멸망할 수밖에 없음을 슬퍼하였다.

西伯[1]이 旣戡黎[2]어늘 祖伊[3]恐하여 奔告于王[4]하니라

曰天子아 天旣訖我殷命이라 格人元龜[5]罔敢知吉[6]이로소니 非先王이 不相我後人이라 惟王이 淫戲하여 用自絶이니이다

故天이 棄我하사 不有康食[7]하며 不虞天性[8]하며 不迪率典하나다

今我民이 罔弗欲喪曰天은 曷不降威[9]며 大命은 不摯오 今王은 其如台라하나이다

王曰嗚呼라 我生[10]은 不有命이 在天가

祖伊反曰嗚呼라 乃罪多參在上[11]이어늘 乃能責命于天[12]가

殷之卽喪이로소니 指乃功[13]한대 不無戮于爾邦[14]이로다

1) 西伯(서백) : 제후국인 주(周)나라의 제후. 뒤에 기세가 강성(强盛)해지므로 상(商)나라의 왕이 그를 무마하기 위해 주후서백(周侯西伯)으로 임명한 이름. 나중에 그의 아들인 주나라 무왕(武王)이 상나라의 폭군인 주왕(紂王)

을 멸망시키고 천자(天子)가 된 뒤에 문왕(文王)으로 추존(追尊)하였다.

2) 黎(여) : 상나라 때 여러 제후국의 하나. 지금의 산서성(山西省) 장치현(長治縣)에 위치한다.

3) 祖伊(조이) : 상나라 주왕의 신하.

4) 王(왕) : 상나라의 마지막 임금인 주왕(紂王)을 가리킨다.

5) 元龜(원귀) : 큰 거북. 당시에는 거북으로 점을 쳤는데, 거북이 클수록 그 점괘가 영험했다고 한다.

6) 罔敢知吉(망감지길) : 감히 길(吉)하다고 알리지 않는다. 곧 점괘에 길하다는 점괘가 나오지 않는다는 말.

7) 不有康食(불유강식) : 편안히 먹고 살지 못한다. 곧 흉년이 들어서 제대로 먹지 못한다는 뜻.

8) 不虞天性(불우천성) : 천성을 즐길 수 없다. 곧 역병(疫病)이 유행하여 즐길 수가 없다는 뜻. 우(虞)는 즐긴다는 뜻.

9) 降威(강위) : 벌을 내리다. 위(威)는 여기서 벌(罰)의 뜻.

10) 生(생) : 세상에 태어나면서부터라는 뜻.

11) 參在上(참재상) : 하늘에 벌려 있다. 참(參)은 벌려 있다, 배열되어 있다의 뜻. 상(上)은 하늘.

12) 責命于天(책명우천) : 명을 하늘에 책하다. 곧 하늘에게 좋은 운을 내려 주지 않는다고 책망한다는 뜻.

13) 指乃功(지내공) : 그것은 그대가 저지른 짓. 지(指)는 여기서 시(是)와 같고 공(功)은 이루어 놓은 결과.

14) 不無戮于爾邦(불무륙우이방) : 당신의 나라는 멸망하지 않을 수 없다. 육(戮)은 죽인다는 말이니 곧 멸망한다는 뜻.

제11장 미자(微子)

미자(微子)는 은(殷)나라 마지막 왕인 주왕(紂王)의 이복형(異腹兄)이라고 한다. 이 글은 주왕이 포악무도(暴惡無道)하여 나라가 위기에 놓이게 되었으므로, 같은 왕족으로서 나라의 앞날을 근심하는 기자(箕子), 비간(比干)과 함께 나라를 구하는 일과 자기가 해야 할 바를 의논한 것이라 한다.

1. 은나라는 곧 망할 테니 어찌 해야 할 것인가

미자가 말하였다.

"부사님과 소사님, 은나라는 아마도 천하를 바른길로 이끌어 갈 수 없을 것 같습니다. 우리 조상님들께서는 돌아가시어 하늘에 계시는데 우리는 술에 크게 취하여 이 세상에서 조상님들이 이루어 놓은 덕을 어지럽히고 망쳤습니다.

은나라는 대인이나 소인을 가리지 않고 노략질하여 난을 일으키기를 좋아하지 않는 자가 없습니다. 모든 벼슬아치는 법도에 어긋나는 일만 서로 배우고 있습니다. 무릇 허물과 죄가 있는 사람도 죄인으로 다스리지 않고 있습니다. 작은 백성들은 한결같이 일어나 서로 적이니 원수니 하고 있습니다.

이제 은나라는 멸망하게 되었으니 이것은 큰 물을 건너려는데 나루터나 언덕이 없는 것과 같습니다. 은나라는 마침내 망할 것인데 바로 그 때가 지금인 것 같습니다."

라고 하고, 이어서 말하였다.

"부사님과 소사님, 저는 미칠 것 같습니다. 집안에서 늙도록 있을까요, 거친 곳에 숨어 살까요. 이제 두 분께서 저에게 지시해 주시지 않으시면 은나라가 망하는 것을 어찌하겠습니까."

이에 부사가 말하였다.

"왕자여, 하늘은 호되게 재앙을 내려 은나라를 황폐하게 하시거늘 한결같이 일어나 술에 취해 있습니다. 그리하여 두려워해야 할 것을 두려워하지 않고, 나이 많은 사람과 오랫동안 벼슬한 사람들을 거스르고 있습니다.

이제 은나라 백성들이 천지신명(天地神明)께 올리는 여러 가지 희생(犧牲)들을 닥치는 대로 통째로 가져가도 그냥 내버려 두고 있으며, 훔쳐다 먹어도 아무런 형벌이 없습니다.

하늘이 은나라 백성을 굽어살펴 보아도 임금이 백성을 원수같이 여기고 관리가 백성에게 가렴주구(苛斂誅求)로 다스리니, 백성은 임금을 원수같이 여기고 관리를 적으로 여겨 임금과 관리의 죄가 합하여 일체가 되어 양민은 많은 고통을 겪고 있으나 호소할 곳이 없습니다.

상(商:殷)나라는 이제 재난이 닥치게 되었으며 우리는 모두 그 화를 입게 되었습니다. 상나라가 망하여도 나는 신하가 되어 섬기지 않겠습니다. 왕자에게 이미 달아나라고 권고하였으며, 나는 오래 전에 당신이 해를 입게 되리라고 말하였습니다. 왕자가 떠나지 않으면 우리는 영영 멸망하고 맙니다.

각자 살 도리를 도모해야 하며 사람마다 제각기 선왕들에게 공헌하는 바가 있어야 하지만 나는 도망갈 일을 생각지 않고 있습니다."

▨ 은나라의 멸망을 근심하는 미자가, 기자와 비간을 모시고 은나라의 부패와 황폐함을 이야기하며 멸망은 바로 앞에 다가와 오는데 자신은 어떻게 해야할지 모르겠다고 하였다.

이에 기자가 은나라는 하늘의 재난을 받고 임금과 신하는 쾌락에 물들고 도덕은 무너지고 조상을 숭배하지 않으며 백성을 괴롭히고 백성들은 고통을 참지 못하고 죄를 저지르니 은나라는 곧 망할 것이다. 그러니 왕자는 멀리 떠나 후손이라도 잇는 것이 은나라의 영원한 멸망을 막는 길이라 하였다.

微子[1]若曰父師[2]少師[3]아 殷其弗或亂正四方[4]이로소니 我祖底遂陳[5]于上이어시늘 我用沈酗于酒[6]하여 用亂敗厥德于下하나다

殷이 罔不小大히 好草[7]竊姦宄어늘 卿士[8]師師非度하여 凡有辜罪[9]乃罔恒獲한대 小民이 方[10]興하여 相爲敵讐하나니 今殷其淪喪[11]이 若涉大水에 其無津涯하니 殷遂喪이 越至于今이어니라

曰父師少師아 我其發出狂할새 吾家耄[12]遜于荒[13]이어늘 今爾無指告予顚隮[14]하나니 若之何其오

父師若曰王子¹⁵⁾하 天毒¹⁶⁾降災하사 荒殷邦이어시늘 方興하여 沈酗于酒하나다

乃罔畏畏¹⁷⁾하여 咈其耇長舊有位人하나다

今殷民이 乃攘竊¹⁸⁾神祇之犠牷¹⁹⁾牲이어늘 用以容²⁰⁾하여 將食無災하나다

降監殷民하니 用乂讐斂²¹⁾이로소니 召敵讐不怠²²⁾하여 罪合于一하니 多瘠이라도 罔詔²³⁾로다

商이 今其有災하리니 我는 興受其敗²⁴⁾하리라 商其淪喪이라도 我罔爲臣僕²⁵⁾하리라 詔²⁶⁾王子出迪하노니 我舊云이 刻子랏다 王子弗出하면 我乃顚隮하리라

自靖하여 人自獻于先王이니 我는 不顧行遯하리라

1) 微子(미자) : 이름은 계(啓). 주왕(紂王)의 이복형이라고 한다.

2) 父師(부사) : 태사(太師)라고도 하며 삼공(三公)의 하나인데, 당시의 부사는 주왕의 숙부인 기자(箕子)였다고 한다.

3) 少師(소사) : 태사(太師)를 보좌하는 사람인데, 당시의 소사는 역시 주왕의 숙부가 되는 비간(比干)이었다고 한다.

4) 亂正四方(난정사방) : 천하를 바른 길로 다스린다. 난(亂)은 여기서 다스리다, 곧 이끈다로 풀이된다. 사방(四方)은 곧 천하(天下).

5) 遂陳(수진) : 돌아간 이. 작고(作故)한 사람.

6) 我用沈酗于酒(아용침후우주) : 우리들은 술에 크게 취하여 있다. 세상이 어지럽다는 말. 아(我)는 여기서 주왕과 모든 신하를 가리키는 말이다. 침후는 잔뜩 빠지다. 술에 크게 취하여 있다는 말.

7) 草(초) : 여기서는 노략질이라는 뜻.

8) 卿士(경사) : 상하(上下)의 모든 벼슬아치를 통틀어 이르는 말.

9) 辜罪(고죄) : 허물과 죄. 서로 어울려서 죄를 짓는다는 뜻.

10) 方(방) : 한결같이, 함께.

11) 淪喪(윤상) : 멸망한다는 뜻.

12) 吾家耄(오가모) : 내 집에서 늙는다. 곧 하는 일 없이 늙는다는 뜻.

13) 遜于荒(손우황) : 황야에 숨어 산다. 곧 세상 돌아가는 꼴을 보지 않는다는 뜻.

14) 顚隮(전제) : 은나라의 멸망을 가리킨다.

15) 王子(왕자) : 미자(微子)를 가리키는 말. 미자는 주왕(紂王)의 형이니 전
왕의 아들이다.

16) 毒(독) : 호되다. 지독하다.

17) 罔畏畏(망외외) : 두려워할 것을 두려워하지 않는다. 외(畏)는 두렵다의 뜻
인데, 앞의 것은 동사로, 뒤의 것은 명사로 쓰였다.

18) 攘竊(양절) : 닥치는 대로 훔쳐가다.

19) 牷(전) : 여기서는 통째로의 짐승을 가리킨다.

20) 用以容(용이용) : 그냥 내버려 두다. 용(用)은 여기서 그대로의 뜻. 용(容)
은 용납하다. 곧 내버려 두다의 뜻.

21) 讐斂(수렴) : 많은 세금으로 백성을 수탈(收奪)한다는 뜻. 가렴주구(苛斂
誅求). 수(讐)는 여기서 많다의 뜻.

22) 召敵讐不怠(소적수불태) : 적대적인 감정을 초래하여 마지않는다. 소는 부
르다. 초래(招來)한다의 뜻. 적수는 적대적인 감정. 불태는 불이(不已)와 같
은 말로 마지않는다는 뜻.

23) 多瘠罔詔(다척망조) : 많은 고초를 겪으나 호소할 데가 없다. 척(瘠)은 고
초를 말하고, 조(詔)는 호소한다는 뜻. 고초를 겪는 사람은 양민(良民)이다.

24) 我興受其敗(아흥수기패) : 우리는 모두 그 화(禍)를 입는다. 흥(興)은 여
기서 모두라는 뜻. 수(受)는 받는다, 곧 당한다는 뜻. 패(敗)는 화(禍).

25) 臣僕(신복) : 정복당한 나라의 신하가 정복한 나라에 대하여 신하로서 섬기
는 것을 이르는 말.

26) 詔(조) : 여기서는 권고한다는 뜻.

제4권 주나라의 글〔周書〕I

"적시면서 아래로 내려가는 것은
짠것을 만들고
타면서 위로 오르는 것은
쓴것을 만들고
굽게도 곧게도 할 수 있는 것은
신것을 만들고
뜻대로 모양을 바꿀 수 있는 것은
매운것을 만들고
심어서 가꿀 수 있는 것은
단것을 만듭니다."

제4권 주나라의 글〔周書〕 I

주서(周書)는 주왕조(周王朝)의 사관(史官)이 기록하여 모아 놓은 사서(史書)다. 주나라의 조상은 순임금 때에 태(邰)라는 땅의 제후로 봉(封)해졌다. 그후 고공단보(古公亶父) 때에 융적(戎狄)의 침략을 피해 기산(岐山) 땅으로 옮겼는데, 그때부터 주(周)라는 이름으로 불리게 되었다. 이 때는 이미 상(商)나라의 말기에 해당한다.

고공단보의 손자인 창(昌 : 西伯, 文王) 때에 이르러 천하의 3분의 2는 이미 주의 지배하에 들어가 창업(創業)의 기반은 확고하게 다져졌고, 창의 아들인 무왕(武王) 때에 상나라를 멸망시키고 천하를 차지하여 지금의 서안(西安)인 호(鎬)에 도읍을 정한 것이 BC 1122년이다. 이때 정식으로 국호를 주(周)라고 하였다.

주왕조가 천하를 다스린 것은 BC 1122년에서 BC 255년까지(혹은 BC 249년이라고도 함)이지만, 도읍을 동쪽인 낙양(洛陽)으로 옮긴 뒤로는 모든 권력이 제후들의 손으로 넘어가는 춘추전국(春秋戰國) 시대가 형성된다. 역사상으로는 도읍을 동쪽 낙양(洛陽)으로 옮긴 동천(東遷) 이전의 호경(鎬京)에 도읍했던 시대를 서주(西周)라 하고, 그 이후를 동주(東周)라 한다.

주서에는 30여 종목이 기록되어 있으나 그 대부분은 주나라 초기의 기록인데, 그중에서도 성왕(成王) 시대의 기록이 반 이상을 차지한다.

제1장 태서(泰誓)

이 장은 주(周)의 무왕(武王)이 상왕조(商王朝)의 주왕(紂王)을 토벌하기 위해 군사를 이끌고 맹진(孟津)이라는 나루터에 이르렀을 때, 군사들과 여러 제후들을 모아 놓고 이번 싸움의 취지를 밝히고 군사들을 격려한 훈시이다. 이 글은 내용으로 보아 상·중·하로 나누어진다.

태(泰)는 크다는 뜻이고, 서(誓)는 싸움터에 나가 싸움을 하기 전에 군(軍)의 총지휘자가 장병들에게 하는 훈시를 말한다.

가. 태서 상(泰誓上)

1. 하늘의 명은 문왕때 주(周)나라로 옮겨졌다

13년 봄에 맹진(孟津)에서 크게 모였다. 이때 무왕(武王)이 말하였다.

"아아, 우리 우방(友邦)의 대군(大君)들과 나의 일을 맡아보는 여러 관원들이여, 나의 맹세를 분명하게 들으시오

하늘과 땅은 만물의 부모요, 사람은 만물의 영장(靈長)이다. 진실로 총명하면 천자(天子)가 될 수 있고, 천자는 백성의 부모가 된다.

지금 상(商)나라 임금인 수(受)는 위로 하늘을 공경하지 아니하여 아래 백성에게 재앙을 내리게 하고 있다. 술에 빠지고 여색(女色)에 혹하여 감히 포악한 짓을 행하고 있다. 사람을 벌하는 데는 가족에게까지 미치고, 사람에게 벼슬을 주는 일은 후손에게까지 물려진다. 오직 궁실(宮室)과 누대(樓臺)와 정자와 연못과

사치한 옷으로 그대들 만백성을 잔악하게 해친다. 충신과 어진 사람들을 불태워 죽이고, 아이 밴 부인의 배를 갈라 죽였다. 하늘은 크게 노하시어 돌아가신 나의 아버님 문왕에게 명하여 하늘의 위엄을 삼가 행하도록 하셨으나 큰 공훈을 이루지는 못하셨다.

그러므로 나 발(發)이 우방(友邦)의 대군(大君)과 함께 상(商)나라의 정사를 살피는데도, 수(受)는 마음을 고치는 일 없이 안일한 삶만 누리며 하늘과 천지신명(天地神明)을 섬기지 않고 그 선조의 종묘(宗廟)를 버려 제사를 지내지 않는다. 제물(祭物)로 쓰는 짐승과 곡식을 흉악한 도둑들이 다 훔쳐가건만 '나는 백성을 거느리고 천명이 있다.' 라고 말하며, 남을 업신여기는 마음을 고치지 않는다.

하늘이 아래로 백성을 도와 그들에게 임금을 마련해 주고 그들을 다스리게 하신 것은 오직 하늘을 도와 천하를 거느리고 편안하게 하기 위해서이다. 이번 징벌에 죄가 있고 없는 것을 내가 어찌 감히 하늘의 뜻을 넘겨짚어 말할 수 있으랴. 힘이 같으면 덕을 헤아리고, 덕이 같으면 의(義)를 헤아릴 것이다.

수(受)에게는 억만의 신하가 있으나 억만의 마음으로 흩어져 있으며, 나에게는 3천의 신하가 있으나 오로지 한마음으로 뭉쳐져 있다.

상왕(商王)의 죄는 가득 차고 넘쳐 하늘이 그것을 주살(誅殺)하라고 명하시니 내가 하늘의 명을 순종하지 않으면 그 죄가 수(受)와 같을 것이다.

나 소인은 아침부터 밤까지 공경하고 두려워하며 돌아가신 아버님 문왕의 명을 받았다. 상제(上帝)에게 유제(類祭)를 지냈으며 큰 땅에 의제(宜祭)를 지내고 그대들 모든 사람을 거느리고 하늘의 벌을 이루려고 한다.

하늘은 백성을 가엾게 여기시니 백성이 바라는 바를 하늘은 반드시 좇으실 것이다. 그대들은 나 한 사람을 도와 천하를 길이 맑게 하라. 때가 왔으니 그 때를 잃지 말도록 하라."

▨ 이미 천하의 3분의 2를 차지한 주(周)나라 무왕이, 포악무도하고

조상의 제사도 받들지 않으며 백성을 괴롭히는 은나라 주(紂)왕의 죄목
을 낱낱이 밝히고 하늘의 뜻이 그를 멸하는 것이기에 자신은 하늘의 뜻
을 받들어 주왕을 치려 한다고 하였다. 이미 하늘의 명이 주왕에게서 떠
나 자신들에게 있으니 함께 싸우라고 격려하였다.

惟十有三年春에 大會于孟津하시다

王[1]曰嗟我友邦冢君[2]과 越我御事庶士아 明聽誓하라

惟天地는 萬物父母오 惟人은 萬物之靈이니 亶聰明이 作元后오 元
后作民父母니라

今商王受[3]弗敬上天하며 降災下民하나다

沈湎冒色[4]하여 敢行暴虐하여 罪人以族[5]하고 官人以世[6]하며 惟宮室
臺榭[7]陂池[8]侈服으로 以殘害于爾萬姓하며 焚炙忠良하며 刳剔[9]孕婦
한대 皇天이 震怒하사 命我文考하사 肅將天威하시니 大勳을 未集하시니라

肆予小子發[10]이 以爾友邦冢君으로 觀政于商하니 惟受罔有悛心하
여 乃夷居[11]하여 弗事上帝神祇하며 遺厥先[12]宗廟하여 弗祀하여 犧牲粢
盛[13]이 旣[14]于凶盜어늘 乃曰吾有民有命[15]하라하여 罔懲[16]其侮하나니다

天佑下民하사 作之君作之師하시든 惟其克相上帝하여 寵綏四方이시
니 有罪無罪에 予曷敢有越[17]厥志하리오

同力커든 度德[18]도 同德커든 度義하리니 受有臣億萬하나 惟億萬心이오
니와 予有臣三千하니 惟一心이니라

商罪貫盈이라 天命誅之하시나니 予弗順天하면 厥罪惟鈞하리라

予小子는 夙夜祗懼하여 受命文考하여 類[19]于上帝하며 宜[20]于冢土[21]
하여 以爾有衆으로 底天之罰하노라

天矜于民이라 民之所欲을 天必從之하시나니 爾尚弼予一人하여 永淸
四海하라 時哉[22]라 弗可失이니라

1) 王(왕) : 여기서는 무왕(武王)을 가리킨다.

2) 友邦冢君(우방총군) : 우방은 무왕의 뜻을 따르는 다른 제후국(諸侯國)들
   을 가리킨다. 총군(冢君)은 제후국들의 군주(君主). 곧 제후들을 가리킨다.
   대군(大君).

3) 受(수) : 상(商)나라. 곧 은(殷)나라의 임금인 주왕(紂王)의 이름.

4) 冒色(모색) : 여색(女色)에 혹하다. 모(冒)는 혹(惑)하다 곧 빠지다의 뜻으로 쓰였다.

5) 罪人以族(죄인이족) : 사람을 벌함에는 가족에게까지 미친다. 곧 한 사람이 죄를 지으면 그 가족까지 모두 벌을 받는다는 뜻.

6) 官人以世(관인이세) : 사람에게 벼슬을 줄 때는 후손에게까지 미친다. 곧 벼슬하는 사람은 잘났거나 못났거나 그 후손에게까지 물려진다는 뜻. 세(世)는 세전(世傳)하는 것을 말한다.

7) 臺榭(대사) : 누대(樓臺)와 정자. 여기서의 대(臺)는 주왕(紂王)이 쌓았다는 녹대(鹿臺)를 가리킨다.

8) 陂池(파지) : 연못. 주왕은 연못에 물 대신 술을 채웠다고 한다.

9) 剖剔(고척) : 가죽을 벗기고 뼈를 바르다. 주왕은 충고하는 그의 숙부인 비간(比干)의 배를 갈라 죽인 뒤, 아이 밴 그의 부인도 배를 갈라 죽였다고 한다.

10) 予小子發(여소자발) : 나 소인인 발. 소자는 소인(小人)이라는 말로 무왕이 자신을 낮추어 이르는 말. 발(發)은 무왕의 이름.

11) 夷居(이거) : 안일한 삶을 누리다.

12) 厥先(궐선) : 그의 선조 곧 주왕의 조상들.

13) 粢盛(자성) : 제사에 쓰이는 기장 따위 곡식을 제기에 담아 놓는 것.

14) 旣(기) : 여기서는 도둑맞은 것을 가리킨다.

15) 吾有民有命(오유민유명) : 나는 백성이 있고 천명(天命)이 있다. 곧 자기는 백성을 거느리고 있으며 아직도 자기에게 천명이 있으니 나의 자리를 누가 넘보겠느냐는 뜻.

16) 懲(징) : 징계하다. 여기서는 자신의 옳지 않은 마음을 징계하여 고친다는 뜻이다.

17) 越(월) : 월권(越權)의 뜻으로 하늘의 뜻을 넘겨짚는다는 말.

18) 同力度德(동력탁덕) : 힘이 같으면 덕을 헤아린다. 탁(度)은 헤아리다 곧 비교한다는 뜻.

19) 類(유) : 상제(上帝)에게 지내는 제사의 이름. 유제(類祭).

20) 宜(의) : 지신(地神)에게 지내는 제사의 이름. 의제(宜祭).

21) 冢土(총토) : 큰 땅이라는 뜻으로 지신(地神)을 말한다.

22) 時哉(시재) : 때. 곧 좋은 시기가 왔다는 말.

나. 태서 중(泰誓中)

I. 상왕(商王)의 무도함을 만천하에 폭로하다

무오일(戊午日)에 무왕은 황하 북쪽에 머물렀다.

여러 제후들이 군사를 거느리고 다 모이니 무왕은 군사들을 둘러보고 훈시하였다.

"오호라, 서쪽 땅에서 온 여러 사람들이여, 모두 나의 말을 들어라. 내가 듣기로는 착한 사람은 선(善)을 행하는데 날짜가 부족하고, 흉한 사람은 선하지 못한 일을 행하는데 또한 날짜가 부족하다고 한다.

지금 상나라 임금인 수(受)는 법도에 어긋나는 일을 힘써 행하여 늙은이를 내치고 죄인들과 가까이하여 방탕과 주정과 방자함과 포학한 짓을 일삼고 있다. 신하들도 거기에 동화되어 무리를 지어 한 집안끼리 원수를 삼고, 권세로 협박하면서 서로 멸망시키고 있다. 이에 죄없는 사람들이 하늘에 호소하니 더러운 행위가 뚜렷이 나타나게 되었다.

하늘은 백성에게 은혜를 베푸시고, 임금은 하늘을 받든다. 하(夏)나라의 걸왕(桀王)은 하늘을 따르지 못하여 아래로 나라에 해독을 끼쳤다. 하늘은 이에 성탕(成湯)을 천명으로 도와 하나라 걸왕을 내치도록 명을 내리셨다.

그런데 수(受)는 걸왕보다 죄가 더 많다. 크게 어진 사람들을 가죽을 벗겨 죽였으며, 충고하여 간(諫)하고 보필하는 사람을 해치고 학살(虐殺)하였다. 말하기를 자기에게 천명이 있다고 하면서 공경이라는 것은 족히 행할 것이 못된다고 말하고, 제사라는 것은 이로울 것이 없다고 하며, 포악하다는 것은 남을 해치는 것이 아니라고 말한다.

이와 같은 본보기는 멀지 않은 곳에 있으니 바로 저 하왕(夏王)

에게 있다. 하늘은 나에게 백성을 다스리게 하셨으며 나의 꿈과 나의 복점(卜占)이 서로 도와 좋은 조짐이 거듭되고 있으니, 상나라와 싸워서 반드시 이길 것이다.

수는 억조(億兆)의 백성을 거느리지만 마음이 서로 다르고 덕이 떨어져 나갔으며, 나는 거느리는 신하가 열 사람이지만 한마음과 하나의 덕으로 뭉쳐 있다. 수에게는 주위에 많은 친척들이 있으나, 내 주위에 있는 적은 수의 어진 사람들만 못하다.

하늘은 우리 백성들이 보는 바를 통하여 보시고, 하늘은 우리 백성들이 듣는 바를 통하여 들으신다. 백성에게 잘못이 있으면 나 한 사람의 책임이니, 이제 나는 반드시 가서 우리의 무위(武威)를 드날리며 그의 강토(疆土)로 쳐들어가 저 흉악하게 해독을 끼치는 자를 잡을 것이다. 우리의 토벌(討伐)이 이루어지면 탕왕(湯王)보다 더 빛날 것이다.

힘쓰라, 장사들이여. 혹시라도 두려울 것이 없다 하지 말고 차라리 대적(對敵)하기 어렵다는 마음을 가져라. 백성들은 수의 포악한 짓을 두려워하기를 짐승의 뿔이 부러진 것 같이 한다.

오호라, 그대들의 덕을 하나로 하고 마음을 하나로 하여 그 공을 세우면 능히 영세(永世)에 빛날 것이다.”

▨ 무왕은 은나라 주왕(紂王)의 죄를 거듭 밝히며, 하나라 걸왕(桀王)을 탕왕이 하늘의 명을 받아 멸한 것같이 자신도 하늘의 명으로 주왕을 치려는 것이라고 다시 강조하였다.

하늘의 명이 자신에게 있으니 병사의 숫자가 적어도 마음으로 뭉쳐 있어, 많은 병사가 있어도 마음이 흩어져 있는 주왕의 병사들을 이길 것이라고 병사들의 사기를 북돋워 주고 공을 세우도록 이르고 있다.

惟戊午[1]에 王이 次于河朔[2]커시늘 群后以師로 畢會한대 王이 乃徇[3]師而誓하시다

曰嗚呼라 西土[4]有衆아 咸聽朕言하라

我聞吉人은 爲善하대 惟日不足이어든 凶人은 爲不善하대 亦惟日不足이라하니 今商王受 力行無度하여 播棄犁老[5]하고 昵比罪人하며 淫酗

肆[6]虐한대 臣下化之하여 朋家作仇[7]하여 脅權相滅한대 無辜籲天하여 穢德[8]이 彰聞[9]하니라

惟天이 惠民이어시든 惟辟은 奉天하나니 有夏桀이 弗克若天하여 流毒下國한대 天乃佑命成湯하사 降黜夏命[10]하시니라

惟受는 罪浮于桀하니 剝喪[11]元良하며 賊虐諫輔[12]하며 謂己有天命이라하며 謂敬不足行이라하며 謂祭無益이라하며 謂暴無傷이라하나니 厥鑒이 惟不遠하여 在彼夏王하니라 天其以予로 乂民이라 朕夢協朕卜[13]하여 襲于休祥[14]하니 戎商必克[15]하리라

受有億兆夷人[16]이나 離心離德커니와 予有亂臣[17]十人하니 同心同德하니 雖有周親[18]하나 不如仁人하니라

天視이 自我民視[19]하시며 天聽이 自我民德하시나니 百姓有過在予一人하니 今朕은 必往하리라

我武를 惟揚하여 侵于之疆[20]하여 取彼凶殘하여 我伐이 用張[21]하면 于湯에 有光하리라

勖哉夫子[22]는 罔或無畏[23]하여 寧執非敵[24]이라하라 百姓이 懍懍[25]하여 若崩厥角[26]하나니 嗚呼라 乃一德一心하여 立定厥功하여 惟克永世하라

1) 戊午(무오) : 육십갑자(六十甲子)의 무오(戊午)에 해당하는 날. 당시 정월 28일이 그 날이었다고 한다.
2) 河朔(하삭) : 황하의 북쪽. 하(河)는 황하를 가리키며, 삭(朔)은 북방이다. 당시 무왕은 황하를 건너 황하 북방에서 야영(野營)을 하였다고 한다.
3) 徇(순) : 여기서는 둘러본다는 뜻.
4) 西土(서토) : 서쪽 땅. 당시 무왕은 서쪽에서 동쪽인 상나라를 치러 나선 것이다.
5) 播棄犂老(파기이로) : 늙은이를 던져 버리다. 이는 이(梨)와 통하는 글자로, 사람이 늙으면 안색이 배의 빛깔과 같이 누렇게 되면서 윤기가 없어지는 것을 가리킨다. 따라서 이로는 얼굴이 누렇게 시든 늙은이라는 뜻.
6) 肆(사) : 여기서는 방자하다의 뜻.
7) 朋家作仇(붕가작구) : 무리를 지어 집안끼리 원수를 삼다. 곧 한 집안 사람처럼 잘 지내야 할 사람들이 서로 무리를 지어 원수처럼 여기는 것을 가리킨다.
8) 穢德(예덕) : 더러운 행위. 여기서의 덕(德)은 행위를 뜻한다.

9) 彰聞(창문) : 밝게 들리다. 곧 뚜렷이 나타난다는 뜻.

10) 降黜夏命(강출하명) : 하나라의 걸왕을 몰아내라는 천명을 내리다. 출은 몰아낸다는 뜻. 하는 하(夏)나라의 걸왕을 가리킨다. 명은 하늘의 명령, 곧 천명(天命).

11) 剝喪(박상) : 가죽을 벗겨서 죽이다.

12) 賊虐諫輔(적학간보) : 적학은 해치고 학살하다. 적(賊)은 여기서 해친다는 뜻. 간보는 옳은 말로 충고하고 보필하는 사람.

13) 朕夢協朕卜(짐몽협짐복) : 나의 꿈이 나의 점과 화합한다. 곧 꿈이 점친 결과와 같이 길(吉)할 것이라는 뜻.

14) 襲于休祥(습우휴상) : 좋은 조짐이 거듭된다. 습은 거듭되다의 뜻. 휴는 좋다, 아름답다, 훌륭하다의 뜻. 상은 상서로운 조짐.

15) 戎商必克(융상필극) : 상나라와 싸워 반드시 이긴다. 융(戎)은 싸우다, 치다의 뜻.

16) 億兆夷人(억조이인) : 억조의 백성. 수많은 백성. 이인은 백성을 가리킨다.

17) 亂臣(난신) : 거느리는 신하. 난은 여기서 거느린다는 뜻으로 솔(率)과 같다.

18) 周親(주친) : 주위의 친척. 또는 친한 사람.

19) 自我民視(자아민시) : 우리 백성을 통하여 본다. 자(自)는 여기서 통하여로 풀이된다.

20) 之疆(지강) : 그의 강토 지(之)는 그라는 뜻으로 상나라의 주왕(紂王)을 가리킨다.

21) 張(장) : 여기서는 이룬다는 뜻.

22) 勖哉夫子(욱재부자) : 힘써라, 장사들이여. 욱은 힘쓰다의 뜻. 부자(夫子)는 여기서 스승이라는 뜻이 아니고 장사(壯士) 또는 건아(健兒)의 뜻.

23) 罔或無畏(망혹무외) : 혹시라도 두려울 것이 없다고 생각하지 말라. 곧 상대를 업신여기지 말라고 경계하는 말.

24) 執非敵(집비적) : 대적하기 어렵다는 마음을 가져라. 곧 적을 가벼이 보지 말라는 뜻. 비적(非敵)은 대적(對敵)하지 못한다는 뜻.

25) 懍懍(늠름) : 두려워하는 모양.

26) 若崩厥角(약붕궐각) : 짐승의 뿔이 부러졌을 때처럼. 백성들이 포악한 주왕을 두려워하는 모양을 비유한 말.

다. 태서 하(泰誓下)

I. 하늘이 주왕을 멸하라 명령하였다

때는 밝은 날 아침. 무왕은 육군(六軍)을 돌아보고, 모든 군사들에게 밝게 훈시하였다.

"오호라, 나의 서쪽 땅의 군자들이여. 하늘에는 밝은 도(道)가 있으며, 그 종류는 분명하다.

이제 상나라 임금인 수(受)는 오륜(五倫)을 업신여기고 소홀히 여기며 공경하지 않아 스스로 하늘과의 관계를 끊고 백성들과는 원한을 맺고 있다.

아침에 물 건너는 사람의 정강이를 끊고 어진 사람의 심장을 갈랐으며 위압하고 죽임으로써 온 세상에 해독을 끼쳐 괴롭히고 있다. 간사한 자를 높이고 믿으며, 스승이 되고 보호자가 되는 사람을 내쫓았고, 법과 형벌을 물리쳐 버리고, 올바른 사람을 가두고 노예로 삼았다. 하늘과 땅에 제사를 모시지 않고, 종묘에도 제사를 받들지 않으면서 기묘한 재주와 지나친 기교를 부려 여인을 즐겁게 한다.

상제(上帝)는 못마땅하게 여겨 명을 끊어서 그를 망하게 하셨다. 그대들은 부지런히 힘써 나를 받들어, 공경하게 천벌(天罰)을 행하도록 하라.

옛 성현은 말씀하시기를 '우리를 어루만져 주는 분은 임금이며, 우리를 학대하는 사람은 원수다.' 라고 하였다. 편드는 사람이 없는 외로운 수(受)는 크게 포악한 짓을 일삼고 있으니 그대들의 여러 대(代)에 걸친 원수다.

덕을 세울 때는 자라도록 힘써야 하고, 악을 제거할 때는 뿌리째 뽑도록 힘써야 한다. 그러므로 나는 모든 군사에게 그대들의 원수를 완전히 멸망시키게 하려는 것이다.

그대들 모든 군사는 바라건대 과감하고 굳세게 나아가 그대들 임금의 일이 이루어지게 하라. 공이 많으면 후한 상을 내릴 것이고, 나아가지 않으면 여러 사람 앞에서 죽일 것이다.

오호라, 나의 돌아가신 아버님 문왕께서는 해와 달이 비추듯이 그 빛이 온 세상에 가득 차 서쪽 땅을 밝게 하셨으므로, 우리 주(周)나라는 많은 나라를 크게 받아들일 수 있게 되었다.

내가 수(受)를 이겨도 이것은 나의 무덕(武德)이 아니라 나의 돌아가신 아버님 문왕께서 죄가 없으셨던 까닭이다. 만일 수(受)가 나를 이기면 나의 돌아가신 아버님 문왕의 허물이 아니라 오직 내가 어질지 못하기 때문이다."

▨ 다시 한 번 무왕은 주왕과의 싸움에 앞서 군사들을 격려하였다. 주왕(紂王)은 오륜을 버리고 무도한 짓을 행하여 하늘에게 미움을 사고 백성에게 원망의 대상이 되어 있으니 하늘의 명을 받들어 뿌리째 뽑아 없애자고 당부하며 문왕의 덕으로 반드시 이길 것이니 힘껏 싸워 달라고 하였다.

時厥明[1]에 王이 乃大巡六師하여 明誓衆士하시니다

王曰嗚呼라 我西土君子[2]여 天有顯道하여 厥類惟彰하니 今商王受狎侮五常하며 荒怠[3]弗敬하여 自絶于天[4]하며 結怨于民하나다

斮朝涉之脛하며 剖賢人之心[5]하며 作威[6]殺戮으로 毒痛四海하며 崇信姦回[7]코 放黜師保하며 屛棄[8]典刑코 囚奴正士하며 郊社[9]를 不修하며 宗廟를 不享코 作奇技淫巧[10]하여 以悅婦人[11]한대 上帝弗順하사 祝[12]降時喪하시나니 爾其孜孜[13]하여 奉予一人하여 恭行天罰하라

古人이 有言曰撫我則后오 虐我則讎라하니 獨夫[14]受 洪惟作威하나니 乃汝世讎니라 樹德하맨 務滋오 除惡하맨 務本이니 肆予小子誕以爾衆士로 殄殲乃讎하노니 爾衆士其尙迪果毅하여 以登乃辟[15]이어다 功多하면 有厚賞코 不迪하면 有顯戮[16]하리라

嗚呼라 惟我文考若日月之照臨[17]하사 光于四方하시며 顯于西土하시니 惟我有周는 誕受多方[18]이리라

予克受라도 非予武라 惟朕文考無罪시며 受克予라도 非朕文考有罪

라 惟予小子無良이니라

1) 時厥明(시궐명) : 때는 밝은 날. 밝은 날은 아침을 말한다. 곧 황하를 건너 야
   영(野營)한 날 아침이라는 뜻.

2) 君子(군자) : 옛날에는 관직(官職)에 있는 사람을 모두 군자라 불렀으니, 여
   기서 한 말은 자기의 군사들을 추켜세운 말이다.

3) 荒怠(황태) : 소홀하게 여기다.

4) 自絶于天(자절우천) : 스스로 하늘과의 관계를 끊다. 곧 하늘이 자기를 돌보
   고 자기가 하늘을 받드는 관계를, 스스로의 잘못으로 끊어지게 했다는 뜻.

5) 賢人之心(현인지심) : 어진 사람의 심장. 심(心)은 여기서 마음이 아니고 심
   장을 말한다.

6) 作威(작위) : 위압을 가하다. 포악한 짓을 하다.

7) 姦回(간회) : 간사하다. 회(回)는 여기서 앞의 간(姦)과 같이 간사하다는 뜻.

8) 屛棄(병기) : 물리쳐 버리다. 병(屛)은 물리치다.

9) 郊社(교사) : 하늘과 땅에 대한 제사. 교(郊)는 천자가 하늘에 지내는 제사.
   사(社)는 천자가 땅, 곧 지신(地神)에게 지내는 제사.

10) 淫巧(음교) : 음탕한 기교. 지나치게 교묘한 수단. 또는 교묘하게 만든 물건.

11) 婦人(부인) : 여인(女人). 여기서는 주왕(紂王)의 비(妃)로서 음탕하고 포
    악하였던 달기(妲己)를 가리킨다.

12) 祝(축) : 끊다. 곧 천명(天命)을 끊었다는 말.

13) 孜孜(자자) : 부지런히 힘쓰는 모양.

14) 獨夫(독부) : 편드는 사람이 없는 외로운 사람. 곧 하늘도 수(受)를 버렸고,
    백성도 그를 원수처럼 여긴다는 뜻.

15) 以登乃辟(이등내벽) : 그대들 임금의 일을 이루게 하라. 등(登)은 이룬다
    는 뜻.

16) 顯戮(현륙) : 나타나게 죽이다. 곧 많은 사람 앞에서 공개적으로 처형한다
    는 말.

17) 照臨(조림) : 비추어 이르다. 곧 비추어 준다는 말.

18) 誕受多方(탄수다방) : 많은 나라를 크게 받아들이다. 다방(多方)은 많은 나
    라를 말한다.

제2장 목서(牧誓)

이 글은 BC 1122년 2월 갑자일(甲子日)에 무왕이 많은 서쪽 지방 제후국의 제후와 군사들, 그리고 여러 부족의 군사를 이끌고 상왕조(商王朝)의 주왕(紂王)을 토벌하기 위해 상나라 도읍 조가(朝歌)의 교외인 목야(牧野)에 이르러 군사들에게 당부한 말이다.

내용은 주왕의 죄상을 폭로하는 이외에 싸울 방법을 지시하였는데, 고전적 정치 선언 또는 영도자의 훈시라고 하겠다.

1. 무왕이 훈시하다

때는 갑자일(甲子日), 해가 떠오르기 전이었다. 왕은 아침 일찍 상(商)나라의 교외인 목야(牧野)에 이르러 훈시(訓示)하였다. 왕은 왼손에 황금빛 도끼를 들고 오른손에는 흰 깃발을 들고 지휘하면서

"먼 길에 고생하였다. 서쪽 나라 사람들이여."

하고는 말하였다.

"아아, 우리 우방의 제후들과 정사를 다스리는 사도(司徒)·사마(司馬)·사공(司空)·아려(亞旅)·사씨(師氏)·천부장(千夫長)·백부장(百夫長), 그리고 용(庸)·촉(蜀)·강(羌)·무(髳)·미(微)·노(盧)·팽(彭)·복(濮)나라 사람들이여.

그대들은 창을 잡고 방패를 나란히 쳐들고 긴 창을 세워라. 내이제 훈시하리라."

무왕은 말하였다.

"옛 사람이 말하기를, 암탉은 새벽에 울지 않는데, 암탉이 새벽에 울면 집안이 망한다고 했다. 지금 상나라 왕인 수(受)는 오직 여

인의 말만 따르고 있어 조상의 제사를 버리고 돌보지 않으며, 혼란
에 빠져 부모가 남긴 여러 형제들을 버리고 거들떠보지 않고 있다.

오직 천하 곳곳에서 많은 죄를 짓고 도망쳐 온 자들을 높이고
기르며 믿고 기용한다. 이들을 대부(大夫)와 경사(卿士)로 삼아
백성에게 포악한 짓을 저지르게 하여 상나라로 하여금 범죄로 문
란하게 하였다.

이제 나는 오직 하늘의 벌을 삼가 행할 것이다. 오늘의 일은 여
섯 걸음 일곱 걸음 앞서는 과실을 저지르지 말고 걸음을 멈추어
정제(整齊)하라. 노력하라, 용사들이여. 공격은 네번·다섯번·여
섯번·일곱번 공격하는 과실을 저지르지 말고 걸음을 멈추어 정
제하라. 용사들이여.

힘써라, 용맹을 떨쳐서 범 같고 비휴(貔貅) 같고 곰 같고 큰곰
같이 상나라 교외로 진격하라. 귀순(歸順)해 달려오는 자를 맞아
들이고 죽이지 말라. 그들은 우리 서쪽 땅에 도움이 된다. 노력하
라, 용사들이여. 그대들이 힘쓰지 않으면 그대들 몸에는 죽음이
있을 것이다."

▨ 무왕은 먼저 군사들을 격려하며 주왕이 왕비 달기만 위하여 수단
과 방법을 가리지 않고 악한 짓을 일삼는 죄목을 폭로하고 국정(國政)
을 그르친 사실을 열거한 후 단독으로 행동하지 말고 보조를 맞추어 싸
우라고 하였다.

적이 투항해 오면 받아들이며 물러서지 말고 씩씩하게 싸워 줄 것을
당부하였다.

時甲子¹⁾昧爽²⁾에 王이 朝³⁾至于商郊⁴⁾牧野⁵⁾하사 乃誓하시니 王이 左
杖黃鉞⁶⁾하시고 右秉白旄하사 以麾曰逖矣⁷⁾라 西土之人아

王曰嗟我友邦家君과 御事⁸⁾언 司徒와 司馬와 司空⁹⁾과 亞旅와 師
氏와 千夫長과 百夫長¹⁰⁾과

及庸蜀羌髳微盧彭濮人¹¹⁾아

稱¹²⁾爾戈하며 比爾干하며 立爾矛¹³⁾하라 予其誓하리라

王曰古人有言曰하대 牝鷄는 無晨이니 牝鷄之晨은 惟家之索이라하도다

今商王受 惟婦言을 是用하여 昏棄厥肆祀하여 弗答¹⁴⁾하며 昏棄厥遺
王父母弟¹⁵⁾하여 不迪¹⁶⁾하고 乃惟四方之多罪逋逃를 是崇是長하며 是信
是使하여 是以爲大夫卿士하여 俾暴虐于百姓하며 以姦宄于商邑하나다
　今予發¹⁷⁾은 惟恭行天之罰하노니 今日之事¹⁸⁾는 不愆于六步七步하
여 乃止齊焉하리라 夫子는 勖哉하라
　不愆于四伐五伐六伐七伐하여 乃止齊焉하리라 勖哉하라 夫子아
　尙桓桓¹⁹⁾如虎如貔²⁰⁾하며 如熊如羆²¹⁾于商郊하여 弗迓克奔²²⁾하여 以
役西土²³⁾하라 勖哉하라 夫子아
　爾所弗勖이면 其于爾躬에 有戮하리라

1) 甲子(갑자) : 갑자일(甲子日). 육십갑자(六十甲子)의 첫 번째에 해당하는
　　날. 당시에는 2월 4일이었다고 한다.
2) 昧爽(매상) : 이른 아침. 해가 떠오르기 전의 시각.
3) 朝(조) : 아침의 뜻이지만 여기서는 조(早)와 통하여 일찍이라는 뜻.
4) 商郊(상교) : 상나라의 교외. 상나라의 도읍인 조가(朝歌)의 교외.
5) 牧野(목야) : 지명(地名)으로 상나라 도읍에서 남쪽으로 70리쯤 되는 들의
　　이름이다.
6) 黃鉞(황월) : 황금빛 도끼. 전군(全軍)을 통솔하는 도원수(都元帥)의 상징.
7) 逖矣(적의) : 길이 멀어서 오느라 고생하였다는 뜻.
8) 御事(어사) : 정사(政事)를 다스리는 사람.
9) 司徒司馬司空(사도사마사공) : 사도는 민정(民政)을 다스리는 관직. 사마는
　　군정(軍政)을 다스리는 관직. 사공은 토지를 관장하는 관직. 사도·사마·사
　　공을 아울러 삼공(三公)이라 한다. 당시 무왕(武王)은 아직 제후의 신분이
　　었으므로 삼공만 거느리고 있었다.
10) 亞旅師氏千夫長百夫長(아려사씨천부장백부장) : 모두 관명(官名). 아려
　　는 상대부(上大夫)에 해당함. 사씨는 중대부(中大夫)에 해당함. 천부장은 2
　　천5백 명의 군사로 조직된 사(師)의 우두머리로 중대부에 해당함. 백부장은
　　5백 명의 군사로 조직된 여(旅)의 우두머리로 하대부(下大夫)에 해당함.
11) 庸蜀羌髳微盧彭濮(용촉강무미노팽복) : 용은 지금의 호북성(湖北省) 운
　　양현(鄖陽縣)에 해당한다. 촉은 지금의 사천성(四川省) 성도(成都) 일대.
　　강은 서쪽에 사는 미개 민족의 이름으로 서융(西戎). 무는 묘족(苗族)으로

당시에는 지금의 감숙성(甘肅省) 이남, 사천성(四川省) 서쪽에 살았다. 미는 지금의 섬서성(陝西省) 미현(郿縣) 지방에 살던 부족의 이름이라는 설이 있다. 노는 미개 민족이며 지금의 호북성(湖北省) 양남현(襄南縣)에 살았다고 한다. 팽은 지금의 사천성 팽산(彭山) 일대. 복은 지금의 하남성(河南省) 남양(南陽).

12) 稱(칭) : 여기서는 들다 또는 잡다의 뜻.

13) 矛(모) : 긴 창. 전차에 장치하는데, 길이는 2장(丈)이라고 한다.

14) 弗答(불답) : 대답하지 않는다. 곧 조상에 대한 제사를 불문에 붙이고 돌보지 않는다는 뜻.

15) 王父母弟(왕부모제) : 여기서는 상나라 왕인 수(受)와 조상이 같은 한 핏줄의 겨레붙이로 풀이된다.

16) 不迪(부적) : 여기서는 거들떠보지 않는다로 풀이된다.

17) 發(발) : 무왕(武王)의 이름. 무왕이 자신을 말한 것.

18) 今日之事(금일지사) : 오늘의 일. 곧 전쟁을 가리킨다.

19) 桓桓(환환) : 용맹한 모양.

20) 貔(비) : 맹수의 이름. 표범과 비슷한 맹수인데, 수놈을 비(貔)라 하고, 암놈은 휴(貅)라 한다.

21) 羆(비) : 곰과 같은 모양을 한 짐승인데, 곰보다 몸이 크고 발이 길며 털은 황백색(黃白色)이라고 한다.

22) 弗迓克奔(불아극분) : 귀순(歸順)하여 달려오는 자는 맞아들이고 죽이지 말라. 아(迓)는 영(迎)과 같은 글자로 맞이하다. 극(克)은 죽이다. 분은 적진에서 달려오는 자, 곧 귀순해 오는 자를 뜻함.

23) 役西土(역서토) : 서토에 쓸모가 있다. 서쪽 땅에 도움이 된다.

제3장 무성(武成)

이 글은 천명(天命)을 받고 일어나 추진하던 무왕(武王)의 천하 통일 대사업이, 은(殷)나라 곧 상왕조(商王朝)를 멸망시킴으로써 완전히 이루어졌다는 것을 말한 것이다.

　제목인 무성(武成)은 무공(武功)을 이루었다는 뜻이다.

　이 글의 내용은 무왕이 상나라를 쳐서 멸망시키고 돌아와 소와 말을 들에 놓아 방목(放牧)하는 등 나라를 잘 다스린 이야기를 수록하고 있다. 그러나 이 글은 문맥이 좀 혼란스럽다.

1. 전쟁에 쓰던 말과 소를 풀어 주다

　1월 초이튿날인 임진(壬辰)일에는 거의 달빛이 없었으며, 그 다음날인 계사(癸巳)날에 이르러 왕은 아침에 주(周)나라를 떠나 상(商)나라 정벌 길에 올랐다.

　그 4월에 달이 밝아지려 할 초사흗날 왕은 상(商)나라에 와 풍(豊) 땅에 이르러 무력(武力)을 거두고 문치(文治)를 닦은 뒤, 말은 화산(華山)의 남쪽 기슭으로 돌려보내고 소는 도림(桃林)의 들에 풀어 놓아서 다시는 쓰지 않을 것을 천하에 보였다.

　정미(丁未)일에는 주나라 종묘에 제사 지내니 경기(京畿) 땅과 전복(甸服)·후복(侯服)·위복(衛服)의 제후들이 달려와 분주하게 제기(祭器)들을 날랐다. 사흘째 되는 날인 경술(庚戌)일에 하늘에 시제(柴祭)를 지내고 산천(山川)에 망제(望祭)를 지내 무공(武功)을 이루었음을 크게 고하였다.

　달빛이 이지러지기 시작하는 열엿새 되는 날에 여러 나라의 제후와 여러 관리들이 주나라로부터 임명을 받았다.

　이에 왕은 말하였다.

　"오호라, 여러 제후들이여. 시조(始祖)께서 나라를 세우고 농사짓는 일을 가르치셨으며, 공류(公劉)께서는 앞의 분들이 세운 공업을 잘 지키셨다. 대왕(大王)에 이르러 비로소 왕업(王業)의 기틀을 처음으로 이룩하셨고, 왕계(王季)께서는 왕가(王家)의 일을 부지런히 행하셨다.

　나의 문덕(文德) 많은 돌아가신 아버님인 문왕께서는 또한 많은 공적을 이루고 크게 천명을 받아 온 중화(中華)를 어루만지

시니, 큰 나라는 그 힘을 두려워하고 작은 나라는 그 덕을 그리워
하였다. 9년 동안 이렇게 하셨으나 대업(大業)을 완성하지는 못
하셨다. 소인인 나는 그 뒤를 이어 그분의 뜻을 이룰 것이다."

▨ 주(周)나라 무왕(武王)은 은(殷)나라를 멸한 후 전쟁에 사용했던
말과 소 들을 들에 풀어 주어 덕치(德治)를 행할 것을 밝혔다.

선조들에게 제사하고 하늘과 산천에게도 제를 올려 고하고 새롭게 체
제를 정비하였다. 이에 모든 제후들도 주나라에 복종하게 되어 주나라로
부터 임명을 받았다.

무왕은 제후들에게 주나라 선조들의 내력을 말하면서 선왕들의 대업
(大業)을 이룩하게 되었다고 하였다.

惟一月壬辰 旁死魄¹⁾越翼日癸巳에 王이 朝步²⁾自周하사 于征伐
商하시다

厥四月哉生明³⁾에 王이 來自商하사 至于豊⁴⁾하사 乃偃武⁵⁾修文⁶⁾하여
歸馬于華山之陽하시며 放牛于桃林⁷⁾之野하사 示天下弗服⁸⁾하시다

丁未에 祀于周廟하실새 邦⁹⁾甸侯衛¹⁰⁾駿¹¹⁾奔走하여 執豆籩¹²⁾하더니 越
三日庚戌에 柴望¹³⁾하사 大告武成하시다

旣生魄¹⁴⁾에 庶邦冢君과 暨百工이 受命于周하니라

王若曰嗚呼群后아 惟先王¹⁵⁾이 建邦啓土¹⁶⁾하여시늘 公劉¹⁷⁾克篤¹⁸⁾前
烈이어시늘 至于大王¹⁹⁾하여 肇基王迹하여시늘 王季²⁰⁾其勤王家어시늘 我文
考文王이 克成厥勳하사 誕膺天命하사 以撫方夏²¹⁾하신대 大邦은 畏其
力하고 小邦은 懷其德이언 惟九年²²⁾이러니 大統²³⁾을 未集²⁴⁾이어시늘 予小
子其承厥志하라

1) 旁死魄(방사백) : 달빛을 거의 볼 수 없는 날. 곧 초이튿날을 가리킨다. 사백
   (死魄)은 달이 없는 날인 초하룻날을 가리키며, 방사백(旁死魄)은 이튿날이
   다. 방(旁)은 여기서 거의라는 뜻.

2) 步(보) : 여기서는 떠나다, 출발하다의 뜻.

3) 哉生明(재생명) : 달이 밝아지기 시작할 때. 곧 초승달이 나타나기 시작하는
   초사흘을 가리킨다.

4) 豊(풍) : 지명(地名). 지금의 섬서성(陝西省) 호현(鄠縣).

5) 偃武(언무) : 무력(武力)을 거두다. 군대를 해산하고 무기를 철폐한다는 뜻.

6) 文(문) : 문치(文治) 또는 문교(文敎).

7) 桃林(도림) : 지명. 지금의 하남성(河南省) 서쪽에서 섬서성 동관현(潼關 縣) 동쪽에 이르는 일대.

8) 弗服(불복) : 쓰지 않는다. 곧 전쟁이 끝났으니 필요하지 않다는 뜻.

9) 邦(방) : 나라. 곧 천자가 직접 다스리는 직할령(直轄領)을 가리킨다. 경기 (京畿).

10) 甸侯衛(전후위) : 전복(甸服)·후복(侯服)·위복(衛服). 모두 제후를 가리 키는데 지역에 따라 차등이 있다.

11) 駿(준) : 여기서는 달려온다는 뜻.

12) 執豆邊(집두변) : 제기(祭器)들을 나르다. 집은 여기서 나른다는 뜻. 두변 은 제사에 쓰는 제기.

13) 柴望(시망) : 시는 시제(柴祭)로 하늘에 지내는 제사. 망은 망제(望祭)로 산천(山川)에 지내는 제사.

14) 旣生魄(기생백) : 달이 이지러지기 시작하는 날. 열엿새를 가리킴.

15) 先王(선왕) : 지나간 임금. 여기서는 주왕가(周王家)의 시조(始祖)인 기 (棄)를 가리킨다.

16) 啓土(계토) : 땅의 일을 가르치다. 농사짓는 일을 가르치다.

17) 公劉(공류) : 기(棄)의 증손으로, 공(公)은 작위(爵位)이며 유(劉)는 이름 이다.

18) 篤(독) : 두터이하다. 곧 앞의 분들이 세운 공업(功業)을 잘 지켰다는 말.

19) 大王(대왕) : 곧 태왕(太王)으로, 고공단보(古公亶父)를 가리킨다.

20) 王季(왕계) : 고공단보의 아들로서 무왕의 조부이며 문왕의 아버지. 계력 (季歷) 또는 공계(公季)라고도 한다.

21) 方夏(방하) : 중국의 전 지역. 방(方)은 사방의 뜻으로 온 지역을 다 말하는 것이고 하(夏)는 중화(中華). 화하(華夏).

22) 九年(구년) : 문왕이 땅을 넓히고 인재를 얻어 세력과 덕을 세운 기간을 말 한다. 문왕은 9년 동안에 주(周)와 상(商)의 대세를 정했던 것이다.

23) 大統(대통) : 천하를 통일하는 일. 대업(大業).

24) 未集(미집) : 완성하지 못했다는 뜻.

2. 천지신명의 도움을 기원하다

상나라가 지은 죄를 드러내어 하느님과 지신(地神), 그리고 지나는 곳의 명산(名山)과 대천(大川)에 고하였다.

"도(道)가 있는 분의 증손(曾孫)이며 주(周)나라의 왕인 발(發)은 장차 상(商)나라를 크게 바로잡으려 하옵니다.

오늘날 상나라의 왕인 수(受)는 무도하여 하늘이 낸 물건을 함부로 낭비하고 수많은 백성을 해치고 학대하였습니다. 천하에서 도망쳐 온 자들의 임금이 되니, 도망쳐 온 자들의 무리는 연못에 고기가 모여들고 숲에 짐승이 모여들 듯 모여들었사옵니다.

소인은 이미 어진 이를 얻어 감히 삼가 하느님을 받들어 어지러운 정사를 막으려 하니, 중화의 백성과 미개인인 만족(蠻族)과 맥족(貊族)이 모두 따르고, 좇지 않는 자가 없사옵니다.

하늘을 공경하고 천명을 이루고자 하여 나는 동쪽을 정벌하여 그 곳 남자와 여자들을 편안하게 해 주었습니다.

그 곳의 남녀들은 바구니에 검고 누른 비단을 담아 와서 우리 주나라 왕실을 빛나게 하였습니다. 하늘의 축복이 진동하니 우리 큰 나라인 주나라에 돌아와 의지하였습니다.

당신들 신께서는 바라건대 이 사람을 도우시어 억조(億兆) 만민을 구제해 주시옵고 신으로서 부끄러움을 짓지 마옵소서."

이미 무오(戊午)일에 군사는 맹진(孟津)을 건넜고, 계해(癸亥)일에는 상나라 근교(近郊)에 진(陣)을 치고 하늘의 좋은 명을 기다렸다. 갑자(甲子)일 이른 새벽에 상나라 임금 수(受)가 숲을 이룬 듯한 그의 군사를 이끌고 와 목야의 들에서 만나 싸웠는데 그들은 우리 군사의 적수(敵手)가 되지 못하였다. 앞의 무리는 창을 거꾸로 들고 자기편의 뒤쪽을 공격하며 달아나니, 피는 흘러 절구공이가 떠다닐 정도였다. 한번 전쟁을 치르고 나자 천하가 크게 안정되었다.

이에 상나라 정치를 돌이켜 잡아 예전의 정치를 되살렸다. 갇혀 있던 기자(箕子)를 풀어 주고, 비간(比干)의 무덤에 봉분(封墳)을 하고, 상용(商容)이 사는 마을에서 수레 앞쪽의 가로지른 나무를 잡고 인사하였다. 녹대(鹿臺)의 재물을 나누어 주고 거교(鉅橋)의 곡식을 풀어 천하에 크게 베풀어 주니 모든 백성이 기꺼이 복종하였다.

작위(爵位)는 다섯 가지로 나누고, 봉토(封土)는 셋으로 나누었다. 벼슬자리에는 어진 사람을 등용했고, 일을 시킬 때는 능력을 보아 맡겼다. 백성에게는 오륜과 먹는 것, 장사지내는 것, 제사지내는 것을 중히 여기게 하였다. 믿음을 두터이 하고 의(義)를 밝히며 덕을 높이고 공이 있는 사람에게 보답하니, 편안히 앉아 팔짱을 끼고 있어도 천하는 다스려졌다.

▨ 무왕이, 포악무도한 주왕(紂王)을 쳐서 멸하고 천하를 바로잡으려는 일을 천지신명에게 고하고 신에게 욕이 돌아가지 않도록 하늘의 뜻을 받든 자신을 도와 만백성을 구제해 달라고 기원하였다.

주왕을 멸한 후 은나라의 도읍지에서 무왕이 행한 일과 새롭게 체제를 정비한 일을 표현했다.

底[1]商之罪하사 告于皇天后土[2]와 所過名山[3]大川[4]하사 曰惟有道[5]曾孫[6]周王發은 將有大正于商하노니 今商王受無道하여 暴殄天物[7]하며 害虐烝民하며 爲天下에 逋逃主[8]라 萃淵藪[9]어늘 予小子旣獲仁人[10]하여 敢祗承上帝하여 以遏亂略하니 華夏蠻貊이 罔不率俾[11]하나다

恭天成命하여 肆予東征[12]하여 綏厥士女하니 惟其士女籃厥玄黃[13]하여 昭我周王은 天休[14]震動이라 用附[15]我大邑[16]周나라

惟爾有神은 尙克相予하여 以濟兆民하여 無作神羞[17]하라 旣戊午에 師渡孟津하여 癸亥에 陳于商郊하여 俟天休命하더시니 甲子[18]昧爽에 受率其旅하대 若林하여 會于牧野하니 罔有敵于我師오 前徒倒戈[19]하여 攻于後以北[20]하여 血流漂杵[21]하여 一戎衣에 天下大定이어늘 乃反商政하여 政由舊[22]하시고 釋箕子囚하시며 封比干墓하시며 式商容閭[23]하시며 散鹿臺之財하시며 發鉅橋[24]之粟하사 大賚于四海하신대 而萬姓이 悅服하나라

列爵惟五[25]에 分土惟三[26]이며 建官惟賢[27]하시고 位事惟能하시며 重

民五教하사대 惟食喪祭하시며 惇信明義하시며 崇德報功하시니 垂拱而天
下治하니라

1) 底(지) : 여기서는 드러내다의 뜻.

2) 皇天后土(황천후토) : 천신(天神)과 지신(地神). 황천(皇天)은 하느님, 곧
천신(天神)을 가리킨다.

3) 名山(명산) : 이름난 산. 여기서는 화악(華岳)을 가리킨다.

4) 大川(대천) : 큰 강. 여기서는 황하(黃河)를 가리킨다.

5) 有道(유도) : 도가 있다. 천지신명(天地神明)에게 도움을 구할 때 겸손하게
이르는 말이라고 한다.

6) 曾孫(증손) : 무왕이 자신을 가리켜 한 말인데, 주례(周禮)에 의하면, 댓수
를 따져 하는 말이 아니라 제후의 자손들이 선조에 대하여 자기를 지칭할 때
부르는 말이라고 한다.

7) 天物(천물) : 하늘이 낸 물건. 하늘이 창조한 물건.

8) 逋逃主(포도주) : 도망쳐 온 자들의 우두머리. 도망쳐 온 자들의 임금이라는 뜻.

9) 萃淵藪(췌연수) : 연못에 고기들이 모여들고, 숲에 짐승들이 모여들 듯이 한
다는 말.

10) 仁人(인인) : 어진 사람. 여기서는 여상(呂商)을 가리킨다.

11) 俾(비) : 여기서는 좋다, 따르다의 뜻.

12) 東征(동정) : 동쪽을 정벌하다. 동쪽에 있는 상(商)나라를 정벌한다는 말.

13) 玄黃(현황) : 검은 것과 누른 것. 여기서는 검은 비단과 누른 비단을 말한다.

14) 休(휴) : 아름답다. 여기서는 축복한다는 뜻.

15) 附(부) : 붙다. 곧 귀의(歸依)하다. 복종한다의 뜻.

16) 大邑(대읍) : 큰 고을. 여기서는 대국(大國)이라는 뜻.

17) 無作神羞(무작신수) : 신은 부끄러움을 짓지 말라. 곧 신들에게 수치스러운
일이 돌아가지 않게 하라는 말.

18) 甲子(갑자) : 갑자일. 계해일의 다음 날로 당시의 갑자일은 2월 4일이었다
고 한다.

19) 倒戈(도과) : 창을 거꾸로 잡는다는 뜻으로, 곧 적을 향해 창을 겨누지 않고
자기편을 향해 겨눈다는 말.

20) 攻于後以北(공우후이배) : 뒤를 공격하여 달아나게 하다. 곧 뒤따르는 자기

편 군사를 돌아서서 공격하여 달아나게 한다는 말. 배(北)는 달아나다의 뜻.

21) 血流漂杵(혈류표저) : 피가 흘러 절구공이가 떠다니다. 곧 절구공이가 떠다 닐 정도로 많은 피를 흘렸다는 말.

22) 反商政政由舊(반상정정유구) : 반상정은 상나라 정치를 돌이키다. 곧 상나 라의 정치를 돌이켜 예전으로 돌아가게 해서 바로잡았다는 뜻. 정유구는 정 치를 예전으로 돌렸다. 곧 정치를 예전 요순(堯舜) 시대의 덕치(德治)를 본 받게 했다는 뜻.

23) 式商容閭(식상용려) : 상용이 사는 마을에서 수레 앞에 가로지른 나무를 잡 고 절을 했다. 식(式)은 수레 앞에 가로지른 나무를 잡고 정중하게 절하는 것. 상용(商容)은 어진 신하였는데 주왕(紂王)에게 추방된 사람. 곧 어진 사람 에 대하여 경의를 표했다는 말.

24) 鉅橋(거교) : 주왕이 곡식을 쌓아 두던 창고.

25) 列爵惟五(열작유오) : 작위(爵位)를 다섯으로 나누다. 다섯은 공(公)·후 (侯)·백(伯)·자(子)·남(男)의 다섯.

26) 分土惟三(분토유삼) : 땅을 셋으로 나누다. 곧 공(公)과 후(侯)에게는 사 방 100리의 땅을, 백(伯)에게는 사방 70리의 땅을, 자(子)와 남(男)에게는 사방 50리의 땅을 가지도록 한정하였다. 이에 비하여 왕인 천자는 사방 천 리 의 땅을 가졌다.

27) 建官惟賢(건관유현) : 벼슬자리에는 어진 사람을 등용하다.

제4장 홍범(洪範)

이 글은 무왕이 상(商)나라를 멸하고 기자(箕子)를 데리고 가 하늘의 도를 물은데 대하여, 기자가 대답한 내용이다. 홍(洪)은 크다는 뜻이고, 범(範)은 법이라는 뜻으로, 홍범은 큰 법이라는 말이다.

아홉 가지 큰 규범이 그 내용인데, 첫째는 오행(五行), 둘째는 오사(五事), 셋째는 팔정(八政), 넷째는 오기(五紀), 다섯째는 황극(皇極), 여섯째는 삼덕(三德), 일곱째는 계의(稽疑), 여덟째는 서징(庶徵), 아홉째는 오복육극(五福六極)이다.

I. 하늘은 아홉 가지 큰 법을 내렸다

13년이 되는 해에 왕이 기자(箕子)를 방문하여 말하기를

"오호라, 기자여. 하늘은 아래 백성들을 보호하여 서로 화합해서 살도록 하셨는데, 나는 일정한 인륜(人倫)을 어떻게 제정해야 할 지 모르겠습니다."

하니, 기자가 대답하였다.

"제가 듣기로는 옛날의 곤(鯀)은 홍수를 막으려다가 오행(五行)의 배열을 어지럽혔으므로, 천제(天帝)께서 크게 노하시어 아홉 가지의 대법(大法)을 가르쳐 주지 않아 평소에 일정한 인륜을 망치게 되었다고 합니다. 곤(鯀)이 죽임을 당하고 우(禹)가 뒤를 이어 일어나니 하늘은 우에게 아홉 가지 대법을 주어 평소에 인륜의 도리가 안정되었다고 합니다.

그 첫째는 오행(五行)이고, 다음 둘째는 다섯 가지 일을 공경하여 행하는 것이고, 다음 셋째는 힘써 여덟 가지 정치를 행하는 것이고, 다음 넷째는 다섯 가지 천상(天象)과 역법(曆法)에 조화하는 것이고, 다음 다섯째는 임금의 법칙을 세워 사용하는 것이고, 다음 여섯째는 세 가지 덕을 이용하여 다스리는 것이고, 다음 일곱째는 점을 쳐서 의문을 풀어 밝히는 것이고, 다음 여덟째는 모든 징조를 생각하는 것이고, 다음 아홉째는 다섯 가지 복을 누리고 여섯 가지 곤궁한 것을 징계하는 것입니다."

▨ 무왕 13년에 무왕은 주왕을 멸하고 은나라에서 데려온 현자(賢者) 기자를 만나 하늘의 뜻을 받들어 백성을 다스리는 법 제정에 대해 물었다.

이에 기자는 옛날 우왕 때 하늘이 내린 아홉 가지 큰 법이 있다고 하며 그 아홉 가지의 조목을 이야기하였다.

이하의 글들은 각 아홉 가지를 세세하게 밝힌 것이다.

惟十有三祀[1]에 王이 訪于箕子하시다

王이 乃言曰嗚呼라 箕子아 惟天陰騭[2]下民하사 相協厥居하시니 我는 不知其彝[3]倫의 攸敍[4]하노라

箕子乃言曰我聞하니 在昔鯀이 陻洪水하여 汨陳其五行[5]한대 帝乃震怒하사 不畀洪範九疇[6]하시니 彝倫의 攸斁[7]니라 鯀則殛死어늘 禹乃嗣興하신대 天乃錫禹洪範九疇하시니 彝倫의 攸敍[8]니라

初一은 曰五行이오 次二는 曰敬用五事오 次三은 曰農用[9]八政이오 次四는 曰協用五紀[10]오 次五는 曰建用皇極[11]이오 次六은 曰乂用三德이오 次七은 曰明用稽疑[12]오 次八은 曰念用庶徵이오 次九는 曰嚮用五福이오 威[13]用六極[14]이니라

1) 祀(사) : 연(年)과 같다. 뒤에 사(祀)는 연(年)으로 바뀌었다.

2) 陰騭(음즐) : 감싸고 안정시키다. 곧 보호한다는 뜻. 음은 음(蔭)과 통하며 감싼다는 뜻. 즐은 안정시킨다는 뜻.

3) 彝(이) : 떳떳하다. 여기서는 언제나 일정하다의 뜻.

4) 敍(서) : 여기서는 제정한다는 뜻.

5) 五行(오행) : 사람이 살아가는 데 있어 꼭 필요한 다섯 가지 요소 곧 금(金)·목(木)·수(水)·화(火)·토(土).

6) 九疇(구주) : 아홉 가지 종류.

7) 攸斁(유도) : 그리하여 망치다. 곧 망쳤다는 뜻. 유(攸)는 그리하여라는 뜻이나 문장에서는 풀이하지 않아도 된다.

8) 攸敍(유서) : 그리하여 안정되다. 곧 안정되었다는 말.

9) 農用(농용) : 힘써 행하다. 농(農)은 여기서 힘쓴다는 뜻이고 용(用)은 행하다 또는 종사한다는 뜻이다.

10) 五紀(오기) : 다섯 가지 천상(天象)과 역법(曆法).

11) 極(극) : 여기서는 법칙의 뜻.

12) 明用稽疑(명용계의) : 점을 쳐 의문을 풀어 밝히다. 계(稽)는 점을 쳐 묻는다는 뜻.

13) 威(위) : 징계하다. 또는 벌하다의 뜻.

14) 極(극) : 곤궁하다. 곤액(困厄).

2. 오행(五行)은 생활에 필요한 요소

기자는 오행(五行)을 풀어 말하였다.

"첫째 오행은 그 첫째가 물〔水〕이요, 둘째가 불〔火〕이요, 셋째가 나무〔木〕요, 넷째가 쇠붙이〔金〕요, 다섯째가 흙〔土〕입니다.

물은 적시면서 아래로 내려가는 것이고, 불은 타면서 위로 오르는 것이고, 나무는 굽게도 곧게도 할 수 있는 것이고, 쇠붙이는 뜻대로 모양을 바꿀 수 있고, 흙에다는 곡식을 심어 가꿀 수 있는 것입니다.

적시면서 아래로 내려가는 것은 짠것을 만들고, 타면서 위로 오르는 것은 쓴것을 만들고, 굽게도 곧게도 할 수 있는 것은 신것을 만들고, 뜻대로 모양을 바꿀 수 있는 것은 매운것을 만들고, 심어서 가꿀 수 있는 것은 단것을 만듭니다."

▨ 백성의 생활에 없어서는 안 될 필수요소인 물〔水〕, 불〔火〕, 나무〔木〕, 쇠〔金〕, 흙〔土〕의 다섯 가지를 설명하였다.

一五行은 一曰水요 二曰火요 三曰木이오 四曰金이오 五曰土니라 水曰潤下요 火曰炎上이오 木曰曲直[1]이오 金曰從革[2]이오 土爰稼穡이니라 潤下는 作鹹하고 炎上은 作苦하고 曲直은 作酸하고 從革은 作辛하고 稼穡은 作甘이니라

1) 曲直(곡직) : 굽고 곧다. 곡은 여기서 굽게도 할 수 있다는 말. 직은 여기서 곧게도 할 수 있다는 말.
2) 從革(종혁) : 마음대로 모양을 바꿀 수 있다는 뜻.

3. 오사(五事)는 모두가 닦아야 할 덕목

기자는 오사(五事)에 대하여 말하였다.

"둘째 다섯 가지 일은 그 첫째가 외모요, 둘째가 말씨요, 셋째가 보는 것이요, 넷째가 듣는 것이요, 다섯째가 생각하는 것입니다.

　외모는 공손해야 하고, 말씨는 이치를 따라야 하고, 보는 것은 밝게 보아야 하고, 듣는 것은 분명하게 들어야 하고, 생각하는 것은 슬기로워야 합니다.

　공손하면 엄숙해지고, 이치를 따르면 조리가 있게 되고, 밝게 보면 명석해지고, 분명하게 들으면 지모(智謀)가 있게 되고, 슬기로우면 환히 통달(通達)하게 되는 것입니다."

　▨ 사람이 닦고 지켜야 할 다섯 가지 덕목(德目)을 말하고 백성들에게 가르쳐 행할 수 있도록 하라고 당부하였다.

　二五事는 一曰貌오 二曰言이오 三曰視오 四曰聽이오 五曰思니라 貌曰恭이오 言曰從[1]이오 視曰明이오 聽曰聰[2]이오 思曰睿니라 恭은 作肅하며 從은 作乂[3]하며 明은 作哲하며 聰은 作謀하며 睿는 作聖[4]이니라

1) 言曰從(언왈종) : 말씨는 이치를 따라야 한다. 종(從)은 이치를 따른다. 또는 정당함을 따른다는 말.
2) 聰(총) : 총명하다. 곧 분명하게 판단한다는 뜻.
3) 乂(예) : 사리를 잘 안다. 곧 조리 있게 된다는 말.
4) 聖(성) : 거룩하다. 성인처럼 모든 일에 환히 통달(通達)한다.

4. 팔정(八政)을 잘 처리해야 한다

　기자는 팔정(八政)에 대하여 말하였다.

　"셋째 여덟 가지 정사는 그 첫째가 먹는 일이요, 둘째가 경제에 관한 일이요, 셋째가 제사 지내는 일이요, 넷째가 땅을 다스리는 일이요, 다섯째가 백성을 가르치는 일이요, 여섯째가 범죄를 다스리는 일이요, 일곱째가 손님을 접대하는 일이요, 여덟째가 군사에 관한 일입니다."

　三八政[1]은 一曰食[2]이오 二曰貨[3]오 三曰祀오 四曰司空[4]이오 五曰司徒[5]오 六曰司寇[6]오 七曰賓[7]이오 八曰師[8]니라

1) 八政(팔정) : 여덟 가지 정사.

2) 食(식) : 식량. 먹는 일.

3) 貨(화) : 재화(財貨). 곧 경제에 관한 일.

4) 司空(사공) : 고대 중국에서 토지에 관한 일을 맡아 보던 관직으로 여기서는
땅을 다스리는 일.

5) 司徒(사도) : 고대 중국에서 교육을 담당하던 관직으로 여기서는 백성을 가
르치는 일.

6) 司寇(사구) : 고대 중국에서 형벌과 치안을 담당하던 관직. 여기서는 범죄를
다스리는 일. 사공·사도·사구를 아울러 삼공(三公)이라 함.

7) 賓(빈) : 손님. 손님을 접대하는 일. 곧 외교에 관한 직책.

8) 師(사) : 군사. 곧 군(軍)에 관한 일.

5. 백성은 오기(五紀)로 인도해야 한다

기자는 오기(五紀)에 대하여 설명하였다.

"넷째 다섯 가지 기(紀)는 그 첫째가 해(年)요, 둘째가 달(月)
이요, 셋째가 날(日)이요, 넷째가 별들의 운행이요, 다섯째가 역
법(曆法)과 산수(算數)입니다."

四五紀는 一曰歲오 二曰月이오 三曰日이오 四曰星辰[1]이오 五曰曆
數[2]니라

1) 星辰(성신) : 별. 별들의 운행. 천문(天文). 성(星)은 28수(宿)를 가리키고
신(辰)은 12신(辰)을 가리킨다.

2) 曆數(역수) : 역법(曆法)과 산수(算數).

6. 천자는 법칙을 제정하고 확립해야 한다

기자는 황극(皇極)에 대하여 설명하였다.

"다섯째 천자의 법칙은 천자가 다스리는 법을 세우는 것이니,
다섯 가지 복을 모아 백성에게 널리 베풀면 백성들도 당신의 법
칙을 따르게 되고 당신과 함께 법칙을 지킬 것입니다.

　못 백성이 사악(邪惡)한 무리를 짓지 않고 사람들이 사악한 무리를 두둔하지도 않는 것은 임금께서 천하의 지극한 법칙을 세웠기 때문입니다.

　무릇 백성들 가운데 뜻있는 행동을 하고 도리를 지키는 이가 있으면 당신은 그들을 생각해 주십시오. 법칙에 일치하지 않더라도 크게 잘못되는 일이 없으면 크게 나무라지 말고 용납하시어 부드럽게 대하십시오. '나는 덕을 좋아합니다'라고 하거든 당신은 그들에게 녹(祿)을 내리십시오. 그렇게 하면 그들은 천자의 법칙을 따르게 될 것입니다.

　외롭고 의지할 곳 없는 사람들을 학대하지 말고 덕이 높고 사리에 밝은 이를 두려워하십시오.

　사람들이 지닌 능력과 뜻을 발전시켜 순조롭게 행하도록 하시면 당신의 나라는 창성할 것입니다. 무릇 바른 사람에게는 항상 풍족한 녹을 내리고 보다 나은 처우를 해 주어야 합니다. 당신께서 그들에게 당신 나라에 공헌하지 못하게 하면 그들은 일부러 허물을 만들어 물러갈 것입니다. 만약 그들에게 훌륭한 덕행이 없는데도 당신께서 그들에게 복을 내리신다면 그들은 도리어 당신에게 재앙을 가져올 것입니다.

　치우치지 않고 기울어짐 없이 왕이 정한 법을 따를 것이며, 자기만 좋아하는 마음을 가지지 않고 왕이 정한 도리를 따를 것이며, 자기만 싫어하는 마음을 가지지 않고 왕이 정한 길을 따를 것입니다.

　치우치고 편드는 일이 없어야 왕의 길은 평탄할 수 있으며, 치우치고 편드는 일이 없어야 왕의 길은 평온할 수 있으며, 반복됨이 없고 기울어짐이 없어야 왕의 길은 바르고 곧을 것입니다. 천자가 신하들을 모으는 데는 법칙이 있어야 하고, 신하들이 천자에게 돌아가 의지하는 데에도 법칙이 있어야 합니다.

　이와 같은 말은 천자의 법칙을 펴는 말들인데, 법에는 취할 점도 있고 가르칠 점도 있는 것이니 이것이 하느님의 뜻에 순응하는 것입니다.

뭇 백성이 법칙을 펴는 말을 교훈 삼고 실행한다면 천자의 광
명에 가까이할 수 있습니다.

천자는 백성의 부모가 되고, 천하의 왕이 되기 때문입니다.”

▨ 임금이 임금으로서 해야 할 바를 여러 가지로 논하고 백성들 또한
백성으로서 지켜야 할 도리를 지켜야 한다고 하였다.

五皇極[1]은 皇이 建其有極[2]이니 斂時五福하여 用敷錫厥庶民하면 惟
時厥庶民이 于汝極에 錫汝保極[3]하리라

凡厥庶民이 無有淫朋하며 人無有比德[4]은 惟皇이 作極일새니라

凡厥庶民이 有猷有爲有守를 汝則念之하며 不協于極이라도 不罹于
咎[5]어든 皇則受[6]之하라 而康而色[7]하여 曰予攸好德이라커든 汝則錫之
福[8]하면 時人이 斯其惟皇之極하리라

無虐煢獨[9]하고 而畏高明하라

人之有能有爲를 使羞[10]其行하면 而邦이 其昌하리라 凡厥正人은 旣
富오사 方穀이니 汝弗能使有好于而家하면 時人이 斯其辜리라 于其無
好德[11]에 汝雖錫之福이라도 其作汝用咎[12]리라

無偏無陂[13]하여 遵王之義[14]하며 無有作好[15]하여 遵王之道하며 無有
作惡하여 遵王之路하라 無偏無黨[16]하면 王道蕩蕩[17]하며 無黨無偏하면
王道平平[18]하며 無反無側[19]하면 王道正直하리니 會其有極[20]하여 歸其
有極[21]하리라

曰[22]皇極之敷言이 是彝是訓이니 于帝其訓[23]이시니라

凡厥庶民이 極之敷言을 是訓是行하면 以近天子之光하여 曰天子
作民父母하사 以爲天下王이라하리라

1) 皇極(황극) : 천자의 법칙. 왕의 법칙. 황권(黃權).

2) 有極(유극) : 법칙이 있어야 한다.

3) 錫汝保極(석여보극) : 당신과 함께 법칙을 지키다.

4) 比德(비덕) : 무리를 짓는 행위. 비는 여기서 무리짓는 일을 가리키며, 덕은
   여기서 행위의 뜻이다.

5) 不罹于咎(불리우구) : 죄악에 빠지지 않는다. 곧 크게 잘못을 저지르지 않는
   다는 말.

6) 受(수) : 받아들이다. 곧 너그러이 용납한다는 뜻.

7) 而康而色(이강이색) : 그 얼굴에 온화한 빛을 띠다. 앞의 이(而)는 능히라는 뜻. 뒤의 이(而)는 그라는 뜻. 강(康)은 온화한 빛. 색(色)은 안면, 얼굴.

8) 汝則錫之福(여즉석지복) : 당신은 복을 내려야 한다. 석(錫)은 윗사람이 아랫사람에게 내려준다는 뜻. 복(福)은 여기서 벼슬이나 녹(祿)을 말한다.

9) 焭獨(경독) : 의지할 곳 없는 외로운 사람.

10) 羞(수) : 순조롭게 나가게 한다는 뜻.

11) 于其無好德(우기무호덕) : 만약 훌륭한 덕행이 없는데도 우는 여기서 약(若)의 뜻으로 만약으로 풀이된다.

12) 作汝用咎(작여용구) : 당신이 재앙을 받게 하는 짓을 저지르다. 작(作)은 작위(作爲)로 좋지 못한 짓을 저지른다는 뜻. 구(咎)는 재앙의 뜻.

13) 無偏無陂(무편무파) : 치우치지 않고 기울어짐이 없다. 편파가 없다. 편(偏)과 파(陂)는 다 바르지 못한 것을 가리킨다.

14) 王之義(왕지의) : 왕이 정한 법. 여기서의 의(義)는 법이라는 뜻.

15) 無有作好(무유작호) : 자기만 좋아하는 마음을 가지지 말라. 무(無)는 물(勿)과 같은 것으로 말라는 금지사(禁止詞). 유(有)는 가지다의 뜻.

16) 黨(당) : 자기 무리를 편든다는 뜻.

17) 蕩蕩(탕탕) : 평탄(平坦)하다는 뜻.

18) 平平(평평) : 평온하다. 쉽다.

19) 無反無側(무반무측) : 반복함이 없고 기울어짐이 없다. 반(反)과 측(側)은 다 같이 바르고 곧지 못한 것. 정직하지 못한 것.

20) 會其有極(회기유극) : 모으는 데는 법칙이 있어야 한다. 회(會)는 모은다는 말로, 곧 천자가 신하들을 모은다는 말.

21) 歸其有極(귀기유극) : 돌아가 의지하는 데는 법칙이 있어야 한다. 귀(歸)는 돌아가 의지한다는 귀의(歸依)의 뜻. 곧 신하들이 천자에게 귀의한다는 말.

22) 曰(왈) : 말을 바꾼다는 뜻으로 쓰이는 말.

23) 于帝其訓(우제기훈) : 하느님의 뜻에 순응(順應)한다. 제(帝)는 상제(上帝), 곧 하느님. 훈(訓)은 여기서 순응한다는 뜻.

7. 삼덕(三德)을 잘 조화시켜야 함

기자는 삼덕(三德)에 대하여 설명하였다.

"여섯째 세 가지 덕(德)은 그 첫째가 바르고 곧은 것이요, 둘째가 강한 것으로 이기는 일이요, 셋째가 부드러운 것으로 다스리는 일입니다.

평강(平康)은 바르고 곧음으로 하고, 강(彊)하여 따르지 않으면 강(剛)으로 다스리고, 화하여 따르면 부드러움으로 다스리며, 지나치게 유순한 자는 강(剛)으로 다스리고, 뜻이 높고 사리가 밝은 자는 부드러움으로 다스려야 합니다.

오직 임금만이 복을 내릴 수 있고, 오직 임금만이 벌할 수 있으며, 오직 임금만이 미식(美食)을 누릴 수 있습니다. 신하는 복을 내릴 수도 벌할 수도 미식을 누릴 수도 없습니다.

신하가 복을 내리고 벌을 주고 미식을 누리게 되면 그 해(害)가 집안에 미치고 나라에 재난을 가져오게 됩니다. 그래서 관리들이 기울어지고 비뚤어지고 사악하게 되고, 백성들도 분수를 지키지 않고 윗자리를 넘보며 악(惡)을 저지르게 될 것입니다."

▨ 세 가지 덕성을 말하고 이 세 가지 덕성을 잘 조화시켜야 함을 강조하였다.

또한 임금과 신하, 백성들이 각기 다른 권리와 의무, 책임 등이 있음을 밝혔다.

六三德은 一曰正直이오 二曰剛克[1]이오 三曰柔克[2]이니 平康[3]은 正直이오 彊弗友[4]란 剛克하고 燮友[5]란 柔克하며 沈潛[6]이란 剛克하고 高明[7]이란 柔克이니라

惟辟이사 作福[8]하며 惟辟이사 作威[9]하며 惟辟이사 玉食하나니 臣無有作福作威玉食이니라

臣之有作福作威玉食하면 其害于而家하며 凶于而國하여 人用側頗僻[10]하며 民用僭忒[11]하리라

1) 剛克(강극) : 강한 것으로 이기다. 극은 극복하다. 다스린다는 뜻.

2) 柔克(유극) : 부드러운 것으로 이기다. 곧 부드럽게 다스린다는 뜻.

3) 平康(평강) : 바르고 온화하다. 평(平)은 정(正) 곧 바르다의 뜻.

4) 彊弗友(강불우) : 강하여 따르지 않다. 강(彊)은 강(强)과 같고, 우(友)는 여기서 따르다, 또는 순하다 곧 유순(柔順)하다는 뜻.

5) 燮友(섭우) : 화하여 따르다. 섭은 화하다, 온화하다의 뜻.

6) 沈潛(침잠) : 여기서는 지나치게 유순한 자를 가리킨다.

7) 高明(고명) : 높고 밝다. 뜻이 높고 사리가 밝다. 곧 성격이 지나치게 꿋꿋한 자를 가리킨다.

8) 作福(작복) : 복을 짓다. 곧 임금이 백성에게 복을 내린다는 뜻.

9) 作威(작위) : 위협한다. 곧 벌을 준다는 뜻.

10) 人用側頗僻(인용측파벽) : 관리들이 기울어지고 비뚤어지고 사악한 짓을 저지르다. 인(人)은 관리를 가리키며, 벽(僻)은 사(邪)와 통하며 사악(邪惡)한 짓을 말한다.

11) 僭忒(참특) : 윗자리를 넘보며 악한 일을 저지른다.

8. 계의(稽疑)에 의해 의문점을 푼다

기자는 계의(稽疑)에 대하여 설명하였다.

"일곱번째 의혹(疑惑)을 물어 푼다는 것은, 거북점 치는 사람과 시초(蓍草)점 치는 사람을 뽑아 세워 그들에게 점치는 일을 명하는 것입니다.

비가 오겠는가, 비가 그치겠는가, 안개가 끼겠는가, 날이 맑았다 흐렸다 하겠는가, 비가 곧 내릴 듯이 험한 날씨이겠는가 등을 점칠 것이며, 괘(卦)에도 정괘(貞卦)니 회괘(悔卦)니 하고 말할 것입니다.

무릇 일곱 가지 점 가운데 거북점이 다섯 가지이고, 시초점이 두 가지인데, 이것들을 변화시켜 정하는 것입니다. 이 사람들을 내세워 거북점과 시초점을 치게 한 뒤 세 사람이 그 징조를 판단했을 때 두 사람의 말을 따르십시오.

당신께서 큰 의심이 생기면 당신의 마음과 상의하고 경사(卿
士)들과 상의하고 다시 뭇 백성과 상의하고 거북점과 시초점에
상의하십시오. 그리하여 당신께서 따르고 거북점이 따르고 시초
점이 따르고 경사들이 따르고 뭇 백성이 따르면 이것을 대동(大
同)이라 합니다.

그러면 당신의 몸은 편안하고 건강하며, 자손들은 창성하게 되
리니 길(吉)한 것입니다.

당신께서 따르고 거북점이 따르고 시초점이 따르면, 경사들이
따르지 않고 뭇 백성이 따르지 않더라도 길한 것입니다. 경사들
이 따르고 거북점이 따르고 시초점이 따르면, 당신께서 따르지 않
고 뭇 백성이 따르지 않더라도 길한 것입니다. 뭇 백성이 따르고
거북점이 따르고 시초점이 따르면, 당신께서 따르지 않고 경사들
이 따르지 않더라도 길한 것입니다.

당신께서 따르고 거북점이 따르는데, 시초점이 따르지 않고 경
사들이 따르지 않고 뭇 백성이 따르지 않는다면 안에서 하는 일
은 길하고 밖에서 하는 일은 흉(凶)할 것입니다. 거북점과 시초
점이 다 같이 사람의 뜻과 어긋날 때는 가만히 있으면 길할 것이
고 움직이면 흉할 것입니다."

▨ 고대 중국에서는 점을 퍽 중시하였다. 나라의 큰 일을 결정할 때는
꼭 점을 쳐 길흉을 판단하여 점괘에 따랐다.

임금이 나라의 큰 일을 가지고 점친 것 같이 일반 백성들도 크고 작은
일에 점을 쳤다.

이 글에서는 다섯 가지 거북점과 두 가지 시초점이 있음을 말하고 이
를 변화시켜 길흉을 판단하고 판단 결과가 일치하지 않았을 때의 처리
를 말하였다.

七稽疑[1]는 擇建立卜筮人[2]하고사 乃命卜筮니라
曰雨[3]와 曰霽와 曰蒙[4]과 曰驛[5]과 曰克[6]이며
曰貞[7]과 曰悔[8]니라
凡七은 卜五오 占用二니 衍忒[9]하나니라

立時人하여 作卜筮¹⁰⁾하대 三人이 占¹¹⁾이어든 則從二人之言이니라

汝則有大疑어든 謀及乃心하며 謀及卿士¹²⁾하며 謀及庶人하며 謀及卜筮하라 汝則從¹³⁾하며 龜從하며 筮從하며 卿士從하며 庶民從이면 是之謂大同이니 身其康彊하며 子孫이 其逢¹⁴⁾吉하리라 汝則從하며 龜從하며 筮從이오 卿士逆하며 庶民逆하여도 吉하리라 卿士從하며 龜從하며 筮從이오 汝則逆하며 庶民逆하여도 吉하리라 庶民從하며 龜從하며 筮從이오 汝則逆하며 卿士逆하여도 吉하리라 汝則從하며 龜從이오 筮逆하며 卿士逆하며 庶民逆하면 作內는 吉¹⁵⁾하고 作外는 凶하리라 龜筮共違¹⁶⁾于人¹⁷⁾하면 用靜¹⁸⁾은 吉하고 用作은 凶하리라

1) 稽疑(계의) : 의심스러운 것을 물어서 푼다는 말.
2) 卜筮人(복서인) : 점치는 사람. 복(卜)은 거북으로 길흉(吉凶)을 점치는 일, 서(筮)는 시초(蓍草)라는 풀의 줄기를 꺾어서 점가지로 점을 칠 때 나타난 괘상(卦像)으로 길흉을 판단하는 일.
3) 雨(우) : 거북의 등껍질에 나타나는 비 오는 모양의 조짐을 가리킨다.
4) 蒙(몽) : 안개 끼다.
5) 驛(역) : 여기서는 날이 맑았다가 흐렸다가 하는 상태를 가리킨다.
6) 克(극) : 여기서는 비가 곧 내릴 것 같은 험한 상태를 가리킨다.
7) 貞(정) : 정괘(貞卦). 시초(蓍草)점의 안쪽 괘상(卦像)을 가리킨다.
8) 悔(회) : 회괘(悔卦). 시초점의 바깥 괘상을 가리킨다.
9) 衍忒(연특) : 서로 변화시켜 정하다.
10) 立時人作卜筮(입시인작복서) : 이 사람들을 내세워 거북점과 시초점을 치게 한다. 시(時)는 시(是)와 같다.
11) 三人占(삼인점) : 세 사람이 점의 징조를 판단한다.
12) 卿士(경사) : 귀족과 관원(官員).
13) 從(종) : 따르다. 곧 의견이 일치한다는 말.
14) 逢(봉) : 여기서는 크게 일어난다. 곧 자손이 창성한다는 말.
15) 作內吉(작내길) : 안에서 하는 일이 길하다.
16) 違(위) : 어긋나다. 곧 점친 결과가 사람의 뜻과 다르다는 말.
17) 人(인) : 사람. 곧 왕·경사·뭇 백성을 다 가리킨다.
18) 用靜(용정) : 움직이지 않고 가만히 있다.

9. 서징(庶徵)을 잘 다스려야 한다

기자는 서징(庶徵)에 대하여 설명하였다.

"여덟째 여러 가지 징조(徵兆)라고 하는 것은 비 오는 것과 햇빛 나는 것과 더운 것과 추운 것과 바람 부는 것이 시절이 돌아가는 것과 일치해야 합니다. 이 다섯 가지가 갖추어져 오고 절후에 따르면 이로 인하여 모든 풀들이 우거져 무성해집니다. 그중 한 가지만 지나치게 많아도 흉해지고, 한 가지만 너무 부족하여도 흉해집니다.

아름다운 징조는 왕이 엄숙하면 때에 맞추어 비가 오고, 잘 다스리면 때에 맞추어 날이 개고, 명철(明哲)하면 때에 맞추어 따뜻해지고, 계획을 잘 세우면 때에 맞추어 추위가 오고, 환히 통찰하면 때에 맞추어 바람이 부는 것입니다.

좋지 않은 징조는 왕이 오만하면 오래도록 비가 그치지 않고 장마가 들며, 무질서하면 오래도록 햇빛만 비쳐 가뭄이 들고, 편안함만 누리면 더위만 있고, 조급하게 처리하면 항상 춥기만 하고, 도리를 분별하지 못하면 오래도록 바람이 부는 것입니다.

왕은 해〔年〕를 살피고, 경사(卿士)들은 달〔月〕을 살피고, 하급 관리들은 날〔日〕을 살펴야 합니다.

해와 달과 날과 사시(四時)의 운행이 바뀌지 않으면 모든 곡식이 이로써 잘 여물고 정치도 이로써 밝아지며, 뛰어난 백성이 이로써 드러나고 나라는 이로써 태평하고 편안해질 것입니다.

날과 달과 해와 사철의 운행에 변화가 생긴다면 모든 곡식은 이로써 여물지 못하고 정치도 이로써 어두워져 밝지 못할 것이며, 뛰어난 백성도 이로써 드러나지 못하고, 나라는 이로써 편안하지 못할 것입니다.

뭇 백성은 별과 같으니, 별에는 바람을 좋아하는 것도 있고 비를 좋아하는 것도 있습니다. 해와 달이 운행하여 겨울이 있고 여름이 있으며, 달이 별을 따름으로써 바람과 비가 생기는 것입니다."

▨ 비가 오고 바람이 부는 등 여러 자연현상이 모두 제철에 알맞게 와
야 하는데 과하거나 적을 때가 많다. 이런 자연현상을 임금의 다스림과
관련지어 임금이 덕으로 잘 다스리면 풍년이 들고 태평성대를 누리게 되
고 그렇지 못할 때는 흉년이 들어 어지러워진다고 하였다.

八庶徵은 日雨와 日暘과 日燠과 日寒과 日風과 日時[1]니 五者[2]來
備[3]하대 各以其敍[4]하면 庶草도 蕃廡하리라

一[5]이 極備[6]하여도 凶하며 一이 極無[7]하여도 凶하니다

日休徵은 日肅에 時雨若[8]하며 日乂[9]에 時暘若하며 日哲에 時燠若하
며 日謀[10]에 時寒若하며 日聖[11]에 時風若이니라 日咎徵은 日狂에 恒雨[12]
若하며 日僭[13]에 恒暘[14]若하며 日豫[15]에 恒燠若하며 日急[16]에 恒寒若하며
日蒙[17]에 恒風若이니라

日王省은 惟歲[18]오 卿士는 惟月이오 師尹[19]은 惟日이니라

歲月日에 時無易[20]하면 百穀用成[21]하며 乂用明하며 俊民[22]이 用章[23]
하며 家用平康하리라

日月歲에 時既易[24]하면 百穀用不成하며 乂用昏不明하며 俊民이 用
微[25]하며 家用不寧하리라

庶民은 惟星이니 星有好風하며 星有好雨니라 日月之行은 則有冬有
夏하니 月之從星으로 則以風雨니라

1) 時(시) : 시절이 돌아가는 것. 곧 절후(節候)를 가리킨다.

2) 五者(오자) : 다섯 가지. 곧 우(雨)·양(暘)·욱(燠)·한(寒)·풍(風).

3) 來備(내비) : 갖추어 오다.

4) 敍(서) : 절후에 따라서 온다는 말.

5) 一(일) : 하나. 다섯 가지 가운데의 하나.

6) 極備(극비) : 지나치게 많다는 뜻. 과다(過多).

7) 極無(극무) : 너무 적다. 과소(過少).

8) 若(약) : 여기서는 문구(文句) 끝에 쓰이는 어조사.

9) 乂(예) : 여기서는 정치를 잘 다스린다는 말.

10) 謀(모) : 계획을 잘 세운다는 뜻.

11) 聖(성) : 환하게 통찰한다는 뜻. 숙(肅)·예(乂)·철(哲)·모(謀)·성(聖)은

모두 왕의 행위를 가리키는 말이다.

12) 恒雨(항우) : 비가 오래도록 그치지 않고 내린다는 말.

13) 僭(참) : 여기서는 무질서하다로 풀이된다.

14) 恒暘(항양) : 오래도록 그치지 않고 햇볕이 난다. 곧 오랜 가뭄이 든다는 말.

15) 豫(예) : 여기서는 편안함을 누리다로 풀이된다.

16) 急(급) : 조급하게 일을 처리한다는 말.

17) 蒙(몽) : 여기서는 도리를 분별하지 못한다는 뜻. 광(狂)·참(僭)·예(豫)·
급(急)·몽(蒙)은 모두 왕의 행위를 가리키는 말이다.

18) 王省惟歲(왕성유세) : 왕은 일년 내내의 상태를 두고 살핀다는 말.

19) 師尹(사윤) : 하급 관리들.

20) 無易(무역) : 바뀌지 않다. 곧 사시의 운행이 상궤(常軌)를 벗어나지 않는
다는 말.

21) 用成(용성) : 그로써 여물다. 용(用)은 이(以)와 통하여 그것으로써, 이로
써로 풀이된다. 성(成)은 곡식이 여문다는 말.

22) 俊民(준민) : 뛰어난 백성. 백성 가운데 뛰어난 사람.

23) 章(장) : 드러나다. 곧 두드러져서 영달(榮達)한다는 말.

24) 旣易(기역) : 이미 바뀌다. 곧 사시의 운행에 변화가 생긴다는 말.

25) 微(미) : 드러나지 못한다는 말.

10. 다섯 가지 복과 여섯 가지 곤액(困厄)

기자는 오복(五福)과 육극(六極)을 설명하였다.

"아홉번째 다섯 가지 복은 그 첫째가 오래 사는 것이요, 둘째가
부자가 되는 것이요, 셋째가 건강하고 편안한 것이요, 넷째가 아
름다운 덕을 닦는 것이요, 다섯째가 하늘이 내려준 명대로 늙어
목숨이 다하는 것입니다.

여섯 가지 곤액(困厄)은 그 첫째가 횡사(橫死)하거나 요절(夭
折)하는 것이요, 둘째가 병드는 것이요, 셋째가 근심하는 것이요,
넷째가 가난한 것이요, 다섯째가 죄를 짓는 것이요, 여섯째가 몸
이 쇠약한 것입니다."

▨ 다섯 가지 복과 여섯 가지 곤액을 열거하였다.

임금은 백성을 잘 다스려 모든 백성이 복을 누리고 살며 곤액을 겪지 않도록 힘써야 한다는 것을 내용에 담고 있다.

九五福은 一曰壽오 二曰富이오 三曰康寧이오 四曰攸好德[1]이오 五曰考終命[2]이니라

六極[3]은 一曰凶[4]短折이오 二曰疾이오 三曰憂오 四曰貧이오 五曰惡이오 六曰弱이니라

1) 攸好德(유호덕) : 좋은 덕을 닦는다. 유는 닦는다는 뜻으로 수(修)와 같다. 호는 좋다. 아름답다의 뜻.

2) 考終命(고종명) : 늙어 자기의 수명을 다 누리고 삶을 끝내는 일.

3) 六極(육극) : 여섯 가지 궁한 것. 여섯 가지 곤액(困厄).

4) 凶(흉) : 여기서는 횡사(橫死)의 뜻.

제5장 여오(旅獒)

이 장은 무왕(武王)이 상(商)나라를 멸하고 천하의 왕이 되니 각 나라에서 주(周)나라에 복종한다는 뜻으로 공물(貢物)을 바쳐 왔다. 그 중 여(旅)라는 미개한 나라에서 그 나라의 명물인 큰 개 한 마리를 보냈다.

무왕이 그 개를 기쁘게 받으니, 소공(召公)이 천자의 몸으로 진기한 물건에 현혹되면 자기 욕심만 채우게 되고 그러면 천하를 다스릴 수 없으니 겸허한 마음을 가지라고 경각심을 돋우게 한 진언(進言)이다.

1. 받은 공물은 나누어 주는 것이 덕

상(商)나라를 쳐 승리하자 드디어 사방의 미개국인 구이팔만

(九夷八蠻)으로 통하는 길이 열렸고, 서쪽의 여족(旅族)이 그 지방의 큰 개를 공물(貢物)로 바쳐 왔다.

태보(太保)가 이에 여오(旅獒)라는 글을 지어 왕에게 간(諫)하였다.

"오호라, 밝은 왕께서 신중하게 덕을 펴시니 사방의 미개인이 모두 와 신하되기를 원합니다. 멀고 가까운 것을 가리지 않고 모두 자기 고장의 산물을 바쳐 왔으나, 오직 옷과 음식과 그릇 따위의 늘 쓰는 물건이었습니다.

왕께서 밝은 덕을, 성(姓)이 다른 나라에까지 끼치셨으니 그들이 해야 할 바를 저버리지 않은 것입니다.

보석과 구슬들을 백부(伯父)의 나라와 숙부(叔父)의 나라에 나누어 주시어 그것으로써 친교(親交)를 더욱 두터이 하소서. 그러면 사람들은 받는 물건을 가벼이 여기지 않을 것이며, 오직 그 물건을 주는 행위를 덕으로 여기게 될 것입니다.

덕이 성한 이를 업신여기면 안 됩니다. 군자를 업신여기면 그 사람의 마음을 다하게 하지 못하고, 소인(小人)을 업신여기면 그들의 힘을 다하게 하지 못하는 것입니다.

귀나 눈에게 부림을 당하지 않으면 모든 법도가 바르게 될 것입니다. 사람을 희롱하면 덕을 잃게 되고, 물건을 희롱하면 뜻을 잃게 될 것입니다. 뜻은 도(道)로써 편안해지고, 말은 도로써 이어집니다. 무익(無益)한 일을 함으로써 유익(有益)한 일을 해치지 않으면 공은 곧 이루어지며, 기이한 물건을 귀하게 여기고 늘 쓰는 물건을 천하게 여기지 않으면 백성은 곧 풍족하게 됩니다.

개나 말은 그 풍토의 성질에 맞는 것이 아니면 기르지 말고, 진기(珍奇)한 새나 짐승은 나라에서 기르지 마십시오. 먼 곳의 물건을 보배롭게 여기지 않으시면 먼 곳의 사람들이 이르게 될 것이고, 오직 어진 이를 보배롭게 여기시면 가까운 사람들이 편안하게 될 것입니다.

오호라, 새벽부터 밤까지 부지런하지 않을 때가 없게 하십시오. 사소한 행위에 조심하지 않으면 마침내 큰 덕에 누를 끼치게 될 것입니다. 아홉 길 높이의 산을 만드는 데 있어서 흙 한 삼태기가 없어서 공이 헛되이 되는 일이 없게 하소서.

진실로 이와 같이 나가신다면 생민(生民)은 자기들이 사는 곳을 지킬 수 있고, 당신께서는 대대로 왕업(王業)을 누리실 수 있을 것입니다."

▨ 무왕이 은나라를 멸하여 천하가 주(周)나라의 밑에 있게 되자 멀고 가까운 모든 제후국과 사방 오랑캐 나라에서 많은 공물을 바쳐 왔는데 모두 일상적인 그 지방 토산물을 가져왔다. 그런데 유독 여(旅)족이 큰 개를 한 마리 바쳤다.

특이한 공물에 무왕이 기뻐하자 태보 소공(召公)이 임금된 자는 감각적인 즐거움에 빠져서는 안 되며 진귀하다고 짐승을 귀하게 여기면 안 된다고 하면서 어진 이를 귀하게 여겨 잘 대접하고 공물로 받은 것은 친척들에게 나누어 주는 것이 무왕이 덕을 높이는 길이라고 하였다. 또한 백성을 귀하게 여기고 편안하게 해 주어야 하며 사소한 일이나 행동에도 주의를 기울일 때 대대로 왕업(王業)을 누릴 수 있을 것이라고 간언하였다.

惟克商하시니 遂通道于九夷八蠻[1]이어늘 西旅[2] 底貢[3] 厥獒[4]한대 太保[5] 乃作旅獒[6]하여 用訓于王하니라

曰嗚呼라 明王이 愼德이어시든 四夷[7] 咸賓[8]하여 無有遠邇畢獻方物[9]하나니 惟服食器用이니이라

王이 乃昭德之致于異姓之邦[10]하사 無替厥服[11]하시며 分寶玉于伯叔之國[12]하사 時庸展親[13]하시면 人不易物[14]하여 惟德其物하리이다

德盛은 不狎侮하나니 狎侮君子하면 罔以盡人心하고 狎侮小人하면 罔以盡其力하리이다

不役耳目[15]하사 百度를 惟貞[16]하소서

玩人[17]하면 喪德하고 玩物하면 喪志하리이다

志以道寧하시며 言以道接하소서

不作無益하여 害有益하면 功乃成하며 不貴異物하고 賤用物하면 民乃足하며 犬馬를 非其土性[18]이어든 不畜하시며 珍禽奇獸를 不育于國하소서 不寶遠物하면 則遠人이 格[19]하고 所寶惟賢이면 則邇人이 安하리이다

嗚呼라 夙夜에 罔或不勤하소서 不矜細行[20]하시면 終累大德하여 爲山九仞에 功虧一簣[21]하리이다

允迪玆하시면 生民이 保厥居하여 惟乃世王[22]하시리이다

1) 九夷八蠻(구이팔만) : 중화(中華)를 중심으로 하는 사면팔방(四面八方)의 미개인인 오랑캐들이라는 뜻. 대체로 그러하기도 했지만, 중화인들은 중화 주변의 여러 이민족(異民族)을 모두 미개인이라고 업신여겨 오랑캐라고 불렀다. 그들은 동쪽의 이민족을 동이(東夷)라 했고, 서쪽의 이민족을 서융(西戎), 남쪽의 이민족을 남만(南蠻), 북쪽의 이민족을 북적(北狄)이라고 불렀다.

2) 西旅(서려) : 서쪽의 여족(旅族)이라는 뜻. 여족은 서융(西戎) 중의 한 나라였다.

3) 底貢(지공) : 공물을 바치다.

4) 獒(오) : 큰 개. 개의 크기가 4척 이상이면 오(獒)라고 한다.

5) 太保(태보) : 태사(太師)·태부(太傅)와 함께 삼공(三公)의 하나로 당시 신하로서 최고의 지위. 당시의 태보는 무왕(武王)의 아우인 소공(召公)이었다.

6) 旅獒(여오) : 여족(旅族)이 공물로 바친 큰 개라는 뜻인데, 태보인 소공이 지어서 무왕을 간(諫)한 글의 이름이다.

7) 四夷(사이) : 사방의 오랑캐. 여기서 이(夷)는 모든 이민족을 두루 지칭한 것.

8) 賓(빈) : 손. 손님이라는 뜻인데 여기서는 신하가 되기 위해 천자를 배알하러 온 손님이라는 뜻.

9) 方物(방물) : 지방의 특산물(特產物).

10) 異姓之邦(이성지방) : 성이 다른 나라. 천하를 차지하게 된 천자는 가까운 친척들과 공신들을 제후(諸侯)로 삼아 각각 나라를 맡겨 다스리게 했는데, 이런 나라들을 제후국이라 했다. 여기서는 친척이 아닌 공신들의 제후국을 말하는 것이리라.

11) 無替厥服(무체궐복) : 그 해야 할 일을 바꾸지 않다. 무체는 바꾸지 않다. 곧 저버리지 않다의 뜻. 복은 해야 할 일이라는 뜻.

12) 伯叔之國(백숙지국) : 백부나 숙부의 나라. 곧 천자의 백부뻘 되는 사람과 숙부뻘 되는 가까운 친척이 되는 제후국. 무왕은 6백 년 간 이어져 온 은나라의 세력을 완전 소멸시킬 수 없었기에 융화책을 쓰는 한편 은 땅의 주위 제후국에 관숙(管叔)과 채숙(蔡叔), 곽숙(霍叔) 등을 봉하여 은연중 감시하게

하였다. 이외에 친척들을 많이 제후에 봉하였다.

13) 時庸展親(시용전친) : 그것으로써 친교를 더욱 두터이 하다. 시(時)는 시
(是)와 통하고, 용(庸)은 여기서 이(以)와 같다.

14) 人不易物(인불역물) : 주는 사람의 신분은 그것으로 해서 바뀌지 않는다는 뜻.

15) 不役耳目(불역이목) : 귀와 눈에게 부림을 당하지 않다. 곧 귀나 눈으로 듣
고 보는 등의 감각적인 즐거움을 누리려 하지 말라는 뜻.

16) 百度惟貞(백도유정) : 모든 법도가 바르게 된다. 백(百)은 온갖·모든의 뜻.

17) 玩人(완인) : 사람을 희롱하다.

18) 非其土性(비기토성) : 그 풍토의 성질에 맞지 않는 것. 곧 본디부터 그 고장
에서 자라나지 않는 것이라는 뜻.

19) 遠人格(원인격) : 먼 곳의 사람이 이른다. 곧 먼 곳의 사람도 왕의 높은 덕
에 감화되어 신하로서 복종하게 된다는 말.

20) 矜細行(긍세행) : 사소한 행위에 조심하다. 긍(矜)은 여기서 조심한다는 뜻.

21) 功虧一簣(공휴일궤) : 한 삼태기의 흙으로 해서 공이 헛되이 된다. 곧 거의
다 이루어 놓은 일이 마지막 단계에서 잘못을 저질러 수포로 돌아가는 일을
비유로 하는 말.

22) 惟乃世王(유내세왕) : 당신의 자손이 대대로 왕업을 누리게 된다는 말. 세
(世)는 대대로, 대를 잇는다는 뜻.

제6장 금등(金縢)

이 글은 무왕이 병들어 누웠을 때, 그의 아우 주공(周公)이 대
신 자기를 죽게 해 달라고 선왕들에게 비는 글을 지어 상자에 넣
고 쇠줄로 묶어둔 일이 있었다. 뒷날 왕위를 계승한 어린 성왕(成
王)이 요언(妖言)에 현혹되어 숙부인 주공을 의심하다가 이 기
도문을 발견하고 오해를 풀었다는 내용의 글이다.

금등이라는 금(金)은 쇠라는 뜻이고, 등(縢)은 끈이라는 뜻으
로, 쇠끈에 묶인 상자에서 나온 글이라는 뜻이다.

1. 주공이 제단을 짓고 선왕들에게 기도하다

상(商)나라를 멸망시킨 지 2년 뒤에 왕이 병들어 편치 못하였다. 이에 두 공(公)이 말하였다.

"우리가 왕을 위하여 삼가 점을 쳐 보겠습니다."

주공(周公)이 말하였다.

"우리 선왕들의 마음을 움직이게 할 수는 없을 것입니다."

이에 스스로 자기의 일이라 여겨 깨끗하게 치운 같은 땅에 세 단(壇)을 만들고, 따로 남쪽에 단을 만들고 북쪽을 향해 주공이 서서 벽(璧)을 놓고 홀(笏)을 들고 태왕(太王)과 왕계(王季)와 문왕(文王)에게 아뢰었다.

사관(史官)이 지은 글로 빌었다.

"당신들의 원손(元孫) 아무개가 악하고 사나운 질병에 걸렸습니다. 만약 세 임금께서 실로 자손을 보호할 책임을 하늘에서 지고 계시다면 이 단(旦)으로 하여금 아무개의 몸을 대신하게 하여 주시옵소서.

저는 어질고 또 효성이 있으며 많은 재주와 기예(技藝)에 능하며 신령들을 잘 섬길 수 있습니다만, 당신들의 원손은 이 단과 같이 재주와 기예가 많지 않으며 신령들을 잘 섬기지 못합니다. 그러나 그는 하늘의 명을 받은 몸으로 천하를 두루 보호하여 이 세상에서 당신들의 자손을 안정시켰으며, 천하의 백성은 모두 그의 덕을 공경하고 그의 위엄을 두려워하지 않는 사람이 없습니다.

오호라, 하늘이 내린 귀한 목숨을 잃게 하지 마시옵소서. 그래야만 우리 선왕(先王)들께서도 영원히 의지할 곳이 있으실 것입니다.

이제 이 몸이 큰 거북에게 명(命)을 묻겠사오니 당신들께서 저의 청원을 허락하신다면 이 벽(璧)과 규(珪)를 바치고 돌아가 당신들의 명을 기다리겠습니다. 당신들께서 저의 청원을 허락하지 않으신다면 저는 곧 벽과 규를 거두겠습니다."

이에 세 거북에게 점을 치니 한결같이 거듭 길(吉)하다고 하였고, 죽간(竹簡)으로 된 점치는 책을 열어 점괘(占卦)의 글을 보니 또한 모두 길하다고 하였다.

그래서 주공이 말하였다.

"점괘는 왕께 해가 없을 것임을 나타내고 있습니다. 이 소인은 세 임금에게서 새로운 명을 받았습니다. 오직 영원하도록 잘 꾀하여 주시리라 믿고 이제 기다려 볼 것인데 선왕들께서 이 몸을 생각해 주실 것입니다."

이에 주공은 돌아와 죽간으로 된 기도문을 쇠줄로 묶은 상자 안에 넣었는데, 왕은 다음 날 곧 병이 나았다.

▨ 무왕이 천하를 다스린 지 얼마 되지 않아 병으로 위독하게 되자 주공이 선왕들에게 하늘의 명을 받아 할 일이 많은 무왕보다 재주가 뛰어나고 신령들을 잘 모실 자신을 데려가 달라고 기원하였다.

기원을 끝내고 점을 치니 모두 길하는 점괘가 나왔고 기원문을 간수하니 무왕의 병이 나았다는 이야기로 주공의 우애와 충성심이 잘 엿보인다.

既克商二年에 王[1]이 有疾하사 弗豫[2]하시다

二公[3]이 曰我其爲王하여 穆卜[4]하리라

周公[5]이 曰未可以慼[6]我先王이라하시고

公[7]이 乃自以爲功[8]하사 爲三壇[9]하대 同墠[10]하고 爲壇於南方[11]하대 北面하고 周公立焉하사 植璧[12]秉珪[13]하사 乃告太王王季文王하시다

史[14]乃册祝[15]曰惟爾元孫某[16]이 遘厲虐疾[17]하니 若爾三王은 是[18] 有丕子之責[19]于天하시니 以旦으로 代某之身하소서

予仁若考[20]라 能多材多藝하여 能事鬼神이어니와 乃元孫[21]은 不若旦의 多材多藝[22]하여 不能事鬼神하리이다

乃命于帝庭[23]하사 敷佑四方하사 用能定爾子孫于下地하신대 四方之民이 罔不祗畏[24]하나니 嗚呼라 無墜[25]天之降寶命하시사 我先王도 亦永有依歸하시리이다

今我卽命[26]于元龜하리니 爾之許我[27]인댄 我其以璧與珪로 歸俟爾命하리이니와 爾不許我인댄 我乃屛[28]璧與珪하리라

乃卜三龜[29]하니 一習吉[30]이어늘 啓籥見書[31]하니 乃幷是吉하더라

公曰體[32]는 王其罔害로소니 予小子新命于三王이란대 惟永終을 是圖하리니 玆攸俟[33]니 能念予一人이샷다

公이 歸하사 乃納冊[34]于金縢之匱中하시니 王이 翼日에 乃瘳[35]하시다

1) 王(왕) : 무왕(武王)을 가리킨다.

2) 弗豫(불예) : 편안하지 않다. 예는 편안하다는 뜻으로 천자가 병들면 불예(弗豫)라고 하였다.

3) 二公(이공) : 두 공(公). 곧 태공(太公)과 소공(召公). 태공은 태공망 여상(太公望呂尙)을 가리키는 말로, 문왕과 무왕을 도와 상나라를 멸하고 천하를 평정하였으며 뒤에 제(齊)나라의 제후(諸侯)로 봉(封)해졌다. 소공은 무왕의 동생으로 삼공(三公)의 하나인 태보(太保)였다.

4) 穆卜(목복) : 삼가 점을 치다.

5) 周公(주공) : 무왕의 아우로 이름은 단(旦). 무왕을 도와 상나라를 멸망시켰으며, 무왕이 죽은 뒤에는 성왕(成王)을 도와 주왕실(周王室)을 튼튼히 세웠다. 노(魯)나라의 제후로 봉해졌다.

6) 慼(척) : 마음을 움직이게 하다. 감동시키다.

7) 公(공) : 주공(周公)을 가리킨다.

8) 自以爲功(자이위공) : 스스로 자기의 일이라고 여겼다는 뜻.

9) 三壇(삼단) : 세 단. 단(壇)은 제단(祭壇)이다. 세 제단은 태왕·왕계·문왕에게 기도드릴 세 개의 단이다.

10) 墠(선) : 제사 드리기 위해 깨끗하게 쓴 땅.

11) 爲壇於南方(위단어남방) : 별도로 세 단의 남쪽에 주공이 서서 기도드릴 단을 세웠다는 뜻. 옛 임금은 북쪽에서 남면(南面)하였기에 남쪽에 단을 세운 것은 아랫자리를 뜻한다.

12) 植璧(식벽) : 벽을 놓다. 식(植)은 치(置)와 통하고, 벽(璧)은 제사에 쓰는 귀중한 제기(祭器).

13) 珪(규) : 홀(笏). 일반 홀과는 달리 제사 때 쓰는 것으로 각주(角柱)의 모양을 한 것.

14) 史(사) : 사관(史官).

15) 冊祝(책축) : 글을 지어 신에게 빌며 고한다는 뜻. 책(冊)은 책문(冊文), 곧

글. 축(祝)은 빈다, 고하다의 뜻.

16) 某(모) : 아무개. 무왕을 가리키는 것이나 이름 부르기를 꺼려서 하는 말이
다. 임금의 이름을 함부로 부를 수 없었다.

17) 遘厲虐疾(구려학질) : 악하고 사나운 병에 걸리다. 구는 병에 걸렸다는 뜻.

18) 是(시) : 여기서는 실(實)로, 진실로, 참으로의 뜻.

19) 丕子之責(비자지책) : 자손을 보호할 책임. 비(丕)는 보호하다의 뜻. 자
(子)는 자손이라는 뜻.

20) 予仁若考(여인약고) : 나는 어질고 효성이 있다. 고(考)는 효(孝)와 통한다.

21) 乃元孫(내원손) : 당신들의 맏손자.

22) 不若旦多材多藝(불약단다재다예) : 이 단과 같이 재주와 기예가 많지 못하
다. ※이렇게 자기를 추켜 세우는 것은, 자기가 신령들인 선왕들을 무왕보다
잘 섬길 수 있으니 자신을 데려가 달라는 뜻.

23) 命于帝庭(명우제정) : 무왕이 하늘의 명을 받은 것을 가리킨다. 제정(帝庭)
은 상제(上帝)라는 뜻이나 그냥 하늘로 풀이된다.

24) 罔不祗畏(망부지외) : 그의 덕을 공경하고 그의 위엄을 두려워하지 않는 이
가 없다.

25) 墜(추) : 잃다. 실(失)과 같은 뜻.

26) 卽命(즉명) : 명을 묻다. 청명(聽命).

27) 爾之許我(이지허아) : 당신들께서 나의 청을 허락한다면의 뜻.

28) 屛(병) : 거두겠다. 곧 바치지 않겠다는 뜻.

29) 卜三龜(복삼귀) : 세 거북에게 점을 치다. 곧 태왕·왕계·문왕의 세 선왕에
게 빌면서 세 거북에게 점을 쳤다는 뜻.

30) 一習吉(일습길) : 한결같이 거듭 길하다. 일은 한결같이의 뜻, 습은 거듭하
다의 뜻.

31) 啓籥見書(계약견서) : 죽간(竹簡)으로 된 점치는 책을 열어 점괘에 나타난
글을 보다. 약은 점치는 책, 서는 점괘에 나타난 글.

32) 體(체) : 점괘로서 거북의 등에 나타난 모양.

33) 玆攸俟(자유사) : 이제 여기서 기다려 보자는 뜻.

34) 冊(책) : 책. 선왕들에게 올린 기도문을 말한다.

35) 瘳(추) : 병이 낫다.

2. 주공에 대한 오해를 푼 성왕

무왕이 붕어한 뒤 관숙(管叔)과 그의 여러 아우들이 나라에 뜬 소문을 퍼뜨렸다.

"주공은 장차 어린 왕에게 이롭지 않은 짓을 할 것이다."

이에 주공은 두 공(公)에게 말하였다.

"내가 회피하지 않으면 나는 우리 선왕들에게 아뢸 말이 없게 될 것입니다."

주공이 동쪽으로 가서 산 지 2년 만에 죄인들이 잡혔다.

그 뒤에 주공은 시를 지어 왕에게 바쳤는데, 시의 이름을 치효 (鴟鴞 : 올빼미)라고 했다. 왕은 감히 주공을 나무라지 못하였다.

가을에 곡식이 크게 여물었으나 아직 거두어들이지 않고 있을 때에 하늘에서 크게 천둥 번개가 치고 바람이 불어 곡식이 모두 쓰러지고 큰 나무들이 뽑히니 온 나라 사람들이 크게 두려워하였다.

그래서 왕은 대부(大夫)들과 더불어 모두 예복(禮服)을 갖추고 쇠줄로 묶어 놓은 간책(簡册) 상자를 열어 보았는데, 이윽고 주공이 스스로의 임무라 생각하고 무왕을 대신하겠다고 한 글귀를 얻었다.

두 공(公)과 왕은 여러 일을 처리하는 관리들에게 그것에 대하여 물으니, 그들이 대답하였다.

"정말입니다. 주공의 명령으로 우리는 감히 말하지 못하였습니다."

왕은 책을 들고 눈물을 흘리면서 말하였다.

"삼가 점을 쳐 볼 필요도 없다. 옛날에 주공은 우리 왕실을 위해 애쓰고 수고하였으나 이 몸이 어려서 미처 알지 못하였다. 오늘 하늘이 위엄을 보인 것은 주공의 덕을 밝히기 위한 것이다. 나이 젊은 사람은 친히 마중을 나가겠으며, 이것은 우리 나라의 예절에도 또한 합당한 일이다."

이에 왕이 교외로 나가니, 하늘은 비를 내리고 바람이 반대쪽으로 불어와서 쓰러졌던 곡식들이 모두 일어섰다. 두 공은 나라 사람들에게 명하여 넘어진 큰 나무들을 북돋우어 모두 일으켜 세우게 하였는데, 그 해에는 크게 풍년이 들었다.

▨ 무왕이 죽자 그 아들 송(誦)이 뒤를 이었는데, 곧 성왕(成王)이다. 성왕이 나이가 어려 주공이 섭정하였다. 이에 관숙(管叔) 등이 불만을 품고 주공이 어린 임금을 몰아낼 궁리를 한다고 헛소문을 퍼뜨렸다. 이에 주공은 동쪽으로 가 2년 동안 거하였다.

소문을 퍼뜨린 장본인들이 잡히고 주공의 죄 없음이 밝혀졌으나 성왕은 마음이 환하게 밝아지지 못하였다. 그러던 중 추수때 하늘이 재앙을 내리자 점을 치기 위해 죽간 등을 뒤지다가 주공의 기도문을 발견하고 그제서야 자신의 우매함을 깨달은 성왕이 반갑게 주공을 맞이하였고 풍년이 들었다는 이야기이다.

武王이 旣喪이어시늘 管叔[1]이 及其群弟[2]로 乃流言於國曰公將不利於孺子[3]하리라

周公이 乃告二公曰我之弗辟[4]면 我無以告我先王이라하시고

周公이 居東二年[5]에 則罪人을 斯得하시다

于後에 公이 乃爲詩하여 以貽王[6]하시고 名之曰鴟鴞[7]라하시니 王亦未敢誚公하시다

秋[8]大熟하여 未穫이어늘 天이 大雷電以[9]風하니 禾[10]盡偃하며 大木이 斯拔이어늘 邦人이 大恐하더니 王이 與大夫로 盡弁[11]하사 以啓金縢之書하사 乃得周公所自以爲功하여 代武王之說하시다

二公及王이 乃問諸史與百執事[12]하신대 對曰信[13]하니이다 噫라 公命이어시늘 我勿敢言이라소이다

王이 執書以泣曰其勿穆卜[14]이로다 昔에 公이 勤勞王家어시늘 惟予沖人[15]이 弗及知라니 今天이 動威[16]하사 以彰周公之德하시니 惟朕小子[17]其新逆[18]함이 我國家禮에 亦宜之라하시고

王이 出郊하신대 天乃雨하여 反風하니 禾則盡起어늘 二公이 命邦人하여 凡大木所偃을 盡起而築[19]之하니 歲則大熟하니라

1) 管叔(관숙) : 무왕의 동생이며 주공의 형. 이름은 선(鮮)이다.
2) 群弟(군제) : 여러 아우라는 뜻인데 관숙의 아우이며 주공에게도 아우인 채

숙(蔡叔)과 곽숙(霍叔)을 가리킨다.

3) 孺子(유자) : 어린아이라는 뜻. 무왕의 뒤를 이은 어린 성왕(成王)을 가리킴.

4) 弗辟(불피) : 피하지 않다. 피는 여기서 피(避)와 통한다.

5) 居東二年(거동이년) : 동쪽에 가서 2년을 살았다는 뜻.

6) 王(왕) : 성왕(成王)을 가리킨다.

7) 鴟鴞(치효) : 주공이 지어 성왕에게 올린 올빼미라는 뜻의 시 이름인데, 내용은 성왕이 뜬소문에 흔들렸던 것을 풍자한 시다.

8) 秋(추) : 가을. 주공이 떠난 지 2년째 되던 해의 이듬해 가을.

9) 以(이) : 여기서는 및〔及〕으로 풀이된다.

10) 禾(화) : 벼. 여기서는 곡식이라는 뜻.

11) 弁(변) : 관(冠)이라는 뜻인데, 여기서는 예복(禮服)을 갖추었다는 뜻이다.

12) 百執事(백집사) : 여러 가지 일을 처리하는 모든 관리.

13) 信(신) : 정말이라는 뜻.

14) 其勿穆卜(기물목복) : 그것은 삼가 점칠 것이 없다. 곧 갑작스런 천재지변(天災地變)에 대해 점을 쳐 물으려 했으나 주공의 기도문을 보고는 그 이유를 깨달았으니 점을 쳐 볼 필요가 없어졌다는 뜻.

15) 沖人(충인) : 나이 어린 사람.

16) 動威(동위) : 위엄을 발동하다. 곧 위엄을 보이다.

17) 朕小子(짐소자) : 나이 젊은 사람이라는 뜻.

18) 新逆(신역) : 친히 맞이하다. 신(新)은 친(親)과 통하고, 역(逆)은 영(迎)과 통한다.

19) 築(축) : 나무 밑둥을 북돋우어 주는 일.

제7장 대고(大誥)

이 글은 성왕이 왕위를 계승하고 주공이 섭정(攝政)하여 성왕을 보필하게 되니, 무경(武庚)의 감시를 담당하고 있던 관숙(管叔) 등이 무경과 여러 부족과 합세하여 반란을 일으켰다. 그들의 명분은 주공이 역심(逆心)을 품었다는 것이었으나 성왕은 주공에게 그들을 진압하게 하였다. 이때 많은 신하들은 여러 가지 이유를 들어 반대하였으나 성왕은 이들을 물리치고 반도들을 정벌하지 않을 수 없음을 밝혀 백성들에게 고한 것이다.

1. 왕업을 유지하기 위해 반도들을 징벌

성왕은 이와 같이 말하였다.

"오호라, 그대들 많은 나라와 그대들 모든 관원에게 널리 고한다. 불행하게도 하늘은 우리 집안에 재난을 내리심에 조금도 지체하지 않으셨다. 그런데 나이 어린 이 사람은 끝없이 큰 운명과 일을 계승하였으나 명철하지 못하여 백성을 이끌어 편안한 길로 나아가지 못하였는데, 하물며 천명을 궁리하여 알았으리오

그리하여 이 젊은 사람은 깊은 냇물을 건너는 것 같으니 내가 가는 것은 오로지 내 건널 바를 찾기 위함이다. 힘써 옛 사람들이 받은 명을 시행하였으며, 이렇게 하여 평정의 큰 공을 잃지 않으려 한다. 따라서 나는 감히 하늘이 내리려는 엄한 위엄을 거절하지 않을 것이다."

▨ 성왕은 덕이 없고 명철하지 못한 자신이 왕위를 계승하였으나 조상들이 이룩한 위업을 유지하여야 한다는 것을 강조하였다.

이에 반기를 든 사람들을 벌함에 있어 하늘이 자신들의 손을 빌리려는 것을 자기로서는 거역할 수 없다고 하였다.

王若曰猷[1]라 大誥爾多邦과 越[2]爾御事[3]하노라 弗弔[4]라 天이 降割[5] 于我家하사 不少延[6]이어시늘 洪惟[7]我幼沖人[8]이 嗣無疆大歷服[9]하여 弗造哲[10]하여 迪民康[11]이온 矧曰其有能格[12]知天命가

已[13]아 予惟小子若涉淵水하니 予惟往은 求朕攸濟니라 敷貫[14]하며 敷前人受命은 玆不忘大功[15]이니 予不敢閉[16]于天降威用이니라

1) 猷(유) : 감탄사.
2) 越(월) : 여기서는 여(與)와 같은 뜻으로, 더불어, 또는 함께.

3) 御事(어사) : 주(周)나라의 모든 관리를 가리키는 말.

4) 弗弔(불조) : 불행하게도.

5) 割(할) : 재앙. 재난. 여기서는 무왕의 죽음을 가리킨다.

6) 不少延(불소연) : 조금도 늦추지 않았다.

7) 洪惟(홍유) : 그런데. 말을 바꿀 때 쓰는 발어사(發語詞).

8) 幼沖人(유충인) : 나이 어린 사람. 성왕이 자신을 가리키는 말.

9) 嗣無疆大歷服(사무강대력복) : 끝없이 큰 운명과 일을 계승하였다는 뜻. 사
   (嗣)는 계승하다. 무강(無疆)은 끝없이, 역(歷)은 운명, 복(服)은 일. 역복
   (歷服)은 운명과 일. 임금의 자리를 가리킨다.

10) 造哲(조철) : 명철하다. 명철(明哲).

11) 迪民康(적민강) : 백성을 이끌어 평안한 길로 나아가다.

12) 格(격) : 궁리하다.

13) 巳(이) : 감탄사. 희(噫)와 같다.

14) 敷賁(부분) : 분주하게 애써서.

15) 玆不忘大功(자불망대공) : 이렇게 하여 큰 공을 잃지 않는다. 자는 이렇게
    하여. 망은 여기서 잃다. 곧 망(亡)과 같은 뜻이다. 대공은 천하를 평정한 큰
    공을 가리킨다.

16) 閉(폐) : 닫다. 곧 거절하다.

2. 거북점의 점괘가 길하니 정벌하자

성왕은 말을 이었다.

"문왕께서 나에게 보배로운 큰 거북을 남겨 주어 하늘의 밝으
심을 이어받게 하셨으므로 곧 점을 치니 '서쪽 땅에 큰 재난이 있
을 것이며 서쪽 사람들은 또한 편치 못할 것인데, 지금 이미 준동
(蠢動)하고 있다.'고 한다.

은(殷)나라의 조그만 주인이 감히 그의 왕업을 다스려 보겠다
고 벼르고 있는데, 하늘이 우리에게 벌을 내리시니 그는 우리 나
라에 폐단이 있어 백성이 편안하지 못한 것으로 알고 '내가 되찾
겠다'고 하며 도리어 우리 주나라를 업신여기고 있다.

지금 그들은 움직이고 있으며 그 소식을 들은 다음 날에 어진 관리 열 사람이 나를 도와, 문왕과 무왕께서 이룩하신 공을 안정시키려고 갔다.

나에게 큰 일의 길조(吉兆)가 생겼으며, 그 큰 일에 대한 점괘도 아울러 좋다. 나는 우리 우방(友邦)의 제후들과 백관의 우두머리, 모든 관원, 일을 맡아 보는 모든 사람에게, 나는 길한 점을 얻었으니 오직 그대들 제후나라와 함께 은나라에 도망다니는 신하들을 토벌하러 가야겠다고 말하는 것이다.

그대들 여러 나라의 제후들과 모든 관원, 그리고 일을 맡아보는 모든 사람은 반대하지 않은 이가 없이 말하기를 '어렵고 큰 일입니다. 백성이 편안하지 못하게 된 것은 오직 왕의 궁전 사람과 제후들의 집안 사람들 때문입니다. 우리 이 작은 사람들은 윗사람을 공경한다는 뜻에서 정벌하면 안 된다고 생각합니다. 왕께서는 어찌하여 점(占)을 어기려 하지 않으십니까.' 라고 하였다.

그러므로 이 어린 사람은 오래 갈 어려움을 생각하고 '오호라, 진실로 소동이 일어난다면 외롭고 의지할 곳 없는 사람들이 불쌍하구나.' 하고 말했다.

나는 하늘의 부림을 받아 중대하고도 어려운 일이 나의 몸에 맡겨지고 짐지워졌으니, 이 어린 사람은 나 스스로를 불쌍하게 여기고 있을 수만은 없다. 마땅히 그대들 제후국의 군주와 그대들 많은 관리와 장관들, 그리고 여러 일을 맡아 보는 사람들은 나에게 괴롭다고 하소연하지 말고 그대들의 돌아가신 부친께서 이루어 놓으신 공을 성취하지 않으면 안 된다고 말하여야 한다.

오호라, 이 어린 사람은 하늘의 명을 감히 저버릴 수가 없다. 하늘이 문왕에게 복을 내려 우리 작은 주나라를 일으키게 하셨다. 문왕께서는 점을 쳐 능히 이 하늘의 명을 평안히 받을 수 있었다.

이제 하늘은 백성을 돕고자 하니 점의 결과에 따라 일을 해야 한다. 오호라, 하늘은 밝히고 벌하시니 우리를 도와 위대한 기업(基業)을 이루게 할 것이다."

▨ 성왕은 문왕이 물려준 큰 거북으로 점을 치자 길한 점괘가 나왔다.

성왕은 여러 제후와 관리들의 반대를 무릅쓰고 반역자들을 징벌해야 할
것을 문왕과 무왕의 업적을 상기시키면서 그들의 충성심에 호소하였다.

　또한 징벌로 인한 백성들의 피해를 걱정하는 자신을 신하들은 용기를
북돋아 주어야만 한다고 호소하며 주나라를 공고히 하기 위해 반드시 반
역자를 징벌해야 하고 하늘도 역시 돕고 있다고 하였다.

　寧王[1]이 遺我大寶龜하산든 紹天明이시니 卽命[2]한대 曰有大艱于西土
라 西土人이 亦不靜이라하더니 越玆蠢[3]이로다

　殷小腆이 誕敢紀其敍[4]하여 天降威[5]나 知我國에 有疵[6]하여 民不康
하고 曰予復[7]하여 反鄙我周邦이라하나다

　今蠢이어늘 今翼日에 民獻[8]有十夫予翼[9]以于하여 敉[10]寧武圖功[11]
하나니 我有大事休[12]할든 朕卜이 幷吉이니라

　肆[13]予告我友邦君과 越尹氏[14]와 庶士와 御事하여 曰予得吉卜이라
予惟以爾庶邦으로 于伐殷에 逋播臣[15]하노라

　爾庶邦君과 越庶士御事罔不反하여 曰艱大하며 民不靜이 亦惟在
王宮[16]과 邦君室이라하며 越予小子[17]考翼도 不可征이라하여 王은 害[18]不
違卜고하나다

　肆予沖人이 永思艱[19]하니 曰嗚呼라 允蠢이면 鰥寡[20]哀哉나 予造는
天役[21]이라 遺大投艱[22]于朕身이시니 越予沖人은 不卬自恤이니라 義[23]엔
爾邦君과 越爾多士와 尹氏와 御事綏[24]予하여 曰無毖于恤[25]이어다 不
可不成乃寧考[26]의 圖功이니라

　已아 予惟小子不敢替上帝命이로니 天休于寧王하사 興我小邦周하
실새 寧王이 惟卜을 用[27]하사 克綏受玆命[28]하시며 今天이 其相民하신대도
矧亦惟卜을 用잇다녀 嗚呼라 天明畏[29]는 弼我丕丕[30]基[31]시니라

1) 寧王(영왕)：문왕(文王). 영(寧)은 곧 문(文)이다.

2) 卽命(즉명)：천명을 듣는다는 뜻으로, 거북점을 친다는 말.

3) 越玆蠢(월자준)：지금 이 시간에 준동하고 있다는 뜻. 월은 여기서 어(於)
　와 같고 자는 지금이라는 뜻.

4) 殷小腆誕敢紀其敍(은소전탄감기기서)：은나라의 조그만 주인이 감히 그의
　왕업(王業)을 다스리다. 소전은 조그만 주인이라는 뜻으로 은나라의 제후로

서 반역을 도모한 무경(武庚)을 가리키며, 탄은 발어사, 기(紀)는 여기서 다
스린다는 뜻, 서(敍)는 여기서 은나라의 왕업(王業)을 가리킨다.

5) 天降威(천강위) : 하늘이 위엄을 내린다는 뜻으로 하늘이 벌을 내렸다는 말.
   곧 무왕의 죽음을 가리킨다.

6) 疵(자) : 폐단(弊端). 병폐(病弊).

7) 予復(여복) : 내가 회복한다. 곧 무경이 나라를 되찾겠다고 한 말.

8) 民獻(민헌) : 어진 관리를 뜻한다. 민은 인(人)과 통하여 관리를 뜻하고 헌
   은 어질다는 뜻으로 현(賢)과 통한다.

9) 予翼(여익) : 나를 돕다. 여기서의 익(翼)은 돕다의 뜻.

10) 于粉(우미) : 안정시키려 가다. 우는 여기서 간다는 왕(往)의 뜻이요, 미는
    안정시킨다는 뜻.

11) 圖功(도공) : 도모한 공. 여기서는 문왕과 무왕이 도모한, 곧 은나라를 이기
    고 왕업을 이룩한 공.

12) 大事休(대사휴) : 큰 일의 길조(吉兆). 대사(大事)는 큰 싸움. 휴(休)는 길조.

13) 肆(사) : 접속사로서 그러므로 또는 그런 고로로 풀이된다.

14) 尹氏(윤씨) : 백관(百官)의 우두머리.

15) 遺播臣(포파신) : 도망다니는 신하들. 또는 죄를 지은 신하들.

16) 惟在王宮(유재왕궁) : 왕의 궁전에 있다. 곧 왕궁에 있는 사람이라는 뜻. 왕
    의 숙부되는 관숙(管叔)과 채숙(蔡叔) 등을 말함.

17) 小子(소자) : 제후와 모든 관리가 스스로를 낮추어 일컫는 말.

18) 害(해) : 어찌하여. 갈(曷)과 통한다.

19) 永思艱(영사간) : 오래 갈 어려움을 생각하다. 어렵다는 말은 반란군 진압
    할 일을 말한다.

20) 鰥寡(환과) : 홀아비와 과부. 외롭고 의지할 곳 없는 사람들.

21) 造天役(조천역) : 하늘의 부림을 받다. 조는 조(遭)와 통한다.

22) 遺大投艱(유대투간) : 중대하고도 어려운 일이 맡겨졌다. 유는 남겨지다, 곧
    맡겨지다의 뜻.

23) 義(의) : 의(宜)와 같은 뜻으로, 마땅히로 풀이된다.

24) 綏(수) : 여기서는 말하다. 고(告)하다의 뜻이다.

25) 無毖于恤(무비우휼) : 괴로움을 하소연하다.

26) 寧考(영고) : 돌아간 아버지. 문고(文考). 무왕(武王)을 가리킨다.

27) 惟卜用(유복용) : 점을 쳐서 그 점의 지시에 따라 일했다는 뜻.

28) 玆命(자명) : 이 하늘의 명. 곧 나라를 일으키게 한 하늘의 명.

29) 天明畏(천명외) : 하늘은 밝히고 벌하다. 곧 하늘은 착한 이를 밝혀 선양(宣揚)하고, 악한 사람에게는 벌을 내린다는 뜻.

30) 조조(비비) : 위대하다는 뜻.

31) 基(기) : 기업(基業).

3. 선왕들이 이룬 왕업을 완수하겠다

왕은 말하였다.

"그대들은 늙은 신하들로서 능히 옛일도 살필 수 있을 것이니 그대들은 문왕께서 어떻게 애쓰셨는지 알 것이다.

하늘은 몰래 우리들이 성공하리라는 것을 알리셨으니 나는 감히 급하게 문왕께서 도모하시던 일을 완수하지 않을 수 없다. 그러므로 나는 크게 우리 우방인 제후들을 깨우쳐 이끌려는 것인데 하늘만 믿을 수 없으며, 하늘은 우리 백성을 시험하고자 하니 내 어찌 감히 돌아가신 선군(先君)들께서 도모하신 공을 완성하지 않을 수 있겠는가.

하늘은 역시 우리 백성을 아끼고 위로 하시기를 병자를 대하듯이 하시는데 내 어찌 감히 돌아가신 조상들이 받은 바의 복을 완성하지 않을 수 있겠는가."

왕은 또 말하였다.

"옛날과 같이 나는 가서 토벌하겠다. 나는 어려움을 말하고 날로 생각하였다. 만약 돌아간 아버지가 집을 짓는 방법을 이미 정해 놓았는데 그 아들은 집터도 닦으려 하지 않으면 집이 얽어져 만들어지겠는가.

그 아비가 땅을 일구어 놓았는데 아들이 씨도 뿌리려 하지 않는다면 어찌 거두어들일 것이 있겠는가.

그 도와주는 아비가 긍정하여 말하기를 '나에게는 후손이 있어 나의 터전을 버리지 않을 것이다.' 한다면 어찌 하겠는가.

그러므로 내 어찌 감히 문왕께서 이룩하신 큰 명(命)을 이때에 안정시키지 않을 수 있겠는가.

만약 돌아가신 아버지가 있는데 누가 그분의 자식을 공격한다면, 그 사람을 키워주고 격려하는 사람으로서 그 아들을 구해주지 않겠는가."

▨ 성왕은 선왕들이 왕업을 이루기 위해 얼마나 애썼는지 예부터의 신하들은 알 것이라고 말하고 집짓는 일과 밭 일구는 일을 비유로 들며 선왕이 이루어 놓은 왕업을 이대로 저버릴 수 없음을 강조하였다.

王曰爾惟舊人[1]이라 爾丕克遠省[2]하나니 爾知寧王若勤哉어니딴 天閟毖는 我成功所니 予不敢不極[3]卒寧王圖事니라 肆予大化誘[4]我友邦君하노니 天棐忱辭[5]는 其考我民이니 予는 曷其不于前寧人[6]圖功에 攸終하리오 天亦惟用勤毖[7]我民이라 若有疾[8]하시나니 予는 曷敢不于前寧人攸受休[9]에 畢[10]하리오

王曰若昔[11]에 朕其逝[12]할새 朕言艱하여 日思하니 若考作室[13]하여 旣底法이어든 厥子乃弗肯堂이온 矧肯構[14]아 厥父菑[15]어든 厥子乃弗肯播은 矧肯穫가 厥考翼이 其肯曰予有後하니 弗棄基아 肆予는 曷敢不越卬하여 敉寧王大命하리오

若兄考의 乃有友伐[16]厥子어든 民養은 其勸[17]코 弗救아

1) 舊人(구인) : 옛 사람. 곧 늙은 신하들로서 문왕때부터 주나라를 섬긴 신하들을 말한다.

2) 丕克遠省(비극원성) : 능히 옛일을 살필 수 있을 것이다. 비(丕)는 여기서 발어사로서 뜻이 없고 극은 능(能)과 같은 뜻. 원은 멀다는 뜻으로 옛일을 가리킨다.

3) 極(극) : 여기서는 급하다는 뜻.

4) 化誘(화유) : 깨우쳐서 이끌다.

5) 天棐忱辭(천비침사) : 하늘의 명(命)이 무상(無常)하니, 하늘만 믿고 일을 소홀히 할 수 없다는 뜻.

6) 前寧人(전영인) : 돌아가신 선군(先君). 작고한 선조.

7) 勤毖(근비) : 아끼고 위로한다. 근은 여기서 아끼다의 뜻. 비는 위로한다는 뜻.

8) 若有疾(약유질) : 병자를 대하듯이 한다는 뜻.

9) 休(휴) : 아름다움. 여기서는 하늘이 내린 복. 곧 왕업(王業)을 가리킨다.

10) 畢(필) : 마치다. 완성하다. 종(終)과 같다.

11) 若昔(약석) : 옛날과 같이. 곧 무왕이 상나라의 주왕(紂王)을 정벌한 것과
  같이라는 뜻.

12) 逝(서) : 간다는 뜻으로, 가서 무경(武庚)을 토벌하겠다는 말.

13) 若考作室(약고작실) : 만약 돌아간 아버지가 집을 지으려 하여, 고(考)는
  돌아간 아버지라는 뜻.

14) 構(구) : 얽다. 곧 집을 짓다.

15) 菑(치) : 땅을 일구다.

16) 友伐(우벌) : 서로 공격하다. 여기서는 그냥 공격하다로 풀이된다.

17) 勸(권) : 여기서는 격려한다는 뜻.

4. 하늘의 명이니 조상의 유업을 받들자

왕은 말하였다.

"오호라, 힘써라. 그대들 여러 나라의 제후들이여. 그리고 그대
들 일을 담당한 모든 사람들이여. 나라가 밝아지는 것은 명철(明
哲)한 이로 말미암는 것인데, 오직 열 사람만이 하늘의 명을 알
고 있다. 하늘은 성실하게 돕고 계시니, 그대들이 평소에 감히 법
도를 가벼이 여기지 않는다면 하물며 지금 하늘이 주나라에 재난
을 내리셨겠는가.

크게 어려운 일을 만드는 사람들은 이웃 사람을 끌어들여 그들
의 집안을 서로 공격하니, 그대들도 또한 하늘의 명은 가벼이 할
수 없다는 것을 알지 못하고 있다.

나는 오랜 동안, 하늘이 은나라를 멸하신 것은 마치 농사꾼과
같은 것이니 내가 어찌 감히 나의 밭일을 끝내지 않을 수 있겠는
가 하고 생각하였다.

하늘은 또한 조상들에게 축복을 내리셨는데 내 어찌 자꾸 점만

치고 있겠으며, 길하다는 복점을 감히 따르지 않고 조상들의 뜻
을 받들어 영토를 지키지 않을 수 있겠는가. 하물며 오늘의 복점
이 길하지 않은가. 그러므로 나는 크게 그대들과 더불어 동쪽을
정벌하러 가겠다.

하늘의 명은 어긋나지 않으며 복점의 지시도 이와 같은 것이다."

▨ 성왕은 하늘만 믿고 자신이 할 바를 소홀히 하지 말 것을 당부하고,
하늘이 도와 길한 복점을 얻었으니 반드시 반역자들을 정벌할 것이라고
강조하며 힘써 싸워주기를 부탁하였다.

王曰嗚呼라 肆哉¹⁾어다 爾庶邦君과 越爾御事아 爽邦은 由哲²⁾이며
亦惟十人³⁾이 迪知上帝命하며 越天이 棐忱⁴⁾이시니 爾時⁵⁾에 罔敢易⁶⁾
法하니 矧今에 天이 降戾⁷⁾于周邦하사 惟大艱人⁸⁾이 誕隣⁹⁾하여 胥伐于
厥室¹⁰⁾잇따녀 爾亦不知天命不易이로다

予永念하여 日天惟喪殷이 若穡夫시니 予는 曷敢不終朕畝¹¹⁾하리오 天
亦惟休于前寧人이시니라

予는 曷其極卜¹²⁾이며 敢弗于從하리오 率¹³⁾寧人한댄 有指¹⁴⁾疆土어늘사
矧今에 卜幷吉잇따녀 肆朕이 誕以爾로 東征하노니 天命이 不僭¹⁵⁾이라 卜
陳¹⁶⁾이 惟若玆하니라

1) 肆哉(사재) : 힘쓰라. 힘쓸지어다.
2) 爽邦由哲(상방유철) : 나라가 밝아지는 것은 명철(明哲)한 사람들로 말미암
   는다. 명철한 사람들로 말미암아 나라가 밝아진다. 상(爽)은 밝아진다. 또는
   빛난다의 뜻.
3) 十人(십인) : 앞에서 말한 어진 이 열 사람을 가리킨다.
4) 棐忱(비침) : 성실하게 돕다.
5) 時(시) : 평소(平素). 평시(平時).
6) 易(이) : 쉽다. 곧 소홀히 여기다. 가벼이 여기다.
7) 戾(여) : 재난. 순탄하지 못한 일.
8) 大艱人(대간인) : 크게 어려운 일을 만든 사람. 곧 난리를 일으킨 관숙·채숙·
   곽숙 등을 가리킨다.
9) 誕隣(탄린) : 이웃을 끌다. 탄은 여기서 연(延)과 통하여 끌어들인다는 뜻이

요. 인은 이웃이라는 뜻으로, 은(殷)나라 주왕(紂王)의 아들인 무경(武庚)
을 가리킨다.

10) 厥室(궐실) : 그들의 집안. 관숙·채숙 등이 무경과 연합하여 그들의 집안인
주나라 왕실을 공격하였다.

11) 畝(묘) : 여기서는 밭일, 농사일로 풀이된다.

12) 極卜(극복) : 자꾸 점을 치다. 극(極)은 여기서 자꾸라는 뜻.

13) 率(솔) : 받들어 행하다.

14) 指(지) : 조상들의 뜻. 조상들이 후손에게 당부한 규범 등을 가리킨다. 지
(旨)와 통한다.

15) 不僭(불참) : 어긋나지 않다. 참은 어긋나다. 착오(錯誤).

16) 陳(진) : 복점의 지시를 가리킨다.

제8장 미자지명(微子之命)

이 글은 성왕이 미자(微子)를 송(宋) 땅의 제후(諸侯)로 봉
(封)하면서 훈시한 글이다.

미자는 상(商)나라 주왕(紂王)의 서형(庶兄)으로 현자(賢者)
였다. 주(周)나라가 주왕의 아들인 무경(武庚)의 난을 평정하고
무경 대신 미자를 송(宋) 땅의 제후로 봉하여 상나라의 후사(後
嗣)를 잇게 하였다. 옛날 중국의 덕 있는 제왕들은 적국을 멸망
시키고도 적국의 후사는 끊지 않는 아량을 보였던 것이다.

I. 미자여, 선조의 어진 덕을 본받아라

왕은 이와 같이 말하였다.

"오호라, 은(殷)나라 임금의 큰아들이여.

오직 옛일을 생각하여 덕을 높이고 현명함을 배워 옛 임금들의
대통을 이어받고 그 예의와 문물(文物)을 닦으시오 왕실(王室)

의 손님으로 찾아오고 나라와 더불어 함께 편안함을 누려 영세
(永世)토록 무궁하시오.

오호라, 그대의 조상인 성탕(成湯)께서는 바르고 성스럽고 넓
고 깊은 분이셨고, 황천(皇天)이 돌보고 도우시어 크게 그 명을
받았으며, 너그러움으로써 백성을 어루만지고 그 사악(邪惡)하
고 포악한 자를 제거하니, 그 공이 세월을 따라 더해져 그 덕이 후
손에게까지 미치었소.

그대는 오직 그분들의 덕행을 실천하고 닦아 오래전부터 아름
다운 소문이 있었소. 삼가 효도를 행하며 엄숙하게 신과 사람을
공경한다니 나는 그대의 덕을 가상(嘉尙)하게 여기고 '독실하니
잊지 않으리라.' 라고 하였소. 하늘을 받들어 모시고 아래로 백성
을 공경하고 화합하시오. 그것으로써 그대를 상공(上公)으로 세
우니, 이 동쪽의 중화(中華)를 다스리시오.

공경하시오. 가서 그대의 교훈을 펴고 그대의 직무를 신중히 하
고 일정한 법으로 거느리고 다스려 왕실의 번방(藩邦)이 되도록
하시오. 그대의 열조(烈祖)의 덕을 넓히고 그대의 백성을 법도로
다스리면 길이 그 지위가 편안할 것이며 그것이 나를 돕는 일이
될 것이오. 그리하여 대대로 덕을 누려 만방의 모범이 되면 우리
주나라에서 배척받지 않을 것이오.

오호라, 가서 훌륭한 정치를 행하고 나의 명을 저버리지 않도록
하시오."

▨ 성왕이 미자를, 은나라의 대를 이을 후손으로 제후를 책봉함에 있
어 우선 탕임금의 덕을 찬미하고 그 덕을 잊지 않도록 당부하였다.

또한 미자의 평소 덕을 칭찬하고 위로 하늘을 잘 섬기고 아래로 백성
을 잘 이끌어 주나라에 기여하도록 당부하였다.

王若曰猷라 殷王元子[1]아 惟稽古하여 崇德하며 象[2]賢할새 統[3]承先
王하여 修其禮物[4]하여 作賓[5]于王家하노니 與國咸休[6]하여 永世無窮하라

嗚呼라 乃祖成湯이 克齊聖廣淵하신대 皇天이 眷佑어시늘 誕受厥命[7]
하사 撫民以寬하시며 除其邪虐[8]하시니 功加于時[9]하시며 德垂後裔하시니라

爾惟踐¹⁰⁾修厥猷¹¹⁾하여 舊有令聞¹²⁾하니 恪愼克孝하며 肅恭神人일새 予嘉乃德하여 曰篤不忘하노라 上帝時歆¹³⁾하시며 下民祗協할새 庸建爾 于上公¹⁴⁾하여 尹玆東夏하노라

欽哉¹⁵⁾하여 往敷乃訓하여 愼乃服命하여 率由典常¹⁶⁾하여 以蕃¹⁷⁾王室 하며 弘乃烈祖하며 律¹⁸⁾乃有民하여 永綏厥位하여 毖予一人하여 世世享 德하여 萬邦作式하여 俾我有周로 無斁케하라

嗚呼라 往哉惟休하여 無替朕命하라

1) 元子(원자) : 큰아들. 미자는 은나라 왕의 큰아들로서 주왕(紂王)의 형이었
   으나 서자(庶子)였으므로 왕위를 계승하지 못하였던 것이다.

2) 象(상) : 배우다. 본받다.

3) 統(통) : 대통(大統). 곧 왕의 계통.

4) 禮物(예물) : 예의와 문물(文物). 문물은 문화적인 산물.

5) 賓(빈) : 손. 손님. 곧 제후가 천자를 뵙기 위해 손님이 되어 찾아오는 것.

6) 休(휴) : 아름다움. 여기서는 편안함을 누리다로 풀이된다.

7) 厥命(궐명) : 그 명령. 곧 상나라를 세우도록 한 천명(天命).

8) 邪虐(사학) : 사악하고 포악한 자. 곧 하왕조의 걸왕을 가리킨다.

9) 功加于時(공가우시) : 공이 세월을 따라 더해지다.

10) 踐(천) : 실천하다.

11) 厥猷(궐유) : 그 덕행(德行). 궐(厥)은 그분이라는 뜻으로 성탕(成湯)을
    가리키며, 유(猷)는 여기서 덕행(德行)이라는 뜻이다.

12) 舊有令聞(구유영문) : 오래전부터 아름다운 소문이 있었다. 구(舊)는 오래
    전이라는 뜻이며, 영(令)은 아름답다, 문(聞)은 소문의 뜻.

13) 歆(흠) : 여기서는 받들어 모신다는 뜻. 향(享)과 같다.

14) 上公(상공) : 가장 급수가 높은 제후.

15) 欽哉(흠재) : 공경한다는 뜻.

16) 率由典常(솔유전상) : 일정한 법으로 백성을 거느리고 다스리다.

17) 蕃(번) : 번(藩)과 같으며, 번방(藩邦)·번국(藩國)이라는 뜻. 울타리 나라.
    울타리의 구실을 하는 번방은 종주국(宗主國)을 지키고 보호한다. 제후국들
    이 다 번방이다.

18) 律(율) : 법률. 곧 법도로 다스린다는 뜻.

제9장 강고(康誥)

이 글은 문왕의 아홉째 아들이며 무왕의 동생이 되는 강숙(康叔)을 제후로 봉(封)할 때 왕이 그에게 한 훈시다.

주나라가 무경의 난을 평정하고 은나라의 옛 땅을 쪼개 미자를 봉하여 송(宋)이라 하고 나머지를 모아 강숙을 봉하여 위(衛)라고 하였는데, 이 훈시를 한 왕이 무왕인지 성왕인지 분명하지 않다. 다만 이 글에서 왕이 강숙을 아우라 칭한 것으로 보아 무왕의 훈시로 여겨지기도 한다.

I. 어린 동생을 동쪽 땅에 봉한다

3월 달빛이 처음 이지러지는 날에 주공(周公)이 처음으로 새로운 큰 고을을 동쪽 낙수(洛水) 가에 세울 것을 계획하였다.

사방의 백성들이 크게 무리를 지어 모여들었는데, 후(侯)·전(甸)·남(男)의 제후국 및 채(采)·위(衛)의 각 제후와 모든 관리, 그리고 은(殷)나라의 유민(遺民)들이 힘을 합하여 주나라 사람을 위하여 일하였다.

주공은 모두를 위로하여 크게 다스리는 말을 고하였다.

왕은 이와 같이 말하였다.

"제후의 우두머리이며 나의 아우인 어린 봉(封)이여. 그대의 빛나는 돌아간 아버님이신 문왕께서는 덕을 밝히고 형벌을 삼가고 감히 외롭고 의지할 곳 없는 사람들을 업신여기지 않으셨으며, 부지런하고 공손하고 하늘의 벌을 두려워하셨으며, 백성을 밝게 인도하셨다. 이에 우리의 주(周)나라를 창건하고 한 둘의 우리 제후국과 함께 우리 서쪽 땅을 다스리셨다.

이와 같은 까닭에 위의 상제께서 들으시고 문왕을 경하하셨다.

하늘은 이에 문왕에게 큰 명을 내려 큰 나라인 은(殷)을 멸하고
스스로 왕이 되라는 명을 받게 하였다. 이리하여 은나라와 은나
라의 백성은 안정되었다. 이제 그대의 형인 나는 어린 동생인 봉
을 동쪽 땅에 있게 하는 것이다."

▨ 주공(周公)이 나이 어린 조카 성왕을 대신하여 섭정한 지 7년 되
는 3월에 동쪽의 낙수(洛水)에 새로운 커다란 고을을 건설하였는데 모
든 백성과 제후들이 기뻐하며 도왔다.

뒷부분은 왕이 강숙(康叔) 봉(封)을 제후로 봉하는 말이라고 하였는
데 앞부분과 이어지지 않는다. 어떤 사람은 주공의 말이라고도 하는데
이에 대해서는 의견이 분분하다.

惟三月[1]哉生魄[2]에 周公이 初基[3]하사 作新大邑于東國洛하시니 四
方民이 大和會어늘 侯甸男邦采衛[4]百工이 播民[5]和하여 見士[6]于周하
더니 周公이 咸勤하사 乃洪[7]大誥治하시다

王若曰孟侯[8]朕其弟小子封[9]아

惟乃丕顯考文王이 克明德愼罰하시니라

不敢侮鰥寡하시며 庸庸[10]하시며 祗祗[11]하시며 威威[12]하사 顯民[13]하사 用
肇造我區夏[14]어시늘 越我一二邦[15]이 以修[16]하며 我西土惟時怙冒하여
聞[17]于上帝하신대 帝休[18]하사 天乃大命文王하사 殄戎殷이어시늘 誕受厥
命하시니 越[19]厥邦厥民이 惟時敍어늘 乃寡兄이 勖하니 肆汝小子封이 在
玆東土[20]하니라

1) 惟三月(유삼월) : 의견이 분분한데 주공이 섭정한 지 7년째 되는 3월로 본다.

2) 哉生魄(재생백) : 음력 16일을 말한다. 백(魄)은 달의 윤곽의 빛이 없는 부
  분. 곧 달빛이 처음 이지러지기 시작할 때.

3) 基(기) : 계획한다.

4) 侯甸男邦采衛(후전남방채위) : 후(侯)·전(甸)·남방(男邦)·채(采)·위
  (衛)의 다섯 등급의 제후. 이때는 아직 공(公)·후(侯)·백(伯)·자(子)·남
  (男)의 다섯 등급으로 나뉘어지기 전이었다.

5) 播民(파민) : 은(殷)나라의 유민(遺民).

6) 士(사) : 일. 여기서는 사(事)와 통한다.

7) 洪(홍) : 여기서는 내리다의 뜻으로 강(降)과 통한다.

8) 孟侯(맹후) : 우두머리 제후. 곧 제후의 우두머리. 맹(孟)은 맏이라는 뜻으로 우두머리를 말한다.

9) 封(봉) : 강숙(康叔)의 이름.

10) 庸庸(용용) : 부지런히 일하였다는 뜻.

11) 祗祗(지지) : 공손하다는 뜻.

12) 威威(위위) : 하늘의 법을 두려워하였다는 뜻.

13) 顯民(현민) : 백성을 밝게 인도하다.

14) 我區夏(아구하) : 우리 고장 중화(中華) 땅. 주(周)나라를 뜻한다.

15) 一二邦(일이방) : 한 두 나라. 곧 서쪽 땅의 제후국 한 두 나라.

16) 修(수) : 다스리다. 치(治)와 통한다.

17) 冒聞(모문) : 위로 올라서 들리게 되었다는 뜻. 곧 위의 상제(上帝)가 들었 다는 말.

18) 帝休(제휴) : 상제가 아름답게 여기다. 곧 상제가 경하하였다는 뜻.

19) 越(월) : 이윽고. 그리하여.

20) 東土(동토) : 동쪽 땅. 곧 강숙(康叔)을 봉한 동쪽 땅.

2. 은나라 유민들을 덕으로 다스려라

왕은 말하였다.

"오호라, 봉이여 그대는 잘 생각하여라. 이제 힘써야 할 일은 너의 돌아가신 아버님인 문왕을 삼가 따르며, 은나라의 덕망 있는 사람의 말을 밝게 듣고 가서 은나라의 옛 어진 왕들의 가르침을 널리 구하여 그것으로 백성을 보전하고 다스려라.

너는 멀리 상(商)나라의 늙고 덕망 있는 분들의 말을 들어 마음을 정하고 교훈을 삼아라. 옛 어진 선왕들에 대하여 듣기를 널리 구하여 백성들의 편안함을 보호하며 하늘같이 크게 되도록 하여라. 덕이 너의 몸에 충만하여야 왕명을 저버리지 않고 지키게 될 것이다."

왕은 또 말하였다.

"오호라, 나이 어린 봉이여. 아픔과 병은 너의 몸에 있으니 공경하여라. 하늘은 두렵지만 진실로 도우려 하고, 백성의 마음은 커서 쉽게 볼 수가 있느니라. 소인들은 보양하기 어려우니 가서 마음을 다하되, 안일과 환락을 오래 즐기지 않으면 백성은 잘 다스려질 것이다. 듣건대 '원한은 큰 데에만 있는 것이 아니고 작은 데에도 있는 것이다. 따르지 않는 이를 따르게 하고 힘쓰지 않는 이를 힘쓰게 하라.' 라고 하였다.

오호라, 너 어린 사람이여. 너의 할 일은 왕실을 지키고 은나라 백성을 받아들여 보호하는 것이며, 또한 왕을 도와 하늘의 명을 헤아려 새로운 백성이 되게 하는 데에 있느니라."

▨ 은나라의 옛 땅에 제후로 봉해지는 강숙에게 문왕의 밝은 덕을 본받고 은나라의 옛 어진 임금들의 가르침을 헤아려 백성을 다스리고 삼가 행하며, 환락에 빠지지 말고 작은 일에도 정성을 다하라고 당부하였다.

또한 은나라의 유민들을 보호하고 잘 다스려 새로운 백성이 되도록 만들라고 명하였다.

王曰嗚呼라 封아 汝念哉어다 今民[1]은 將在祗遹乃文考니 紹聞[2]하며 衣[3]德言하라 往敷求于殷先哲王하여 用保乂民하며 汝丕遠惟商耉成人[4]하여 宅心知訓[5]하며 別求聞由古先哲王하여 用康保民하라 弘于天하여 若德이 裕乃身이라사 不廢在王命하리라

王曰嗚呼라 小子封아 恫瘝乃身하여 敬哉[6]어다 天畏나 棐忱이어니와 民情은 大可見이나 小人은 難保니 往盡乃心하여 無康[7]好逸豫라사 乃其乂民이니 我聞하니 曰怨은 不在大하며 亦不在小라 惠[8]不惠하며 懋不懋니라

已아 汝惟小子아 乃服[9]은 惟弘王[10]하여 應[11]保殷民하며 亦惟助王하여 宅天命하며 作新民이니라

1) 民(민) : 여기서는 면(勉)의 뜻으로 보아, 힘쓰다로 풀이된다.

2) 紹聞(소문) : 밝게 듣다. 곧 판단하여 잘 들으라는 뜻.

3) 衣(의) : 여기서는 은(殷)으로 보아야 한다.

4) 耉成人(구성인) : 늙고 덕망 있는 사람. 노성인(老成人). 구는 노(老)와 같다.

5) 知訓(지훈) : 교훈으로 삼다.

6) 敬哉(경재) : 공경하다. 근신하다. 삼가다.

7) 康(강) : 여기서는 장(長)과 통하여 오래도록이라는 뜻이다.

8) 惠(혜) : 여기서는 따르다. 순응하다의 뜻.

9) 服(복) : 할 일. 임무(任務). 직책.

10) 弘王(홍왕) : 왕실을 지키다. 홍은 지키다로 풀이된다.

11) 應(응) : 여기서는 용납하다. 받아들이다로 풀이된다.

3. 형벌은 공명정대하게 하라

왕은 말하였다.

"오호라, 봉이여. 너는 형벌을 삼가고 밝히도록 하여라.

사람이 작은 죄를 지었다 하더라도 그것이 과실이 아니고 또 끝까지 그러하다면, 그것은 스스로 법을 어기는 것이니 그와 같은 자는 죄가 작다 하더라도 죽이지 않을 수 없는 것이다.

큰 죄를 지었더라도 끝까지 그러하지 않으면 그것은 과실로 인한 우연한 재난일 것이니 이미 그의 죄를 벌하였다면 이는 죽여서는 안 되느니라."

왕은 또 말하였다.

"오호라, 봉이여. 질서가 있으면 법은 크게 밝아지고 백성은 승복하게 되어 백성은 그것을 경계하고 화합하기에 힘쓰게 될 것이다.

만약 백성을 병자 다루듯이 하면 백성은 마침내 질고(疾苦)를 떨쳐 버리게 될 것이다.

만약 백성을 어린아이 보호하듯 하면 백성은 다스려져 편안함을 누리게 될 것이다.

너 봉이여, 마음대로 사람을 벌하고 죽여서는 안 되는 것이니, 함부로 사람을 벌하고 죽이지 말아라.

너 봉이여, 마음대로 사람에게 코나 귀를 자르는 형벌을 주어서는 안 되는 것이니, 함부로 코를 베거나 귀를 베는 형벌을 가하지 말아라."

왕이 말하였다.

"옥사(獄事)를 다스릴 때에는 너는 법을 선포하고 은나라의 합리적인 형벌을 배우도록 하여라."

또 말하였다.

"죄수를 감금하려 할 때는 5, 6일을 잘 생각해 보아야 하며 나아가 열흘 동안 생각해 보고 죄수를 감금할 것인지 아닌지를 판정해야 한다."

왕은 또 말하였다.

"네가 법률을 선포하고 형벌을 판정할 때에는 은나라 법에 의거하도록 하고 은나라가 정한 합리적인 형벌과 합리적인 사형을 적용하되, 너 봉의 마음대로 판결하지 말아라. 너에게 모두가 순종하면 이것은 안정된 것이지만 너는 아직 순종하고 받들지 않는다고 말하여라.

오호라, 너 어린 사람이여! 너 봉의 마음과 같은 사람은 있지 않을 것이며, 나의 마음과 행동은 오직 너만이 알 것이다.

무릇 백성들이 스스로 죄를 짓고 도둑질과 약탈과 소란과 반란을 일삼으며 재물 때문에 사람을 죽이고 억지를 쓰며 죽음을 두려워하지 않으면 죽이지 않을 수 없다."

▨ 비록 작은 죄를 지었을 경우라도 그것이 의도적이었거나 혹은 죄지은 후에도 뉘우치지 않으면 죽이되, 큰 죄를 지었더라도 과실을 크게 뉘우치면 벌로써 끝내는 처벌법을 훈시하고 함부로 사람을 죽이거나 체벌하지 말 것을 당부하였다.

또한 합리적인 은(殷)나라의 법률에 따라 옥사(獄事)를 결정하되 성급하게 결정하지 말 것을 당부하였으며, 또 죽음을 두려워하지 않으면서 법을 크게 어기는 자는 죽여야 한다고 강력하게 훈시하였다

王曰嗚呼封아 敬明[1]乃罰하라 人有小罪라도 非眚[2]이면 乃惟終[3]이라 自作不典하여 式爾니 有厥罪小나 乃不可不殺이니라 乃有大罪라도 非終이면 乃惟眚災[4]라 適[5]爾니 旣道極[6]厥辜어든 時乃不可殺이니라

王曰嗚呼라 封아 有敍라사 時乃大明服[7]하여 惟民이 其勅[8]懋和하

리라 若有疾[9]하면 惟民이 其畢棄咎[10]하며 若保赤子하면 惟民이 其康
乂[11]하리라

非汝封이 刑人殺人이니 無或刑人殺人[12]하라 又曰非汝封이 劓刵[13]
人이니 無或劓刵人하라

王曰外事[14]에 汝陳[15]時臬하여 司師玆殷罰有倫[16]케하라

又曰要囚[17]를 服念五六日하며 至於旬時하여서 丕蔽[18]要囚하라

王曰汝陳時臬事하여 罰蔽殷舜하대 用其義刑義殺[19]이오 勿庸以次
汝封[20]하라 乃汝盡遜[21]하여 曰時敍[22]라도 惟曰未有遜事라하라

已아 汝惟小子나 未其有若汝封之心하니 朕心朕德[23]은 惟乃知니라

凡民이 自得罪하여 寇攘姦宄하며 殺越[24]人于貨하여 暋不畏死를 罔
弗憝[25]니라

1) 敬明(경명) : 삼가고 밝히다. 곧 근신하고 공명정대하게 하라는 말.

2) 非眚(비생) : 과실이 아니다.

3) 乃惟終(내유종) : 이에 끝까지 그러하다. 곧 끝까지 뉘우치지 않고 죄를 범
한다는 뜻.

4) 眚災(생재) : 과실로 죄를 짓게 되어 재앙을 당하게 된다는 뜻.

5) 適(적) : 여기서는 우연히라는 뜻.

6) 極(극) : 견책(譴責). 잘못을 꾸짖고 나무라다. 벌을 가하다.

7) 大明服(대명복) : 크게 밝아지고 승복하게 된다. 곧 형벌이 공명정대하면 백
성은 따르게 된다는 뜻.

8) 勅(칙) : 여기서는 경계한다는 뜻.

9) 若有疾(약유질) : 만약 백성들을 병자 다루듯이 잘 보살핀다는 뜻.

10) 咎(구) : 여기서는 질고(疾苦)・병고(病苦)의 뜻.

11) 康乂(강예) : 다스려져서 편안함을 누리다.

12) 刑人殺人(형인살인) : 함부로 사람을 벌하고 죽이다.

13) 劓刵(의이) : 의는 코를 자르는 형벌. 이는 귀를 자르는 형벌.

14) 外事(외사) ; 옥사(獄事)를 다스리는 일. 죄인을 처벌하는 일.

15) 陳(진) : 펴다. 선포하다.

16) 有倫(유륜) : 합리적(合理的)인 방법. 곧 이치에 맞는다는 뜻.

17) 要囚(요수) : 죄수를 감금한다는 뜻. 유수(幽囚).

18) 蔽(폐) : 죄를 판단한다는 뜻.

19) 義刑義殺(의형의살) : 옳은 형벌과 옳은 사형. 곧 은나라가 정한 합리적인 형벌과 합리적인 사형을 집행하라는 말. 의(義)는 옳다, 곧 이치에 합당한 합리적인 방법을 뜻한다.

20) 次汝封(차여봉) : 너 봉의 마음 내키는 대로라는 뜻.

21) 汝盡遜(여진손) : 너에게 모두가 순종한다. 곧 백성들 모두가 봉(封)에게 순종하여 따른다는 뜻. 손(遜)은 순하다는 뜻.

22) 敍(서) : 질서가 잡히다. 곧 안정되다.

23) 朕德(짐덕) : 나의 덕. 여기서의 덕(德)은 행동·행위의 뜻.

24) 殺越(살월) : 죽여 쓰러뜨리다. 월(越)은 여기서 쓰러진다는 뜻.

25) 憝(대) : 죽이다. 대(譈)와 통한다.

4. 불효와 형제간 우애 없음은 큰 죄악

왕은 말하였다.

"봉(封)이여, 근본적으로 악한 자는 크게 죽여야 하거늘 하물며 효도하지 않고, 형제간에 우애 없는 자이겠느냐.

자식이 그 아버지의 일을 공손히 받들지 않으면 그 아버지의 마음을 크게 상하게 하는 것이니 아버지도 그 아들을 사랑하지 않고 그 아들을 미워하게 될 것이다. 아우가 하늘의 도리를 생각지 않고 그 형을 공경하지 않는다면 형도 또한 어린 아우의 가련함을 생각지 않고 아우에게 크게 우애롭지 못하게 될 것이다.

이렇게 되면 우리 다스리는 사람에게는 죄를 짓지 않았다 하더라도 하늘이 우리 백성과 더불어 정하신 법도가 크게 망하고 어지러워질 것이다. 그러면 너는 속히 문왕께서 정하신 형벌로 이런 사람을 벌하되 용서가 없어야 한다.

따르지 않는 자는 크게 법도로 다스려야 한다. 하물며 밖에서 귀한 집안의 자제를 가르치는 관리와 관장(官長)들과 낮은 신하와 모든 궁정을 출입하는 관리들이 별도로 정책을 선포하고 백성들에게 큰 칭찬을 받으려 하면서 나라를 생각지 않고 힘쓰지 않아 그들의 군주를 아프게 한다면, 이는 바로 큰 죄악으로써 나의 가장 큰 죄인이다. 오호라, 너는 속히 합리적인 법으로써 그들을 죽여 버려라.

또한 나라의 군주가 되고 우두머리가 되어서 집안 사람이나 낮은 신하 및 밖의 관리들을 다루지 못하면 그들은 위협과 포학으로 백성을 대하는 등 크게 왕명을 거역하게 되는데, 이런 자는 덕으로 다스릴 자들이 못된다.

너는 또한 법에 근신하지 않는 일이 없어야 백성을 이끌 수 있으며, 네가 문왕을 공경하고 두려워해야 백성을 이끌 수 있다. 네가 '나는 쉴새없이 일한다.'고 말하여야 나는 기뻐할 것이다."

▨ 부모에게 불효하고 형제간에 공경하고 돌보는 우애가 없는 것은 큰 죄악으로, 그런 일이 사회에 만연하면 법도가 어지러워지므로 속히 문왕이 정한 형벌을 적용하여 용서 없이 벌을 주어야 한다고 하였다.

또한 나라를 돌보지 않고 자신의 명예에만 매달리는 관리나 백성을 괴롭히는 관리들은 덕으로 다스릴 자들이 아니니 벌을 내리고 강숙 자신도 부지런히 법도에 맞게 처신하도록 노력할 것을 당부하였다.

王曰封아 元惡은 大憝[1]니 矧惟不孝不友[2]따녀 子弗祗服厥父事하여 大傷厥考[3] 心하면 于父不能字[4]厥子하여 乃疾厥子하리이며 于弟弗念天顯[5]하여 乃弗克恭厥兄하면 兄亦不念鞠子[6]哀하여 大不友于弟하리니 惟弔茲[7]오 不于我政人에 得罪하면 天惟與我民彝大泯亂[8]하리니 曰乃其速由文王作罰하여 刑茲[9]無赦하라

不率은 大戞이니 矧惟外庶子[10]訓人과 惟厥正人[11]과 越小臣[12]諸節[13]이 乃別播敷[14]하여 造民大譽하여 弗念[15]弗庸하여 瘝厥君잇따녀 時乃引惡이라 惟朕의 憝니 已아 汝乃其速由茲義하여 率[16]殺하라

亦惟君惟長이 不能[17]厥家人과 越厥小臣外正이오 惟威惟虐으로 大放[18]王命하면 乃非德用乂니라

汝亦罔不克敬典하여 乃由裕[19]民하대 惟文王之敬忌로하여 乃裕民이오 曰我惟有及[20]이라하면 則予一人이 以懌하리라

1) 元惡大憝(원악대대): 근본적으로 악한 자는 크게 죽이다. 대는 죽인다는 뜻.

2) 不友(불우) : 우애(友愛)하지 않는다. 곧 형제간의 우애가 없다.

3) 考(고) : 죽은 아버지의 경우에 쓰는 말이지만, 여기서는 그냥 아버지라는 뜻이다.

4) 字(자) : 여기서는 사랑한다는 뜻. 자(慈)와 통한다.

5) 天顯(천현) : 하늘의 도리. 천도(天道). 천리(天理).

6) 鞠子(국자) : 나이 어린 사람. 곧 동생을 가리킨다.

7) 弔玆(적자) : 이에 이르면, 이렇게 되면. 적(弔)은 여기서 이르다의 뜻으로 지(至)와 같다.

8) 泯亂(민란) : 망하고 어지러워지다.

9) 刑玆(형자) : 이런 사람을 형벌하다. 자는 이런 사람의 뜻으로 불효하고 형제간에 우애 없는 사람을 가리킨다.

10) 庶子(서자) : 여기서는 귀한 집안의 자제를 가르치는 관리.

11) 正人(정인) : 각 관청의 우두머리. 곧 관장(官長).

12) 小臣(소신) : 궁 안에서 일을 보는 낮은 신하.

13) 諸節(제절) : 궁정을 출입하는 모든 관리.

14) 播敷(파부) : 정책을 선포하다.

15) 弗念(불념) : 나라를 생각하지 않다.

16) 率(율) : 율(律)과 통하여 법률이라는 뜻이다.

17) 不能(불능) : 잘 다루지 못한다. 잘 가르쳐 인도하지 못한다.

18) 放(방) : 여기서는 거역한다는 뜻. 역(逆)과 같다.

19) 裕(유) : 여기서는 이끌다, 영도하다의 뜻.

20) 及(급) : 급급(汲汲)하다. 쉴새없이 바쁜 모양.

5. 내 말을 새겨듣고 잘 시행하라

왕은 말하였다.

"봉이여, 백성을 선량하고 편안한 길로 밝게 인도하여야 한다. 나는 그래서 오직 은나라 옛 어진 임금의 덕으로써 백성을 편안하게 다스리려 하는데 그것은 곧 그분들과 훌륭함을 겨루어 보자는 것이다.

지금 백성을 잘 이끌지 않으면 그들은 따를 바를 모르게 되고, 또 그들을 잘 이끌지 않으면 너의 나라에 훌륭한 정치가 없게 될 것이다."

왕은 또 말하였다.

"봉이여, 나는 오직 살피지 않을 수 없으니, 너에게 덕에 관한 말과 형벌에 관한 행동을 고하는 것이다. 지금 백성은 평온하지 못하고 그 마음이 안정되지 못하여 거듭 인도하여도 화합하지 못하고 있다면 하늘이 우리를 벌주어도 우리는 원망할 수가 없다.

오직 죄는 큰 데에만 있지 않고 많은 데에만 있는 것도 아니며, 하늘에까지 밝히 알려지게 되는 데 있다."

왕은 또 말하였다.

"오호라, 봉이여 삼가라. 원망을 받게 하지 말며, 계책이 아니고 법이 아닌 것은 쓰지 말며, 이로 말미암아 실정이 가리워지게 하지 말아야 덕이 민첩해질 것이다.

너의 마음을 편안하게 하여 너의 덕을 돌아보고 너의 갈길을 멀리 내다보아야만 백성을 편안하게 할 수 있어서 너로 하여금 나라의 명운을 단절하게 하지 않을 것이다."

왕은 또 말하였다.

"오호라, 너 어린 사람 봉이여. 천명은 일정한 것이 아니니 너는 잘 생각하여 우리의 누림을 끊지 않도록 하여라. 너의 직무에 힘쓰고 널리 귀 기울여 백성을 편안히 다스려라."

왕은 또 이와 같이 말하였다.

"가거라, 봉이여. 법을 받들어 어기지 말고, 내가 너에게 이른 말을 좇아 행하여 은나라의 백성으로 하여금 대대손손 누리게 하라."

▨ 훈계의 말에 따라 덕으로써 다스리고 알맞은 형벌을 내리면 나라는 바로잡히고 백성은 안정된 삶을 살 것이며 강숙 역시 하늘의 벌을 면할 것이라 말하고, 따라서 나라는 길이 자손에게 이어질 것이라 하였다.

王曰封아 爽惟民은 迪吉康이니 我는 時其惟殷先哲王德으로 用康乂民하여 作求[1]니 矧今民이 罔迪不適[2]잇따녀 不迪하면 則罔政[3]이 在

厥邦하리라

王曰封아 予惟不可不監이라 告汝德之說于罰之行하노니 今惟民이 不靜하여 未戾⁴⁾厥心하여 迪屢未同⁵⁾하니 爽惟天이 其罰殛我하시리니 我其不怨하리라 惟厥罪는 無在大하며 亦無在多하니 矧曰其尙顯聞于天잇따녀

王曰嗚呼라 封아 敬哉어다 無作怨하며 勿用非謀⁶⁾非彝하고 蔽時忱하여 丕則敏德하여 用康乃心하며 顧乃德하며 遠乃猷하며 裕乃以民寧하면 不汝瑕殄하리라

王曰嗚呼라 肆汝小子封아 惟命은 不于常⁷⁾이니 汝念哉하여 無我殄享⁸⁾하여 明⁹⁾乃服命하며 高乃聽¹⁰⁾하여 用康乂民하라

王若曰往哉封아 勿替敬典하여 聽朕의 告汝라사 乃以殷民으로 世享¹¹⁾하리라

1) 作求(작구) : 대등하게 한다. 곧 훌륭함을 겨룬다는 뜻.

2) 罔迪不適(망적부적) : 백성을 인도하지 않으면 따를 바를 모르게 된다는 뜻.

3) 罔政(망정) : 훌륭한 정치가 없게 된다는 뜻.

4) 未戾(미려) : 안정되지 못하다.

5) 未同(미동) : 화합하지 못하다. 동(同)은 여기서 화합한다는 뜻.

6) 非謀(비모) : 계책이 아닌 것. 옳지 못한 계책.

7) 命不于常(명불우상) : 천명은 일정한 것이 아니라는 뜻.

8) 殄享(진향) : 누림을 끊다. 곧 나라의 멸망을 뜻한다.

9) 明(명) : 여기서는 힘쓴다는 뜻.

10) 高乃聽(고내청) : 너의 듣는 것을 높여라. 널리 귀 기울여 들으라.

11) 世享(세향) : 대대손손 누리다.

제10장 주고(酒誥)

이 글은 그 내용이 모두 술을 삼가야 한다는 취지로 되어 있어서 주고(酒誥)라는 이름이 붙은 것이다.

'사기(史記)' 위세가(衛世家)와 서서(書序)에는 강숙(康叔)
이 위(衛) 땅의 제후로 봉해졌을 때, 주공(周公)이 성왕(成王)
을 훈시한 말의 내용을 성왕이 강숙을 훈시한 것으로 꾸며 강숙
에게 들려준 것이라고 한다. 강숙에게 훈시한 것이므로, 이 글은
마땅히 강고(康誥)에 붙여져야 할 것이라는 주장을 내세운 이들
도 있다.

1. 술은 제사 때만 쓰도록 하라

왕은 이와 같이 말하였다.

"매방(妹邦)에 큰 명을 밝히시오. 그대의 훌륭하신 아버님인
문왕께서는 서쪽 땅에 나라를 창건하셨소. 그분께서는 나라의 여
러 관원들과 관청 부관들과 일을 맡아 보는 일반 관원들에게 아
침저녁으로 말씀하시기를 '제사에만 이 술을 쓰라.' 라고 하셨소.
하늘이 명을 내려 우리는 나라를 이루었으니 오직 큰 제사에만 써
야 하오.

하늘이 위엄을 내리시는 것은 우리 백성이 크게 어지러워져 덕
을 잃었기 때문인데 역시 술을 좋아한 풍조(風潮) 아닌 것이 없
으며, 또 크고 작은 나라들의 멸망은 또한 술의 허물이 아닌 것이
없소.

문왕께서 나이 어린 사람과 관장(官長)과 일반 관리들에게 늘
술을 마시지 말라고 타이르고 가르치셨소. 이에 여러 나라들이 제
사 때에만 술을 마셨고 덕으로 나아가서 취하는 일이 없었소."

또 말하였다.

"우리 백성들은 나이 어린 사람을 인도함에 있어 오직 땅에서
나는 물건만 사랑하게 하면 그들의 마음이 착해질 것이오. 조상
들의 법도에 맞는 가르침을 밝게 들어 크고 작은 행동에서 나이
어린 사람들이 오직 한마음이 되도록 하라고 하였소."

▨ 술은 모든 허물의 근원으로 술을 삼가라는 내용이다.

주나라의 기틀을 닦은 문왕은 술로 인해 법도가 어지러워지는 것을 보

고 술을 금하였으며 제사 때만 적당히 마시도록 하여 취해서 덕을 잃는 일이 없었음을 말하였다.

또한 백성 모두 자라나는 후손들을 지도할 때 법도에 맞게 가르치고 흩어지지 않는 마음을 가지도록 이끌어야 함을 강조하였다.

王¹⁾若曰하시대 明大命于妹邦²⁾하노라

乃穆考文王이 肇國在西土하실새 厥誥毖³⁾庶邦⁴⁾庶士와 越少正⁵⁾御事하사 朝夕에 曰祀玆酒⁶⁾니 惟天이 降命하사 肇我民⁷⁾하산든 惟元祀니라

天이 降威⁸⁾하사 我民이 用大亂喪德이 亦罔非酒의 惟行⁹⁾이며 越小大邦이 用喪이 亦罔非酒의 惟辜니라

文王이 誥敎小子와 有正有事¹⁰⁾하사대 無彝酒하라 越庶國이 飮하대 惟祀니 德將無醉하라

惟曰我民이 迪小子하대 惟土物¹¹⁾愛하면 厥心이 臧하리니 聰聽祖考之彝訓¹²⁾하여 越小大德에 小子惟一¹³⁾하라

1) 王(왕) : 여기서는 성왕(成王)을 가리킨다.

2) 妹邦(매방) : 매나라. 상(商)나라 서울이었던 조가(朝歌) 근교인 목야(牧野)의 제후 나라인데, 강숙(康叔)을 제후로 봉한 위(衛) 땅을 가리킨다. 지금의 하남성(河南省) 기현(淇縣)에 해당한다.

3) 毖(비) : 타일러 가르친다는 뜻.

4) 庶邦(서방) : 여러 나라. 곧 여러 제후국을 말한다.

5) 少正(소정) : 관청의 부관장(副官長).

6) 祀玆酒(사자주) : 제사 지낼 때에만 이 술을 쓰라는 말.

7) 肇我民(조아민) : 나라를 이룩하였다는 뜻.

8) 天降威(천강위) : 하늘이 위엄을 내리다. 하늘이 벌을 내리다.

9) 行(행) : 사회에 만연하는 풍조(風潮)를 뜻함.

10) 有正有事(유정유사) : 관장(官長)과 일반 관리. 유(有)는 어조사, 정(正)은 관장, 사(事)는 일반 관원.

11) 土物(토물) : 땅에서 나는 물건. 곧 농산물(農産物).

12) 彝訓(이훈) : 법도에 맞는 가르침.

13) 一(일) : 한마음. 또는 한결같이.

2. 조상을 받들고 난 술은 마셔도 좋다

"매땅의 백성들이여! 그대들 대신(大臣)들의 뜻을 이어받아 오로지 곡식을 가꾸기에 힘쓰고, 그대들 부모님과 어른들을 부지런히 공경하여 섬기도록 하시오.

힘써 수레와 소를 끌고 멀리 가 장사하여 그것으로써 부모를 효성스럽게 봉양하여 그대들의 부모가 기뻐하면 스스로 깨끗이 하고 풍성한 음식을 마련하여 술을 마시도록 하시오.

여러 관리들과 관장(官長) 및 여러 제후 등 군자들이여. 그대들은 나의 가르침을 언제나 잘 들으라.

그대들이 노인들과 군주에게 크게 음식을 드릴 수 있게 되어야 비로소 그대들은 취하도록 마시고 배불리 먹을 수 있는 것이다. 크게 말하면 그대들이 돌보고 살피어 올바른 덕에 합당할 수 있게 되어야 그대들은 음식을 바쳐 제사를 지낼 수 있게 되고 그대들 스스로 도와 즐길 수 있게 될 것이다.

이렇게 되면 진실로 왕에게 올바른 일을 하는 신하가 될 것이며, 또한 하늘도 큰 덕을 따라 왕가에서 영원히 잊혀지지 않게 될 것이다."

▨ 매(妹) 땅의 백성들에게 부지런히 농사짓고 장사하여 부모와 웃어른을 잘 섬기고 봉양한 후에 술마시고 배불리 먹어야 한다고 훈시하였다.

또한 매 땅의 관리들에게도 합당한 덕에 일치되고 군주가 배부르게 되어야만 제사를 드리고 음식을 먹고 술을 마실 수 있다고 강조하였다.

妹土[1]아 嗣爾股肱[2]하여 純[3]其藝[4]黍稷[5]하여 奔走事厥考厥長[6]하며 肇牽車牛하여 遠服賈하여 用孝養厥父母하여 厥父母慶이어사 自洗腆[7]하여 致用酒[8]하라

庶士有正과 越庶伯君子아 其爾[9]는 典聽朕敎하라 爾大克羞耈惟君이오사 爾乃飮食醉飽[10]하라 丕惟[11]曰爾克永觀省하여 作稽中[12]德이어사 爾尙克羞饋祀니 爾乃自介用逸이니라 玆乃允惟王正事之臣이며

玆亦惟天이 若元德하사 永不忘이 在王家하리라

1) 妹土(매토) : 매나라. 매나라 땅. 매 땅의 백성들을 가리킨다.

2) 股肱(고굉) : 다리와 팔. 사람에게 다리와 팔이 가장 중요하듯이, 나라에서
   가장 중요한 위치를 차지하는 신하를 말한다. 고굉지신(股肱之臣).

3) 純(순) : 여기서는 오로지라는 뜻.

4) 藝(예) : 여기서는 힘쓴다는 뜻.

5) 黍稷(서직) : 기장과 피. 모든 곡식을 통틀어 이르는 말.

6) 厥考厥長(궐고궐장) : 그대의 아버지와 어른들.

7) 腆(전) : 풍성한 음식을 뜻한다.

8) 致用酒(치용주) : 술을 마시게 한다는 뜻.

9) 其爾(기이) : 그대들은 ~하여야 한다. 이기(爾其)와 같은 뜻.

10) 飮食醉飽(음식취포) : 마시고 먹고 취하고 배부르다. 곧 술을 취하도록 마
    시고 음식을 배불리 먹는다는 뜻.

11) 丕惟(비유) : 어조사.

12) 中(중) : 올바르다. 중정(中正).

3. 주왕은 술에 빠져 나라를 잃었다

왕은 말하였다.

"봉이여, 우리 서쪽 땅을 돕던 제후나라의 군주들과 일을 맡아
보는 모든 관원들과 젊은이들이, 문왕의 가르침을 지킬 수 있어
술을 많이 마시지 않았다. 그러므로 지금에 이르러 은나라의 명
을 돌려받게 된 것이다."

왕은 말하였다.

"봉이여, 내가 듣건대 옛날 은나라의 어진 왕들은 하늘을 두려
워하였고 낮은 백성을 빛냈으며, 덕을 행하고 지혜를 지켜 성탕
에서부터 제을(帝乙)에 이르기까지 모두 왕업(王業)을 이루고
보좌하는 신하들을 공경하였다고 하오.

일을 맡아 보는 관리들은 공손하게 도와 감히 스스로 한가하고 편
안하지 않았다고 하니, 하물며 감히 여럿이 모여 술을 마셨겠는가.

바깥 지방을 다스리는 직책을 가진 후(侯)·전(甸)·남(男)·위(衛)의 제후들이나 조정 안의 일을 관장하는 직책을 가진 관원들인 백관과 모든 장관, 모든 부관, 일반 관리, 정사를 맡아보는 종친, 그리고 향리에 은퇴하여 사는 구관들도 감히 술에 빠지지 않았으니 감히 하지 않았을 뿐 아니라 또한 그러한 여가도 없었다고 하오. 오로지 왕을 도와 왕의 덕을 빛나게 하였다고 하며, 재상은 백성에게 법을 공경하도록 하였다고 하오.

내가 또 듣건대 근자에 성군의 뒤를 이어 왕이 된 자는 술을 즐겨 마셨는데 그의 명은 백성에게 밝혀지지 않았고 다만 백성들로부터 원망만 사면서도 고치지 않았다고 하오.

그는 크게 법도에 어긋나면서 방종하고 지나치게 주연을 베풀어 위엄있는 태도를 잃었으니 백성으로서 마음 아파하고 슬퍼하지 않는 이가 없었소. 그래도 그는 지나치게 술에 빠져 스스로 멈추지 못하고 안일만을 구하였소.

그의 마음은 악독하고 잔인하여 죽음도 두려워하지 않았으며, 천하의 범죄가 상(商)나라 도읍으로 모여 은나라가 멸망한다고 해도 근심하지 않았소. 그는 자기의 미덕을 닦으려 하지 않았고 제사를 행하여 하늘에 알리려고도 하지 않았으므로 크게 백성들의 원망을 사게 되었소.

모든 신하들까지 무리를 지어 마음대로 술을 마시니 술 냄새가 하늘에서 맡을 수 있을 정도까지 되었소.

그래서 하늘은 은나라에 멸망의 재앙을 내렸으며 은나라를 어여삐 여기지 않았소. 이는 오로지 그들의 지나친 향락 때문이며, 하늘이 학대한 것이 아니라 오직 은나라 백성들이 스스로 죄를 불러들였기 때문이오."

▨ 문왕의 덕을 본받아 모든 백성과 관리들이 덕을 닦고 술과 향락에 빠지지 않았기에 주나라는 하늘의 명을 받게 됐다고 왕은 말하였다.

이에 은나라가 멸망하게 된 것은 천자부터 백성을 돌보지 않고 술과 향락에 빠져 제사도 지내지 않는 등 하늘의 노여움을 사게 되었고 신하들까지도 무리를 지어 술과 향락에 빠졌기에 하늘이 재앙을 내리게 된 것이라고 하였다.

　강숙에게 술과 향락에 빠지지 않도록 조심하라고 훈시한 것이다.

　王曰封아 我西土棐徂邦君御事小子 尙克用文王敎하여 不腆¹⁾于
酒한들로 故我至于今하여 克受殷之命이니라

　王曰封아 我聞하니 惟曰在昔殷先哲王이 迪畏天顯小民하사 經²⁾德
秉哲³⁾하사 自成湯으로 咸至于帝乙⁴⁾히 成王⁵⁾畏相⁶⁾이어시늘 惟御事厥
棐有恭하여 不敢自暇自逸이온 矧曰其敢崇⁷⁾飮가

　越在外服⁸⁾한 侯甸男衛邦伯⁹⁾과 越在內服한 百僚庶尹¹⁰⁾과 惟亞¹¹⁾
惟服과 宗工¹²⁾과 越百姓里居¹³⁾왜 罔敢湎于酒하니 不惟不敢이라 亦不
暇오 惟助成¹⁴⁾王德顯하며 越尹人¹⁵⁾祗辟¹⁶⁾하나라

　我聞하니 亦惟曰在今後嗣王¹⁷⁾하여 酣身¹⁸⁾하여 厥命이 罔顯于民이오
祗保越怨이어늘 不易하고 誕惟厥縱淫泆于非彝하여 用燕喪威儀한대 民
이 罔不盡¹⁹⁾傷心이어늘 惟荒²⁰⁾腆于酒하여 不惟自息乃逸하며 厥心疾
狠²¹⁾하여 不克畏死하며 辜在商邑²²⁾하여 越殷國滅無罹하니 弗惟德馨
香²³⁾祀登聞于天이오 誕惟民怨庶群自酒²⁴⁾腥²⁵⁾이 聞在上이라 故天降
喪于殷하사 罔愛于殷은 惟逸²⁶⁾이니 天非虐이라 惟民이 自速辜니라

1) 腆(전) : 여기서는 술을 지나치게 마신다는 뜻.

2) 經(경) : 행한다는 뜻.

3) 秉哲(병철) : 지혜를 지니다. 철(哲)은 어질다, 지혜의 뜻이다.

4) 帝乙(제을) : 은나라의 마지막 임금인 주왕(紂王)의 아버지.

5) 成王(성왕) : 왕업(王業)을 이루다.

6) 畏相(외상) : 보좌하는 신하를 두려워하다. 보좌하는 신하를 공경하다. 상
　(相)은 왕의 정치를 보좌하는 신하로 재상(宰相)을 말한다.

7) 崇(숭) : 여기서는 여럿이 모인다는 뜻.

8) 服(복) : 직책을 가진 관리. 직관(職官).

9) 邦伯(방백) : 제후나라의 임금. 곧 제후를 말한다.

10) 庶尹(서윤) : 모든 장관. 윤은 관청의 장관으로 정(正)과 같다.

11) 亞(아) : 버금이라는 뜻으로 부장관(副長官).

12) 宗工(종공) : 정사를 맡아 보는 종친(宗親).

13) 百姓里居(백성이거) : 관직에서 은퇴하여 향리에서 백성들과 함께 사는 지
난날의 관리들.

14) 助成(조성) : 왕을 도와서 이루게 하였다는 뜻.

15) 尹人(윤인) : 모든 관리와 제후들의 우두머리. 재상.

16) 祇辟(지벽) : 법을 공경하다.

17) 後嗣王(후사왕) : 뒤를 이은 임금. 곧 성군들의 뒤를 이은 임금. 주왕(紂王)
을 가리킨다.

18) 酣身(감신) : 술을 즐겨 마신다는 뜻.

19) 衋(혁) : 슬퍼하다.

20) 荒(황) : 여기서는 지나치다는 뜻.

21) 疾狠(질한) : 악독하고 잔인하다는 뜻.

22) 辜在商邑(고재상읍) : 상나라 도읍에 그 죄가 미친다는 뜻. 또는 천하의 범
죄가 상나라 도읍으로 다 모인다는 뜻.

23) 馨香(형향) : 덕의 훌륭함을 비유로서 이르는 말. 미덕(美德).

24) 自酒(자주) : 마음대로 술을 퍼마신다는 뜻.

25) 腥(성) : 술 냄새.

26) 惟逸(유일) : 지나친 향락 때문이라는 뜻.

4. 모든 신하에게 술을 마시지 말라고 하다

왕은 말하였다.

"봉이여, 나는 이와 같이 많이 훈시하기를 즐겨 하지 않는다.

옛 사람이 말하기를 '사람은 물을 거울로 삼을 것이 아니라 마
땅히 백성을 거울로 삼아야 한다.'라고 하였다. 이제 은나라는 그
천명을 잃었으니 우리가 그것을 크게 거울로 삼아 어루만지지 않
을 수 있겠는가.

내가 말하는 내용은 그대가 은나라의 어진 신하들과 후(侯)·
전(甸)·남(男)·위(衛) 등의 제후들에게 타일러 가르쳐야 할 것
이니, 하물며 태사(太史)와 내사(內史)의 동료들 및 어진 신하
들과 벼슬자리에 있는 모든 종친과 일반 관리들이리오. 그리고 잔

치와 노는 일을 맡은 관리들과 조정의 제사를 맡은 관리들이리오 그리고 그대의 친구들인, 반역도배의 토벌을 맡은 사마(司馬)와 백성을 잘 보호하는 사도(司徒)와 임금을 안정시키는 사공(司空)이리오.

이런 관원들에게도 일러 가르치고 그대도 굳세게 술 마시는 일을 억제해야 하오.

그 누가 여러 사람이 모여 술을 마신다고 알리거든 놓치지 말고 모두 붙잡아 주나라 왕실로 보내면 내가 그들을 죽이겠소. 그러나 은나라의 여러 신하와 관리들이 술에 빠져 있다면 그들을 죽이지 말고 되도록 제사 때 마시라고 타이르시오.

이것을 잊지 않으면 밝게 알 것이다. 내가 이르는 말을 듣지 않으면 나 한 사람을 돌보지 않을 뿐 아니라 나라의 일을 그르치는 것이니 이것은 똑같이 죽여야 하오."

왕은 또 말하였다.

"봉이여, 그대는 늘 나의 가르침을 듣고 그대의 관리들과 백성들이 술에 빠지는 일이 없도록 하시오."

▨ 무왕은 다시 강숙에게 술과 환락에 빠지지 않도록 당부하였다.

모든 백성이 모여 술을 마신다면 즉각 처벌하되 은나라 관리들이 술에 빠져 있다면 일단 제사 때 마시라고 타이르도록 하였다.

강숙 자신은 물론 관리나 백성도 술에 빠지는 일이 없도록 강조하여 훈시하였다.

王曰封아 予不惟若玆多誥라 古人이 有言曰人은 無於水에 監¹⁾이오 當於民에 監이니 今惟殷이 墜厥命²⁾하니 我其可不大監하여 撫于時아

予惟曰汝劼毖殷獻臣³⁾과 侯甸男衛니 矧太史友와 內史友⁴⁾와 越獻臣百宗工⁵⁾잇따녀 矧⁶⁾惟爾事인 服休⁷⁾服采⁸⁾따녀 矧惟若疇인 圻父⁹⁾薄違¹⁰⁾와 農父¹¹⁾若保와 宏父¹²⁾定辟¹³⁾이따녀 矧汝剛制于酒따녀

厥或誥曰群飮이어든 汝勿佚하여 盡執拘하여 以歸于周하라 予其殺이니라

又惟殷之迪諸臣惟工이 乃湎于酒¹⁴⁾어든 勿庸殺之하고 姑¹⁵⁾惟敎

之_{하라}

有¹⁶⁾斯면 明享_{이어니와} 乃不用我敎辭_{하면} 惟我一人_이 弗恤¹⁷⁾_{하여} 弗
蠲¹⁸⁾乃事_{하여} 時同¹⁹⁾于殺_{하리라}

王曰封_아 汝典²⁰⁾聽朕毖_{하라} 勿辯²¹⁾乃司_{하면} 民湎于酒_{하리라}

1) 監(감) : 살펴보다. 곧 거울로 삼는다는 뜻. 감(鑑)과 같다.

2) 殷墜厥命(은추궐명) : 은나라는 그 천명을 잃었다. 추(墜)는 떨어진다는 말
   이나 여기서는 잃다의 뜻. 명(命)은 천명(天命).

3) 獻臣(헌신) : 어진 신하. 헌(獻)은 여기서 어진 사람이라는 뜻.

4) 太史友內史友(태사우내사우) : 태사와 내사는 다 관명(官名)으로 임금의 말
   과 행동을 기록하는 사관(史官). 우는 동료 관리라는 뜻인데, 태사나 내사는
   여러 사람이므로 우(友)라는 말을 붙였다.

5) 宗工(종공) : 벼슬자리에 있는 종친(宗親).

6) 矧(신) : 또, 그리고로 풀이된다.

7) 服休(복휴) : 잔치나 노는 일을 맡은 관리.

8) 服采(복채) : 조정의 제사 지내는 일을 맡은 관리.

9) 圻父(기보) : 군사에 관한 일을 맡은 관리. 사마(司馬).

10) 薄違(박위) : 반역도배를 토벌한다는 뜻.

11) 農父(농보) : 농사일을 맡은 관리. 사도(司徒).

12) 宏父(굉보) : 토지와 거처를 관리하는 관리. 사공(司空).

13) 定辟(정벽) : 임금을 안정시키다. 벽은 임금의 뜻.

14) 湎于酒(면우주) : 술에 빠지다.

15) 姑(고) : 잠시.

16) 有(유) : 잊지 않는다는 뜻.

17) 弗恤(불휼) : 돌보지 않는다는 뜻.

18) 弗蠲(불견) : 잘 처리하지 못한다. 그르치다.

19) 同(동) : 똑같이. 곧 주나라 사람과 똑같이라는 뜻.

20) 典(전) : 늘. 항상.

21) 辯(변) : 여기서는 '~으로 하여금 ~하지 말라'의 뜻.

제11장 자재(梓材)

이 장은 무왕이 강숙(康叔)에게 이른 것이라고 하는데, 어떤 이들은 '금왕유왈(今王惟曰)' 이하의 부분은 주공(周公)이나 소공(召公)이 성왕에게 한 진언(進言)이라고 본다. 전해 오는 죽간(竹簡)이 썩고 끊어져 그로 말미암은 착오에서 같은 편(篇)으로 잘못 합해진 것이라고 한다.

자(梓)는 가래나무를 가리키고 재(材)는 재목이라는 뜻이니, 가래나무로 된 재목이라는 뜻이다. 이 글 속에 약작자재(若作梓材)라는 어구가 나온 데서 붙여진 이름이라고 한다.

1. 윗사람이 잘해야 백성이 올바른 길을 간다

왕은 말하였다.

"봉이여, 그 백성과 그 신하들의 뜻이 높은 관리들에게 이르도록 하고, 그들 높은 관리들의 뜻이 왕에게 이르도록 하는 것이 제후인 것이다.

너는 언제나 이와 같이 말하여라. '내가 가르침을 받는 스승인 사도와 사마와 사공과 모든 장관과 모든 관리들이여! 나는 무고한 사람을 함부로 죽이지 않겠노라.' 라고.

그 군주가 먼저 공경하고 일하면 따라서 그들도 공경하고 일할 것이다. 그러므로 가거든 간사한 자, 간악한 자, 사람을 죽인 자, 법을 어지럽힌 자라도 용서할 자는 용서하라. 또 그 군주의 행동을 본받아 일하는 사람이라면 사람을 찌르고 해친 자라도 용서하라.

왕이 제후를 세우는 것은 백성을 다스리는 데에 있다. 왕은 그들에게, 백성을 박대하지 말고 백성을 학대하지 말며, 외롭고 의지할 데 없는 사람과 비천한 여인도 불쌍히 여겨야 한다고 말하

여야 한다. 왕은 제후들과 모든 관원들에게 그 도(道)를 어떻게
하면 길이 받들고 편안히 할 것인가를 가르쳐야 한다. 예로부터
왕은 이와 같았으므로 제후는 사악하지 않았다.

　이것은 곧 밭을 가는 것과 같다. 부지런히 밭을 서로 개간하였
다면, 계속 밭을 가꾸고 갈아야 하며, 그 두둑과 고랑을 다듬어야
한다. 집을 짓는 것과 마찬가지로 부지런히 담장과 벽을 세웠다
면, 담과 벽에 흙을 바르고 지붕을 이을 계획을 세워야 한다. 나무
그릇을 만드는 것과도 같다. 부지런히 나무 껍질을 벗기고 다듬
고 깎아 모양이 이루어지면, 좋고 붉은 물감으로 칠할 생각을 하
여야 할 것이라는 말이다."

　▨ 무왕은 강숙에게 나라를 다스리기 위해서는 신하와 백성과 한마음
한뜻이 되어야 한다는 것을 강조하였다.

　모두 한마음 한뜻이 되기 위해서는 먼저 임금이 모범을 보여야 한다
는 것을 훈계하였다.

　王曰封아 以厥庶民과 曁厥臣으로 達大家[1]하며 以厥臣으로 達王[2]은
惟邦君이니라

　汝若恒越하여 曰我有師師[3]는 司徒와 司馬와 司空과 尹과 旅에니 曰
予罔厲[4]殺人이라하라 亦厥君이 先敬勞니 肆徂[5]厥敬勞하라 肆往姦宄
殺人歷人[6]을 宥하며 肆亦見厥君事[7]하여 戕敗人[8]을 宥하리라

　王啓監[9]하시든 厥亂[10]이 爲民이니 曰無胥戕[11]하며 無胥虐하여 至于
敬寡[12]하며 至于屬婦[13]하여 合由以容[14]하라 王이 其效[15]邦君과 越御事
하는 厥命[16]은 曷以오 引[17]養引恬이니라 自古로 王이 若玆하니 監은 罔
攸辟이니라

　惟曰若稽田에 旣勤敷菑[18]하란대 惟其陳修[19]하여 爲厥疆畎하며 若作
室家에 旣勤垣墉하란대 惟其塗墍茨[20]하며 若作梓材[21]에 旣勤樸斲[22]하
란대 惟其塗丹艧[23]이니라

1) 達大家(달대가) : 높은 관리에게 이르게 하다. 달(達)은 이르게 하다. 곧 통
　(通)하게 한다는 뜻. 대가(大家)는 큰 집안이라는 말이나 여기서는 높은 벼
　슬아치. 곧 높은 자리에 있는 관리라는 뜻.

2) 厥臣達王(궐신달왕) : 높은 자리에 있는 관리의 뜻이 왕에게 이르게 한다. 여기서의 신(臣)은 위의 대가(大家)를 가리킨다.

3) 師師(사사) : 가르침을 받는 스승. 앞의 사(師)는 가르침을 받았다는 뜻이고 뒤의 사(師)는 스승.

4) 厲(여) : 무고한 사람을 죽이는 일.

5) 肆徂(사저) : 따라서 또.

6) 歷人(역인) : 법을 어지럽힌 자.

7) 見厥君事(견궐군사) : 그 군주의 행위를 본받다. 견(見)은 본받는다는 뜻. 사(事)는 행위.

8) 戕敗人(장패인) : 사람을 찌르고 해친 자.

9) 啓監(계감) : 제후를 세우다. 계(啓)는 세운다는 뜻. 감(監)은 여기서 제후를 뜻한다.

10) 亂(난) : 여기서는 다스리다의 뜻.

11) 無胥戕(무서장) : 백성을 찌르지 말라. 백성을 박대하지 말라.

12) 敬寡(경과) : 홀아비와 과부. 곧 의지할 데 없는 사람. 경(敬)은 여기서 긍(矜)과 통하며, 환(鰥)을 가리킨다.

13) 屬婦(촉부) : 미천한 여인.

14) 合由以容(합유이용) : 다 같이 불쌍히 여기다. 합(合)은 다 같이의 뜻. 용(容)은 여기서 불쌍히 여긴다는 뜻.

15) 效(효) : 가르치다. 교(敎)와 통한다.

16) 命(명) : 도(道)의 뜻.

17) 引(인) : 여기서는 길이 오래도록의 뜻.

18) 菑(치) : 개간한다는 뜻.

19) 陳修(진수) : 밭을 갈고 가꾼다는 뜻.

20) 墍茨(기자) : 흙을 바르고 지붕을 잇다.

21) 梓材(자재) : 가래나무의 재목. 곧 나무로 만든 그릇.

22) 樸斲(박착) : 나무의 껍질을 벗기고 다듬고 깎는다는 뜻.

23) 丹雘(단확) : 돋보이게 하는 붉은 빛깔. 좋은 붉은 물감.

2. 애민위국(愛民爲國)하면 국가를 영원히 계승

이제 왕은 말하였다.

"선왕들께서 이미 밝은 덕을 부지런히 펴고 회유하여 제후들로 하여금 보좌하게 하셨고, 모든 제후국들은 공물(貢物)을 바쳐 오고 형제의 나라가 되어 찾아오게 되었다. 나 또한 밝은 덕을 펴니 제후들이 늘 와서 배알(拜謁)하게 될 것이며, 모든 제후국이 모여와 공물을 바치게 될 것이다.

황천(皇天)이 중국의 백성과 그 강토를 우리 선왕께 내렸으니 왕으로서 덕을 행하여 미혹된 백성을 앞에서 이끌고 뒤에서 보호하여 화합하고 기쁘게 하면 선왕께서 받으신 천명을 다할 수 있을 것이다.

오호라, 그대는 이것을 거울로 삼아라. 그래서 만년에 이르도록 왕업을 유지하고자 하면 자자손손 영원토록 백성을 보전할 것이다.

▨ 선왕이 쌓은 은덕으로 주왕실이 번창하였다. 선왕이 끼치신 은덕을 보답하는 길은 백성을 잘 보살피고 자자손손이 영원토록 왕업을 이어나가는 것이라고 하였다.

今王이 惟曰先王이 旣勤用明德하사 懷爲夾[1]하신대 庶邦享[2]하여 作兄弟方來하여 亦旣用明德하니 后式典[3]集하시면 庶邦이 丕享하리라

皇天이 旣付[4]中國民과 越厥疆土于先王하시니

肆王은 惟德을 用하사 和懌先[5]後[6]迷民하사 用懌先王受命[7]하소서

已若玆監[8]하소서 惟曰欲至于萬年惟王[9]하사 子子孫孫이 永保民하노이다

1) 懷爲夾(회위협) : 회유하여 제후들로 하여금 보좌하게 하다. 회는 회유(懷柔)하다. 위(爲)는 여기서 하여금. 협(夾)은 보좌하다의 뜻.

2) 享(향) : 공물을 바친다는 뜻.

3) 后式典(후식전) : 제후가 늘 배알한다. 후(后)는 제후, 식(式)은 배알한다. 전(典)은 늘·항상의 뜻.

4) 付(부) : 주다. 곧 하늘이 내려주었다는 말.

5) 先(선) : 앞에서 이끈다는 뜻.

6) 後(후) : 뒤에서 보호한다는 뜻.

7) 用懌先王受命(용역선왕수명) : 선왕이 받은 천명을 이룩한다는 뜻. 여기서
   의 역은 다하다·마치다·이룩하다의 뜻.

8) 若玆監(약자감) : 그대는 이것을 거울로 삼아라. 약은 그대라는 뜻. 감은 감
   (鑑)과 통하며 거울이라는 뜻.

9) 惟王(유왕) : 왕업을 유지하다. 유(惟)는 유(維)와 통한다.

제5권 주나라의 글〔周書〕Ⅱ

제5권 주나라의 글〔周書〕 Ⅱ

제12장 소고(召誥)

이 장은 소공(召公)이 주공을 통해 성왕(成王)에게 훈계한 글이다.

주공(周公)이 어린 조카인 성왕을 위해 섭정(攝政)한 지 7년만에 성왕이 이미 성장하였으므로 주공은 정권을 성왕에게 돌려주었다. 성왕은 무왕의 뜻을 받들어 소공을 낙읍(洛邑 : 洛陽)으로 보내 도읍을 정하기에 앞서 살피게 하였는데, 이에 소공은 이 소고(召誥)를 지었다고 한다.

이 글의 내용은 소공이 먼저 낙읍의 여건을 돌아보고 주공을 통하여 왕에게 올린 것이라고 한다.

1. 소공을 보내 살피다

2월 16일부터 엿새가 되는 을미일(乙未日)에 왕은 아침에 주나라 도읍에서 떠나 풍(豐) 땅에 이르렀다.

태보(太保)는 주공(周公)보다 먼저 거처(居處)를 살피러 갔다. 그 다음 3월 초사흘 병오(丙午)일에서 사흘째 되는 무신(戊申)일 아침에 태보는 낙(洛) 땅에 이르러 살 곳을 점쳤다.

그는 점괘를 얻고는 곧 측량하여 설계하였다.

사흘째 되는 경술(庚戌)일에 태보는 모든 은나라 백성을 거느리고 낙수(洛水) 북쪽에 터를 잡기 시작하여 닷새째 되는 갑인

(甲寅)일에 터를 이루었다.

이튿날인 을묘(乙卯)일에는 주공이 아침에 낙 땅에 이르러 새
로 닦은 도읍터를 두루 살폈다.

사흘째 되는 정사(丁巳)일에 짐승을 잡아 교제(郊祭)를 올렸
는데 소 두 마리를 썼다. 다음 날인 무오(戊午)일에 새 도읍에서
사제(社祭)를 지냈는데 소 한 마리와 양 한 마리와 돼지 한 마리
를 제물로 썼다.

이레째 되는 갑자(甲子)일에는 주공이 아침에 글을 써서 여러
은나라의 제후국인 후(侯)·전(甸)·남(男) 각 나라의 제후들에
게 명을 내렸다.

그가 은나라 모든 사람에게 명을 내리니 여러 은나라 사람은 모
두 참여하여 열심히 일하였다.

▨ 주공(周公)의 건의로 성왕(成王)이 명을 내려 소공(召公)이 낙수
(洛水)의 고을로 가 지형을 살피고 공사에 착수하였는데 모든 은나라 사
람의 도움이 있었다는 이야기이다.

惟二月¹⁾旣望²⁾越六日乙未에 王³⁾朝步自周⁴⁾하사 則至于豊⁵⁾하시다

惟太保⁶⁾先周公相宅⁷⁾하여 越若來⁸⁾三月惟丙午朏⁹⁾越三日戊申에
太保朝至于洛하여 卜宅¹⁰⁾하니 厥旣得卜하여 則經營¹¹⁾하니라

越三日庚戌에 太保乃以庶殷¹²⁾으로 攻位¹³⁾于洛汭¹⁴⁾하니 越五日甲
寅에 位成하니라

若翼日¹⁵⁾乙卯에 周公이 朝至于洛하사 則達觀¹⁶⁾于新邑營하시다

越三日丁巳에 用牲于郊¹⁷⁾하시니 牛二러라 越翼日戊午에 乃社¹⁸⁾于
新邑하시니 牛一羊一豕一이러라

越七日甲子에 周公이 乃朝用書하사 命庶殷侯甸男邦伯하시다

厥旣命殷庶하시니 庶殷이 丕作하니라

1) 二月(이월) : 성왕(成王) 7년의 2월이다.

2) 旣望(기망) : 음력으로 16일을 이르는 말.

3) 王(왕) : 성왕을 가리킨다.

4) 自周(자주) : 주(周)나라로부터. 여기서의 주(周)는 주나라의 도읍을 가리

킨다.

5) 豊(풍) : 문왕(文王)이 도읍을 세웠던 곳. 문왕의 묘가 있어서 낙읍(洛邑)을 경영하게 되었다고 한다.

6) 太保(태보) : 소공(召公)의 관명(官名).

7) 相宅(상택) : 거처를 살피다. 상은 살피다의 뜻. 택은 거처(去處).

8) 來(내) : 다음 날. 익(翌)과 같다.

9) 朏(비) : 초승달이 나타날 때. 곧 초사흗날.

10) 卜宅(복택) : 살 곳을 점치다. 거북점으로 낙읍(洛邑)이 살기에 길(吉)한지 흉(凶)한지를 점쳐 보았다는 말.

11) 經營(경영) : 측량하여 설계한다는 말.

12) 庶殷(서은) : 모든 은(殷)나라 사람. 곧 은나라 백성들.

13) 攻位(공위) : 터를 잡다. 공은 작(作)과 통하여 터를 잡는다는 뜻이요, 위는 위치로 터를 말한다.

14) 洛汭(낙예) : 낙수의 물굽이. 낙수의 북쪽 언덕. 낙은 물 이름으로 낙수(洛水)를 가리킨다.

15) 翼日(익일) : 다음 날. 익은 익(翌)과 같은 뜻으로 쓰였다.

16) 達觀(달관) : 두루 살피다.

17) 用牲于郊(용생우교) : 짐승을 잡아 교제에 쓰다. 생(牲)은 제사에 쓰기 위해 잡은 짐승. 교(郊)는 교제(郊祭)로, 하늘에 지내는 제사.

18) 社(사) : 사제(社祭). 토신(土神)에게 지내는 제사.

2. 은나라는 주왕(紂王)의 잘못으로 망했다

태보는 이에 여러 나라 제후들과 더불어 나아가 폐백(幣帛)을 가지고 다시 들어와 주공에게 바치고 말하였다.

"엎드려 절하며 삼가 왕과 주공에게 바칩니다. 그리고 모든 은나라 사람과 그들의 관리들에게 알리는 바입니다.

오호라, 황천에 계신 하느님께서 그의 원자(元子)에게 내린 이 큰 나라인 은나라의 명을 바꾸셨습니다. 왕께서 명을 받으시니 무궁한 경사이기도 하면서 또한 무궁한 근심이기도 합니다. 어찌 공경하지 않을 수 있겠습니까.

하늘은 이미 큰 나라인 은나라의 명을 멀리 끊으셨습니다. 이에 은나라의 많은 옛 어진 왕들은 하늘에 계시며, 그분들의 뒤를 이은 왕과 백성들은 그분들의 명에 잘 따랐으나, 그 마지막에 이르러서는 지혜 있는 사람은 숨고 병폐가 있는 자들만 자리에 있게 되었습니다.

사람들은 그들의 처자식을 안고 손잡고 부축하면서 슬프게 하늘에 호소하였고 주왕(紂王)은 이들이 도망하는 것을 막았고 도망가던 자는 나가다가 잡혔습니다.

오호라, 하늘도 온 천하 백성을 가엾게 여겨 그들을 돌보고 명을 내리기에 애쓰시니, 왕께서는 빠르게 덕을 공경하셔야 합니다."

▨ 낙읍(洛邑)에 터를 잡은 소공이 낙읍을 살펴보러 온 성왕과 주공에게 올린 말이다.

하늘이 은나라의 명을 바꿔 주나라에 돌린 것은 기쁜 일이나 그만큼 중대한 책임도 염두에 두어야 하며, 옛 은나라에는 덕망있는 임금들이 많았어도 마지막 주왕(紂王)의 포악으로 은나라가 망하게 되었으니 백성을 잘 돌보고 하늘을 공경해야 한다고 하였다.

太保乃以庶邦冢君으로 出取幣하여 乃復入錫周公하고 曰拜手稽首¹⁾하여 旅²⁾王若公하노니 誥告庶殷할든 越自乃御事니이다

嗚呼라 皇天上帝改厥元子³⁾茲大國殷之命하시니 惟王受命이 無疆惟休시나 亦無疆惟恤이시니 嗚呼曷其오 奈何弗敬이리오

天旣遐終大邦殷之命하시며 茲殷多先哲王도 在天이어신마는 越厥後王⁴⁾後民이 茲服厥命하여 厥終⁵⁾에 智藏瘝⁶⁾在어늘 夫⁷⁾知⁸⁾保抱携持厥婦子하여 以哀로 籲天하여 徂⁹⁾厥亡出執하니 嗚呼라 天亦哀于四方民이라 其眷命用懋하시니 王其疾敬德하소서

1) 拜手稽首(배수계수): 손을 땅에 대고 엎드려 큰절을 하다.
2) 旅(여): 여기서는 알린다는 뜻.
3) 元子(원자): 장자(長子). 천자를 말하는데 여기서는 은나라의 주왕(紂王)을 가리킨다.

4) 厥後王(궐후왕) : 그분들의 뒤를 이은 왕. 궐(厥)은 선철왕(先哲王)을 가리
   킨다.
5) 厥終(궐종) : 그 마지막. 은나라 주왕(紂王)이 다스리던 마지막 시대.
6) 瘝(환) : 병들다. 폐단이 있는 자를 말한다.
7) 夫(부) : 사람들. 사람마다.
8) 知(지) : 아무 뜻이 없는 글자.
9) 徂(조) : 막다. 여기서는 저(阻)와 통한다.

3. 은나라는 하늘의 뜻을 어겼다

태보는 말을 이었다.

"옛날의 백성과 하(夏)나라를 살펴보면 하늘은 그들을 사랑하
여 자식처럼 보호하시고 그들은 하늘을 우러러 따랐으나 후세에
하늘의 뜻을 어겨 지금은 이미 하늘의 명을 잃었습니다.

오늘날 은(殷)나라를 살피건대 하늘은 그들을 사랑하여 보호
하시고 그들은 하늘을 따랐으나 후세에 하늘의 뜻을 어겨 지금은
이미 하늘의 명을 잃었습니다.

이제 어리신 왕께서 왕위를 이으셨는데 늙고 경험 많은 사람들
을 버리지 마십시오. 우리 옛 사람들의 덕을 생각하라고 말씀하
셔야 하나니, 하물며 또 스스로 하늘과 의논할 수 있어야 한다는
것은 말할 나위가 있겠습니까.

오호라, 왕께서는 비록 나이 어리시지만 하늘의 큰아드님이십
니다. 능히 낮은 백성들과 융합하신다면 진정 훌륭한 일입니다.
왕께서는 감히 일을 뒤로 미루는 일 없이 돌아보시어, 백성들의
말 많은 것을 두려워하셔야 합니다.

▨ 하(夏)나라와 은(殷)나라가 하늘의 보호를 받고 그 임금들도 하늘
을 잘 따랐으나 후세의 임금이 하늘의 뜻을 저버리고 백성을 돌보지 않
아 끝내 나라를 잃게 된 일을 상기시켰다.

이어 성왕에게 백성들과 화합하고 옛 신하들을 버리지 않아야 하며 옛
날의 어진 임금들의 덕을 본받도록 당부하였다.

相古先民有夏한댄 天迪하시고 從子[1]保어시늘 面[2]稽天若[3]하시니 今時
에 旣墜[4]厥命하니이다 今相有殷한댄 天迪하시고 格保[5]커시늘 面稽天若하
시니 今時에 旣墜厥命하니이다

今沖子嗣하시니 則無遺壽耉[6]하소서 曰其稽我古人之德이어늘사 矧曰
其有[7]能稽謀自天이따녀

嗚呼라 有王은 雖小하시나 元子哉시니 其丕能誠于小民하여 今休하소
서 王不敢後[8]하사 用顧[9]畏于民嵒[10]하소서

1) 子(자) : 여기서는 자(慈)와 같은 뜻으로 사랑한다는 뜻.

2) 面(면) : 여기서는 향(鄕)과 통하며 향하다, 따르다의 뜻.

3) 若(약) : 한 구절 끝에 쓰이는 어조사로 뜻이 없다.

4) 墜(추) : 떨어지다. 곧 상실하다, 잃었다의 뜻.

5) 天迪格保(천적격보) : 하늘이 보호하여 준다는 뜻.

6) 壽耉(수구) : 나이 많은 노인. 곧 늙고 경험 많은 사람.

7) 有(유) : 여기서는 우(又)와 통하여 '또' 라는 뜻.

8) 後(후) : 일을 뒤로 미룬다는 뜻.

9) 顧(고) : 돌아보다. 반성하다. 곧 주의를 기울인다는 말.

10) 嵒(암) : 여기서는 말이 많은 것을 가리킨다.

4. 하(夏)와 은(殷)의 전철을 밟지 말라

태보는 말을 이었다.

"왕께서는 오시어 상제의 뜻을 이어 스스로 중원(中原)을 다
스려야 합니다. 단(旦)도 말하기를 '그가 큰 도읍을 만들었으니
그는 스스로 하늘의 짝이 되었고 천신과 지신에게 제사 지내셨으
니, 중원은 절로 편안하게 다스려질 것입니다. 왕께서 받으신 명
(命)을 이루시면 백성 다스리는 일은 이제 잘 될 것입니다.' 라고
하였습니다.

왕께서는 먼저 은나라의 관리들을 복종하게 하여, 우리 주(周)
나라의 관리들과 친하게 하고 가깝게 하셔야 합니다. 자기의 성
품을 절제하여 날로 힘쓰셔야 하며, 왕께서는 자기의 행위를 삼

가서 덕을 공경하지 않으면 안 될 것입니다.

　우리는 하(夏)나라를 거울 삼지 않을 수 없으며, 또한 은(殷)나라를 거울 삼지 않을 수 없습니다.

　제가 감히 아는 체하는 것은 아닙니다만 하나라는 하늘의 명을 좇아 오랫동안 나라를 다스렸다고 합니다. 제가 감히 아는 체하는 것은 아닙니다만 그들이 더 이어 나가지 못한 것은 걸왕(桀王)이 그들의 덕을 공경하지 못하여 이에 일찍이 그들의 천명을 잃었기 때문이라고 합니다.

　제가 감히 아는 체하는 것은 아닙니다만 은나라는 하늘의 명을 받아 오랫동안 나라를 다스렸다고 합니다. 제가 감히 아는 체하는 것은 아닙니다만 그들이 더 이어 나가지 못한 것은 주왕(紂王)이 그들의 덕을 공경하지 못하여 이에 일찍이 그들의 천명을 잃었기 때문이라고 합니다."

　▨ 낙읍(洛邑)에 와 천하를 다스릴 것을 청하며 소공은 다시 한 번 하나라와 은나라가 천명을 받았던 사실과 끝내 나라를 잃었던 사실을 상기시키고 그들을 거울 삼아 그 전철을 밟지 않도록 당부하였다.

　王이 來紹上帝하사 自服¹⁾于土中²⁾하소서 且³⁾도 曰其作大邑하여 其自時로 配皇天하며 毖祀⁴⁾于上下⁵⁾하며 其自時로 中乂⁶⁾라하나니 王이 厥有成命하시면 治民이 今休하리이다

　王이 先服殷御事하사 比介⁷⁾于我有周御事하사 節性⁸⁾하시면 惟日其邁하리니다

　王敬作所시니 不可不敬德이니이다

　我는 不可不監于有夏며 亦不可不監于有殷이니 我不敢知⁹⁾하노니 曰有夏服天命하여 惟有歷年가 我不敢知하노니 曰不其延¹⁰⁾가 惟不敬厥德하여 乃早墜厥命하니이다 我不敢知하노니 曰有殷이 受天命하여 惟有歷年가 我不敢知하노니 曰不其延가 惟不敬厥德하여 乃早墜厥命하니이다

1) 服(복) : 복종시키다. 곧 다스린다는 뜻.
2) 土中(토중) : 중원(中原). 중화(中華). 낙읍(洛邑)을 가리키는 말이기도 하다.

3) 旦(단) : 주공(周公)의 이름.

4) 毖祀(비사) : 제사를 지내 고하다. 비(毖)는 고하다, 알리다의 뜻.

5) 上下(상하) : 상(上)은 천신(天神), 하(下)는 지기(地祇). 지기(地祇)는 지신(地神)을 말한다.

6) 中乂(중예) : 중원을 편안하게 하다.

7) 介(개) : 가깝다는 뜻.

8) 節性(절성) : 자기의 성품을 절제한다. 성품을 제약한다.

9) 我不敢知(아불감지) : 내가 감히 아는 체하는 것이 아니다. 또는 그런지 그렇지 않은지 모른다. 또는 나같은 사람이 이미 아는 바와 같이 등으로 풀이된다.

10) 延(연) : 이어지다. 계속되다.

5. 하늘의 영원한 명을 받으시라

태보는 말을 이어

"지금 왕께서는 그 명을 이어받으셨으니 우리는 두 나라(하나라·은나라)의 운명을 생각하고 그 공업을 이어받아야 하겠습니다. 왕께서 이에 처음으로 정사를 돌보셨습니다.

오호라, 아이를 낳은 것과 같으니 처음 낳았을 때 스스로 밝은 명(命)을 지니게 되는 것입니다. 이제 하늘은 그분에게 어질게도 명하실 것이고 길하게도 흉하게도 명하실 것이며 오래도록 다스리게 명하시기도 할 것입니다. 이제 우리는 처음으로 정사를 시작하였습니다.

새 도읍에 살게 되었음을 알고 있으니 오직 왕께서는 덕을 공경하는 일에 빨라야 합니다.

왕께서 그 덕을 행하시는 것이 하늘에 영원한 명을 비는 방법입니다.

오직 왕께서는 낮은 백성들이 법도에 어긋나는 짓을 지나치게 하였다고 감히 살육으로 다스리지 마시옵소서. 백성을 편안하게 다스리시어 공 있는 분들을 본떠야 할 것입니다.

오직 왕의 자리에 계신 분의 덕이 으뜸 가면 낮은 백성들은 이

에 본받을 것이며, 이것을 천하에 펴면 이윽고 왕은 빛나게 될 것
입니다.

위로 하늘과 아래로 백성을 부지런히 돌보시어 말하기를 '우리
가 받은 하늘의 명은 하(夏)나라가 오랜 세월을 다스릴 때와 크
게 같고, 은(殷)나라가 오랜 세월을 다스릴 때와 어긋나지 않아
야 한다.' 라고 하는 것과 같아야 합니다. 왕께서는 낮은 백성들과
함께 하늘의 영원한 명을 받게 되시기를 바랍니다."
하고는, 다시 엎드려 말하였다.

"저 소신은 감히 왕과 원한이 있는 백성과 모든 관리들과 우호
적인 백성과 더불어, 왕의 위엄 있는 명령과 밝으신 덕을 받아 지
키려고 합니다. 왕께서 끝내 명을 이루시면 왕께서 또한 빛나게
될 것입니다. 저는 감히 부지런히 일한다고 할 수 없으니 삼가 폐
백(幣帛)을 받들어 왕께 바쳐 왕께서 하늘의 영원한 명을 기원
할 수 있도록 하고자 합니다."

▨ 이제 처음으로 직접 정사를 맡아 행할 성왕에게, 하늘이 내린 명이
길할지 흉할지 오래일지 모르는 일이니 오로지 덕으로써 백성을 다스려
야 한다고 강조하였다.

옛 하나라 은나라가 오랫동안 잘 다스려졌던 때와 같은 세상을 만들
기를 기원하고 또 하나라와 은나라처럼 하늘의 명이 오랫동안 지속되도
록 기원하는 동시에 덕행으로써 이루어 나가라는 당부였다.

今王이 嗣受厥命하시니 我亦惟玆二國命에 嗣若[1]功이라하노니 王乃
初服[2]이따녀

嗚呼라 若生子罔不在厥初生[3]하여 自貽哲命[4]하니 今天은 其命哲[5]
가 命吉凶가 命歷年[6]가 知今我初服이니이다

宅新邑하사 肆惟王이 其疾敬德하소서 王其德之用[7]이 祈天永命이니이다

其惟王은 勿以小民의 淫用非彝로 亦敢殄戮用乂하소서 民若하여서
有功하리이다

其惟王位在德元하면 小民이 乃惟刑[8]하여 用于天下라 越[9]王에 顯
하리이다

上下勤恤하여 其曰하대 我受天命이 丕若有夏歷年하며 式勿替¹⁰⁾有
殷歷年이라하나니 欲王은 以小民으로 受天永命하노이다

拜手稽首曰予小臣은 敢以王之讐民¹¹⁾과 百君子¹²⁾와 越友民¹³⁾으로
保受王威命明德하노니 王이 末有成命하시면 王亦顯하시리이다 我非敢勤
이라 惟恭奉幣하여 用供王의 能祈天永命하노이다

1) 若(약) : 여기서는 기(其)의 뜻.

2) 初服(초복) : 처음으로 일을 시작하다. 곧 처음으로 정사를 돌본다는 뜻. 복
   (服)은 일, 곧 여기서는 정사를 뜻한다.

3) 厥初生(궐초생) : 그 처음 낳았을 때.

4) 自貽哲命(자이철명) : 스스로 밝은 명을 지니게 하다. 명은 천명.

5) 命哲(명철) : 어질게 명하다. 밝게 명하다.

6) 命歷年(명력년) : 오래도록 다스리게 명하다.

7) 德之用(덕지용) : 덕행을 행하다. 용은 쓴다는 말이며 여기서는 행한다는 뜻.

8) 刑(형) : 여기서는 형(型)과 통하여 본받다 또는 본뜨다의 뜻.

9) 越(월) : 여기서는 이윽고, 드디어의 뜻.

10) 勿替(물체) : 어긋나지 않다.

11) 讐民(수민) : 원한이 있는 백성. 원수였던 백성. 곧 은(殷)나라의 유민(遺
    民)을 가리킨다.

12) 百君子(백군자) : 모든 관원(官員). 여기서의 군자(君子)는 관리·관원을
    통틀어 이르는 말.

13) 友民(우민) : 우호적인 백성. 위의 수민(讐民)과 대조를 이룬다.

제13장 낙고(洛誥)

이 장은 낙읍(洛邑)에서 성왕과 주공(周公)이 앞으로의 할 일
에 대하여 서로의 의견을 주고받은 내용을 기록한 것이다.

주공이 낙읍에 새 도읍을 건설하니 성왕은 친히 낙읍까지 가 새
도읍을 두루 살폈다.

그리고 주공에게 그대로 낙읍에 남아 다스려 주기를 부탁하였다. 따라서 주공이 성왕의 명을 받드는 의식이 행해졌는데, 이때 성왕과 주공은 앞으로의 정사에 대하여 여러 가지 의견을 나누었던 것이다.

1. 하늘의 축복을 받는 왕업을 이루자

주공이 엎드려 절하면서 말하기를

"저는 그대 밝으신 왕에게 아룁니다.

왕께서 감히 천명으로 닦은 터전과 또 천명으로 이룩한 안정의 공(功)에 미치지 못하실까 염려되어 제가 이에 대를 이어 받들었고, 동쪽 땅을 크게 둘러보았으니, 그것은 왕으로 하여금 백성에게 밝으신 왕이 되게 하기 위한 계획이었습니다.

저는 을묘(乙卯)일 아침에 사람이 많이 사는 이 낙(洛) 땅으로 와 황하 북쪽과 여수(黎水)를 점쳐 보았고 또 간수(澗水) 동쪽과 전수(瀍水) 서쪽 땅을 점쳐 보았으나 오직 낙수(洛水) 땅만이 길(吉)하였습니다. 저는 또한 전수 동쪽 땅을 점쳐 보았으나 역시 오직 낙수 땅만이 길하였으므로 왕으로 하여금 오시게 하여 지도와 함께 점친 결과를 바치는 것입니다."

하니, 왕이 엎드려 절하고 말하였다.

"공(公)이시여, 하늘이 내리신 축복을 감히 공경하지 않을 수 없으며, 여기에 와 거처를 살피는 것은 주(周)나라의 왕업(王業)을 성취하고 하늘의 축복을 조화시키자는 것입니다. 공이 이미 거처를 정하고 나에게 오도록 하여 내가 온 것이며, 나에게 보여 준 복점의 축복은 모두 길하니 우리 두 사람이 함께 곧기 때문입니다. 공께서는 나에게 억만년토록 하늘의 축복을 공경하라고 하시니 엎드려 절하면서 가르치신 말씀을 받들겠습니다."

▨ 낙읍(洛邑)으로 온 성왕에게 주공이 나아가 절하며 주공 자신이 왕을 위하여 애쓴 일과 동쪽 땅에서 오로지 낙읍 땅만 길하다는 점괘를 얻은 것을 고하였다.

이에 성왕은 주공이 오라 하여 낙읍에 왔다는 것과 점괘의 길함을 이
야기하며 하늘의 뜻이요 하늘의 축복이니, 자손만대에 이르는 축복받는
왕업을 이루자는 주공의 뜻을 받들 것을 다짐하였다.

周公이 拜手稽首曰朕은 復¹⁾子明辟²⁾하노이다
王이 如弗敢及天의 基命³⁾定命⁴⁾이실새 予乃胤保⁵⁾하여 大相東土하니
其基⁶⁾作民明辟이로소이다
予惟乙卯⁷⁾에 朝至于洛師⁸⁾하여 我卜河朔黎水⁹⁾하며 我乃卜澗水¹⁰⁾
東과 瀍水¹¹⁾西하니 惟洛을 食¹²⁾하며 我又卜瀍水東하니 亦惟洛을 食할새
伻¹³⁾來하여 以圖及獻卜하노이다
王이 拜手稽首曰公이 不敢不敬天之休¹⁴⁾하사 來相宅하시니 其作
周¹⁵⁾에 匹休¹⁶⁾샷다 公既定宅하시고 伻來하여 來視予卜休¹⁷⁾恒吉하시니
我二人이 共貞이로다 公其以予로 萬億年을 敬天之休하실새 拜手稽首
誨言하노이다

1) 復(복) : 아뢴다는 뜻.
2) 子明辟(자명벽) : 그대 밝은 왕. 성왕을 가리킨다. 자는 그대, 벽은 왕, 임금.
3) 基命(기명) : 천명(天命)의 터전을 닦는다는 뜻. 곧 천명으로 창업(創業)의
   터전을 이룩한 문왕(文王)의 공을 이르는 말이다.
4) 定命(정명) : 천명을 안정시키다. 곧 천명에 의해 상나라(은나라)를 제거하
   여 도탄(塗炭)에 빠진 백성을 구하고 천하를 안정시킨 무왕(武王)의 공을
   이르는 말이다.
5) 胤保(윤보) : 대를 이어 받든다는 뜻. 과거에 문왕과 무왕을 받들었고 지금은
   성왕을 받드는, 곧 문왕·무왕·성왕의 3대를 이어서 보좌하는 것을 가리키는
   말이다.
6) 基(기) : 여기서는 모(謀)와 같은 뜻으로 계획의 뜻.
7) 乙卯(을묘) : 육십갑자(六十甲子)로 을묘(乙卯)일. 곧 그 해의 3월 12일이
   었다고 한다.
8) 洛師(낙사) : 낙읍(洛邑). 사(師)는 사람이 많이 사는 곳.
9) 黎水(여수) : 물 이름. 지금의 하남성(河南省) 위휘부(衛輝府) 준현(濬縣)
   동쪽에 흐르는 강.

10) 澗水(간수) : 물 이름. 지금의 하남성 면지현(澠池縣)에서 발원하여 낙양
(洛陽)에서 낙수(洛水)와 합류되는 강.

11) 瀍水(전수) : 지금의 하남성 맹진현(孟津縣)에 그 수원을 두고 동으로 흐
르다가 언사(偃師)에서 역시 낙수와 합류되는 강.

12) 洛食(낙식) : 낙수(洛水) 땅이 길(吉)하다. 식(食)은 길하다, 길조(吉兆)
의 뜻.

13) 伻(팽) : 여기서는 '하여금'의 뜻.

14) 天之休(천지휴) : 하늘의 축복. 하늘이 내린 축복.

15) 作周(작주) : 주나라의 왕업(王業)을 성취한다는 뜻.

16) 匹休(필휴) : 하늘이 내린 축복을 조화시킨다는 뜻.

17) 卜休(복휴) : 복점의 축복. 곧 점괘에 나타난 좋은 결과를 뜻한다.

2. 왕에게 은나라의 예도를 지키라고 간하다

주공은 말하였다.

"왕께서는 처음부터 은나라의 예도(禮道)를 행하여 새 도읍에
서 제사를 올리되 모두 질서와 예를 따라 문란하지 않게 하십시오.

저는 모든 관리를 정제(整齊)하여 주(周) 땅으로 왕을 모시고
가게 하고 저는 오직 일이 있을 것이라고만 말하겠습니다.

이제 왕께서는 곧 명하시기를 '이 공(功)의 훌륭함을 기록하
고 그 공의 나타남을 크게 제사 지내도록 하라.'라고 하십시오. 또
명하여 말씀하시기를 '그대들은 명을 받아 충실하게 보좌하라.'
라고 하십시오.

크게 공을 기록하여 보여야 하나니 그것은 당신께서 모든 것을
관리들에게 스스로 가르치셔야 할 것이기 때문입니다.

젊은 사람은 사사로이 무리짓기 쉬운 것입니다. 젊은 사람이 쉽
게 무리지으면 그 끼치는 영향이 처음에는 불이 미약한 것 같은
상태지만 그것을 버려두지 마십시오. 그냥 놔두면 그 불이 활활
타오르게 되어 끌 수 없는 상태와 같아집니다.

법을 따르는 일과 어루만지는 일을 저처럼 하십시오. 오직 주나

라에 있는 관리들을 데리고 새 도읍으로 가셔서는, 신하들로 하여금 일을 향하여 나가게 하고 힘써 일하여 공을 세우도록 하여 두텁고 크고 넉넉하도록 이루신다면, 당신께서는 영원토록 칭송을 듣게 될 것입니다."

주공은 말하였다.

"오호라, 당신께서는 젊은 사람이므로 끝맺음을 잘하셔야 합니다.

당신께서는 신중히 모든 제후들의 공물을 기억하여야 하고, 공물을 바치지 않는 자도 또한 기억하셔야 합니다. 공물을 바치는 데에는 많은 예절이 있는데, 예절이 물건에 미치지 못하면 성실하지 못한 것이니 공물을 바치지 않는 것과 같습니다. 공물을 바치는 일에 뜻을 두지 않으시면 모든 백성도 공물을 바치지 않으려 할 것이니, 그것은 정사가 그릇되는 일이고 모멸을 받게 되는 길입니다.

오로지 젊은 그대는 분별하도록 하십시오. 저는 이런 일을 물을 여가가 없으니, 제가 당신께 가르쳐 드리는 백성을 돕는 법을 잘들어 주십시오. 당신께서 만약 힘쓰지 않으시면 당신의 때가 길지 못할 것입니다. 그대가 무왕(武王 : 正父)의 덕을 두터이 하여 잊지 않고 앞과 뒤의 질서를 문란하지 않게 하되 저처럼 하면 감히 당신의 명을 저버리지 못하게 될 것입니다.

지금부터는 조심하십시오. 이제 저도 밝히고 힘쓸 것이니 우리 백성을 잘 보호하면 먼 곳 백성도 어기지 않게 될 것입니다."

▨ 주공이 성왕에게 훈계하는 말이다.

은나라의 예를 행할 것과 새 도읍지의 터닦음을 기록하고 제사 지낼 것, 젊은 사람으로서 조심할 것, 예의에 합당한 공물을 받고 기억할 것 등을 알려 주었다.

또한 무왕의 덕을 이어받아 문란하지 않으면 모든 백성이 성왕의 명을 들을 것이며 먼 곳의 백성도 따를 것이고 길이 나라를 보전할 것이라 하였다.

周公曰王이 肇稱[1] 殷禮하사 祀于新邑하시대 咸秩無文[2]하소서

予齊百工하여 伻從王于周³⁾하고 予惟曰庶有事⁴⁾라하이다

今王이 卽命曰記功宗⁵⁾하여 以功으로 作元祀⁶⁾하라하시고 惟命曰汝受命하란대 篤弼하라하소서

丕視功載니 乃汝其悉自敎工이니이다

孺子는 其朋⁷⁾가 孺子其朋이면 其往⁸⁾이 無若火始燄燄⁹⁾이라 厥攸灼¹⁰⁾이 敍弗其絶아

厥若彝及撫事를 如予하여 惟以在周工으로 往新邑하여 伻嚮卽有僚하며 明作有功하며 惇大成裕하면 汝永有辭¹¹⁾하리이다

公曰已아 汝惟沖子惟終¹²⁾이어다

汝其敬하여서 識百辟¹³⁾의 享¹⁴⁾하며 亦識其有不享이니 享은 多儀¹⁵⁾하니 儀不及物¹⁶⁾하면 惟曰不享이니 惟不役志于享하면 凡民이 惟曰不享이라하여 惟事其爽¹⁷⁾侮하리이다

乃惟孺子頒¹⁸⁾朕의 不暇하여 聽朕의 敎汝于棐民彝어다 汝乃¹⁹⁾是不蘉²⁰⁾하면 乃時惟不永哉인저 篤敍乃正父²¹⁾하대 罔不若予하면 不敢廢乃命하리니 汝往敬哉어다 玆予는 其明農²²⁾哉로리니 彼裕²³⁾我民하면 無遠用戾하리이다

1) 肇稱(조칭) : 조는 처음. 처음부터. 행하다, 거행하다.

2) 無文(무문) : 문란(紊亂)하지 않다. 문(文)은 여기서 문(紊)과 통하여, 문란하다는 뜻.

3) 周(주) : 주나라. 곧 주나라의 도읍인 호경(鎬京)을 뜻한다.

4) 庶有事(서유사) : 아마도 일이 있을 것이라는 뜻.

5) 記功宗(기공종) : 공을 기록하여 높이다. 공은 낙양에 새 도읍을 건설한 공을 가리키며, 종은 숭(崇)과 통하여 높인다는 뜻.

6) 元祀(원사) : 큰 제사. 크게 제사 지내다.

7) 朋(붕) : 무리짓다. 비(比)의 뜻.

8) 其往(기왕) : 지금부터. 이후에.

9) 燄燄(염염) : 불이 미약(微弱)하게 타오르는 모양.

10) 灼(작) : 여기서는 불꽃이 강렬해지는 것을 말한다.

11) 辭(사) : 칭송을 받다.

12) 終(종) : 끝. 곧 끝맺음을 잘해야 한다는 뜻.

13) 百辟(백벽) : 모든 제후. 벽은 임금의 뜻인데 여기서는 제후국의 임금. 곧 제
    후를 가리킨다.

14) 享(향) : 공물(貢物)을 바치는 일.

15) 多儀(다의) : 많은 의식. 의식이 많다. 갖추어야 할 예절이 많다.

16) 儀不及物(의불급물) : 의식이 물건에 미치지 못하다. 곧 예절이 공물 만큼
    장중하지 못하다는 뜻으로 공물만 많지 성의가 없다는 말. 의(儀)는 예절, 물
    (物)은 패물을 뜻한다.

17) 爽(상) : 정사가 그릇된다는 뜻.

18) 頒(반) : 여기서는 분별하다의 뜻.

19) 乃(내) : 여기서는 만약의 뜻으로 약(若)과 같다.

20) 覆(망) : 힘쓰다.

21) 正父(정부) : 무왕(武王)을 말한다.

22) 農(농) : 여기서는 힘쓴다는 뜻.

23) 彼裕(피유) : 보호해 준다는 뜻.

3. 주공은 낙읍(洛邑)에 남아 주시오

왕은 이와 같이 말하였다.

"공이여, 이 어린 사람을 밝게 지켜 주시오. 공은 크고 밝은 덕
을 드러내어 이 어린 사람으로 하여금 문왕과 무왕의 공훈(功勳)
을 떨치게 해 주시오. 하늘의 명을 받들어 보답하게 하며 사방의
백성을 화목하고 순탄하게 하여 낙읍(洛邑)에 살도록 해 주시오.

예를 두텁게 하고 높여 큰 제사를 질서 있게 행하되 모두 질서
있고 문란하지 않도록 해 주시오.

공의 덕이 하늘과 땅에 밝게 빛나게 하며 사방에 부지런히 베
풀어 널리 아름답게 하시오.

정사를 맡아 문왕과 무왕의 간곡한 가르침을 어지럽히지 않으
시니 이 어린 사람은 아침부터 밤까지 삼가 제사를 지내겠습니다."

왕은 이어 말하였다.

"공이 돕고 이끌어 주는 공적이 두터우니 이와 같지 않음이 없

도록 하시오."

왕은 또 말하였다.

"공이여, 이 나이 어린 사람은 물러가 주나라의 임금 자리로 되돌아갈 것이니 공에게는 뒤에 머무르시기를 명합니다.

세상은 어지러우며 아직도 높이 받들 예의가 정해지지 않았으니 또한 공의 일도 아직 안정되었다고 할 수 없습니다.

뒤에 남아 인도하고 도와서 나의 관리들을 보살펴 주시어 문왕과 무왕께서 받은 백성들을 크게 보호하여 서로 돕는 이가 되게 하시오."

왕은 또 말하였다.

"공께서는 머무르시고 나는 가야 합니다. 공(公)의 공(功)을 공경하여 따르며 존경하고 기뻐하고 있으니 공은 어려운 일이 없을 것입니다. 내가 게을리하지 않으면 모든 일이 편안해질 것입니다. 공께서 법도를 바꾸지 않으신다면 사방에서 대대로 공물을 바쳐 오게 될 것입니다."

▨ 성왕은 주공에게 낙읍(洛邑)을 맡아 다스려 줄 것을 당부하였다. 주공의 덕을 치하하고 낙읍에는 아직 어지러움도 평정되지 못했고 예의도 없으니 바로잡아서 주왕실의 훌륭한 고을로 자리잡게 해 달라고 하고 자신도 게으름 피우지 않고 정사에 전념할 것을 다짐하였다.

王若曰公이 明保予沖子하사 公稱丕顯德하사 以予小子로 揚文武烈[1]하며 奉答天命하며 和恒[2]四方民하여 居師[3]하시다

惇宗將禮하여 稱秩元祀하대 咸秩無文케하시다

惟公德이 明光于上下하며 勤施于四方하여 旁作穆穆[4] 迓衡[5]하여 不迷文武勤敎[6]하시니 予沖子는 夙夜에 毖祀로다

王曰公功은 棐迪이 篤하니 罔不若時어다

王曰公아 予小子는 其退하여 卽辟[7]于周하고 命公後[8]하리라

四方이 迪亂커늘 未定于宗禮[9]라 亦未克敉[10]公功[11]이로다

迪將其後하여 監我士師工[12]하여 誕保文武受民하여 亂爲四輔어다

王曰公定이어든 予往已니 公功을 肅將祗歡하나니 公無困哉어다 我惟

無斁其康事_{하노니} 公勿替刑_{하면} 四方_이 其世享¹³⁾_{하리라}

1) 揚文武烈(양문무열) : 문왕과 무왕의 공훈을 떨치다. 양은 떨치다, 선양(宣揚)하다의 뜻. 열은 공훈(功勳).

2) 恒(항) : 여기서는 순조롭다, 순탄하다의 뜻.

3) 師(사) : 낙사(洛師). 곧 낙읍(洛邑)의 뜻.

4) 穆穆(목목) : 아름다운 모양. 훌륭한 모양.

5) 迓衡(아형) : 정사를 맡다. 정권을 잡다.

6) 勤敎(근교) : 간곡한 가르침. 은근한 교훈.

7) 卽辟(즉벽) : 왕위에 오름. 즉위(卽位).

8) 命公後(명공후) : 주공으로 하여금 뒤에 머무르도록 명한다. 후(後)는 뒤라는 말로 낙읍(洛邑)을 가리킨다.

9) 宗禮(종례) : 높이 받들 예절이라는 뜻. 또는 제사를 받드는 예의로도 풀이됨.

10) 敉(미) : 완성하다의 뜻. 안정되다의 뜻.

11) 公功(공공) : 공의 일. 공이 할 일.

12) 士師工(사사공) : 사(士)와 사(師)와 공(工). 당시의 관리들.

13) 世享(세향) : 대대로 공물을 바쳐 온다는 말.

4. 은나라의 유민들이 순종하게 하소서

주공은 엎드려 절하고 말하기를

"왕께서는 저에게 오라고 명하여 당신의 할아버지 문왕께서 천명으로 받으신 백성들을 보호하라 하시니, 당신의 빛나는 공훈을 세우신 돌아가신 아버지 무왕의 크신 교훈을 삼가 받들겠습니다.

젊은 그대가 살 곳을 살피러 오셨으니, 그 큰 은나라 법전과 은나라의 어진 백성들을 잘 다스려 천하의 새로운 임금이 되어 주나라를 바로 세움에 있어 공경함을 먼저 행하십시오"

하고, 이어 말하였다.

"이로부터 중원이 편안히 다스려짐으로 해서 만방(萬邦)이 모두 경하(慶賀)하는 일은 오직 왕께서 공적을 이루어야 하는 것입니다.

저 단(旦)은 많은 공경대부(公卿大夫)와 모든 관리와 더불어 옛 사람들이 이룩한 공을 두터이 하여 백성에게 보답할 것입니다. 주나라를 바로 세움에 신의를 먼저하여 나의 밝은 임금의 법을 이루어 할아버지이신 문왕의 덕을 크게 하겠습니다.

사신을 보내 은나라 사람들을 삼가게 하시고, 또 명하여 저를 위안하시되, 검은 기장술 두 병을 보내며 '인제(禋祭)를 올리되 절하고 또 절하여 정성껏 지내라.'라고 하십시오.

저는 감히 하룻밤을 묵히지 않고 문왕과 무왕에게 인제를 올리겠습니다.

인제를 올리며 두터이 문왕과 무왕의 도를 따라 스스로 병폐에 걸리지 않게 하여 만년이 가도록 그 덕에 만족하며 은나라가 자라고 이루어지도록 기원하겠습니다.

왕께서는 은나라 유민들로 하여금 만년토록 임금의 덕을 듣고 이어받아, 영원히 덕이 나타나 우리 왕의 은덕을 사모하게 하소서."

▨ 이제는 실질적인 주나라의 새로운 천자가 되어 천하를 다스릴 성왕에게 주공이 천자로서의 할 일과 행동거지를 말했다. 부디 문왕과 무왕의 도를 이어받아 영원히 칭송받는 임금이 되기를 당부했다.

周公이 拜手稽首曰王命予來하사 承保乃文祖[1]受命民과 越乃光烈[2]考武王하시니 弘朕[3]恭하샷다

孺子來相宅하시니 其大惇典殷獻民[4]하사 亂[5]爲四方新辟[6]하사 作周恭先[7]하소서 曰其自時로 中乂[8]하여 萬邦이 咸休[9]하면 惟王이 有成績하시리이다

予旦은 以多子[10]와 越御事로 篤前人成烈하여 答其師[11]하여 作周孚先하여 考朕昭子[12]刑하여 乃單[13]文祖德하리이다

伻來[14]毖殷하시고 乃命寧予[15]하시대 以秬鬯[16]二卣[17]하시고 曰明禋[18]하노니 拜手稽首하여 休享[19]하노라하시다

予不敢宿[20]하여 則禋于文王武王하이다

惠[21]篤敍하여 無有遘自疾하여 萬年에 厭[22]于乃德하며 殷乃引[23]考케하소서

王이 俾殷²⁴⁾으로 乃承敍萬年하여 其永觀朕子하여 懷德케하소서

1) 乃文祖(내문조) : 그대의 할아버지인 문왕(文王). 내는 그대라는 뜻.

2) 光烈(광렬) : 빛나는 공훈(功勳).

3) 朕(짐) : 여기서는 훈(訓)의 잘못이라고 한다.

4) 獻民(헌민) : 어진 백성. 어진 인재.

5) 亂(난) : 다스리다.

6) 新辟(신벽) : 새로운 임금. 곧 주공이 섭정을 끝내고 성왕이 직접 주나라를 다스림을 뜻한다.

7) 恭先(공선) : 공손함을 먼저 한다. 곧 먼저 공손하게 해야 한다.

8) 自時中乂(자시중예) : 이로부터 중원(中原)이 편안히 다스려지다.

9) 休(휴) : 여기서는 경하(慶賀)한다는 뜻.

10) 多子(다자) : 벼슬이 높은 공경대부(公卿大夫)를 뜻한다.

11) 師(사) : 은나라의 백성들.

12) 昭子(소자) : 밝은 임금. 성왕을 가리킨다.

13) 單(단) : 여기서는 다하다. 크게 하다의 뜻.

14) 俾來(팽래) : 임금이 사자(使者)를 보내 온다는 뜻.

15) 命寧予(명녕여) : 명하여 나를 위안하게 하다.

16) 秬鬯(거창) : 검은 기장으로 빚은 술. 거는 검은 기장, 창은 울금향초(鬱金香草).

17) 卣(유) : 중간 크기의 술병.

18) 明禋(명인) : 명향(明享). 인제(禋祭)와 같은 뜻. 인은 희생물(犧牲物) 아래에 나뭇단을 쌓고 불을 질러 그 연기가 치솟게 하는 것을 가리키는데, 시(柴)·요(燎)와 같은 뜻.

19) 休享(휴향) : 훌륭한 제사. 곧 정성껏 지내는 제사.

20) 宿(숙) : 하룻밤을 묵히다.

21) 惠(혜) : 여기서는 하게 하다의 뜻.

22) 厭(염) : 만족하다.

23) 引(인) : 여기서는 자란다는 뜻.

24) 俾殷(팽은) : 은나라 유민들로 하여금.

322 서경(書經)

5. 주공의 후사(後嗣)를 성왕이 명하다

무진(戊辰)일에 왕은 새 도읍에서 겨울 제사를 드리니 그 해의 일이다. 문왕에게 붉은 소 한 마리를, 무왕에게도 붉은 소 한 마리를 바쳤다.

왕이 글을 짓도록 명하여 문서를 작성하는 관리인 일(逸)이 글을 지으니 주공의 후사(後嗣) 세우는 일을 고하였다.

왕은 주공을 빈객으로 다루고 짐승을 죽여 인제(禋祭)를 올리니 모든 신령들이 강림하였으며, 왕은 침묘(寢廟)의 가운데에 위치한 큰 방에 들어가 술을 땅에 뿌렸다.

왕이 주공의 후사를 명하여 문서를 작성하라 하시어 일(逸)이 문서를 작성하니, 12월이었으며 이것은 주공이 문왕과 무왕이 받은 천명을 지킨 지 7년째였다.

▨ 주공이 어린 성왕(成王)을 대신하여 섭정한 지 7년째 되는 12월에 드디어 낙읍(洛邑)의 제후로 임명받아 다스리고 성왕이 천자의 다스림을 시작하게 됨을 문왕과 무왕에게 고하였다는 내용이다.

戊辰[1]에 王이 在新邑하여 烝祭[2]하시니 歲[3]러니 文王에 騂牛[4]一이며 武王에 騂牛一이러라 王命作册하신대 逸[5]이 祝册[6]하니 惟告[7]周公其後러라 王賓이 殺禋[8]이라 咸格[9]이어늘 王이 入太室[10]하여 祼[11]하시다

王이 命周公後하사 作册이어시늘 逸이 誥하니 在十有二月이러라

惟周公이 誕保文武受命을 惟七年하시다

1) 戊辰(무진) : 무진일. 육십갑자(六十甲子)로 그 해 12월의 무진(戊辰)에 해당하는 날. 성왕 7년 12월 그믐날이었다고 한다.
2) 烝祭(증제) : 겨울에 지내는 제사의 이름. 동제(冬祭).
3) 歲(세) : 그 해.
4) 騂牛(성우) : 붉은 소 주나라에서는 붉은색을 신성시하였다.
5) 逸(일) : 사람의 이름. 왕의 명에 따라 문서를 작성하는 관리.
6) 祝册(축책) : 글을 지어 읽다. 책문(册文)으로 된 기도문을 낭독함.

7) 告(고) : 고하다. 알리다. 문왕과 무왕에게 알렸다는 말.

8) 殺禋(살인) : 희생물(犧牲物)을 죽여 인제(禋祭)를 지내다.

9) 咸格(함격) : 모든 신령들이 강림(降臨)하였다는 뜻.

10) 太室(태실) : 침묘(寢廟) 한복판에 위치하는 큰 방.

11) 祼(관) : 신령이 강림하기를 바라며 검은 기장으로 빚은 술을 땅에 뿌리는 일.

제14장 다사(多士)

이 장 속에는 다사(多士)라는 어휘가 자주 보인다. 다사란 상(商)나라 때의 많은 관원을 뜻하는 말이다.

상나라 곧 은나라의 유신(遺臣)들을 낙읍(洛邑)으로 이주시켜 감독의 편리를 기하려는 주공이 성왕의 명으로 은나라의 모든 관원들에게 낙읍으로 이주하라고 설득하는 것을 그 내용으로 하고 있다.

1. 은나라의 멸망은 하늘의 뜻

3월에 주공은 처음으로 새로운 도읍인 낙읍(洛邑)에서 상(商)나라의 관리였던 사람들에게 고하였다.

왕은 이와 같이 말하였다.

"그대들 은나라의 유신인 여러 관리들이여, 불행하게도 하늘은 은나라에 크게 멸망의 화(禍)를 내렸으며, 우리 주나라는 천명을 도와 하늘의 밝은 위엄을 행하여, 은왕(殷王)의 죄악에 대한 천벌로 은나라의 운명을 상제(上帝)의 뜻에 따라 끝맺게 한 것이다.

그대들 여러 관리여! 우리 작은 나라가 감히 은나라의 천명을 빼앗은 것이 아니오 오직 하늘이 진실로 굳게 다스리지 못하는 사람과 함께 하지 않고 우리를 도우신 것이다. 우리가 어찌 감히 왕의 자리를 구하였겠는가.

상제께서 주지 않으신 것은 우리 백성들의 마음과 행동 때문이 었다. 오직 하늘이 두려움을 밝히신 것이다.”

▨ 주공은 은나라의 유신(遺臣)들에게 주나라의 입장을 피력하였다. 주나라가 은나라를 멸하고 천하의 주인이 된 것은 결코 욕심에 의한 것이 아니고, 민심(民心)을 알고 은나라가 하늘의 뜻을 저버린 것을 아는 하늘이 대신 주(周)을 내세워 벌을 내린 것이라고 하였다.

惟三月[1]에 周公이 初于新邑洛에 用告商王士[2]하시다

王若曰爾殷遺多士[3]아 弗弔[4]라 旻天이 大降喪[5]于殷이어시늘 我有周佑命하여 將天明威하여 致王罰하여 勅[6]殷命하여 終于帝[7]하시라

肆爾多士아 非我小國이 敢弋[8]殷命이라 惟天不畀는 允罔固亂이라 弼我시니 我其敢求位아

惟帝不畀는 惟我下民의 秉爲[9]惟天明畏일새니라

1) 三月(삼월) : 성왕 7년의 3월로 보아야 한다.
2) 商王士(상왕사) : 상나라 왕 때의 관리. 곧 상나라 때의 관리들.
3) 多士(다사) : 많은 관리들.
4) 弗弔(불조) : 불행.
5) 降喪(강상) : 멸망의 화를 내렸다는 뜻.
6) 勅(칙) : 여기서는 하여금의 뜻. 영(令)·사(使)와 같다.
7) 終于帝(종우제) : 상제(上帝)의 뜻을 받들어 끝맺게 하다. 곧 하늘의 명에 따라 멸망시켰다는 뜻.
8) 弋(익) : 빼앗는다는 뜻.
9) 秉爲(병위) : 백성들의 마음과 행동. 병은 민심(民心). 위는 행동.

2. 은나라는 하늘에 죄를 지어 멸망하였다

왕은 말을 이었다.

“내가 듣건대 ‘하늘은 편안하도록 이끈다.’ 라고 하였다. 하(夏) 나라는 편안함에 이르지 않았어도 하늘이 강림하여 하나라를 보살피셨으나 하늘의 뜻을 어기고 크게 지나친 향락으로 죄를 지었

제5권 주나라의 글〔周書〕Ⅱ 325

다. 이윽고 하늘이 그를 돌보지 않고 불쌍히 여기지 않게 되었으며, 큰 명을 거두어 벌을 내리셨다.

이에 그대들의 선조인 성탕(成湯)에게 명하여 하나라를 바꾸게 하고 뛰어난 인재들에게 세상을 다스리게 하셨다.

성탕에서 제을(帝乙)에 이르기까지는 덕을 밝히고 제사를 경건하게 모시지 않은 이가 없었다.

또 하늘은 은(殷)나라를 크게 세우고 보호하여 다스리셨다. 은나라의 왕은 또한 감히 하늘의 뜻을 잃지 않았고, 하늘의 뜻에 영합하지 않은 이가 없어서 그 나라가 빛나게 되었다.

이제 그 뒤를 이은 왕은 크게 하늘에 밝지 못하였으니, 하물며 선왕들이 국가를 위하여 애썼던 일들을 듣고 생각하려 하였겠는가. 그는 지나친 향락을 즐기느라 천도(天道)와 백성의 병고(病苦)를 돌아보지 않았다. 그래서 하늘은 보호해 주지 않고 이와 같은 큰 멸망의 화를 내린 것이다.

오직 하늘은 덕이 밝지 않은 이에게 명을 내리지 않는 것이다. 무릇 사방의 작고 큰 나라가 멸망하는 데는 그 지은 죄의 결과가 아닌 것이 없다."

▨ 하나라의 걸왕이 끝내 하늘의 뜻을 저버렸기에 하나라는 탕왕에게 내려진 새로운 천명에 의해 망하였다고 말하였다. 또한 은나라의 탕왕부터 제을에 이르기까지는 하늘의 뜻에 따랐기에 나라가 유지되었으나 주왕(紂王)에 이르러 하늘의 밝은 덕을 살피지 않아 은나라가 망하게 되었다고 하였다.

하늘은 오직 밝은 덕을 지니고 하늘의 뜻을 따르는 사람에게 명을 내린다고 말하고 크고 작은 나라가 망하는 것은 모두 죄값을 치르는 것이라 하였다.

我聞하니 曰上帝引$^{1)}$逸$^{2)}$이어시늘 有夏不適逸한대 則惟帝降格하사 嚮$^{3)}$于時夏어시늘 弗克庸帝하고 大淫佚$^{4)}$有辭$^{5)}$한대 惟時$^{6)}$天이 罔念聞$^{7)}$하사 厥惟廢元命하사 降致罰하시니라

乃命爾先祖成湯하사 革$^{8)}$夏하사 俊民으로 甸四方하시니라

自成湯_{으로} 至于帝乙_히 罔不明德恤祀⁹⁾하시니라

亦惟天_이 丕建保乂¹⁰⁾有殷_{이어시늘} 殷王_도 亦罔敢失帝¹¹⁾하여 罔不配¹²⁾天其澤_{하시니라}

在今後嗣王¹³⁾_{하여} 誕罔顯于天_{이온} 矧曰其有聽念于先王勤家_아 誕淫厥泆_{하여} 罔顧于天顯民祗¹⁴⁾하니라

惟時上帝不保_{하사} 降若茲大喪_{하시니라}

惟天不畀_는 不明厥德_{일새니라}

凡四方小大邦_이 喪_{하는든} 罔非有辭于罰_{이니라}

1) 引(인) : 인도하다. 이끌다.

2) 逸(일) : 편안하다. 안락하다.

3) 嚮(향) : 대(對)하다. 이끌다.

4) 大淫泆(대음일) : 크게 지나친 향락.

5) 有辭(유사) : 죄를 지었다는 뜻.

6) 惟時(유시) : 이윽고

7) 念聞(염문) : 돌보고 불쌍히 여기다. 염은 돌보다의 뜻. 문은 불쌍히 여겨 위로한다의 뜻.

8) 革(혁) : 바꾸다. 곧 천명(天命)을 바꾼다는 뜻. 혁명(革命).

9) 恤祀(휼사) : 제사를 경건하게 모시다.

10) 保乂(보예) : 보호하여 다스리다.

11) 失帝(실제) : 하늘의 뜻을 잃다. 곧 하늘의 명을 어기다.

12) 配(배) : 배합(配合). 영합(迎合).

13) 在今後嗣王(재금후사왕) : 이제 그 뒤를 이은 왕. 곧 주왕(紂王).

14) 民祗(민지) : 백성의 병고 백성의 괴로움.

3. 은나라 유신(遺臣)들은 낙읍으로 옮겨 살라

왕은 이와 같이 말하였다.

"그대들 은나라의 여러 관리들이여. 지금은 오직 우리 주나라 왕만이 크게 하늘이 부여한 사명을 잘 받을 수 있다.

명이 있어 이르시되 '은나라를 빼앗으라.' 라고 하실 때 하늘에

우리의 칙령을 고하였다.

우리의 마음은 두 가지로 나가지 않으니, 그대들의 왕가(王家)는 우리를 따랐다.

내가 말하고자 하는 것은 그대들은 크게 법도가 없어, 내가 그대들을 소란스럽게 한 것이 아니라 스스로 그대들의 도읍에서 그렇게 한 것이다.

나 또한 하늘이 곧 은나라에 크게 죄를 내리려 하심을 생각하였는데 그것은 은나라가 바르지 못하였기 때문이다."

왕은 또 말하였다.

"아, 그대들 여러 관리들에게 이르노니, 내 이러므로 그대들에게 서쪽으로 옮겨 가서 살게 하려는 것이다. 나 한 사람이 덕을 받들어 편안하게 해 줄 수 없어서가 아니고, 이것은 하늘의 명령이니 어기지 말라. 나는 감히 지체할 수 없으니 나를 원망하지 말라.

그대들에게는 은나라 옛 사람들의 책과 문서가 있으니 은나라가 하나라의 천명을 바꾼 사실을 알 것이다.

이제 그대들은 또 말하기를 하나라의 유신들은 선택되어 은나라 조정에 임명되고 모든 관리들 가운데 직위가 있었다고 할 것이다. 이 사람은 그대들의 말을 들어 덕이 있는 사람을 쓸 것이다. 그래서 나는 감히 큰 상나라의 도읍에 그대들을 따라 온 것이다. 나는 그대들을 동정한다. 이것은 나의 죄가 아니고 오직 하늘의 명이다."

▨ 은나라의 옛 신하들에게 낙읍으로 가 살도록 하며 그 타당성을 설명하였다. 은나라는 하늘의 뜻을 어겨 새로 주나라가 하늘의 명을 받아 은나라를 멸망시킨 것이니 원망하지 말며 또 그렇게 된 것은 스스로 만든 결과라고 하였다.

낙읍으로 가 어진 인재는 등용할 것이라 하고 은왕실도 자신의 뜻을 따랐으니 신하들도 따라 한마음으로 낙읍을 다스리자고 하였다.

王若曰爾殷多士아 今惟我周王이 丕靈¹⁾ 承帝事²⁾하시니라
有命曰割殷³⁾이실새 告勅⁴⁾于帝하시니라

惟我事⁵⁾不貳適이라 惟爾王家我適이니라

予其日惟爾洪無度하니 我不爾動⁶⁾이라 自乃邑⁷⁾이니라

予亦念天이 即于殷하사 大戻⁸⁾하시니 肆不正이로다

王曰猷告爾多士하노라 予惟時其遷居西爾는 非我一人이 奉德不康寧이라 時惟天命이시니 無違하라 朕은 不敢有後⁹⁾하리니 無我怨하라

惟爾知惟殷先人의 有册有典하나니 殷革夏命¹⁰⁾하니라

今爾其曰夏는 迪簡在王庭¹¹⁾하며 有服¹²⁾이 在百僚라하나니 予一人은 惟聽用德이니라 肆予敢求爾于天邑商¹³⁾은 予惟率肆矜爾니 非予罪라 時惟天命이시니라

1) 靈(영) : 여기서는 선(善)과 같은 뜻으로, 잘 한다는 뜻.

2) 帝事(제사) : 상제(上帝)의 일. 곧 하늘이 부여한 사명.

3) 割殷(할은) : 은나라를 빼앗다. 할(割)은 여기서 빼앗다의 뜻.

4) 勅(칙) : 은나라를 치러 간다는 포고문.

5) 我事(아사) : 우리의 일. 곧 주공(周公)이 동정(東征)하여 난을 평정했던 일.

6) 動(동) : 움직이다. 곧 소란스럽게 한다는 뜻. 소동(騷動).

7) 邑(읍) : 도읍. 곧 은나라를 가리킨다.

8) 戻(여) : 죄를 내리다. 문책(問責)하다.

9) 有後(유후) : 지체하다.

10) 殷革夏命(은혁하명) : 은나라가 하나라의 천명을 바꾸다. 곧 은나라의 탕왕(湯王)이 하나라의 폭군인 걸왕(桀王)을 몰아내고 천하를 평정한 사실을 말한다.

11) 王庭(왕정) : 은나라의 조정(朝廷).

12) 服(복) : 직위(職位). 직무(職務).

13) 天邑商(천읍상) : 상나라의 큰 도읍. 천(天)은 대(大)의 잘못으로 보인다.

4. 낙읍으로 옮겨 행복한 삶을 누리라

왕은 말하기를

"여러 관리들이여. 옛날 내가 엄(奄) 땅에서부터 왔을 때 나는 크게 그대들 사방의 나라 백성들에게 명을 내렸다. 나는 하늘의

벌을 밝게 시행하고 그대들을 먼 곳으로 옮기려 하니 신하로서 우리 종실(宗室)을 섬겨 잘 순종하도록 하라."

하고 왕은 또 말하였다.

"그대들 은나라의 여러 관리들에게 고한다. 이제 나는 그대들을 죽이지 않을 것이며 나는 이 명령을 다시 한 번 말하겠다. 지금 내가 큰 도읍을 이 낙(洛) 땅에 만든 것은 내가 천하의 손님들을 맞아들일 곳이 없다고 생각했기 때문이며, 또한 그대들 여러 관리가 복종하여 나의 신하로서 부지런히 일하며 잘 순종해 주기를 바랐기 때문이다.

그대들은 그대들의 땅을 소유할 수 있으며, 그대들은 편안함을 누릴 수 있다.

그대들이 삼가 근신하면 하늘은 곧 그대들을 불쌍히 여길 것이고, 그대들이 근신하지 않으면 그대들은 그대들의 땅을 소유할 수 없을 뿐 아니라, 나도 또한 하늘의 벌을 그대들의 몸에 미치도록 할 것이다.

이제 그대들은 그대들의 도읍에서 살 수 있고 그대들의 삶을 이곳에서 계속하여, 이 낙읍에서 그대들의 몸을 보존하고 영구히 살 수 있을 것이다. 이에 그대들의 자손들도 일어나 그대들을 따라 옮겨 올 것이다."

왕은 또 말하였다.

"내가 이렇게 여러 이야기를 하는 것은 그대들의 편안한 삶을 위해서니라."

王曰多士아 昔朕이 來自奄¹⁾할새 予大降爾四國²⁾民命하여 我乃明致天罰하여 移爾遐逖³⁾하여 比事臣我宗⁴⁾多遜⁵⁾케하니라

王曰告爾殷多士하노라 今予惟不爾殺이라 予惟時命을 有申⁶⁾하노라 今朕이 作大邑于玆洛은 予惟四方罔攸賓⁷⁾이며 亦惟爾多士攸服하여 奔走臣我多遜이니라

爾乃尙有爾土하며 爾乃尙寧幹⁸⁾止니라

爾克敬하면 天惟畀矜爾어시니와 爾不克敬하면 爾不啻⁹⁾不有爾土라

予亦致天之罰于爾躬하리라

今爾惟時宅爾邑¹⁰⁾하며 繼爾居하여 爾厥有幹¹¹⁾有年¹²⁾于玆洛하니 爾小子¹³⁾의 乃興이 從爾遷이니라

王曰又曰時予乃或言¹⁴⁾은 爾攸居니라

1) 奄(엄) : 제후국의 이름. 뒤에 노(魯)나라의 땅이 되었다.

2) 四國(사국) : 사방의 나라. 곧 천하(天下).

3) 遐逖(하적) : 먼 지방. 먼 곳.

4) 我宗(아종) : 우리 종실(宗室). 곧 주나라를 가리킨다.

5) 多遜(다손) : 많이 순종하다. 잘 순종하다.

6) 有申(유신) : 또 말한다. 유(有)는 우(又)와 같은 뜻으로 또, 다시의 뜻. 신 (申)은 말한다는 뜻.

7) 賓(빈) : 손님. 곧 제후들이 천자를 뵈러 오는 것.

8) 寧幹(영간) : 몸을 편안하게 한다는 뜻. 간(幹)은 몸.

9) 不啻(불시) : ~할 뿐 아니라. 비단(非但).

10) 宅爾邑(택이읍) : 그대들의 도읍에서 살 수 있다.

11) 有幹(유간) : 몸을 보존할 수 있다는 뜻.

12) 有年(유년) : 영구히 살 수 있다는 뜻.

13) 小子(소자) : 젊은 사람. 곧 자손들.

14) 或言(혹언) : 그 무슨 말. 이런 저런 말.

제15장 무일(無逸)

일(逸)이란 군주(君主)의 대계(大戒)를 말한다.

무일(無逸)이란 편안함만 추구하지 말라는 뜻으로, 편안히 놀기만 하고 나라를 망치지 않은 자가 없음을 경계하는 뜻에서 생긴 말이다. 이 장의 전체는 주공(周公)이 성왕을 훈계한 글이라고 했다.

1. 왕은 잠깐이라도 태만해서는 안 된다

주공이 말하였다.

"오호라, 남을 다스리는 위치에 있는 사람은 편안한 것을 즐겨 서는 안 됩니다.

먼저 농사짓는 어려움을 알고 편안함을 누리신다면 낮은 백성 들의 고달픔을 알게 될 것입니다.

낮은 백성들을 보면, 그의 부모는 부지런히 수고하면서 씨 뿌리 고 거두는데, 그 자식은 씨 뿌리고 거두는 어려움을 알지 못하고 즐거움만 일삼으면 방탕하게 됩니다. 그렇지 않으면 그들의 부모 를 업신여겨 말하기를 '늙은 사람들이어서 견문이 좁아 아는 것 이 없다.'라고 할 것입니다."

▨ 주공은 남을 다스리는 위치에 있는 사람은 잠깐이라도 편안함을 추 구하여 게을러서는 안 된다고 강조하고, 반드시 백성의 어려움을 알아야 한다고 하였다.

周公曰嗚呼라 君子[1]는 所其無逸이니라

先知稼穡[2]之艱難이오사 乃逸하면 則知小人之依[3]하리이다

相小人한대 厥父母勤勞稼穡이어든 厥子乃不知稼穡之艱難하고 乃 逸하며 乃諺[4]하며 既誕[5]하나니 否則[6]侮厥父母曰昔之人[7]이 無聞知[8]라 하나니이다

1) 君子(군자) : 지위에 있는 사람.
2) 稼穡(가색) : 씨 뿌리고 거두는 일. 곧 농사일.
3) 依(의) : 여기서는 남모르는 고달픔을 가리킨다.
4) 諺(언) : 헌(憲)과 같다고 하는데, 헌은 향락을 뜻한다.
5) 誕(탄) : 여기서는 방탕하다는 뜻.
6) 否則(부즉) : 그렇지 않으면. 또는 그러면서도라고 풀이된다.
7) 昔之人(석지인) : 옛날 사람. 곧 늙은 사람.
8) 無聞知(무문지) : 견문(見聞)이 좁아 아는 것이 없다. 곧 지식이 없다는 뜻.

2. 백성을 잘 보살피는 왕은 장수한다

주공이 말하였다.

"오호라, 내 들으니 옛날 은나라의 임금 중종(中宗)은 엄숙하고 공손하고 경건하고 어려워하였으며, 하늘의 명을 스스로 헤아렸으며, 백성을 다스림에는 공경하고 두려워하여 감히 안일함과 놀음에 빠지지 아니하였으니 중종은 나라를 다스림이 75년에 달하였습니다.

고종(高宗)에 이르러서는 오랜 동안 밖에서 고생하면서 낮은 백성들과 더불어 지냈습니다.

그가 즉위하여서는 말을 근신하여 3년의 거상(居喪) 동안 입을 열지 않았습니다. 그가 말하지 않으면 모르되 말을 하면 매우 온화하였습니다. 감히 놀음과 안일에 빠지지 않으니 은나라가 아름답게 되고 안정되었다고 합니다. 낮은 사람이나 높은 사람을 막론하고 그를 원망하는 이가 없었으니, 그래서 고종은 59년 동안이나 나라를 다스렸던 것입니다.

조갑(祖甲)에 있어서는 스스로 왕이 되는 것이 불의(不義)라 여겨 오랜 동안 낮은 백성이 되었고, 그가 왕위에 오르게 되어서는 이에 낮은 백성의 고충을 이해하였으며 능히 백성을 보호하고 사랑하였으며 감히 외롭고 의지할 곳 없는 사람들을 업신여기지 아니하였으니, 조갑이 나라를 누린 기간은 33년이었습니다.

그 뒤부터는 즉위한 왕들이 날 때부터 안일함을 누렸고, 나면서부터 안일함을 누렸습니다.

씨 뿌리고 거두는 괴로움을 알지 못하고 낮은 백성의 수고로움을 듣지 못하며 오직 마음껏 즐기는 일만 추구했으니, 그 뒤부터는 아무도 감히 장수를 누리는 왕이 없었습니다. 어떤 이는 10년, 어떤 이는 7·8년, 또 어떤 이는 5·6년, 어떤 이는 3·4년을 누렸을 뿐입니다."

▨ 주공은 은나라의 임금들 중에서 오랫동안 자리를 지키며 백성을 다

스린 왕을 예로 들며, 천명을 받들고 백성의 어려움을 알아 잘 보살피고
안일에 빠지지 않은 왕들만 장수하고 오랫동안 왕업을 이었다고 하였다.

周公曰嗚呼라 我聞하니 曰昔在殷王中宗[1]하사 嚴[2]恭寅[3]畏[4]하사 天
命自度하시며 治民祗懼[5]하사 不敢荒寧[6]하시니 肆中宗之享國[7]이 七十
有五年이시니이다

其在高宗[8]時하산 舊[9]勞于外[10]하사 爰暨小人이러시니 作[11]其卽位하사
乃或亮陰[12]三年을 不言하시니 其惟不言하시나 言乃雍[13]하시며 不敢荒
寧하사 嘉靖[14]殷邦하사 至于小大[15]히 無時或怨하니 肆高宗之享國이
五十有九年이시니이다

其在祖甲[16]하산 不義惟王[17]이라하사 舊爲小人이러시니 作其卽位하여
爰知小人之依하사 能保惠于庶民하시며 不敢侮鰥寡하시니 肆祖甲之
享國이 三十有三年이시니이다

自時厥後로 立王[18]이 生則逸[19]하니 生則逸이라 不知稼穡之艱難하며
不聞小人之勞하고 惟耽樂[20]之從하니 自時厥後로 亦罔或克壽하여 或
十年하며 或七八年하며 或五六年하며 或四三年하니이다

1) 中宗(중종) : '사기(史記)'에 의하면 상(商)나라의 7대 왕이고, 성탕(成湯)
   의 4대손인 태무(太戊)를 이른다고 하였다.
2) 嚴(엄) : 엄숙하다. 또는 정중하다.
3) 寅(인) : 근엄하다. 또는 경건하다.
4) 畏(외) : 어려워하다. 또는 두려워하다.
5) 祗懼(지구) : 공경하고 경계하다. 공경하고 두려워하다.
6) 荒寧(황녕) : 안일함과 놀음에 빠지다.
7) 享國(향국) : 나라를 누리다. 나라를 다스리다. 곧 재위(在位) 기간을 이르
   는 말.
8) 高宗(고종) : 상나라 후기의 영특한 임금인 무정(武丁)을 가리킨다. 상나라
   20대 왕.
9) 舊(구) : 오랜 동안. 구(久)와 통한다.
10) 外(외) : 밖. 궁정의 밖. 이는 무정(武丁)이 태자 때 부왕(父王)인 소을(小
    乙)에 의해 민간 사회에서 수련한 사실을 가리킨다.

11) 作(작) : 미치다. 급(及)과 통한다.

12) 亮陰(양음) : 말하지 않았다는 말. 부왕(父王)의 3년상을 치르는 동안 정사
    를 논하지 않고 근신한 것을 이르는 말이라고 한다.

13) 雍(옹) : 온화하다는 뜻.

14) 嘉靖(가정) : 아름답고 안정되다. 정(靖)은 안정(安靜)의 뜻.

15) 小大(소대) : 작고 큼. 곧 낮은 사람이나 높은 사람. 또는 나이 어린 사람이
    나 나이 많은 사람.

16) 祖甲(조갑) : 무정(武丁 : 高宗)의 아들. '사기(史記)'에 보면 고종이 죽자
    조경(祖庚)이 즉위하였는데 그가 죽고 동생 조갑이 왕위에 올랐다고 함.

17) 不義惟王(불의유왕) : 왕 되는 것이 의(義)롭지 않다. 곧 부왕인 무정(武
    丁)이 큰아들 조경(祖庚)을 버리고 조갑을 태자로 삼고자 하니, 조갑이 불의
    (不義)라 하여 민간에 숨어 살았던 일.

18) 立王(입왕) : 왕위에 오르다. 즉위(卽位). 입(立)은 위(位)와 같다.

19) 生則逸(생즉일) : 날 때부터 안일함을 누린다는 뜻.

20) 耽樂(탐락) : 마음껏 즐기다.

3. 은나라의 주왕을 본받지 마소서

주공이 말하였다.

"오호라, 또한 우리 주나라의 태왕(太王)과 왕계(王季)께서는
스스로를 낮추고 천명을 어려워하셨습니다.

문왕(文王)께서는 허름한 옷을 입고 황량(荒凉)한 들일과 밭
일에 종사하셨습니다.

온화하고 부드럽고 훌륭하고 공손하셨으며, 낮은 백성을 아끼
고 보호하고 외롭고 의지할 곳 없는 사람들을 동정하셨습니다. 아
침부터 해가 기울 때까지 식사할 여가가 없을 만큼 만백성을 모
두 화평하게 하셨습니다.

문왕께서는 감히 놀이와 사냥을 즐기지 않았으며 모든 나라와
더불어 오직 정사만 공손하게 행하셨습니다. 문왕은 중년에 하늘
의 명을 받아 재위(在位) 50년을 누리셨습니다."

주공은 또 말하였다.

"오호라, 이제부터 뒤를 잇는 왕은 정자에서 즐기는 일과 안일함과 놀이와 사냥 등에 지나치게 빠지지 말고 만백성과 함께 정사만 공손히 처리하십시오.

갑자기 오늘만 즐겁게 놀아야겠다는 말씀은 하지 마십시오. 이것은 백성이 순종하는 바가 아니고 하늘이 따르는 바가 아니며, 이와 같은 사람은 곧 죄를 짓는 것입니다. 은나라 왕인 수(受)와 같이 미혹되고 어지러운 자가 되지 말고 술에 빠지는 짓을 하지 마십시오."

▨ 주나라 왕업의 기틀을 이룩한 선왕들을 예로 들며 그 덕을 이어받아 백성과 한마음 한뜻으로 정사에 정성을 쏟으라 하였다. 또한 주왕(紂王) 같은 임금이 되지 않도록 당부하였다.

周公曰嗚呼라 厥亦惟我周에 太王[1]王季[2]克自抑[3]畏하시니이다

文王이 卑服[4]으로 卽康功田功[5]하시니이다

徽[6]柔懿[7]恭하사 懷保小民하시며 惠鮮鰥寡하사 自朝로 至于日中昃히 不遑暇食하사 用咸和萬民하시니이다

文王이 不敢盤于遊田[8]하사 以庶邦惟正之供[9]하시니 文王受命이 惟中身[10]이러시니 厥享國이 五十年이시니이다

周公曰嗚呼라 繼自今으로 嗣王은 則其無淫于觀[11]于逸于遊于田하사 以萬民惟正之供하소서

無皇[12]曰今日에 耽樂이라하소서 乃非民의 攸訓[13]이며 非天의 攸若이라 時人이 丕則有愆하리니 無若殷王受之迷亂하사 酗于酒[14]德哉하소서

1) 太王(태왕) : 주(周)나라의 시조인 기(棄)로부터 11세손인 고공단보(古公亶父). 이민족의 침략을 피해 부족을 이끌고 기산(岐山) 주원(周原) 땅으로 옮겼는데, 이들 부락을 주(周)라 부르게 된다. 그의 손자인 창(昌)이 곧 문왕(文王)이다.

2) 王季(왕계) : 태왕(太王)의 아들이며, 문왕의 아버지.

3) 自抑(자억) : 스스로를 낮추다. 억(抑)은 억제하다 곧 낮추다의 뜻.

4) 卑服(비복) : 허름한 옷. 누추한 옷.

5) 卽康功田功(즉강공전공) : 황량(荒凉)한 들일과 밭일에 종사하다. 즉은 종사하다. 강공은 황량한 들일. 전공은 밭일.

6) 徽(휘) : 온화하다.

7) 懿(의) : 훌륭하다.

8) 遊田(유전) : 놀이와 사냥. 전은 전(畋)과 통하며 사냥한다는 뜻.

9) 惟正之供(유정지공) : 오로지 정사에만 공손하다. 신경쓰다. 정(正)은 정(政)과 같다.

10) 中身(중신) : 중년(中年). '예기(禮記)' 에 의하면 문왕은 48세에 즉위하여 97세에 붕어(崩御)한 것으로 되어 있다.

11) 觀(관) : 정자에서 술을 마시면서 즐기는 일.

12) 皇(황) : 여기서는 갑자기. 불현듯이라는 뜻.

13) 訓(훈) : 여기서는 순종한다는 뜻.

14) 酗于酒(후우주) : 술에 빠지는 일.

4. 어진 왕은 잘못을 솔직히 시인한다

주공이 말하였다.

"오호라, 내 들으니, 옛 사람들은 서로 훈계하여 타이르고 서로 보호하고 사랑하였으며 서로 가르쳤으니 백성들은 서로 속이고 어지럽게 하는 일이 없었다고 합니다.

이를 따르지 않으면 관리들은 곧 그것을 본받아 선왕들의 올바른 법도를 바꾸어 어지럽혀서 작고 큰 것에 이르기까지 모두 어지러워질 것입니다. 그러면 백성들은 그 마음으로 어기고 원망하게 될 것이며 그 입으로 저주하게 될 것입니다."

주공은 또 말하였다.

"오호라, 은나라 왕 중종에서부터 고종과 조갑, 그리고 우리 주나라의 문왕 등 이 네 분은 지혜로운 임금들이었습니다.

어떤 사람이 아뢰기를 '낮은 백성이 당신을 원망하고 당신을 욕하고 있습니다.' 라고 하면 재빨리 스스로의 행동을 삼가 그 허물을 '나의 허물이다.' 라고 하소서. 진실로 이와 같이 하시면 감히 원망을 품는 일이 없을 것입니다.

　이와 같은 도리를 따르지 않으면 관리들은 곧 속이고 어지럽게
될 것이니 '낮은 백성이 당신을 원망하고 당신을 욕하고 있습니
다.'라고 말하면 곧 그것을 믿게 될 것입니다. 만약 이와 같으면
그 할 일을 오랫동안 생각하지 않으며 그 마음이 크고 너그럽지
못하여, 함부로 죄없는 사람을 벌하고 무고한 사람을 죽이게 될
것이니 원망이 합쳐져 이에 그 몸에 모이게 될 것입니다."

　주공은 또 말하였다.

　"오호라, 뒤를 이은 왕께서는 이것을 살피십시오."

　▨ 주공은 임금의 자리에 있는 사람은 모든 백성과 관리의 본보기가
되어야만 어지러워지는 것을 막고 원망이 없을 것이라 하였다.

　周公曰嗚呼라 我聞하니 曰古之人이 猶胥訓告[1]하며 胥保惠하며 胥
教誨한드로 民이 無或胥譸張[2]爲幻[3]하니이다

　此厥不聽[4]하시면 人乃訓之[5]하여 乃變亂先王之正刑하여 至于小大
하리니 民이 否則厥心이 違怨하며 否則厥口詛祝[6]하리이다

　周公曰嗚呼라 自殷王中宗하여 及高宗과 及祖甲과 及我周文王과
玆四人이 迪哲하시니이다

　厥或告之曰小人이 怨汝詈汝라커든 則皇[7]自敬德[8]하사 厥愆을 曰朕
之愆이라하소서 允若時하시면 不啻不敢含怒리어다

　此厥不聽하시면 人乃或譸張爲幻하여 曰小人怨汝詈汝라커든 則信
之하리니 則若時하면 不永念厥辟[9]이며 不寬綽厥心하여 亂罰無罪하며 殺
無辜하리니 怨有同[10]하여 是叢于厥身하리이다

　周公曰嗚呼라 嗣王은 其監于玆하소서

1) 訓告(훈고) : 훈계하여 타이르다.

2) 譸張(주장) : 속이다.

3) 幻(환) : 거짓을 정말처럼 보이게 하는 것. 곧 상대방을 어지럽게 만든다는 뜻.

4) 不聽(불청) : 듣지 않는다. 곧 따르지 않는다는 말.

5) 人乃訓之(인내훈지) : 관리들은 이것을 본받는다. 인(人)은 여기서 관리들
　을 가리킨다. 훈(訓)은 순(順)과 통하여 순응(順應)하다, 곧 본받아 따라서

한다는 뜻.

6) 詛祝(저축) : 저주하다. 축(祝)은 주(呪)와 통한다.

7) 皇(황) : 곧. 급히. 재빨리.

8) 自敬德(자경덕) : 스스로의 행동을 삼간다는 뜻.

9) 辟(벽) : 할 일. 자신의 도리.

10) 同(동) : 합쳐진다는 뜻.

제16장 군석(君奭)

여기 기록된 글은 모두 주공이 소공(召公)에게 준 것인데, 글 첫 머리에 군석(君奭)이라는 두 글자가 나오기 때문에 글의 제목으로 삼은 것이다. 군(君)은 존칭이요, 석(奭)은 소공의 이름이다.

주공이 섭정(攝政)이 된 사실에 대하여 소공이 주공의 마음을 의심하므로 그것이 아님을 밝히기 위하여 작성한 것이라고 하나, 글 속에 그런 구절은 없고, 다만 주공이 소공에게 함께 성왕을 보좌하자는 내용으로 되어 있다.

1. 조상의 업적을 성왕이 빛내게 하자

주공은 이와 같이 말하였다.

"군석(君奭)이여. 불행하게도 하늘이 은나라에 멸망의 화를 내리시어 은나라는 이미 그 천명을 잃고, 우리 주나라가 그것을 이미 받았도다. 나는 감히 알지 못하오. 우리의 터전이 영원히 길(吉)할 것인지 하늘은 정성으로 도울 것인지를. 나는 또한 감히 알지 못하오. 그 마침내 상서롭지 않아 내쫓길지를.

오호라, 그대여. 이미 나에게 달려 있다고 말하였으니 나 또한 감히 상제(上帝)의 명을 편안히 따르지 못하여, 영원히 하늘의 위엄으로 우리 백성들이 원망하고 배반하는 일이 없으리라 생각하지 않소 이것은 사람에게 달린 것이오 우리의 뒤를 이을 자손들이 하늘과 백성을 크게 공경하지 못하여, 옛 사람들이 나라를 빛냈던 업적들을 그만 잃게 된다면 나라의 빛난 업적을 알지 못하게 되지 않겠소

하늘의 명이 쉽지 않다는 것과 하늘만 믿고 있기가 어렵다는 것을 알지 못하면 그들은 명을 잃어 옛 사람들이 삼가 밝힌 덕을 장구하게 이어 나가지 못하게 될 것이오

이제 이 작은 사람 단(旦)이 올바르다 할 수 없으나 오직 옛 분들의 빛을 행하여 우리 어린 왕에게 베풀자는 것이오"

주공은 또 말하였다.

"하늘만 믿고 있을 수만은 없소 나의 길은 오직 나라를 편하게 하신 왕의 덕을 연장시키는 것이니 하늘은 문왕께서 받은 천명을 버리지 않을 것이오"

▨ 주공은 소공에게, 선왕들의 빛나는 업적으로 천명을 받은 주나라이지만 언제까지 그 천명이 이어질지, 하늘의 축복이 이어질지, 백성이 배반하지 않고 계속 따르게 될지 모르는 일이라 먼저 말하였다.

이어 자신은 성왕으로 하여금 조상들의 빛나는 업적을 계속 빛내도록 하겠다고 하였다.

하늘만 믿고 안일하게 있는다면 천명은 거두어질 것이니 부지런히 하늘의 뜻을 받들도록 하겠다는 것이다.

周公이 若曰君奭[1]아

弗弔라 天이 降喪[2]于殷하사 殷이 旣墜厥命이어늘 我有周旣受하소니 我不敢知[3]하노니 曰厥基[4]는 永孚于休아 若天이 棐忱가 我亦不敢知하노니 曰其終에 出于不祥가

嗚呼라 君[5]이 已曰時我[6]라하더니 我亦不敢寧于上帝命하여 弗永遠念天威越我民에 罔尤違하노니 惟人이니라 在我後嗣子孫하여 大弗克恭上下하여 遏[7]佚前人光하면 在家不知아

天命이 不易라 天難諶[8]이니 乃其墜命은 弗克經歷[9]嗣前人의 恭明德이니라

在今予小子旦하여 非克有正이라 迪은 惟前人光으로 施于我沖子니라 又曰天不可信이나 我道는 惟寧王[10]德을 延하여 天不庸釋[11]于文王受命이니라

1) 君奭(군석) : 군(君)은 존칭. 석(奭)은 소공(召公)의 이름이다.

2) 喪(상) : 멸망의 화(禍).

3) 我不敢知(아불감지) : 나는 감히 안다고 할 수 없다. 곧 맞는지 안 맞는지는 모른다는 뜻.

4) 基(기) : 터전. 기업(基業). 곧 왕업(王業)이라는 뜻.

5) 君(군) : 공(公). 소공(召公)에 대한 존칭.

6) 已曰時我(이왈시아) : 이미 나에게 달려 있다고 말하다의 뜻.

7) 遏(알) : 단절되다. 곧 잃는다는 뜻.

8) 天難諶(천난심) : 하늘만 믿기가 어렵다. 자신의 노력은 없이 하늘이 내린 명만 믿고 태만할 수 없다는 뜻.

9) 經歷(경력) : 장구하게 이어 나가다.

10) 寧王(영왕) : 나라를 편안하게 한 왕. 곧 문왕을 가리키는 말이다.

11) 庸釋(용석) : 버린다는 뜻.

2. 어진 왕에게는 어진 신하가 있다

주공이 말하였다.

"군석이여. 내가 듣건대 옛날 성탕(成湯)이 천명을 받으시니 그때 이윤(伊尹)과 같은 사람이 있어 하늘의 뜻에 맞도록 하였다. 태갑(太甲)에게는 그때 보형(保衡)과 같은 사람이 있었고, 태무(太戊)에게는 그때 이척(伊陟)과 신호(臣扈) 같은 사람이 있어 하늘의 뜻에 맞도록 하였다. 무함(巫咸)이 왕의 나라를 다스렸고, 조을(祖乙)에게는 그때 무현(巫賢) 같은 이가 있었고, 무정(武丁)에게는 그때 감반(甘盤) 같은 이가 있었소

이와 같은 관직에 있는 사람들을 거느리고 은나라를 보호하고 다스렸으니, 그래서 은나라는 예도(禮道)가 숭상되고 하늘에 합당하게 되어 오랜 동안 유지할 수 있었소

하늘이 도우사 명하심이 순일한지라 은나라는 충실해져서 모든 관리와 왕족들도 덕을 행하고 사랑을 밝히지 않은 이가 없었으며, 낮은 신하와 제후들까지도 모두 성실하게 섬겼소.

이들은 오직 덕을 행하여 그 임금을 위하여 다스렸소.

그러므로 왕 한 사람이 천하의 일을 하고자 하면 거북점이나 시초점처럼 그분을 믿지 않는 사람이 없었다고 하오."

또 말하였다.

"군석이여, 하늘은 화평하게 바로잡는 사람을 오래 가게 하시니, 은나라를 보호하고 다스리게 하셨던 것이오 그러나 은나라를 이어받아 다스린 사람을 하늘이 멸하여 위엄을 보이셨소 이제 당신께서도 언제나 이를 생각하면 천명을 굳건히 지켜 새로 세운 나라를 밝게 다스릴 것이오"

▨ 옛날 은나라의 어진 임금에게는 어진 신하들이 있어 하늘의 뜻에 맞게 잘 보필하였기에 훌륭한 업적을 남길 수 있었다고 하였다.

주공은 우리도 온 정성을 다해 성왕을 잘 보필하여 새로 건설한 주나라를 오래도록 빛나게 하자고 하였다. 주공과 소공은 서로 동쪽과 서쪽을 잘 다스려 성왕을 잘 보필하였다.

公曰君奭아 我聞하니 在昔成湯이 旣受命이어시늘 時則有若伊尹이 格[1]于皇天하며 在太甲하여 時則有若保衡[2]하며 在太戊하여 時則有若伊陟[3]臣扈[4]格于上帝하며 巫咸[5]이 乂王家하며 在祖乙[6]하여 時則有若巫賢[7]하며 在武丁하여 時則有若甘盤[8]하니라

率[9]惟玆有陳[10]하여 保乂有殷하니 故殷이 禮陟配天[11]하여 多歷年[12]所하니라

天惟純佑命이라 則商實하여 百姓[13]王人[14]이 罔不秉德[15]明恤[16]하며 小臣[17]屛侯甸[18]이 矧咸奔走[19]따녀 惟玆惟德을 稱하여 用乂厥辟[20]이라 故一人[21]이 有事于四方이어든 若卜筮하여 罔不是孚[22]하니라

公曰君奭아 天壽平格이라 保乂有殷하더시니 有殷이 嗣天滅威하니 今汝永念하면 則有固命하여 厥亂이 明我新造邦하리라

1) 格(격) : 뜻에 맞춘다는 뜻.

2) 保衡(보형) : 이윤(伊尹)을 달리 이르는 말. 그러나 이윤이 아닌 다른 사람
　이라는 설도 있다.

3) 伊陟(이척) : 태무의 신하로 이윤의 아들이다.

4) 臣扈(신호) : 태무의 신하.

5) 巫咸(무함) : 은나라의 왕실을 보호한 신하. 무무(巫戊)로 보아야 한다는 설
　이 있다.

6) 祖乙(조을) : 은나라 13대 왕.

7) 巫賢(무현) : 조을의 신하. 무함의 아들이라고 한다.

8) 甘盤(감반) : 무정 때의 명재상.

9) 率(솔) : 거느리다.

10) 有陳(유진) : 관직(官職)에 있는 사람들이라는 뜻.

11) 配天(배천) : 하늘과 짝한다. 곧 하늘과 함께라는 뜻.

12) 歷年(역년) : 오랜 동안.

13) 百姓(백성) : 여기서는 모든 관리라는 뜻. 백관(百官).

14) 王人(왕인) : 임금 집안의 사람들. 곧 왕족(王族).

15) 秉德(병덕) : 덕을 행하다.

16) 明恤(명휼) : 사랑을 밝히다. 곧 백성의 근심을 밝게 이해한다.

17) 小臣(소신) : 낮은 신하. 곧 낮은 벼슬아치들.

18) 侯甸(후전) : 제후(諸侯)들을 가리킨다.

19) 奔走(분주) : 근면하다. 곧 성실하게 섬긴다는 뜻.

20) 乂厥辟(예궐벽) : 그 임금을 위하여 다스리다.

21) 一人(일인) : 왕. 곧 천자를 가리킨다.

22) 孚(부) : 여기서는 믿고 따랐다는 뜻.

3. 석(奭)이여, 나를 도와 함께 힘써 주오

주공이 말하였다.

"군석이여, 옛날 상제께서는 대체로 나라를 편안하게 하신 임
금의 덕을 거듭 관찰하시고 큰 명을 그분 몸에 모으신 것이오

문왕께서는 더욱 우리 중화(中華)를 다스려 화평하게 하셨소

또한 괵숙(虢叔) 같은 이가 있었고, 굉요(閎夭) 같은 이가 있었고, 산의생(散宜生) 같은 이가 있었고, 태전(泰顚) 같은 이가 있었으며, 남궁 괄(南宮括) 같은 이가 있었던 것이오."

또 말하였다.

"이와 같이 법과 가르침을 힘써 부지런히 하지 못하였다면 문왕께서도 나라 사람들에게 베풀 은덕이 없었을 것이오.

또한 이들이 한결같이 보좌하였고 미덕을 지녔으므로 하늘의 위엄을 알아 행하게 되었고, 이것으로 문왕을 보좌하고 이끌었던 것이오. 따라서 위로 상제에게 들리게 되었고 끝내 은나라의 명을 이어받게 된 것이오.

무왕에 이르러 이분들 중 네 분이 아직 살아 있었소. 후에 이들과 무왕은 하늘의 위엄을 받들어 행하여 그들의 적을 모두 죽였소. 이 네 분만이 무왕을 보좌하고 이끌었으며 힘쓰니 곧 큰 덕을 행하게 된 것이오.

지금 이 작은 사람 단(旦)은 마치 큰 물에서 헤엄치고 있는 것과 같으니 나는 그대 석(奭)과 함께 가야만 건널 수가 있소. 어린 임금은 자리에 있지 않은 것과 같으니 크게 나를 책하지 마시오. 미흡한 점이 있어도 격려해 줄 사람이 없고, 나는 이미 늙어서 백성에게 은덕을 베풀지 못하오. 나는 우는 새소리마저 듣지 못하는데 하물며 신을 감동시켜 강림하게 할 능력이 있겠는가."

▨ 주공은 문왕과 무왕 같은 어진 임금도 어진 신하들이 있어 하늘의 뜻에 알맞게 보필하여 문왕과 무왕의 업적을 빛나게 하였다고 말하였다.

그런데 주공 자신은 문왕과 무왕을 보좌했던 어진 사람들에 미치지 못하니 소공이 함께 도와 주어야만 성왕을 잘 보필할 수 있을 것이라 하였다.

公曰君奭아 在昔上帝割하사 申勸[1]寧王[2]之德하사 其集大命于厥躬하시니라

惟文王이 尙克修[3]和我有夏[4]하산든 亦惟有若虢叔[5]과 有若閎夭[6]와 有若散宜生[7]과 有若泰顚[8]과 有若南宮括[9]이니라

又曰無能往來[10]玆하여 迪彝教하던든 文王도 蔑德이 降于國人하시리러니라

亦惟純佑는 秉德이 迪知天威[11]하여 乃惟時昭文王하여 迪見冒하여 聞[12]于上帝라 惟時受有殷命哉하시니라

武王은 惟玆四人[13]이 尙迪有祿[14]하니 後曁武王으로 誕將[15]天威하여 咸劉厥敵하니 惟玆四人이 昭武王惟冒하여 丕單稱德하니라

今在予小子旦하여 若游大川하니 予往에 曁汝奭으로 其濟하리라 小子[16]同未在位[17]하시니 誕無我責[18]가 收罔勖不及[19]하여 耉造德이 不降[20]하면 我則鳴鳥를 不聞이온 矧曰其有能格[21]가

1) 勸(권) : 여기서는 관(觀)으로 보아, 살피다, 관찰하다로 풀이함.

2) 寧王(영왕) : 나라를 편안하게 한 임금. 곧 문왕(文王)을 가리킨다.

3) 修(수) : 여기서는 다스린다는 뜻.

4) 夏(하) : 여기서는 중화(中華)를 뜻하며, 주(周)나라를 가리킨다.

5) 虢叔(괵숙) : 문왕의 동생으로 현신(賢臣).

6) 閎夭(굉요) : 문왕의 어진 신하로 굉은 성(姓), 요는 이름.

7) 散宜生(산의생) : 문왕의 어진 신하로 산은 성. 의생은 이름.

8) 泰顚(태전) : 문왕의 어진 신하로 태는 성, 전은 이름.

9) 南宮括(남궁괄) : 문왕의 어진 신하로 남궁은 성, 괄은 이름.

10) 往來(왕래) : 가고 오고 한다. 곧 힘써 부지런히 한다는 뜻.

11) 迪知天威(적지천위) : 하늘의 위엄을 알게 되다. 곧 하늘이 벌을 내리는 까닭을 알았다는 뜻.

12) 冒聞(모문) : 들리게 되다. 곧 알려졌다는 말.

13) 玆四人(자사인) : 이들 네 사람. 다섯 사람인데, 이때 괵숙(虢叔)이 이미 죽었으므로 네 사람이 된다.

14) 有祿(유록) : 살아 있다는 말. 죽은 사람을 무록(無祿) 또는 불록(不祿)이라 이르니, 유록(有祿)은 그와 반대되는 뜻으로 살아 있다는 말이 된다.

15) 將(장) : 받들어 행한다는 뜻. 봉행(奉行).

16) 小子(소자) : 여기서는 어린 임금. 곧 성왕을 가리킨다.

17) 同未在位(동미재위) : 아직 자리에 있지 않은 것 같다. 곧 성왕이 아직 어리기 때문에 왕 구실을 다하기 어렵다는 뜻.

18) 無我責(무아책) : 나를 책망하지 말라. 곧 내가 섭정하는 것을 의심하지 말라는 뜻.

19) 收罔勖不及(수망욱불급) : 미치지 못하여도 이것을 가르쳐 격려하는 사람
   이 없다는 뜻. 수(收)는 유(攸)로 보아야 할 것 같고, 불급(不及)은 미치지
   못하다. 곧 미흡하다, 잘하지 못한다는 뜻.
20) 耉造德不降(구조덕불강) : 늙어서 백성에게 큰 덕을 베풀지 못한다는 뜻.
21) 格(격) : 신을 감동시켜 강림하게 한다는 뜻.

4. 우리 두 사람이 성왕을 보좌하자

주공이 말하였다.

"오호라, 그대여. 이러한 점을 잘 살피시오. 우리가 받은 하늘의
명은 한없이 복된 것이나 또한 큰 어려움이오 그대에게 그 도리
를 알리니 우리는 후손들로 하여금 미혹되게 하지 맙시다."

공이 또 말하였다.

"선인(先人)은 그 마음을 펴시어 모든 것을 그대에게 명하고 그
대로 하여금 백성의 모범이 되게 하며 말씀하시기를 '그대는 밝게
힘써 왕을 보좌하는데 정성을 다하여라. 이 큰 명을 오직 문왕의
덕으로 계승하고 이 끝없는 근심을 크게 받들어라.' 라고 하셨소"

공은 또 말하였다.

"그대여, 그대에게 나의 진심을 말하겠소. 태보(太保)인 석
(奭)이여, 그대는 삼가 나와 더불어 은나라가 멸망한 것과 같은
크게 좋지 못한 일을 살펴야 하며, 우리도 하늘의 벌을 받을 수 있
다는 것을 생각해야 하오

나를 믿어주지 않아서 이렇게 말하는 것이 아니오 나는 오직 우
리 두 사람이 이루어 놓아야 한다는 말을 하고 싶소. 그대와 나는
뜻이 맞으며, 그대는 우리 두 사람에게 달렸다고 말하였소 하늘의
축복이 풍성하게 이르면 우리 두 사람은 그 은혜를 감당하지 못할
것이니, 그대는 삼가 덕행을 쌓아 우리의 뛰어난 인재를 임용(任
用)하여 뒷사람에게 좋은 시대를 물려주도록 해야 할 것이오

오호라, 우리 두 사람 성실하게 도와서 우리들은 오늘의 축복받
은 지경에 이르게 된 것이니 우리는 다 게을리 하지 말고 문왕의

업적을 이루도록 크게 힘씁시다. 그리하여 해 떠오르는 바닷가 끝이라도 순종하지 않는 곳이 없도록 합시다."

공은 또 말하였다.

"그대여, 나는 따르지 않기 때문에 이처럼 많은 말을 하는 것이 아니오. 나는 오직 하늘과 백성을 근심할 뿐이오.

오호라, 그대여. 그대는 백성의 성품과 행위를 알 것이오. 그의 처음을 잘하지 않을 수 없고, 끝까지 잘하여야 할 것이니, 단지 이처럼 공경하여 앞으로 다스리도록 하시오."

▨ 주공은 소공과 뜻이 맞으니 하늘이 주나라에 천명을 부여한 지금 그 명을 훌륭히 받들도록 뜻을 합쳐 성왕을 잘 보좌하자고 강조하였다. 또한 성왕을 잘 보좌하여 후손들이 영원히 왕업을 빛내도록 그 기초를 튼튼하게 다져놓자고 말하였다.

公曰嗚呼라 君아 肆其監于玆어다 我受命이 無疆惟休나 亦大惟艱이니 告君乃猷裕[1]하노니 我는 不以[2]後人迷하노라

公曰前人[3]이 敷乃心하사 乃悉命汝하사 作汝民極[4]하시고 曰汝明勖偶[5]王하여 在亶乘玆大命하여 惟文王德하여 丕承無疆之恤[6]하라하시다

公曰君아 告汝朕允하노라 保奭[7]아 其汝克敬以予하여 監于殷喪大否[8]하여 肆念我天威[9]하라

予不允이오 惟若玆誥아 予惟曰襄[10]我二人이라하나니 汝有合[11]哉아 言曰在時二人하여 天休滋至어든 惟時二人이 不戡[12]이로소니 其汝克敬德하여 明[13]我俊民이니 在讓後人于丕時니라

嗚呼라 篤棐는 時二人이니 我式克至于今日休하나 我咸成文王功于不怠하여 丕冒[14]하여 海隅出日이 罔不率俾[15]니라

公曰君아 予不惠오 若玆多誥아 予惟用閔于天越民이니라

公曰嗚呼라 君아 惟乃知民德[16]하나니 亦罔不能厥初나 惟其終[17]이니 祗若玆하여 往[18]敬用治하라

1) 猷裕(유유) : 도리라는 뜻.
2) 以(이) : 여기서는 하여금으로 풀이된다.
3) 前人(전인) : 선인(先人). 무왕(武王)을 가리킨다.

4) 極(극) : 여기서는 준칙(準則). 모범.

5) 偶(우) : 짝하다. 곧 보좌(補佐)하다.

6) 恤(휼) : 근심하다. 곧 나라의 일을 언제나 염두에 둔다는 뜻.

7) 保奭(보석) : 태보(太保)인 석(奭). 보(保)는 태보(太保), 석(奭)은 소공
   (召公)의 이름. 소공은 태보라는 관직에 있었다.

8) 大否(대부) : 크게 좋지 못한 일.

9) 我天威(아천위) : 우리도 하늘의 벌을 받는다는 뜻. 천위(天威)는 하늘의 위
   엄. 곧 천벌(天罰).

10) 襄(양) : 이루다.

11) 合(합) : 뜻이 맞다. 의기가 투합하다.

12) 不戡(불감) : 감당하지 못하다.

13) 明(명) : 여기서는 임용(任用)한다는 뜻.

14) 丕冒(비모) : 크게 힘쓰다.

15) 率俾(솔비) : 순종하다.

16) 民德(민덕) : 백성의 성품과 행위.

17) 終(종) : 끝을 좋게 맺는다는 뜻.

18) 往(왕) : 앞으로. 이제부터.

제17장 채중지명(蔡仲之命)

이 글은 주공이 채중(蔡仲)을 제후(諸侯)로 봉(封)하면서 왕
을 대신하여 훈계한 글이다. 채중은 채숙(蔡叔)의 아들인데, 채
(蔡)는 봉함을 받은 땅의 이름이고 중(仲)은 그의 자(字)이며,
이름은 호(胡)다.

채숙은 무경(武庚)을 감시하는 임무를 띤 삼감(三監) 중의 한 사
람이었으나 무경과 함께 모반을 꾀하다 곽린(郭隣)이란 곳에 유폐
(幽閉)되었다가 죽었는데, 그의 아들 채중은 현명하였다. 그래서
주공의 배려로 다시 제후로 봉해져 집안을 훌륭하게 보전하였다.

1. 채숙과 같은 짓을 저지르지 말라

주공이 섭정(攝政)의 지위에 있으면서 모든 관리를 거느리게 되었는데, 여러 숙부들이 뜬소문을 퍼뜨렸다. 관숙(管叔)은 상(商)나라에서 죽이고, 채숙(蔡叔)은 곽린(郭隣) 땅에 유폐(幽閉)하였으되 수레 일곱 채를 딸려 보냈고, 곽숙(霍叔)은 서인(庶人)으로 강등(降等)시켜 3년 동안 형제로 돌보지 않았다.

채중(蔡仲)은 행동을 근신하였으므로 주공이 경사(卿士)로 삼았다가 채숙이 죽으니 이에 왕에게 품(稟)하여 채(蔡)나라에 봉(封)하였다.

왕은 이와 같이 말하였다.

"작은 사람 호(胡)여. 그대는 덕을 따라 행동을 고쳤고, 그 도리를 신중히 하므로 내 그대를 명하여 동쪽 땅의 제후로 삼노니, 그대가 봉함을 받은 곳에 가서 공경하게 행하라.

그대가 선인의 허물을 덮고자 하면 오직 충성하고 효도하라. 그대는 자신의 근신에서부터 올바른 길을 따라 나아가되 근면하고 소홀함이 없도록 해서 그대 후손들에게 모범이 되라. 그대의 조부이신 문왕의 법과 가르침을 좇고, 그대의 선친(先親)과 같이 왕명을 어기는 일이 없도록 하라.

하늘은 친근한 사람이 따로 없고 오직 덕 있는 자를 도우시며, 백성의 마음은 일정하지 않아 오직 은혜 베푸는 자를 따르는 것이다. 선(善)을 행함은 같지 않으나 똑같이 다스림으로 돌아가고 악을 행함은 같지 않으나 똑같이 어지러움으로 돌아가는 것이니, 그대는 그것을 경계하라.

처음을 신중히 하고 끝맺음을 잘하면 마침내 곤란하게 되지 않겠지만 끝맺음을 잘하지 않으면 마침내 곤궁해질 것이다.

그대의 일에 힘쓰고 사방의 이웃과 화목함으로써 왕실의 울타리가 되고 형제들과 화합하고 백성을 편안하게 다스리라.

중정(中正)의 길을 따르고 총명한 체하여 옛 법도를 어지럽히

지 말며 보고 듣는 것을 자세히 하여 치우친 말로써 그 법도를 고
치지 않으면 나는 그대를 칭찬할 것이다."

왕은 또 말하였다.

"오호라, 어린 사람 호(胡)여. 그대는 가서 나의 명을 저버리지
말라."

▨ 무경과 함께 난을 일으킨 관숙, 채숙, 곽숙을 벌하였는데 채숙의 아
들 호(胡)가 근신하여 덕을 닦았기에 채 땅의 제후로 봉하면서 훈계한
말이다. 아버지 채숙과 같은 죄를 짓지 말고 문왕의 덕을 이어받아 백성
을 다스리며 끝맺음을 잘하고 중정의 길을 따를 것 등을 지시하고 명령
을 잘 받들라 당부하였다.

惟周公이 位冢宰¹⁾하사 正²⁾百工이어시늘 群叔이 流言한대 乃致辟³⁾管
叔于商하시고 囚蔡叔于郭隣하대 以車七乘하시고 降霍叔于庶人하여 三
年不齒⁴⁾러시니 蔡仲이 克庸祗德이어늘 周公이 以爲卿士러시니 叔이 卒커
늘 乃命諸王⁵⁾하사 邦⁶⁾之蔡⁷⁾하시다

王若曰小子胡아 惟爾率德改行하여 克愼厥猷할새 肆予命爾하여 侯
于東土하노니 往卽乃封하여 敬哉어다

爾尙蓋前人⁸⁾之愆은 惟忠惟孝니 爾乃邁跡自身하여 克勤無怠하여
以垂憲乃後하여 率乃祖文王之彝訓하고 無若爾考之違王命하라

皇天은 無親⁹⁾하사 惟德을 是輔하시며 民心은 無常이라 惟惠之懷하나니
爲善이 不同¹⁰⁾하니 同歸于治하고 爲惡이 不同하나 同歸于亂하나니 爾其
戒哉어다

愼厥初하대 惟厥終이라사 終以不困하리니 不惟厥終하면 終以困窮하리라

懋乃攸績하며 睦乃四隣하며 以蕃王室하며 以和兄弟하며 康濟小民하라

率自中¹¹⁾이오 無作聰明하여 亂舊章하며 詳乃視聽하여 罔以側言¹²⁾으
로 改厥度하면 則予一人이 汝嘉하리라

王曰嗚呼라 小子胡아 汝往哉하여 無荒棄朕命하라

1) 冢宰(총재) : 대재상(大宰相). 곧 주공이 섭정이 된 것을 말함.

2) 正(정) : 장(長)과 통하며, 거느린다는 뜻.

3) 致辟(치벽) : 죽이다. 곧 처형(處刑)했다는 뜻.

4) 不齒(불치) : 형제로서의 정을 돌보지 않았다는 뜻. 곧 형제로 인정하지 않았
   다는 말. 치(齒)는 형제를 뜻함.

5) 命諸王(명제왕) : 왕에게 품(稟)하여 허락을 받았다는 뜻.

6) 邦(방) : 봉(封)하다.

7) 蔡(채) : 땅 이름. 지금의 하남성(河南省) 상채현(上蔡縣) 서남쪽에 위치하
   였다고 한다.

8) 前人(전인) : 선인(先人). 채중의 아버지인 채숙을 가리킨다.

9) 皇天無親(황천무친) : 하늘은 친근한 사람이 따로 없다. 곧 하늘만 믿고 의
   지할 수 없는 것이라는 말.

10) 爲善不同(위선부동) : 선(善)을 행함은 같지 않다. 곧 선한 일은 여러 가지
    있다는 뜻.

11) 中(중) : 중정(中正)의 길.

12) 側言(측언) : 치우친 말. 분명하지 않은 말.

제18장 다방(多方)

 이 장은 주공이 성왕의 명을 대신하여 여러 나라에 고한 말이
다. 이 장 첫머리에는 천하의 여러 나라에 고한다는 말로 시작되
어 있지만 실은 동쪽 땅의 여러 나라들에게 고한 말이니, 결국 은
나라 유민들을 상대로 한 말이라 하겠다.
 다방(多方)이란 많은 나라 곧 여러 나라라는 뜻으로, 방(方)은
국(國)과 같다. 갑골문(甲骨文)이나 서주(西周) 문헌에 이런 표
현이 종종 나타난다.

 I. 하나라는 천명을 어겨서 망하였다
 5월 정해(丁亥)일에 왕은 엄(奄) 땅에서 와 종주(宗周)에 이
르렀다.

이에 주공이 말하였다.

"왕은 말씀하셨다.

'오호라, 그대들 천하 여러 나라에 고하노라. 그대들 은나라 제후들이 다스리는 백성들이여. 내 그대들에게 큰 명을 내렸음을 그대들은 모르지 않을 것이다.

큰 하늘의 명을 꾀하고 길이 제사를 공경하게 모시는 것을 생각하지 않았다.

상제는 하나라에 복을 내리셨는데 하나라는 크게 놀기만 즐겨 백성을 걱정해 주려 하지 않았다. 크게 음탕하고 어두워 상제의 길을 종일토록 힘쓰지 않았다는 것은 그대들도 아는 바이다.

하늘의 명을 멀리하여 백성에 대한 법망(法網)을 풀어 주려고 하지 않아서 크게 벌을 내려 하나라를 매우 어지럽혔으며, 이로 인하여 항상 내란이 있었다. 백성을 잘 보호하지 않으니 백성들로 하여금 재물을 억지로라도 바치지 않을 수 없게 하여 백성들을 크게 괴롭혔다.

또한 하나라 백성은 탐욕과 다툼이 날로 심해져 하나라 도읍을 엉망으로 찢어 놓았다.

그리하여 하늘은 백성의 주인을 찾으시어 밝고 아름다운 명을 성탕에게 내려 하나라를 벌하여 멸하였다.

하늘은 복을 주지 않았으니, 그대들 여러 나라의 양민으로 하여금 길이 편안함을 많이 누리지 못하도록 하였다. 하나라의 관직에 있던 많은 관리들은 크게 백성을 힘써 보호하여 편안하게 하지 못하였으며 도리어 모든 백성을 학대하였고 온갖 소행으로 백성을 크게 풀어 주지 못하였다.

이에 성탕은 그대들 여러 나라와 함께 하나라를 바꾸어 대신하여 백성의 주인이 되었다.

형벌을 신중하게 행하니 백성은 본받아 힘쓰게 되었다.

제을(帝乙)에 이르기까지 덕을 밝히고 형벌을 신중하게 하지 않은 임금이 없었으니 또한 백성에게 선(善)을 힘쓰도록 할 수가 있었다.

갇힌 죄수 중에서 죄가 많은 자를 죽이는 일도 또한 백성을 힘
쓰도록 하기 위한 것이고 죄가 없는 사람을 풀어서 놓아 주는 일
도 또한 백성을 힘쓰게 하기 위해서였다.

　지금 그대들의 임금에 이르러 그대들의 여러 나라가 화합하지
못하여 하늘의 명을 누리지 못하게 된 것이다.'"

　▨ 은나라 유민들에게 고한 것으로 하나라는 하늘의 명을 어기고 백
성을 돌보지 않아 하늘이 백성을 구할 다른 사람을 물색하여 탕왕에게
명을 새롭게 내렸다 하였다. 하나라의 관원들까지도 갖은 악행으로 백성
을 괴롭혔음을 말하고 탕임금이 천명을 받아 하늘의 뜻을 받들었고 제
을에 이르기까지 천명을 누렸으나 주왕(紂王)에 이르러 천명이 끊어졌
음을 말하였다.

　惟五月¹⁾丁亥에 王이 來自奄하사 至于宗周²⁾하시다

　周公曰王若曰猷라 告爾四國多方하노라 惟爾殷侯尹³⁾民아 我惟大
降爾命하니 爾罔不知니라

　洪惟圖⁴⁾天之命하여 弗永寅⁵⁾念于祀하니라

　惟帝降格于夏어시늘 有夏誕厥逸하여 不肯慼言于民하고 乃大淫昏
하여 不克終日勸于帝之迪은 乃爾攸聞이니라

　厥圖帝之命하여 不克開于民之麗⁶⁾하고 乃大降罰하여 崇⁷⁾亂有夏
하니 因甲⁸⁾于內亂하여 不克靈承于旅⁹⁾하며 罔丕¹⁰⁾惟進¹¹⁾之恭하여 洪
舒¹²⁾于民이오 亦惟有夏之民이 叨懫日欽¹³⁾하여 劓割¹⁴⁾夏邑하니라

　天惟時求民主¹⁵⁾하사 乃大降顯休命于成湯하사 刑殄有夏하시니라

　惟天이 不畀純¹⁶⁾은 乃惟以爾多方之義民으로 不克永于多享이오 惟
夏之恭多士¹⁷⁾는 大不克明保享¹⁸⁾于民이오 乃胥惟虐于民하여 至于百
爲¹⁹⁾히 大不克開²⁰⁾하니라

　乃惟成湯이 克以爾多方簡으로 代²¹⁾夏하사 作民主하시니라

　愼厥麗하여 乃勸²²⁾하신대 厥民이 刑하여 用勸하니라

　以至于帝乙히 罔不明德愼罰하사 亦克用勸²³⁾하시니라

　要囚²⁴⁾를 殄戮多罪도 亦克用勸이며 開釋無辜도 亦克用勸이니라

　今至于爾辟²⁵⁾하여 弗克以爾多方으로 享天之命하니라

1) 五月(오월) : 주공이 낙읍(洛邑)을 감독하기 5년째 되는 해의 5월이라는 설, 주공이 섭정한 지 3년째 되는 해의 5월이라는 설, 주공이 정권을 돌려준 뒤의 5월이라는 설 등이 있다.

2) 宗周(종주) : 호경(鎬京)을 가리키는 말이다.

3) 尹(윤) : 다스린다는 뜻.

4) 圖(도) : 여기서는 멀리하다의 뜻.

5) 寅(인) : 공경하다.

6) 麗(여) : 여기서는 나(羅)와 통하여 그물, 곧 법망(法網)을 가리킨다.

7) 崇(숭) : 엄중하게. 곧 매우.

8) 甲(갑) : 여기서는 항상이라는 뜻.

9) 靈承于旅(영승우려) : 백성을 잘 보호하지 않다. 영(靈)은 선(善)과 같은 뜻. 승(承)은 보호한다는 뜻. 여(旅)는 백성이라는 뜻.

10) 丕(비) : 여기서는 불(不)로 보아야 한다.

11) 進(진) : 재물을 뜻한다.

12) 舒(서) : 해독을 끼치다. 곧 괴롭혔다는 뜻.

13) 欽(흠) : 심해지다. 성행(盛行)하다. 흠(廞)과 통한다.

14) 劓割(의할) : 엉망으로 만들다. 찢어 놓다.

15) 民主(민주) : 백성의 주인. 곧 천자(天子).

16) 純(순) : 복(福)이라는 뜻.

17) 恭多士(공다사) : 관직에 있던 많은 관리. 공(恭)은 공(供)과 통하며 공직(供職)의 뜻으로, 곧 관직에 봉사한다는 뜻.

18) 保享(보향) : 보호하여 편안하게 하다.

19) 百爲(백위) : 곧 모든 악업(惡業)을 동원하여 압박을 가한다는 뜻.

20) 大不克開(대불극개) : 모든 압박을 가해서 법망(法網)을 풀어 주지 못하였다는 뜻.

21) 簡代(간대) : 바꾸어 대신하다. 간(簡)은 질(迭)과 통하여 바꾼다.

22) 乃勸(내권) : 백성들로 하여금 본받아 착한 길로 가도록 힘쓰게 한다는 말.

23) 用勸(용권) : 착한 길로 가려고 힘쓰도록 권고한다는 뜻.

24) 要囚(요수) : 갇혀 있는 죄수. 죄수를 감금하다. 유수(幽囚).

25) 爾辟(이벽) : 그대들의 임금. 곧 주왕(紂王)을 가리킨다.

2. 하늘은 주왕(周王)에게 천하를 맡기셨다

주공은 이어 말하였다.

"오호라, 왕께서는 이와 같이 말씀하셨다. '그대들 모든 나라에 타이른다. 하늘이 하나라를 버린 것이 아니고, 하늘이 은나라를 버린 것이 아니다.

오직 그대들의 임금이 그대들 모든 나라와 더불어 하늘의 명을 크게 너무 멀리 하여 많은 죄를 지었기 때문이다.

하나라는 그의 정사를 버려 안락을 누릴 수 있게 하지 못하였기 때문에 하늘은 멸망의 벌을 내려 다른 나라로 하여금 그를 대신하게 하였다.

그대들 상나라의 마지막 임금은 지나치게 안일을 꾀하였으며 그의 정사를 멀리 하여 깨끗이 제사를 지내지 않았으므로 하늘은 이에 멸망의 벌을 내린 것이다.

성인이라도 생각하지 않으면 바보가 되고, 바보라도 생각할 줄 알면 성인이 되는 것이다. 하늘은 5년 동안 그 자손들에게 틈을 주고 기다리며 백성의 주인이 되기를 크게 바랐으나 그들은 생각하고 들으려 하지 않았다.

하늘은 그대들 여러 나라를 문책하여 크게 위엄을 움직이셨으니 그것은 그들이 하늘을 돌보고 깨닫게 하기 위해서였다. 그러나 그대들 여러 나라는 그것을 돌아볼 만하지 못하였다.

우리 주나라 임금은 백성을 잘 받들고 덕을 행할 만하시니 신과 하늘을 본받으셨다. 하늘은 이에 우리들에게 복을 주심으로써 가르치시고 선택하여 은나라의 사명을 주시어 그대들 여러 나라를 다스리게 하신 것이다.

이제 내 어찌 감히 많은 말로 타이르겠는가. 나는 오직 그대들 사방 나라 백성에게 커다란 명을 내리노라.

그대들은 어찌하여 그대들 모든 나라 백성에게 일러 주지 않는가. 그대들은 어찌하여 우리 주나라 왕을 보좌하고 도와서 다스

리지 않으며 하늘의 명을 누리려 하지 않는가. 지금 그대들은 그
대들의 집에 살 수 있으며 그대들의 밭을 경작할 수 있는데, 그대
들은 어찌하여 왕실에 순종하여 하늘의 명을 빛내려 하지 않는가.

그대들의 행동은 여러 차례 조용하지 못하였으며 그대들의 마
음은 순종하지 않는다. 그대들은 너무 하늘의 명을 헤아리지 못하
여 지나치게 하늘의 명을 저버렸다. 그대들은 스스로 법도에 어긋
나는 짓을 하면서 올바른 사람들이 그대들을 믿어 주기를 꾀한다.

나는 오직 그대들을 가르치고 인도할 것이며, 나는 오직 조심하
여 잡아 가두되 두 번 봐주고 세 번까지도 봐주겠다. 그러나 그대
들이 내가 그대들의 목숨을 돌보아 주려는 뜻을 알아주지 못하면
나는 이에 크게 벌하여 죽이기까지 하겠다. 우리 주나라가 덕을
가지고 편안하게 해 주지 못해서가 아니라 오직 그대들 스스로가
부른 죄이기 때문이다.' 라고"

▨ 하나라와 은나라의 멸망은 임금이 하늘의 뜻을 어겼기 때문이며 하
늘의 경고도 듣지 않아 하늘이 주(周)나라 임금에게 명하여 천하를 다
스리게 한 것이라 하였다.

주나라가 은나라 신하에게 명을 내렸는데 따르지 않고 소동을 일으킨
것을 나무라고 여러 차례 용서해도 끝내 순종하지 않을 때는 엄하게 다
스리겠다고 강조하였다.

嗚呼라 王若曰誥告爾多方하노라 非天이 庸釋[1]有夏며 非天이 庸釋
有殷이시니라

乃惟爾辟이 以爾多方으로 大淫圖天之命하여 屑有辭[2]하니라

乃惟有夏圖厥政하대 不集于享한대 天降時喪하사 有邦[3]으로 間[4]之
하시니라

乃惟爾商後王이 逸厥逸[5]하여 圖厥政하대 不蠲烝[6]한대 天惟降時喪
하시니라

惟聖이라도 罔念하면 作狂[7]하고 惟狂이라도 克念하면 作聖하나니 天惟五
年[8]을 須暇[9]之子孫[10]하사 誕作民主어시늘 罔可念聽하니라

天惟求爾多方하사 大動以威[11]하여 開厥顧天이어시늘 惟爾多方이 罔

堪顧之하니라

惟我周王이 靈承于旅하사 克堪用德하사 惟典神天이실새 天惟式敎我用休하사 簡畀殷命하사 尹爾多方하시니라

今我는 曷敢多誥리오 我惟大降爾四國民命하니라

爾는 曷不忱裕[12]之于爾多方고 爾는 曷不夾介乂[13]我周王享天之命고 今爾尙宅爾宅[14]하며 畋爾田하나니 爾는 曷不惠[15]王하여 熙天之命고

爾乃迪屢不靜하나니 爾心未愛[16]아 爾乃不大宅天命[17]가 爾乃屑[18]播天命가 爾乃自作不典하여 圖忱[19]于正가

我惟時其敎告之하며 我惟時其戰要囚之하대 至于再하며 至于三하니 乃有不用我의 降爾命하면 我乃其大罰殛之하리니 非我有周秉德不康寧이라 乃惟爾自速辜니라

1) 庸釋(용석) : 버리다. 저버리다.

2) 屑有辭(설유사) : 나쁜 평판이 많았다. 많은 죄상(罪狀)이 있다는 뜻.

3) 有邦(유방) : 다른 나라로 하여금. 여기서의 다른 나라는 상(商)나라를 가리킨다.

4) 間(간) : 번갈아 든다. 곧 대신한다는 뜻.

5) 逸厥逸(일궐일) : 그 안일함을 지나치게 하다. 곧 지나친 안일을 꾀하다. 앞의 일(逸)은 지나치다. 뒤의 일(逸)은 안일하다의 뜻.

6) 蠲烝(견증) : 깨끗하게 제사 지내다.

7) 狂(광) : 미친다는 말로, 곧 바보를 뜻한다.

8) 五年(오년) : 문왕 7년에서 11년까지의 5년 동안을 가리킨다.

9) 須暇(수가) : 틈을 주어 기다렸다는 말. 그동안 너그럽게 대해 주었다는 뜻.

10) 子孫(자손) : 상나라의 자손이라는 뜻으로 주왕(紂王)을 가리킨다.

11) 大動以威(대동이위) : 크게 위엄으로써 움직이다. 곧 크게 재앙을 내렸다는 뜻.

12) 忱裕(침유) : 말해서 일러 준다는 뜻.

13) 夾介乂(협개예) : 보좌하고 도와서 다스린다. 협은 보좌하다, 개는 돕다, 예는 다스린다는 뜻.

14) 尙宅爾宅(상택이택) : 아직 그대들의 집에 산다. 앞의 택(宅)은 산다는 뜻. 뒤의 택(宅)은 집이라는 뜻.

15) 惠(혜) : 여기서는 순종한다는 뜻.

16) 愛(애) : 순종한다. 앞의 혜(惠)와 같은 뜻.

17) 不大宅天命(불대택천명) : 너무 하늘의 명을 헤아리지 못한다. 대(大)는 너무로 풀이되며, 택(宅)은 여기서 헤아린다는 뜻.

18) 屑(설) : 여기서는 지나치다의 뜻.

19) 忱(침) : 여기서는 믿는다는 뜻.

3. 협조하지 않으면 천벌을 내리겠다

주공은 이어 말하였다.

"왕께서 말씀하시기를 '오호라, 그대들 여러 나라의 많은 관리들과 은나라의 많은 관리들에게 알린다. 이제 그대들은 부지런한 신하로서 나의 살핌을 받들어 일한 지 5년이 되었다.

부역(賦役)과 부세(賦稅)와, 작고 큰 징집(徵集)과 징수(徵收)에 있어 그대들은 법에 어긋남이 없었다.

스스로 화목하지 않은 속에 있다면 그대들은 오직 화목해야 한다. 그대들의 집안에서도 화목하지 못하면 오직 화목해야 한다. 그대들의 고을은 그대들이 일을 부지런히 하면 번성할 것이다.

그대들은 악한 행위를 미워해야 훌륭하게 그대들의 지위를 지킬 수 있으며 능히 오랫동안 그대들 고을에 살 수 있으며 도움을 꾀할 수 있다.

그대들은 지금부터 이 낙읍(洛邑)에서 길이 그대들의 농사일을 힘써 가꾸기 바라나니, 하늘은 이제 그대들에게 동정을 베풀 것이다. 우리 주나라는 그대들을 크게 돕고 상 줄 것이며, 왕실로 뽑아 올려 그대들에게 높은 직무를 맡길 것이며 큰 벼슬자리를 가지게 할 것이다.' 라고 하셨다.

왕께서는 또 말씀하시기를 '오호라, 여러 관리들이여. 그대들이 나의 명령을 힘써 행하지 않고 믿지 못하면 그대들 또한 안락함을 누리지 못할 것이며 모든 백성도 편안함을 누리지 못한다고 할 것이다. 그대들이 방탕하고 비뚤어져서 왕의 명령에서 크게 멀리 가면 그대들 여러 나라는 곧 하늘의 위엄을 건드리는 것이니

내 곧 하늘의 벌을 내리게 하여 그대들의 땅을 멀리 떨어뜨리겠
다.'라고 하셨다.

왕께서는 또 말씀하시기를 '나는 많은 말을 하지 않겠다. 나는
오직 삼가 그대들에게 명령을 알릴 뿐이다.'라고 하셨다.

왕께서 또 말씀하시기를 '이것은 그대들의 시작이니, 근신하고
화합하지 못하고서 나를 원망하지 말라.'라고 하셨다."

▨ 은나라의 유신들은 힘써 주나라 왕실의 명에 따르고 임무에 충실
하며 백성을 잘 다스려 주기를 당부하고, 착실히 주왕실의 뜻에 따르는
관리는 조정의 높은 벼슬을 내리겠으나 왕명을 어길 때는 하늘의 벌이
내릴 것이라 했다.

王曰嗚呼라 猷라 告爾有方[1] 多士와 暨殷多士하노라 今爾奔走臣我
監이 五祀[2]어니라

越惟有胥伯[3] 小大多正[4]아 爾罔不克臬이어다

自作不和하니 爾惟和哉어다 爾室이 不睦하니 爾惟和哉어다 爾邑[5]克
明[6]이라사 爾惟克勤乃事니라

爾尙不忌于凶德하여 亦則以穆穆으로 在乃位하며 克閱于乃邑하여
謀介[7]하라

爾乃自時[8]洛邑으로 尙永力畋[9]爾田하면 天惟畀矜[10]爾하시며 我有
周도 惟其大介賚爾하여 迪簡在王庭[11]하리니 尙爾事어다 有服이 在大
僚니라

王曰嗚呼라 多士아 爾不克勸忱我命하면 爾亦則惟不克享이라 凡
民惟曰不享이라하리니 爾乃惟逸惟頗하여 大遠王命하면 則惟爾多方이
探[12]天之威라 我則致天之罰하여 離逖爾土하리라

王曰我不惟多誥라 我惟祗告爾命이니라

又曰時惟爾初니 不克敬于和하면 無我怨하리라

1) 有方(유방) : 나라들. 유(有)는 발어사(發語詞). 유방(有邦).
2) 五祀(오사) : 5년(五年).
3) 胥伯(서백) : 서는 부역(賦役)이라는 뜻. 백은 부세(賦稅)라는 뜻.
4) 多正(다정) : 다는 징집(徵集)이라는 뜻. 정은 징수(徵收)라는 뜻.

5) 爾邑(이읍) : 그대들의 고을. 은나라 백성이 사는 고을.

6) 明(명) : 왕성하다. 성(盛)과 같다.

7) 謀介(모개) : 도울 것을 꾀하다.

8) 自時(자시) : 이제부터. 지금부터. 자(自)는 ～으로부터라는 뜻. 시(時)는 시 (是)와 같다.

9) 畎(견) : 밭일. 농사일.

10) 畀矜(비긍) : 가엾이 여긴다. 동정을 베풀다.

11) 在王庭(재왕정) : 왕정에 있게 된다. 주나라 조정에서 일을 보게 된다는 말.

12) 探(탐) : 건드린다. 곧 거스른다는 뜻.

제19장 입정(立政)

이 장은 주공(周公)이 섭정(攝政)을 마치고 드디어 성왕(成王)이 친히 정사를 맡아 보기 시작할 때, 주공이 성왕에게 당부한 것이다.

입정(立政)이란 좋은 정치를 확립하라는 뜻이다. 어진 인재를 널리 등용하여 적당한 자리에 두고 왕 자신도 덕행(德行)에 힘쓰고 선정(善政)을 베풀어 문왕(文王)과 무왕(武王)이 이루어 놓은 주(周)나라 왕조(王朝)를 더욱 공고히 하여 빛나게 하라는 내용이다.

1. 뛰어난 인재에게 정사를 맡겨라

주공이 이와 같이 말하였다.

"엎드려 큰절을 올리며 천자의 자리를 이으신 왕께 아뢰옵니다."

왕과 좌우의 상백(常伯)과 상임(常任)과 준인(準人)과 철의(綴衣)와 호분(虎賁)에게도 다 같이 훈계하였다.

주공이 말하였다.

"오호라, 모두 훌륭한 분들이나 근신할 줄 아는 이는 드물 것입니다.

옛 사람으로서 올바르게 행한 것은 오직 하(夏)나라의 우(禹) 임금 때이니, 곧 왕실이 크게 강성할 때에는 뛰어난 이를 불러 상제(上帝)를 존숭(尊崇)하며 구덕(九德)의 행을 성실히 행할 줄을 알았습니다. 그리고 감히 그들의 임금에게 교훈을 아뢰기를 '엎드려 큰절하옵니다.' 하고는 '당신의 일을 바르게 맡기고 당신의 주목(州牧)을 임명하며 당신의 법을 바르게 맡기시면 이에 임금 노릇을 하는 것입니다. 얼굴로 도모하면서 덕을 따르지 않고 사람을 임명하시면 세 가지 벼슬을 임명하는 데 있어 옳은 백성이 없게 될 것입니다.' 라고 하였습니다.

걸왕(桀王)은 옛날에 임용하던 길을 따르지 않고 오직 포악한 행동을 일삼는 사람을 임용하여 뒤가 끊어졌습니다.

또한 성탕(成湯)에 이르러 상제의 빛나는 명을 크게 다스리고 세 가지 벼슬에 임명하니 나아가 일을 감당할 수 있었으며, 세 직위의 사람들이 추천한 뛰어난 인재들이 나아가 뛰어나게 일할 수 있었습니다. 엄연히 크게 법이 있어 세 가지 일에 임명된 뛰어난 사람들이 있었으니 그들이 상(商)나라 도읍에 있을 때는 그 도읍이 화합하였으며 사방의 나라에 있을 때는 크게 법식으로써 덕을 드러냈던 것입니다.

오호라, 수(受)의 행동에는 강폭함이 있어 형벌을 악용하여 포악한 행동을 하는 사람들과 나라를 함께 하였으며 여러 그릇된 행동이 습관이 된 사람들과 정사를 함께 하였으니, 하늘은 삼가 그를 벌하시어 우리 중화(中華)로 하여금 상(商)나라가 받았던 명을 써서 만백성을 다스리게 하였습니다."

▨ 주공이 성왕과 성왕을 보좌하고 있는 모든 관리에게 고하였다.

하나라와 은나라의 예를 들며 임금은 세 가지 직위에 반드시 뛰어나고 어진 인재를 임명하여 바르게 다스리도록 하여야 한다고 했다. 또 걸왕과 주왕같이 포악한 사람을 가까이하면 하늘의 벌을 받을 것이라 말하고 신하는 근신하여 임금을 잘 받들도록 당부하였다.

周公若曰拜手稽首하여 告嗣天子王矣로이다 用咸戒于王曰王左右
는 常伯[1]과 常任[2]과 準人[3]과 綴衣[4]와 虎賁[5]패니이다 周公曰嗚呼라 休玆
나 知恤[6]이 鮮哉니이다

古之人이 迪하니 惟有夏[7]乃有室大競하여 籲俊尊上帝하니 迪知忱
恂于九德[8]之行하여 乃敢告敎厥后曰拜手稽首后矣로이다 曰宅乃事
하며 宅乃牧하며 宅乃準이라사 玆惟后矣니이다 謀面[9]하여 用丕訓德이라하
여 則乃宅人하면 玆乃三宅[10]에 無義民하리이다

桀德은 惟乃弗作往任하고 是惟暴德이라 罔後하니이다

亦越成湯이 陟丕釐上帝之耿命하신든 乃用三有宅이 克卽宅하며 曰
三有俊이 克卽俊하여 嚴惟丕式하여 克用三宅三俊하산들로 其在商邑하
연 用協于厥邑하며 其在四方하연 用丕式見德하니이다

嗚呼라 其在受德[11]曁하여 惟羞刑暴德之人으로 同于厥邦하며 乃惟
庶習逸德之人으로 同于厥政한대 帝欽罰之하사 乃伻我有夏[12]하여 式
商受命하여 奄甸萬姓하시니이다

1) 常伯(상백) : 삼공(三貢 : 천자를 보좌하는 최고의 직위로서, 태사〈太師〉·
태부〈太傅〉·태보〈太保〉). 또는 주목(州牧)으로 보기도 한다.

2) 常任(상임) : 육경(六卿 : 총재〈冢宰〉·사도〈司徒〉·종백〈宗伯〉·사마〈司
馬〉·사구〈司寇〉·사공〈司空〉). 또는 공경(公卿), 곧 삼공(三公)과 육경(六
卿)을 아울러 이르는 말이라고도 한다.

3) 準人(준인) : 하급의 사법관(司法官).

4) 綴衣(철의) : 왕의 의복과 옥좌(玉座)를 정리하고 왕의 명령을 다루는 관직.

5) 虎賁(호분) : 근위병(近衛兵).

6) 恤(휼) : 여기서는 근신하다, 조심하다의 뜻.

7) 夏(하) : 하나라. 곧 하나라의 시조인 우(禹) 임금을 가리킨다.

8) 九德(구덕) : 사람이 닦아야 할 아홉 가지 덕.

9) 謀面(모면) : 얼굴로 도모하다. 곧 모양만 보고 요직을 맡긴다는 뜻.

10) 三宅(삼택) : 세 가지 벼슬을 임명하는 것. 세 가지는 상백(常伯)·상임(常
任)·준인(準人).

11) 受德(수덕) : 수(受)의 행동. 수(受)는 주왕(紂王)의 이름. 덕(德)은 여기
서 행동·행위.

12) 有夏(유하) : 중화(中華). 유(有)는 발어사, 하(夏)는 여기서 중화의 뜻으로 주(周)나라를 가리킨다.

2. 주나라는 관리를 적재적소에 임명했다

주공은 이어 말하였다.

"또한 문왕과 무왕께서는 세 자리에 임명된 사람들의 마음을 아셨으며 세 자리에 임명된 사람이 추천한 뛰어난 사람들의 마음을 환히 보심으로써, 하늘을 공경하여 섬기고 백성의 어른인 제후를 세우셨습니다.

정사를 세움에는 일을 맡아 할 사람과 법을 맡아 할 사람과 고을을 다스릴 사람으로 세 가지 벼슬을 맡게 하셨습니다.

호분(虎賁)과 철의(綴衣)와 취마(趣馬)의 낮은 관리의 장(長)이 있었고, 좌우에서 일을 돕는 자들, 모든 관원들과, 재물과 창고를 관리하는 자들, 큰 고을의 장과 작은 고을의 장, 예인(藝人)과 표신(表臣)의 모든 관원, 태사(太史)와 윤백(尹伯)과 많은 상덕(常德)을 갖춘 선(善)한 선비가 있었습니다.

사도(司徒)·사마(司馬)·사공(司空)과 아려(亞旅)가 있었고 이(夷) 땅 미(微)·노(盧) 땅의 수령들, 삼박(三亳)과 판(阪) 땅의 장관 등 모두 적임자였습니다.

문왕께서는 그 관리들의 마음을 능히 아시고 일정한 일을 해 주고 고을 다스릴 사람을 세우시되 능히 뛰어나고 덕 있는 사람을 세우셨습니다.

문왕께서는 여러 가지 말과 여러 송사(訟事)와 여러 가지 삼가야 할 일을 겸하여 처리하지 않고, 오직 맡은 바 있는 고을 관리들에게 어김이 없도록 명하셨던 것입니다.

여러 송사와 여러 가지 삼가야 할 일을 문왕께서는 감히 알려고 하지 않으셨습니다.

또한 무왕께서는 오직 편안하게 하신 문왕의 일을 본받아 감히 의로운 덕을 버리지 않으셨으며, 너그러운 덕을 따라 꾀하고 따르셨으므로 이 크나큰 터전을 함께 받게 되었던 것입니다."

▨ 문왕은 모든 인재를 가장 알맞은 곳에 배치하고 그들의 다스림에 관여하지 않았음을 말하였다.

또한 무왕이 문왕의 의로운 덕을 이어받아 따랐기에 왕업의 터전을 이루었으니 성왕도 무왕의 덕을 이으라는 당부다.

亦越文王武王이 克知三有宅心하시며 灼見三有俊心하사 以敬事上帝하시며 立民長伯[1]하시니이다

立政에 任人과 準夫와 牧[2]과로 作三事[3]하시니이다

虎賁과 綴衣와 趣馬[4]와 小尹[5]과 左右攜僕[6]과 百司와 庶府[7]와

大都와 小伯[8]과 藝人[9]과 表臣[10]百司와 太史[11]와 尹伯[12]께 庶常吉士[13]러라

司徒와 司馬와 司空과 亞旅[14]와

夷와 微와 盧[15]烝[16]과 三亳이 阪에 尹[17]이러라

文王이 惟克厥宅心[18]하사 乃克立玆常事[19]司牧人[20]하시대 以克俊有德으로하더시다

文王은 罔攸兼于庶言[21]庶獄[22]庶愼하시고 惟有司之牧夫를 是訓用違하시니라

庶獄庶愼을 文王이 罔敢知于玆하시니라

亦越武王이 率惟敉功[23]하사 不敢替厥義德[24]하며 率惟謀하사 從容德[25]하사 以竝受此丕丕基[26]하시니라

1) 伯(백) : 제후(諸侯).

2) 牧(목) : 지방의 고을을 맡아서 다스리는 사람.

3) 三事(삼사) : 삼택(三宅)의 관. 곧 행정의 수뇌부인 세 가지 벼슬.

4) 趣馬(취마) : 천자의 말을 관리하는 벼슬.

5) 小尹(소윤) : 작은 벼슬의 우두머리. 낮은 관리의 장(長).

6) 攜僕(휴복) : 일을 돕는 사람.

7) 庶府(서부) : 재물이나 창고의 열쇠를 맡아 보는 작은 관리.

8) 大都小伯(대도소백) : 대도(大都)는 큰 고을의 백(伯 : 長), 소백(小伯)은 작은 고을의 장.

9) 藝人(예인) : 점치는 사람이나 그 밖의 기예(技藝)로 벼슬하는 사람.

10) 表臣(표신) : 외부의 신하.

11) 太史(태사) : 사관(史官).

12) 尹伯(윤백) : 유사(有司)의 우두머리.

13) 庶常吉士(서상길사) : 많은 상덕(常德)을 갖춘 선(善)한 선비.

14) 亞旅(아려) : 차관(次官). 또는 제후에게 딸린 관원.

15) 夷微盧(이미노) : 모두 이적(夷狄)의 땅에 있는 나라들.

16) 烝(증) : 수령(首領).

17) 尹(윤) : 장관. 미개한 지역에는 제후를 봉하지 않고 윤(尹)을 파견하여 감
　　독하게 하였다고 한다.

18) 惟克厥宅心(유극궐택심) : 그 관리들의 마음을 능히 알다. 택심(宅心)은 삼
　　택(三宅)의 관(官)에 있는 사람의 마음.

19) 常事(상사) : 일정한 일. 또는 상임(常任)을 이르는 말이라고 함.

20) 司牧人(사목인) : 고을을 다스리는 사람. 또 사목(司牧)은 상백(常伯)을 이
　　르는 말이라고도 한다.

21) 庶言(서언) : 여러 가지 말. 혹은 호령(號令)의 뜻이라고도 한다.

22) 庶獄(서옥) : 여러 가지 옥사(獄事). 여러 가지 송사(訟事).

23) 率惟救功(솔유미공) : 오직 편안하게 하신 문왕의 일을 본받아서 따랐다는 뜻.

24) 義德(의덕) : 의로운 덕. 곧 정의심(正義心).

25) 容德(용덕) : 너그러운 덕. 도량(度量)이 있는 사람.

26) 丕丕基(비비기) : 크나큰 터전. 기(基)는 왕업(王業).

3. 왕이시여, 인재를 잘 등용하시라

주공이 말하였다.

"오호라, 나이 어린 왕이시여. 지금부터 우리가 정사를 세움에
있어, 일을 맡을 사람과 법을 다스릴 사람과 고을을 다스릴 사람
을 우리는 그가 순종할 것을 분명히 알고서 그들로 하여금 다스
리게 하여 우리가 하늘로부터 받은 백성을 잘 돌보고 우리의 여
러 송사와 여러 가지 삼가야 할 일을 온당히 처리하도록 하되 간

여치 말아야 합니다.

한 말 한 마디로부터 끝내 덕을 이룬 훌륭한 사람으로서 우리가 받은 백성을 다스리도록 하십시오.

오호라, 이 단(旦)은 남에게서 이미 받은 훌륭한 말들을 모두 나이 어린 왕께 아룁니다. 앞으로 문왕의 자손이신 왕께서는 여러 송사와 여러 가지 삼가야 할 일에 그릇됨이 없게 하고 오직 올바르게 다스리십시오.

예로부터 상나라의 어진 임금들과 우리 주나라 문왕께서는 정사를 세움에 있어 일을 맡을 사람과 고을을 다스릴 사람과 법을 맡을 사람을 그 자리에 맞게 임명하셨으니, 그들을 가려 뽑아 다스리게 하셨습니다.

나라에서는 정사를 세울 때 간사한 사람을 임용하지 않으니 덕을 따르지 않으면 세상을 밝힐 수 없기 때문입니다. 앞으로 정사를 세울 때 간사한 사람을 쓰지 말고 오직 착한 사람을 써서 우리나라를 공경하고 힘써 돕도록 이끄십시오.

이제 문왕의 자손으로 나이 어린 왕이시니, 여러 송사를 그르치지 마시고 고을을 다스리는 사람에게 맡겨 행하게 하십시오.

당신의 군비는 삼가 우(禹)임금의 발자취를 따르고 널리 천하에 행해지도록 하여 바다 끝에 이르기까지 복종하지 않는 자가 없게 하십시오. 그리하여 문왕의 밝은 빛을 뚜렷이 하시며, 무왕의 큰 업적을 드날리게 하십시오.

오호라, 지금부터 뒤를 이은 왕께서는 정사를 세우심에 오직 현자(賢者)만을 쓰시도록 하십시오."

주공은 또 이와 같이 말하였다.

"태사이며 사구(司寇)인 소공(蘇公)이여. 공경으로써 그대의 송사를 처리하여 우리 왕국을 영원토록 하시오. 이 법으로 근신한다면 여러 가지 일에 알맞은 형벌을 쓰게 될 것이오."

▨ 성왕에게 문왕과 무왕의 덕을 이어 어진 인재를 적재적소에 임용하여 잘 다스려 주나라의 발전을 돕도록 하라고 하였다. 또한 태사인 소공(蘇公)에게 송사를 공경히 처리하고 법을 잘 활용하여 성왕을 잘 보

좌함으로써 주나라의 영원함을 꾀하도록 당부하였다.

嗚呼라 孺子王矣시니 繼自今으로 我其立政에 立事와 準人과 牧夫를 我其克灼知厥若하여 丕乃俾亂[1]하여 相我受民[2]하시며 和我庶獄庶愼하시고 時則勿有間之하소서

自一話一言으로 我則末惟成德之彦하사 以乂我受民하소서

嗚呼라 予旦은 已受人之徽言[3]으로 咸告孺子王矣로니 繼自今[4]으로 文子文孫[5]은 其勿誤于庶獄庶愼하시고 惟正을 是乂之하소서

自古商人[6]과 亦越我周文王이 立政에 立事[7]와 牧夫[8]와 準人을 則克宅之[9]하시며 克由繹之하시니 玆乃俾乂하시니이다

國則罔有立政에 用憸人[10]이니 不訓于德이라 是罔顯在厥世하리이다 繼自今으로 立政에 其勿以憸人하시고 其惟吉士[11]하사 用勵相[12]我國家하소서

今文子文孫孺子王矣시니 其勿誤于庶獄하시고 惟有司之牧夫하소서

其克詰爾戎兵[13]하여 以陟禹之迹하여 方行天下하여 至于海表[14]히 罔有不服케하사 以覲文王之耿光하시며 以揚武王之大烈하소서

嗚呼라 繼自今으로 後王은 立政에 其惟克用常人[15]하소서

周公이 若曰太史아 司寇[16]蘇公[17]이 式敬爾由獄하여 以長我王國하니 玆式有愼하면 以列로 用中罰하리이다

1) 亂(난) : 여기서는 다스린다는 뜻.

2) 我受民(아수민) : 우리가 받은 백성. 곧 하늘로부터 백성을 받다.

3) 徽言(휘언) : 훌륭한 말. 휘(徽)는 미(微)와 통하며, 아름답다는 말.

4) 自今(자금) : 이제부터. 앞으로.

5) 文子文孫(문자문손) : 문왕의 자손. 곧 성왕을 가리킨다.

6) 商人(상인) : 상나라 사람. 곧 상나라의 어진 임금들을 가리킨다.

7) 立事(입사) : 일을 맡아서 할 사람이라는 뜻.

8) 牧夫(목부) : 고을을 다스리는 사람. 주목(州牧).

9) 則克宅之(즉극택지) : 그 자리에 맞는 적임자를 임명하라는 뜻.

10) 憸人(험인) : 이해에 밝고 마음이 비뚤어진 사람. 곧 간사한 사람.

11) 吉士(길사) : 착한 사람. 선인(善人).

12) 勵相(여상) : 힘써 돕다. 상(相)은 돕는다는 뜻.

13) 戎兵(융병) : 군비(軍備).

14) 海表(해표) : 바다 끝.

15) 常人(상인) : 여기서는 어진 사람이라는 뜻. 현자(賢者).

16) 司寇(사구) : 육경(六卿)의 하나로, 형벌에 관한 일을 맡아 보던 관직.

17) 蘇公(소공) : 소분생(蘇忿生). 사구(司寇)의 관직에 있던 사람으로, 국정
    을 잘 운영하였다고 한다. 소(蘇)나라에 봉(封)해졌으므로 소공이라 한다.

제6권 주나라의 글〔周書〕Ⅲ

제6권 주나라의 글〔周書〕 III

제20장 주관(周官)

이 장은 성왕이 은나라의 잔적(殘敵)을 소탕하고 호경(鎬京)에 돌아와서 주나라의 관제(官制)를 정비할 때 주나라 관리들에게 훈계한 것이라고 한다.

주나라의 관제는 주공이 성왕에게 전수(傳授)한 주나라의 예(禮)에 의거한 것인데, 그것이 현존하는 주례(周禮)와 같다고 하나 현존하는 주례는 훨씬 후대(後代)에 만들어진 것으로 주나라의 관제와는 맞지 않는 것이 많다.

1. 모든 관리에게 훈계하노라

주나라 왕은 천하를 편안하게 하고 후복(後服)과 전복(甸服)을 순찰하였으며, 사방으로 내조(來朝)하지 않는 제후들을 정벌하여 만백성을 안정시키니, 여섯 복(服)의 많은 제후들이 덕을 받들지 않는 자가 없게 되었다. 종주(宗周)로 돌아와서는 다스리는 관리들을 감독하여 바로잡았다.

왕은 말하였다.

"옛날에 도(道)가 행해졌을 때는, 어지러워지기 전에 다스림을 조절하였고 위태로워지기 전에 나라를 편안하게 하였다."

또 말하였다.

"요(堯)임금과 순(舜)임금은 옛날의 도(道)에 따라 모든 관리를 세우셨다. 안으로 모든 관리를 통솔하는 백규(百揆)와 사시(四時)의 정사를 관장하고 네 산악을 맡은 사악(四岳)을 두었고, 밖으로 주목(州牧)과 후백(侯伯)이 있어서 모든 정사가 화합하고 온 천하가 다 같이 평화로웠다. 하나라와 상나라는 관리를 배로 늘렸으나 또한 잘 다스려졌다. 밝은 왕이 정사를 세움에는 그 벼슬보다 그 사람을 중히 여겼다.

지금 나 이 작은 사람은 덕을 공경하게 여기고 부지런히 하여 이른 아침부터 밤까지 옛 사람에게 미치지 못하는 듯이 하고 있다. 앞 시대를 우러르고 따르고자 하여 그대들 관리들을 훈계하려는 것이다."

▨ 천하를 편안하게 하고 제후들을 따르게 한 후 주나라 도읍으로 돌아온 성왕이 모든 관리에게 훈계하였다. 요임금, 순임금, 하나라, 은나라가 많은 관리를 두었으나 잘 다스렸던 것을 말하고 앞 시대를 따르려 한다고 하였다.

惟周王이 撫[1]萬邦하사 巡侯甸[2]하사 四征弗庭[3]하사 綏厥兆民하신대 六服[4]群辟[5]이 罔不承德이어늘 歸于宗周[6]하사 董正治官하시다

王曰若昔大猷에 制治于未亂하며 保[7]邦于未危하시니라

曰唐虞稽古하여 建官惟百하시니 內有百揆[8]四岳[9]하고 外有州牧侯伯하여 庶政이 惟和하여 萬國이 咸寧하니 夏商은 官倍[10]하여 亦克用乂하니 明王立政은 不惟其官이라 惟其人이니라

今予小子는 祗勤于德하여 夙夜에 不逮[11]하여 仰惟前代時若하여 訓迪厥官하노라

1) 撫(무) : 어루만지다. 편안하게 하다.

2) 侯甸(후전) : 후복(侯服)과 전복(甸服). 다 제후국들이다.

3) 弗庭(불정) : 조정에 내조(來朝)하여 신하로서 섬기지 않는 제후라는 뜻. 정은 조정(朝庭)을 뜻한다.

4) 六服(육복) : 여섯 종류의 제후국. 제후국에는 후복(侯服)·전복(甸服)·남복(男服)·채복(采服)·위복(衛服)과 기내(畿內)를 합해 여섯 등급의 제후국이 있었다.

5) 群辟(군벽) : 모든 제후. 벽은 여기서 제후국의 군주, 곧 제후를 말한다.

6) 宗周(종주) : 호경(鎬京)을 말한다.

7) 保(보) : 보호하다. 곧 편안하게 하다.

8) 百揆(백규) : 모든 관리를 통솔하는 최고 책임자.

9) 四岳(사악) : 사시(四時)의 정사를 관장하고 네 개의 산악(山岳)을 다스리는 관리. 사악(四岳)은 동악(東岳)으로 태산(泰山), 남악(南岳)으로 형산(衡山), 서악(西岳)으로 화산(華山), 북악(北岳)으로 항산(恒山)을 가리킨다. 일설에는 사악은 사방의 제후를 감독하던 관직이었다는 설도 있다.

10) 夏商官倍(하상관배) : 하나라와 상나라는 요임금·순임금 시대보다 관리의 수를 배로 늘였다는 말. 고대 중국에서는 관리의 수가 적을수록 이상적이라고 여겼는데, 하나라와 상나라는 요임금·순임금 시대보다 관리를 배로 늘였건만 비교적 잘 다스려졌다는 뜻.

11) 不逮(불체) : 미치지 못한다. 곧 옛 사람들을 따르지 못한다는 뜻.

2. 삼공·삼고 등의 관직을 설정하다

"태사(太師)와 태부(太傅)와 태보(太保)를 세우니 이들이 바로 삼공(三公)이다. 도를 논하고 나라를 경영하며 음양(陰陽)의 조화를 다스리는데, 관직은 반드시 갖추어지지 않아도 무관하며 오직 적임자가 있어야 한다.

소사(少師)와 소부(少傅)와 소보(少保)는 삼고(三孤)인데 삼공의 부관(副官)이며 교화(敎化)를 넓히고 하늘과 땅을 공경하고 밝혀 나를 보필한다.

총재(冢宰)는 나라 다스리는 일을 관장하니 모든 관리를 통솔하여 천하를 고르게 해야 한다.

사도(司徒)는 나라의 교화를 관장하니 오륜(五倫)을 펴 만백성을 순종하게 하여야 한다.

종백(宗伯)은 나라의 예(禮)를 관장하니 신(神)과 사람을 다스려 위와 아래를 화합하게 해야 한다.

사마(司馬)는 나라의 군사(軍事)를 관장하니 육군(六軍)을 통솔하여 나라를 편안하게 해야 한다.

사구(司寇)는 나라의 법을 관장하니 간악한 자를 심문하며 난폭한 자를 벌주어야 한다.

사공(司空)은 나라의 땅을 관장하니 사민(四民)을 살게 하며 때를 순조롭게 하고 땅을 이롭게 해야 한다.

육경(六卿)이 직책을 나누어 각기 그 부하들을 거느려 구주(九州)의 목(牧)을 인도하여 만백성을 번영하게 해야 한다.

6년마다 오복(五服)의 제후들이 내조(來朝)하며, 다음 6년 동안에는 왕은 곧 계절에 따라 순수(巡狩)하여 사악(四岳)에서 제도(制度)를 살핀다.

제후들이 각기 자기가 속하는 산에서 알현(謁見)하면, 왕은 파면하고 등용하는 일을 크게 밝히는 것이다.”

▨ 여러 관직을 나열하고 그 관직이 관장하는 일을 말하였다. 또한 제후들이 조정에 조회하는 일과 천자가 순수(巡狩)하며 시행하는 일을 말하였다.

立太師太傅太保하노니 玆惟三公이니 論道經邦하며 燮理陰陽하나니 官不必備라 惟其人[1]이니라

少師少傅少保는 曰三孤[2]니 貳公[3]弘化하여 寅亮[4]天地하여 弼予一人하나니라

冢宰[5]는 掌邦治하니 統百官하여 均四海하나니라

司徒는 掌邦敎하니 敷五典[6]하여 擾兆民하나니라

宗伯은 掌邦禮하니 治神人하여 和上下하나니라

司馬는 掌邦政[7]하니 統六師하여 平邦國하나니라

司寇는 掌邦禁하니 詰姦慝하며 刑暴亂하나니라

司空은 掌邦土[8]하니 居四民[9]하여 時地利하나니라

六卿[10]이 分職하여 各率其屬하여 以倡九牧하여 阜成兆民하나니라

六年에 五服이 一朝[11]어든 又六年에 王乃時巡[12]하여 考制度于四岳이어시든 諸侯各朝于方岳하거든 大明黜陟하나니라

1) 官不必備惟其人(관불필비유기인) : 반드시 갖추어야 하는 것이 아니라 적임

자가 없을 때는 결원(缺員)이 있을 수도 있다는 말.

2) 三孤(삼고) : 삼공(三公)의 부관(副官).

3) 貳公(이공) : 공(公)의 버금. 곧 삼공의 부관이라는 말.

4) 寅亮(인량) : 공경하고 밝히다.

5) 冢宰(총재) : 지금의 국무총리에 해당한다.

6) 五典(오전) : 오상(五常). 오륜(五倫).

7) 掌邦政(장방정) : 나라의 군정(軍政)을 관장한다.

8) 掌邦土(장방토) : 땅을 관장하다. 곧 토목사업과 농공업(農工業)을 맡는다
   는 말.

9) 四民(사민) : 사(士)·농(農)·공(工)·상(商)을 이르는 말.

10) 六卿(육경) : 총재(冢宰)·사도(司徒)·종백(宗伯)·사마(司馬)·사구(司
    寇)·사공(司空)을 아울러 이르는 말.

11) 六年五服一朝(육년오복일조) : 6년마다 다섯 등급의 제후가 한 번씩 천자
    에게 가서 알현(謁見)한다는 뜻.

12) 時巡(시순) : 계절에 따라 왕이 순수(巡狩)한다. 곧 봄에는 동악(東岳)인
    태산(泰山), 여름에는 남악(南岳)인 형산(衡山), 가을에는 서악(西岳)인 화
    산(華山), 겨울에는 북악(北岳)인 항산(恒山)을 순행하는 것을 이르는 말.

3. 관원들은 공정하고 부지런하라

왕은 말하였다.

"오호라, 나의 벼슬하는 모든 관리여. 그대들이 맡은 일을 공경
히 행하고 그대들이 내리는 명령을 신중히 하라. 한번 내린 명령
은 꼭 시행토록 하고, 도로 취소하는 일이 없도록 하라. 사사로움
을 버리고 공익(公益)을 위하면 백성은 진심으로 따를 것이다.

옛것을 배우고 벼슬길로 들어가 제도로써 일을 의논하면 다스
림에 미혹되는 일이 없을 것이다.

그대들은 일정한 법을 스승으로 삼아야 하나니, 교묘한 말로 그
대들의 벼슬을 어지럽히지 말라.

의심이 쌓이면 꾀하는 일이 실패할 것이며 게으르고 소홀하면

정사가 거칠어질 것이다. 배우지 않으면 벽을 향해 선 것 같아서 일을 처리하는데 더욱 번거로워질 것이다.

그대들 관리들에게 훈계하노니, 공적을 높이는 일은 뜻에 달려 있고 일을 넓히는 일은 부지런함에 달려 있다. 과감하게 결단할 수 있어야 뒤에 어려운 일이 없을 것이다.

벼슬은 교만함에 목적이 있지 않고 녹(祿)은 사치함에 목적이 있지 않다. 공손하고 검소하여 덕만 행하고 그대의 거짓됨을 행하지 말라.

덕을 행하면 마음이 편안하고 날로 훌륭해지며 거짓을 행하면 마음이 수고롭고 날로 졸렬해질 것이다.

영화를 누리고 있을 때 위태로움을 생각하며 두려워하지 않는 일이 없도록 하라. 두려워하지 않으면 두려워해야 할 일에 당면할 것이다.

어진 사람을 밀어 주고 능력 있는 사람에게 사양하면 모든 관리가 화합할 것이니, 화합하지 못하면 정사가 어지러워질 것이다. 천거한 이가 그 관직을 감당할 수 있으면 그대들의 능력이며, 그들이 적당한 사람이 아니면 그대들의 임무를 수행하지 못한 것이 된다."

또 왕은 말하였다.

"오호라, 중요한 세 가지 일을 맡은 이들과 대부(大夫)들이여. 그대들의 벼슬을 공경하여 그대들의 정사를 잘 다스려 주오. 그리하여 그대들의 임금을 도우며, 만백성을 영원토록 편안하게 하여 온 천하가 싫어하지 않도록 해 주시오."

▨ 모든 관리는 항상 배우고 게으르지 말며 한번 내린 명은 꼭 시행하여 취소하지 말 것과 화합하고 사치하지 말고 인재를 적소에 천거할 것 등을 훈계하였다.

끝으로 자신을 잘 보필해 달라고 당부하였다.

王曰嗚呼라 凡我有官君子아 欽乃攸司하며 愼乃出令하라 令出은 惟行이라 弗惟反이니 以公으로 滅私하면 民其允懷하리라

學古¹⁾ 入官하여 議事以制하여서 政乃不迷하리니 其爾는 典常²⁾으로 作
之師하고 無以利口로 亂厥官하라 蓄疑하면 敗謀하며 怠忽하면 荒政하며
不學하면 牆面³⁾이라 莅事惟煩하리라

戒爾卿士하노니 功崇은 惟志오 業廣은 惟勤이니 惟克果斷하여서 乃罔
後艱하리라

位不期驕⁴⁾며 祿不期侈⁵⁾니 恭儉惟德이오 無載爾僞하라 作德하면 心
逸하여 日休코 作僞하면 心勞하여 日拙하나니라

居寵思危하여 罔不惟畏하라 弗畏면 入畏하리라

推賢讓能하면 庶官이 乃和하고 不和하면 政厖하리니 擧能其官이 惟爾
之能⁶⁾이며 稱匪其人이 惟爾不任이니라

王曰嗚呼라 三事⁷⁾暨大夫아 敬爾有官하며 亂爾有政하여 以佑乃辟
하여 永康兆民하여 萬邦이 惟無斁케하라

1) 學古(학고) : 옛것을 배우다. 곧 성군(聖君)이었던 선왕(先王)들의 정사를
   배운다는 뜻.
2) 典常(전상) : 일정한 법.
3) 不學牆面(불학장면) : 배우지 않으면 벽을 향해 선 것 같다는 말로 아무것도
   보이지 않는다. 곧 아는 것이 전혀 없다는 뜻.
4) 位不期驕(위불기교) : 벼슬은 교만함에 목적이 있는 것이 아니다. 곧 벼슬은
   나라를 잘 다스리는데 목적이 있는 것이니, 벼슬한다고 해서 교만해져서는 안
   된다는 뜻.
5) 祿不期侈(녹불기치) : 녹봉은 사치에 목적이 있는 것이 아니다. 곧 녹봉은 나
   라를 잘 다스리는데 대한 보수이니, 녹봉을 받는다고 해서 사치한 생활을 해
   서는 안 된다는 뜻.
6) 擧能其官惟爾之能(거능기관유이지능) : 자기가 천거한 사람이 그 직책을 잘
   감당하면, 그것은 결국 그를 천거한 사람이 사람을 잘 천거한 것이니 천거한
   사람의 능력이라는 뜻.
7) 三事(삼사) : 정사를 세우는 세 가지 일. 곧 상백(常伯)·상임(常任)·준인
   (準人)의 삼택(三宅)의 관(官)을 이르는 말이라고 한다.

제21장 군진(君陳)

주공이 성왕에게 섭정(攝政)을 반납하고 낙읍(洛邑)을 다스렸는데, 이 글은 주공이 죽은 뒤에 그의 후임으로 군진(君陳)을 임명할 때 지은 것이라고 한다.

군진은 사람의 이름으로 주공의 아들이라는 설이 있으나 자세한 것은 알 수 없다. 그는 주공의 뒤를 이어 낙읍의 동쪽 교외인 성주(成周)에 가서 그 도시의 백성을 다스렸다고 한다.

1. 주공의 훈계를 힘써 밝혀라

왕은 이와 같이 말하였다.

"군진(君陳)이여. 그대의 아름다운 덕은 효도와 공손이다. 오직 효도하고 형제간에 우애가 깊은 사람이어야 정사도 잘 베푸는 것이므로 그대에게 이 동교(東郊)를 다스리도록 명하는 것이니 삼가 공경하라.

옛날에 주공이 만민을 이끌고 보호하니 백성은 그의 덕을 따랐다. 돌아가 그대의 맡은 바 일을 신중히 하고 그분의 법도를 따라 주공의 훈계를 힘써 밝히면 백성은 잘 다스려질 것이다.

내 듣건대, 지극한 다스림은 꽃답고 향기로워 신명(神明)을 감동시킨다고 한다. 서직(黍稷)이 향기로운 것이 아니라 밝은 덕이 향기로운 것이다. 그대는 바라건대 주공의 도(道)와 훈계를 본받아 매일 부지런히 힘쓰되 감히 편안함을 즐기지 말라.

무릇 사람은 성인을 만나보지 못했을 때에는 만날 수 없는 것처럼 여기고, 성인을 만난 뒤에는 또한 성인은 따를 수 없는 것이라고 여긴다. 그대는 그것을 경계하라. 그대가 바람이라면 낮은 백성은 풀과 같다.

그 정사를 도모하되 어떤 일이라도 어렵지 않다고 생각하지 말라. 일을 폐하고 일으키는데 있어 명령의 출입(出入)을 그대의 보좌관들에게 문의하여 여러 사람의 말이 같거든 행하라.

그대에게 좋은 계획과 좋은 생각이 있으면 곧 들어가 안으로 그대의 임금에게 아뢰고, 곧 밖에서 따르며 말하기를 '이 계획과 생각은 오직 우리 임금의 덕이다.' 라고 하라. 오호라, 신하된 자 모두 이와 같으면 정말 훌륭하고 밝게 될 것이다."

▨ 군진(君陳)에게 벼슬을 내리며 해야 할 일을 명하였다. 먼저 군진의 효성과 우애를 칭찬하고 효도하고 공경하면 충분히 정사를 볼 수 있으니 주공의 덕을 본받아 잘 다스려 줄 것을 당부하였다.

王若曰君陳[1]아 惟爾令德은 孝恭이니 惟孝하며 友于兄弟하여 克施有政할새 命汝하여 尹玆東郊[2]하노니 敬哉하라

昔에 周公이 師[3]保萬民하신대 民懷其德하나니 往愼乃司[4]하여 玆率厥常[5]하여 懋昭周公之訓하면 惟民其乂하리라

我聞하니 曰至治는 馨香하여 感于神明하나니 黍稷이 非馨이라 明德이 惟馨이라하니 爾尙式時周公之猷訓하여 惟日孜孜[6]하여 無敢逸豫하라

凡人이 未見聖하여 若不克見하다가 旣見聖하얀 亦不克由聖하나니 爾其戒哉어다 爾惟風이오 下民은 惟草[7]라

圖厥政하대 莫或不艱하여 有廢有興에 出入[8]을 自爾師로 虞하여 庶言이 同則繹하라

爾有嘉謀嘉猷어든 則入告爾后于內하고 爾乃順之于外하여 曰斯謀斯猷惟我后之德[9]이라하라 嗚呼라 臣人이 咸若時라사 惟良顯哉인저

1) 君陳(군진) : 주공의 아들이라는 설이 있으나 자세하지 않다.

2) 東郊(동교) : 동쪽 교외. 낙읍(洛邑)의 동쪽 교외인 성주(成周)를 가리킨다.

3) 師(사) : 여기서는 이끈다는 뜻.

4) 司(사) : 맡은 바의 일.

5) 厥常(궐상) : 그 법도 곧 주공의 법도 상(常)은 법도로 풀이된다.

6) 孜孜(자자) : 부지런히 힘쓰는 모양.

7) 爾惟風下民惟草(이유풍하민유초) : 그대가 바람이라면 낮은 백성은 풀과 같

다. 곧 다스리는 사람이 하는 바에 따라 백성이 다스려지기도 하고 어지러워

지기도 한다는 뜻.

8) 出入(출입) : 명령의 출납(出納). 명령을 발하고 거두어들이고 하는 일.

9) 惟我后之德(유아후지덕) : 오직 나의 임금의 덕. 곧 대외적으로 자기의 주군

(主君)의 덕을 찬양한다는 뜻.

2. 형벌은 엄히 하되 신중을 기하라

왕은 말하였다.

"군진이여, 그대는 주공의 큰 교훈을 넓히되 세력을 의지하여

위세부리지 말며, 법에 의지하여 가혹한 정치를 하지 말라. 너그

러이 하되 절제를 두며 종용(從容)한 가운데 온화하게 처리하라.

은나라 백성 중에 죄를 범한 자가 있어 내가 벌하라 한다고 해

서 그대는 벌하지 말며, 내가 용서하라고 해서 그대는 용서하지

말고 오직 그 중정(中正)을 지켜라.

그대의 다스림에 따르지 않고 그대의 교훈에 교화되지 않는 자

가 있으면 처벌함으로써 범죄를 방지하여 형벌답게 하라.

간사하고 사악한 것이 습관이 된 자와 법도를 어기는 자와 풍

속을 어지럽히는 자는, 세 가지 중에서 조금씩만 범했더라도 용

서하지 말라.

그대는 미련한 백성에 대하여 분개하거나 미워하지 말고, 한 사

람에게 모든 것이 갖추어지기를 바라지 말라.

반드시 참을 줄 알아야 정제(整濟)함이 있으며 너그러움이 있

어야 덕이 커질 것이다.

그 닦은 이를 가려내되 또한 간혹 닦지 않은 이도 가려내고, 그

어진 사람을 등용하되 간혹 어질지 못한 사람도 이끌어야 한다.

백성은 나면서부터 두터우나 사물로 말미암아 바뀌는 것이니,

위에서 명한 바를 어기고 그들이 좋아하는 바를 좇고자 할 것이다.

그대가 법도를 공경하고 덕을 지킬 수 있다면 곧 변하지 않는

것이 없게 되어 진실로 큰 도에 오르게 될 것이다. 그렇게 되면 내

가 많은 복을 받을 것이며 그대의 그 아름다움도 마침내 영세토
록 전해질 것이다."

▨ 인내를 갖추고 너그럽게 중정의 도(道)를 지켜 백성을 진실되게 따
르게 하여 임금의 덕을 찬양하고 군진 자신의 덕도 영원히 빛나도록 잘
다스려 달라는 당부를 하였다.

王曰君陳아 爾惟弘周公丕訓하여 無依勢作威하며 無倚法以削[1]하
고 寬而有制하며 從容以和하라

殷民이 在辟[2]이어든 予曰辟[3]이라도 爾惟勿辟하며 予曰宥라도 爾惟勿
宥하고 惟厥中하라

有弗若[4]于汝政하며 弗化于汝訓이어든 辟以止辟어사 乃辟[5]하라

狃于姦宄하며 敗常亂俗은 三細라도 不宥[6]니라

爾無忿疾于頑하며 無求備于一夫하라

必有忍이라사 其乃有濟하며 有容이라사 德乃大하리라

簡厥修하대 亦簡其或不修하며 進[7]厥良하여 以率其或不良하라

惟民生厚하나 因物有遷이라 違上所命하고 從厥攸好하나니 爾克敬典
在德하면 時乃罔不變이라 允升于大猷하리니 惟予一人이 膺受[8]多福하
며 其爾之休도 終有辭於永世하리라

1) 削(삭) : 여기서는 나쁜 짓을 말한다. 곧 가혹한 정치.
2) 在辟(재벽) : 죄를 범함에 있어. 여기서의 벽은 죄를 범한다는 뜻.
3) 予曰辟(여왈벽) : 내가 벌하라고 말하다. 벽은 벌하다의 뜻.
4) 弗若(불약) : 따르지 않다. 약(若)은 따르다의 뜻.
5) 辟以止辟乃辟(벽이지벽내벽) : 처벌로써 범죄를 방지하여 처벌답게 하라.
   앞과 끝의 벽은 처벌한다는 뜻이고 가운데 벽은 범죄의 뜻. 곧 형(刑)을 집
   행하는 것이 이후의 범죄를 방지하여 형을 폐지하게 된다면 그 형을 집행하
   라는 뜻.
6) 三細不宥(삼세불유) : 세 가지 중을 조금이라도 범했다면 용서하지 말라. 세 가
   지는 간사한 것을 가까이 하는 것. 법도를 파괴하는 짓. 풍속을 어지럽히는 짓.
7) 進(진) : 여기서는 등용(登用)한다는 뜻.
8) 膺受(응수) : 몸으로 그것을 받는다는 뜻.

제22장 고명(顧命)

고명(顧命)이란 왕이 임종(臨終)할 때 충신(忠臣)들에게 남기는 부탁인데, 여기서는 성왕(成王)의 유언(遺言)이다.

이 장은 성왕이 임종에 즈음하여 그의 중신인 소공(召公)과 필공(畢公)을 비롯하여 여러 신하들을 불러서, 그들이 모든 제후를 거느리고 후사(後嗣)인 강왕(康王)을 도와줄 것을 부탁할 때의 의식을 기록한 것이다.

이 장은 강왕지고(康王之誥)와 함께 묶어 한 장으로 보기도 한다.

1. 중신들에게 원자인 교(釗)를 부탁함

4월 16일 왕은 몸이 불편하였다.

갑자일(甲子日)에 왕은 물로 손과 얼굴을 씻고, 시자(侍者)가 관(冠)을 씌우고 조복(朝服)을 입히니 구슬 안석에 기대 앉았다.

이에 태보(太保)인 석(奭)과 예백(芮伯)·동백(彤伯)·필공(畢公)·위후(衛侯)·모공(毛公)·사씨(師氏)·호신(虎臣)·백윤(百尹)·어사(御事)들을 모두 불렀다.

왕은 말하였다.

"오호라, 병이 크게 위태로워졌소 병이 날로 심해져 이제 목숨이 위태로우니, 분명한 말로 내 뜻을 펴지 못할까 두려워 이에 나는 그대들에게 살펴 훈계하고 명하노라.

옛날 임금이신 문왕(文王)과 무왕(武王)은 거듭 빛을 펴 법을 정하고 가르침을 베푸시니 수고로운 일이었소 수고로우나 도를 어기지 않음으로써 능히 은나라를 쳐 대명(大命)을 이룰 수 있었소

뒤에 어리석은 자에 이르러서도 하늘의 위엄을 공경하게 맞이하고 문왕과 무왕의 큰 교훈을 이어받고 지켜 감히 어리석거나 지

나치지 않았소

이제 하늘이 병을 내리시어 거의 일어나지도 못하고 깨어나지도 못할 것 같소 그대들은 바라건대 나의 말을 밝힘으로써 원자인 교(釗)를 삼가 보호하고 어려움을 널리 구제하시오

먼 나라들은 달래고 가까운 나라들은 도와서 작고 큰 모든 나라를 편안하게 하고 힘쓰게 하시오

모든 사람은 스스로 위엄과 예의를 생각하고 있으니, 그대들은 교로 하여금 법도가 아닌 것에 무릅쓰고 나아가지 않게 하시오"

▨ 이미 병이 깊어 다시 일어나 정사를 살피지 못할 것을 안 성왕이 정신이 혼미하여 아무것도 지시하지 못할 상황을 걱정하여 미리 여러 관료들을 불러 명하였다.

위독한 중에서도 목욕재계하고 신하를 맞는 예의를 잃지 않았고 관과 의복을 차려 입어 신하에 대한 예(禮)를 지켰다.

문왕과 무왕의 교훈을 이어받도록 하고, 원자인 교(釗)를 잘 보호하고, 이끌어 온 천하가 널리 편안하도록 힘써 달라 당부하였다.

惟四月[1]哉生魄[2]에 王이 不懌[3]하시다

甲子에 王이 乃洮頮水어시늘 相이 被冕服한대 憑玉几하시다

乃同召太保奭과 芮伯과 彤伯과 畢公과 衛侯와 毛公[4]과 師氏[5]와 虎臣[6]과 百尹과 御事하시다

王曰嗚呼라 疾이 大漸惟幾[7]하여 病이 日臻하여 旣彌留할새 恐不獲誓言嗣[8]하여 玆予審訓命汝하노라

昔君文王武王이 宣重光하사 奠麗[9]陳教하신대 則肄하여 肄不違하여 用克達殷하여 集大命하시니라

在後之侗[10]하여 敬迓天威하여 嗣守文武大訓하여 無敢昏逾하라

今天이 降疾하사 殆弗興弗悟로소니 爾尙明時朕言하여 用敬保元子釗[11]하여 弘濟于艱難하라

柔遠能邇[12]하며 安勸小大庶邦하라

思夫人은 自亂于威儀니 爾無以釗로 冒貢于非幾[13]하라

1) 四月(사월) : 성왕이 사망한 해의 4월.

2) 哉生魄(재생백) : 음력 16일. 시생백(始生魄)과 같은 말.

3) 不懌(불역) : 기쁘지 않다. 곧 편안하지 않다는 뜻. 불편(不便).

4) 太保芮伯彤伯畢公衛侯毛公(태보·예백·동백·필공·위후·모공) : 육경(六
卿). 서열 제1인 총재(冢宰)의 자리엔 태보 석(奭)이, 그 다음 사도(司徒)의
자리엔 예백이, 종백(宗伯)의 자리엔 동백이, 사마(司馬)의 자리엔 필공이,
사구(司寇)의 자리엔 위후가, 사공(司空)의 자리엔 모공이 임명되어 있었다.
태보와 필공과 모공은 삼공(三公)의 직을 겸하였으며, 예동필위모(芮彤畢
衛毛)는 모두 제후국의 이름이다.

5) 師氏(사씨) : 군사(軍事)를 맡은 장군.

6) 虎臣(호신) : 호분(虎賁)으로 임금을 호위하는 신하.

7) 惟幾(유기) : 여기서는 위태롭다는 뜻.

8) 獲誓言嗣(획서언사) : 맹세하는 말을 하여 뜻을 알게 하다. 곧 분명한 말로
뜻을 편다는 뜻.

9) 奠麗(전려) : 여기서는 법을 정하다로 풀이된다.

10) 侗(동) : 어리석다. 어리석은 자. 여기서는 성왕 자신을 가리키는 겸사(謙辭).

11) 元子釗(원자교) : 태자(太子)인 성왕의 맏아들로 뒤에 강왕(康王)이 된다.
교는 강왕의 이름.

12) 柔遠能邇(유원능이) : 먼 나라는 달래고 가까운 나라는 돕는다. 유(柔)는
부드럽다이나 달래다로 풀이되고, 원은 멀리 떨어진 제후국, 능은 여기서 돕
는다는 뜻. 이는 가까운 제후국.

13) 非幾(비기) : 법도가 아닌 것. 여기서의 기는 법도로 풀이된다.

2. 왕은 붕어하고 의식은 갖추어지다

이렇게 이미 명을 받은 뒤에 신하들은 돌아가서 철의(綴衣)를
궁정(宮庭)에 내놓았는데 이튿날 을축(乙丑)일에 왕이 붕어(崩
御)하였다.

태보(太保)는 중환(仲桓)과 남궁모(南宮毛)에게 명하여 제
(齊)나라 제후인 여급(呂伋)에게 보내 두 사람은 방패와 창을 들
고 왕의 호위병 백 명을 거느리게 하여 태자인 교(釗)를 남쪽 문

밖에서 맞아들이게 했다. 태자를 익실(翼室)로 인도해 들이어 상 (喪)을 입고 상주 노릇을 하게 하였다.

정묘일(丁卯日)에 문서 작성관에게 명하여 법도를 기록하게 하였다.

이레째인 계유일(癸酉日)에는 백상(伯相)이 관리들에게 명하 여 필요한 물건들을 갖추도록 하였다.

적(狄)이 보의(黼扆)와 철의(綴衣)를 설치하였다.

창 사이에는 남쪽을 향하여 검고 흰 무늬의 비단으로 가를 댄 대자리를 겹으로 깔고, 오색의 구슬로 장식된 평소에 쓰던 안석 을 놓았다.

서쪽 행랑에는 동쪽을 향하여 창포로 총총히 짜고 여러 가지 빛 깔의 비단으로 가를 댄 자리를 겹으로 깔고, 무늬 있는 조개로 장 식된 평소에 쓰던 안석을 놓았다.

동쪽 행랑에는 서쪽을 향하여 가는 대로 총총히 짜고 오색 빛 깔의 비단으로 가를 댄 자리를 겹으로 깔고, 조각한 옥으로 장식 된 평소에 쓰던 안석을 놓았다.

서쪽 옆방에는 남쪽을 향하여 검은 실로 짠 천으로 가를 댄 대 자리를 겹으로 깔고, 칠을 한 평소에 쓰는 안석을 놓았다.

또한 구슬을 다섯 겹으로 놓고 보물을 진열하니 적도(赤刀)와 대훈(大訓)과 홍벽(弘璧)과 완염(琬琰)의 구슬을 서쪽 행랑에 놓았다. 그리고 대옥(大玉)과 이옥(夷玉)과 천구(天球)와 하도 (河圖) 등의 보물은 동쪽 행랑에 놓았다. 윤(胤) 땅의 무의(舞 衣)와 대패(大貝)와 분고(鼖鼓)는 서쪽 방에 놓았다. 태(兌)의 방패와 화(和)의 활과 수(垂)의 대화살은 동쪽 방에 놓았다.

구슬수레는 서쪽 섬돌 앞에, 금수레는 동쪽 섬돌 앞에, 상아수 레는 왼편 문간방 앞에, 나무수레는 오른쪽 문간방 앞에 놓았다.

▨ 성왕이 죽자 그의 뒤를 이을 교(釗)를 상주로 세우고 상례(喪禮) 절차를 밟는 것에 대해 설명하였다.

주로 성왕이 생전에 아끼던 물건들과 사용하던 물건들을 진열해 놓은 것에 대하여 나열하였다.

茲旣受命還커늘 出綴衣[1]于庭하니 越翼日乙丑에 王이 崩하시다

太保命仲桓南宮毛하여 俾爰齊侯呂伋[2]으로 以二干戈와 虎賁百人
으로 逆[3]子釗於南門之外하여 延入翼室[4]하여 恤宅宗[5]하시다

丁卯에 命作册度하시다

越七日癸酉에 伯相[6]이 命士須材하니라

狄[7]이 設黼扆[8]綴衣하니라

牖間에 南嚮[9]하여 敷重篾席黼純[10]하니 華玉[11]仍几[12]러라

西序[13]에 東嚮하여 敷重底席綴[14]純하니 文貝[15]仍几러라

東序에 西嚮하여 敷重豊席畫[16]純하니 雕玉仍几러라

西夾에 南嚮하여 敷重筍席玄紛純하니 漆仍几러라

越玉五重하며 陳寶[17]하니 赤刀[18]와 大訓[19]과 弘璧과 琬琰[20]은 在西序
하고 大玉과 夷玉과 天球[21]와 河圖[22]는 在東序하고 胤之舞衣와 大貝와
鼖鼓[23]는 在西房하고 兌之戈와 和之弓과 垂之竹矢는 在東房하더라

大輅[24]는 在賓階[25]하여 面하고 綴輅[24]는 在阼階[25]하여 面하고 先輅[24]는
在左塾[25]之前하고 次輅[24]는 在右塾之前하더라

1) 綴衣(철의) : 베를 꿰매서 만든 장막. 옥좌(玉座) 둘레에 치는 것인데, 마당
   으로 옮긴 까닭은 왕의 병이 위독하여 불행에 대비하기 위한 것이라고 한다.

2) 齊侯呂伋(제후여급) : 제(齊)나라의 제후 여급. 태공망(太公望) 여상(呂
   尙)의 아들로서 호분(虎賁)의 직책을 맡고 있었다.

3) 逆(역) : 맞이하다. 여기서는 영(迎)과 같다.

4) 翼室(익실) : 옆방. 정전(正殿) 좌우에 있는 방.

5) 恤宅宗(휼택종) : 복상(服喪)하게 하여 종주(宗主)로 삼다. 곧 상(喪)을 입
   혀 상주 노릇을 하게 했다는 말.

6) 伯相(백상) : 소공(召公)을 말한다. 서백(西伯)이면서 재상의 직책을 가지
   고 있었으므로 부르는 말이다.

7) 狄(적) : 악리(樂吏)의 천한 자로 흉사(凶事) 때 시중드는 관리.

8) 黼扆(보의) : 검고 흰색으로 자루없는 도끼무늬를 수놓은 병풍.

9) 南嚮(남향) : 남쪽을 향하다. 평소 천자가 신하들을 대할 때의 방향이다.

10) 重篾席黼純(중멸석보준) : 멸석은 도기(桃枝)라는 대나무 껍질로 만든 대자
    리를 말하고 보는 흰색과 검은색이 섞인 비단, 준(純)은 가를 장식하는 것을

말한다. 중(重)은 겹쳤다는 뜻으로 천자의 자리는 3중(三重)으로 되어 있었다.

11) 華玉(화옥) : 화는 오색을 말하는 것으로 오색의 구슬을 말하는데 여기서는 오색의 구슬로 장식된 안석[机]을 말한다.

12) 仍几(잉궤) : 평소에 쓰던 안석(案席). 길사(吉事)에는 새 것으로 바꿔쓰고 흉사(凶事)에는 평소 쓰던 것을 쓴다.

13) 序(서) : 행랑[廂]을 말한다. 동서(東西)에 있는데 서쪽 행랑은 천자가 아침 저녁으로 정무(政務) 보는 곳이며 동쪽 행랑은 장로군신(長老群臣)에게 술과 음식을 대접하는 곳.

14) 底席綴(지석철) : 지석은 포석(蒲席)으로, 창포로 엮어 만든 자리. 철은 여러 가지 색이 섞여 있는 잡색.

15) 文貝(문패) : 무늬 있는 조개로 장식된 안석을 말한다.

16) 豊席畵(풍석화) : 풍석은 순석(筍席)으로, 어린 대나무로 만든 대자리. 화는 오색의 화려한 색.

17) 陳寶(진보) : 선왕(先王)이 귀중하게 여기던 보물들을 진열해 놓다.

18) 赤刀(적도) : 붉은 칼로 선왕(先王)의 보물.

19) 大訓(대훈) : 3황5제(三皇五帝)의 서(書)에 있는 훈계의 말과 문왕과 무왕의 훈계의 말을 말한다.

20) 弘璧琬琰(홍벽·완염) : 홍벽은 큰 구슬을 말하며 완염은 상서로운 구슬.

21) 大玉夷玉天球(대옥·이옥·천구) : 대옥은 화산(華山)에서 나는 구슬. 이옥은 오랑캐 땅에서 나는 구슬. 천구는 하늘색의 아름다운 구슬로 울림이 있는 구슬[鳴球]이다.

22) 河圖(하도) : 복희(伏羲)씨 때 용마(龍馬)가 황하에서 짊어지고 나온 그림으로 북쪽에 6가지, 남쪽에 7가지, 동쪽에 8가지, 서쪽에 9가지, 중앙에 10가지 그림이 그려져 있다고 한다.

23) 蕡鼓(분고) : 길이가 8척(八尺)이나 된다는 큰 북.

24) 大輅綴輅先輅次輅(대로·철로·선로·차로) : 대로는 구슬수레, 철로는 금수레, 선로는 상아수레, 차로는 나무수레. 천자에게는 5로(五輅)가 있었는데 가장 중요한 제사를 모실 때는 옥로(玉輅)로 행차하고, 동성(同姓)을 만날 때는 금로(金輅), 이성(異姓)을 만날 때는 상로(象輅), 군인을 둘러볼 때는 혁로(革輅), 변방국의 가장 천한 곳을 둘러볼 때는 목로(木輅)를 사용하였다.

25) 賓階·阼階·塾(빈계·조계·숙) : 빈계는 서쪽 계단으로 손님의 자리. 조계
는 동쪽 계단으로 남면하는 자리. 숙은 문 양쪽 옆에 달린 건물을 말한다. 모
두 성왕(成王)의 생존시와 같이 진열했다는 뜻.

3. 의식이 장중하게 진행되다

두 사람이 작변(雀弁)을 쓰고 세모창을 들고 묘당(廟堂) 안 문
안에 서 있고, 네 사람이 기변(綦弁)을 쓰고 날이 바깥쪽으로 향
하도록 창을 들고 두 섬돌 옆의 당(堂) 언저리에 서 있고, 한 사
람이 관을 쓰고 뾰족한 창을 들고 묘당 동쪽에 서 있고, 한 사람
이 관을 쓰고 도끼를 들고 묘당 서쪽에 서 있고, 한 사람이 관을
쓰고 짧은 삼지창을 들고 동쪽 가에 서 있고, 한 사람이 관을 쓰
고 짧은 삼지창을 들고 서쪽 가에 서 있고, 한 사람이 관을 쓰고
뾰족한 창을 들고 가의 섬돌에 서 있었다.

왕은 삼베로 만든 관에 보(黼)무늬의 바지를 입고 서쪽 빈객
(賓客)이 사용하는 계단으로 올라왔다. 공경대부(公卿大夫)와
제후들은 삼베로 만든 관에 검은 바지를 입고 들어와 제자리로 나
아갔다.

태보(太保)와 태사(太史)와 태종(太宗)은 모두 삼베로 만든
관에 붉은 바지를 입었다. 태보는 큰 홀(笏)을 받쳐 들었고, 상종
(上宗)은 구슬잔과 구슬덮개를 받들어 동쪽 계단으로 올라왔다.

태사는 서책(書冊)을 들고 서쪽 계단으로 올라와서 책명(冊
命)을 왕에게 바쳤다.

태사(太史)가 말하였다.

"임금께서 구슬안석에 기대어 마지막 왕명을 선언하시기를 '그
대에게 명하니 교훈을 이어 지키고 주(周)나라의 임금으로 임하
라. 큰 법도를 지키고 따라 천하를 조화시켜 문왕과 무왕의 빛나
는 교훈에 보답하고 드날려라.' 라고 하셨습니다."

이에 왕이 두 번 절하고 일어나 답하였다.

"미미(微微)하여 보잘것 없는 이 작은 사람이 능히 천하를 다

스러 하늘의 위엄을 공경하고 두려워할 수 있으리까."

왕의 구슬잔과 구슬덮개를 받고는 세 번 앞으로 나아가 세 번 술잔을 올리고 세 번 뒤로 물러났다.

이에 상종(上宗)이 왕에게 아뢰었다.

"음복(飮福)하십시오"

태보는 술잔을 받고 내려가서 손을 씻고 다른 술잔에다 장옥(璋玉)을 잡고 술을 따랐다.

종인(宗人)에게 술잔을 주고 절하니, 왕도 답하여 절하였다.

태보는 다시 술잔을 받아 술을 채우고 술잔을 입에 대고 뒤로 물러나 종인에게 술잔을 주고 다시 절하니 왕도 답하여 절하였다.

태보가 내려가니 모두 거두고, 제후들도 묘당의 문 밖으로 나와 왕명을 기다렸다.

▨ 묘당에서의 병사의 배치와 새로운 왕에게 선왕의 유지를 전하고 후사를 이을 것을 고하며 즉위식을 거행하였다.

二人은 雀弁[1]으로 執惠[2]하여 立于畢門[3]之內하고 四人은 綦弁[4]으로 執戈上刃[5]하여 夾兩階戺[6]하고 一人은 冕으로 執劉[7]하여 立于東堂하고 一人은 冕으로 執鉞하여 立于西堂하고 一人은 冕으로 執戣[8]하여 立于東垂[9]하고 一人은 冕으로 執瞿[10]하여 立于西垂하고 一人은 冕으로 執銳[11]하여 立于側階하더라

王이 麻冕[12]黼裳[13]으로 由賓階[14]하여 隮커시늘 卿士邦君은 麻冕蟻裳으로 入卽位하니라

太保와 太史[15]와 太宗[16]은 皆麻冕彤裳이러니 太保는 承介圭[17]하고 上宗은 奉同[18]瑁[19]하여 由阼階[20]隮하고 太史는 秉書하여 由賓階隮하여 御王冊命[21]하니라

日皇后憑玉几하사 道揚末命하사 命汝嗣訓하노니 臨君周邦하여 率循大卞하여 燮和天下하여 用答揚文武之光訓하라하시다

王이 再拜興하사 答曰眇眇予末小子[22]는 其能而亂四方하여 以敬忌天威아

乃受同瑁하사 王이 三宿三祭三咤하신대 上宗曰饗이라하시다

太保受同하여 降盥하고 以異同²³⁾으로 秉璋²⁴⁾以酢하고 授宗人²⁵⁾同코
拜한대 王이 答拜하시다

太保受同하여 祭嚌²⁶⁾하고 宅하여 授宗人同코 拜한대 王이 答拜하시다

太保降커늘 收하더니 諸侯出廟門²⁷⁾하여 俟하더라

1) 雀弁(작변) : 검붉은 건(巾). 변(弁)은 사(士)가 쓰는 것이고 면(冕)은 대
부(大夫) 이상이 썼다.

2) 惠(혜) : 여기서는 무기의 이름으로 세모창을 말한다.

3) 畢門(필문) : 묘당(廟堂)의 안문. 침문(寢門).

4) 綦弁(기변) : 사슴가죽으로 장식한 검푸른 빛깔의 건(巾).

5) 執戈上刃(집과상인) : 날이 바깥으로 향하도록 창을 들다. 상인(上刃)은 날
이 위를 향했다는 말이니, 곧 날이 바깥쪽을 향했다는 뜻.

6) 夾兩階戺(협양계사) : 두 섬돌 옆의 언저리. 협은 옆. 사는 당(堂)의 언저리.

7) 劉(유) : 뾰족한 창.

8) 戣(규) : 긴 삼지창(三枝槍).

9) 東垂(동수) : 동쪽 가. 수는 여기서 가. 가장자리의 뜻.

10) 瞿(구) : 짧은 삼지창.

11) 銳(예) : 여기서는 끝이 예리한 창.

12) 麻冕(마면) : 삼베로 만든 관.

13) 黼裳(보상) : 보는 임금이 예복으로 입는 바지에 놓는 자루없는 도끼 모양
의 수요. 상은 여기서 치마가 아니고 바지를 말한다. 보무늬를 수놓은 바지는
좋은 일이 있을 때 입는 옷이나, 삼베로 만든 관을 썼으므로 상사(喪事)에 사
용된 것이다.

14) 賓階(빈계) : 빈객(賓客)이 출입하는 계단인데. 서쪽에 있다. 왕이 빈객의
계단을 이용한 것은 아직 취임하지 않은 상태이기 때문.

15) 太史(태사) : 문서를 관장하는 관직.

16) 太宗(태종) : 육경(六卿)의 한 사람으로 의식(儀式)을 관장하는 종백(宗
伯)을 가리킨다. 상종(上宗).

17) 介圭(개규) : 큰 홀(笏). 천자가 지니는 홀.

18) 同(동) : 여기서는 구슬〔玉〕로 만든 술잔을 말한다.

19) 瑁(모) : 구슬덮개.

20) 阼階(조계) : 동쪽에 있는 계단. 왕이 사용하는 계단으로 태보와 태종이 이
　　계단으로 오른 것은 성왕을 대신하는 신분이기 때문.

21) 册命(책명) : 임금이 신하에게 문서로 명령하는 것.

22) 眇眇予末小子(묘묘여말소자) : 묘묘는 미미(微微)하여 보잘것 없는 존재
　　의 형용. 말(末)은 여기서 보잘것 없는 존재라는 뜻. 강왕(康王)이 자신을 낮
　　추어 이르는 말.

23) 異同(이동) : 다른 술잔. 강왕이 왕위에 취임하므로 태보는 신하의 위치로
　　돌아가 다른 술잔을 쓴 것. 동(同)은 술잔을 뜻함.

24) 璋(장) : 작은 홀(笏)의 한 가지. 장옥(璋玉).

25) 宗人(종인) : 소종백(小宗伯)으로 태종(太宗)의 보좌역.

26) 嚌(제) : 술잔을 입에 대어 마시는 시늉만 하는 것.

27) 廟門(묘문) : 정전(正殿)의 문. 필문(畢門).

제23장 강왕지고(康王之誥)

　　이 장은 강왕(康王)이 즉위하여 천자(天子)가 되고 나서 제후
들에게 내린 글이다.
　　이 조서(詔書)에서 강왕은 제후들에게 빛나는 선왕(先王)들
인 문왕과 무왕의 업적을 이어받아 국정을 살피고 백성을 돌보아
어진 임금이 될 것을 다짐하는 동시에, 제후들에게 충성된 마음
으로 협조해 줄 것을 당부했다.
　　앞의 고명(顧命)에서 말했듯이 이 장은 고명과 합하여 하나로
해야 한다는 설도 있다.

Ⅰ. 제후들이 새 천자에게 예물을 바치다

　　왕이 나와 응문(應門) 안에 머무르니 태보는 서쪽 제후들을 거
느리고 응문 좌측으로 들어오고, 필공(畢公)은 동쪽 제후들을 거

느리고 응문 우측으로 들어왔다. 그들이 타고 온 갈기가 누렇고 붉은 네 마리의 말들이 뜰을 가득 메웠다.

빈객(賓客)인 제후들은 홀(笏)과 폐백을 받들고 아뢰었다.

"저희들 호위하는 신하들이 감히 예물을 바치옵니다."

모두 두 번 절하고 머리를 조아렸다.

왕은 마땅히 덕을 이을 분이므로 답하여 절하였다.

태보와 예백(芮伯)이 함께 나와 서로 읍(揖)하고 모두 두 번 절하고 머리를 조아리며 아뢰었다.

"감히 천자께 공경하여 아룁니다. 하늘이 큰 나라인 은나라의 명을 바꾸시고, 주나라의 문왕과 무왕이 크게 천도를 받고 따라 서쪽 땅을 사랑하셨습니다.

새로 즉위하신 왕께서는 상과 벌을 바로 하고 그분들의 공을 안정시켜 뒷사람들에게 복을 널리 끼쳐 주십시오 왕께서는 그것을 공경하셔야 합니다. 육군(六軍)을 강하게 유지하시어 우리의 덕 높으신 선조들의 천명을 상하게 하지 마십시오"

왕은 이와 같이 말하였다.

"여러 나라 후복(侯服)·전복(甸服)·남복(男服)·위복(衛服)의 제후들이여, 나 교(釗)가 널리 고하오.

옛 임금이신 문왕과 무왕께서는 크게 고루 부(富)하게 하셨으며 허물을 꾸짖는 데는 힘쓰지 않으셨소. 지극히 모두가 믿도록 하여 천하에 덕을 밝히셨소 또한 천하의 용사들과 두 마음을 가지지 않는 신하들이 있어서 왕실을 보호하고 다스려 주었소 그리하여 하늘로부터 비로소 명을 받은 것이오 하늘은 그 도를 가르쳐 세상을 맡겨 주셨던 것이오

또 명하여 제후들을 세워서 번국(藩國)을 삼음으로써 우리 뒷사람을 돌보아 주셨소 이제 나의 여러 백부(伯父)들이여. 서로 돌보아 당신들 앞분들이 옛 임금들에게 신하로서 일하던 것을 돌이켜 행하여 안정시켜 주시오 비록 그대들의 몸은 밖에 있더라도 그대들의 마음은 왕실에 있지 않는 일이 없도록 하시오 그렇게 함으로써 받들어 사모하고 따라서 어린 이 사람에게 부끄러운

일이 끼치지 않게 해 주시오"

　여러 제후들은 모두 명령을 들은 뒤에 서로 읍하며 나갔다. 왕
도 관을 벗고 상복으로 다시 입었다.

　▨ 성왕(成王)이 죽고 그 아들 교가 새로운 왕으로 즉위하게 되어 모
든 제후가 폐백을 올리고 경하의 뜻을 보이며 각각 절하니 새로운 왕은
문왕과 무왕의 덕을 잇도록 잘 보좌해 줄 것을 당부하고 식이 끝나자 다
시 상주의 자리로 되돌아간 것을 말하였다.

　王이 出在應門[1]之內어시늘 太保는 率西方諸侯하여 入應門左하고 畢
公은 率東方諸侯하여 入應門右하니 皆布乘[2]黃朱러라 賓[3]이 稱奉圭兼
幣하여 曰一二[4]臣衛는 敢執壤奠이라하고 皆再拜稽首한대 王이 義嗣德
이라 答拜하시다

　太保暨芮伯으로 咸進相揖하고 皆再拜稽首하여 曰敢敬告天子하노
이다 皇天이 改大邦殷之命이어시늘 惟周文武誕受羑若[5]하여 克恤西土
하시니이다

　惟新陟王[6]이 畢協賞罰하사 戡定厥功하사 用敷後遺人休하시니 今王
은 敬之哉하사 張皇六師하사 無壞我高祖寡命[7]하소서

　王若曰庶邦侯甸男衛아 惟予一人釗[8]는 報[9]誥하노라

　昔君文武 丕平富하시며 不務咎[10]하사 厎至齊信하사 用昭明于天下
어시늘 則亦有熊羆[11]之士와 不二心之臣이 保乂王家하여 用端命[12]于
上帝하시니 皇天이 用訓厥道하사 付畀四方하시니라

　乃命建侯樹屏[13]은 在我後之人이니 今予一二伯父[14]는 尚胥暨顧
綏爾先公之臣服于先王하여 雖爾身이 在外[15]하나 乃心이 罔不在王
室하여 用奉恤厥若하여 無遺鞠子[16]羞하라

　群公이 旣皆聽命하고 相揖趨出이어늘 王이 釋冕하시고 反喪服하시다

1) 應門(응문) : 천자가 거처하는 곳의 세 문 가운데 하나. 이 밖의 두 문은 필문
　(畢門)과 고문(皐門).

2) 乘(승) : 네 마리의 말을 뜻한다.

3) 賓(빈) : 빈객(賓客). 곧 제후.

4) 一二(일이) : 우리들. 또는 여럿이라는 뜻으로 풀이된다.

5) 受羑若(수유약) : 천도(天道)를 받고 따르다. 유는 천도(天道)를 가리키며, 약은 따르다로 풀이된다.

6) 新陟王(신척왕) : 새로 즉위한 왕. 곧 강왕을 가리킨다. 척은 즉위(卽位).

7) 高祖寡命(고조과명) : 덕 높으신 선조의 천명. 고는 덕이 높다는 말. 조는 선조(先祖)라는 뜻으로 문왕과 무왕을 가리킨다.

8) 釗(교) : 강왕(康王)의 이름. 왕은 자신의 이름을 부르지 않는 것이나 강왕은 아직 상중(喪中)이므로 자기의 이름을 쓴 것이다.

9) 報(보) : 여기서는 널리로 풀이된다.

10) 不務咎(불무구) : 허물을 꾸짖는 데 힘쓰지 않았다. 곧 신하의 허물을 너그럽게 다스렸다는 뜻.

11) 熊羆(웅비) : 여기서는 용사(勇士)를 뜻한다.

12) 端命(단명) : 비로소 명을 받다. 단(端)은 끝이라는 뜻으로, 처음·비로소로 풀이된다.

13) 樹屛(수병) : 울타리를 세우다. 곧 제후국을 세운 것은 천자를 적으로부터 막아 보호하는 울타리로 삼는다는 뜻. 곧 번국(藩國).

14) 伯父(백부) : 동성(同姓)의 제후를 말한다. 천하를 평정한 천자는 친척과 천하를 평정하는 데 공을 세운 공신들을 제후로 삼아 나라를 각각 맡겼는데, 친척인 제후는 동성(同姓)의 제후이고 공신으로서 제후가 된 이는 이성(異姓)의 제후다. 제후가 천자를 조현(朝見)할 때 천자가 제후를 부르는 호칭은, 동성의 큰 나라 제후는 백부(伯父), 이성의 큰 나라 제후는 백구(伯舅), 동성의 작은 나라 제후는 숙부(叔父), 이성의 작은 나라 제후는 숙구(叔舅)라 불렀다.

15) 爾身在外(이신재외) : 그대의 몸은 밖에 있다. 곧 제후들은 각각 그가 다스리는 제후국에 가 있어야 하기 때문이다.

16) 鞠子(국자) : 어린 사람. 젊은 사람. 강왕이 자신을 가리켜 한 말.

제24장 필명(畢命)

이 장은 강왕이 필공(畢公)에게 성주(成周)를 맡기면서 백성

을 잘 다스리고 보호하라는 조서(詔書)를 사관(史官)에게 명하
여 작성하게 한 것이다.

강왕은 이 장에서 필공에게 군진(君陳)의 뒤를 이어 성주를 감
독하되 무엇보다도 선인(善人)과 악인(惡人)을 잘 가려 적절하
게 조처할 것을 당부하였다. 이 장에서도 덕행(德行)의 기준은
역시 문왕과 무왕의 업적이다.

1. 필공이여, 성주를 잘 다스려 주오

12년 6월 경오일(庚午日)에 초승달이 떴다. 사흘째인 임신일
(壬申日)에 왕은 아침에 걸어서 종주(宗周)에서 풍(豊) 땅에 이
르렀다. 그리하여 성주(成周) 백성에 대하여 필공(畢公)에게 명
하여 동쪽 교외를 보호하고 다스리도록 하였다.

왕은 이와 같이 말하였다.

"오호라, 보사(父師)여. 문왕과 무왕께서는 큰 덕을 천하에 펴
시어 은나라의 명을 이어받을 수 있으셨소

주공은 선왕들을 좌우에서 보필하여 나라를 안정시키고 은나
라의 완고한 백성을 달래 낙읍(洛邑)으로 옮겨 왕실 가까이에서
다스리니 그의 가르침을 본받아 교화되었소. 이미 36년이나 지났
으니 세상도 변하고 풍속도 바뀌어 온 천하가 근심이 없게 되니
나도 편안해졌소

도(道)는 오르내림이 있고 정사는 풍속에 따라 바뀌는 것이니
백성의 선(善)함을 선으로 인정하지 않으면 백성은 힘쓸 바가 없
게 되는 것이오

공은 오직 덕에 힘써서 작은 일에도 부지런하여 4대(四代)를
돕고 빛내 주시오 바른 낯빛으로 아랫사람을 통솔하되 스승의 말
처럼 공경하지 않는 자가 없도록 하시오 아름다운 공적이 선왕
때보다 많을 것이니 나 작은 사람은 옷자락을 늘어뜨리고 팔짱을
끼고 성공만 바라겠소"

▨ 강왕(康王)이 즉위한 지 12년 6월 풍 땅으로 가 필공에게 동쪽 교

외를 다스려 달라며 명령하기를 문왕과 무왕의 덕을 빛내고 주공의 덕을 이어달라 하였다. 주공의 다스림과 교화로 많이 안정이 되었으나 풍속과 도(道)는 바뀌는 것이므로 잘 다스려 공적을 쌓으라고 부탁하며 그것이 이루어지는 것을 지켜 볼 것이라 하였다.

惟十有二年¹⁾六月庚午朏²⁾越三日壬申에 王이 朝步自宗周하사 至于豊하사 以成周之衆³⁾으로 命畢公하여 保釐東郊⁴⁾하시니

王若曰嗚呼라 父師⁵⁾아 惟文王武王이 敷大德于天下하사 用克受殷命하시니라

惟周公이 左右先王하여 綏定厥家하시고 毖殷頑民하여 遷于洛邑하여 密邇王室하시니 式化厥訓하여 旣歷三紀⁶⁾하여 世變風移하여 四方無虞하니 予一人이 以寧하라

道有升降하며 政由俗革하니 不臧厥臧⁷⁾하면 民罔攸勸⁸⁾하리라

惟公이 懋德으로 克勤小物하여 弼亮四世⁹⁾하여 正色率下한대 罔不祗師言하여 嘉績이 多于先王하니 予小子는 垂拱¹⁰⁾仰成하노라

1) 十有二年(십유이년) : 강왕(康王)이 즉위한 지 12년.

2) 朏(비) : 초승달.

3) 成周之衆(성주지중) : 성주의 백성들. 성주(成周)는 낙읍(洛邑)을 이르는 말이다.

4) 東郊(동교) : 낙읍의 동쪽 교외. 곧 낙양(洛陽)을 이른다. 주공은 이곳에 은나라의 완민(頑民)들을 이주시켰던 것이다.

5) 父師(보사) : 임금의 스승. 필공은 그 직책에 있었다.

6) 三紀(삼기) : 목성(木星)은 12년에 하늘을 일주(一周)하는데, 그것을 일기(一紀)라고 한다. 따라서 삼기(三紀)는 36년.

7) 不臧厥臧(부장궐장) : 백성의 선(善)을 선으로 인정하지 않다. 장(臧)은 선(善), 궐(厥)은 여기서 백성을 가리킨다.

8) 勸(권) : 힘쓰다. 부지런하다. 근(勤)과 통한다.

9) 四世(사세) : 네 대(代). 문왕·무왕·성왕·강왕의 네 대(代).

10) 垂拱(수공) : 옷자락을 늘어뜨리고 팔짱을 끼다. 곧 편안한 자세. 수는 옷자락을 늘어뜨리다로, 공은 팔짱을 끼다로 풀이됨.

2. 선과 악을 잘 구별하여 다스리시오

왕은 또 말하였다.

"오호라, 보사여. 지금 나는 삼가 공에게 주공의 일을 명하노니, 가시오. 가서 선(善)한 사람을 표창하고 악한 자를 구별하여 그 사는 마을을 표(表)하며 선을 드러내고 악을 눌러 좋은 풍속과 명성을 그곳에 세우시오. 교훈과 법도를 따르지 않으면 그 농토의 경계를 구별하여 두려움과 그리움이 있게 하시오. 교외와 경계를 거듭 구획하고 봉(封)해 받은 땅의 지킴을 삼가 굳히어 온 세상을 편안하게 하시오.

정사는 일정한 마음을 귀하게 여기고, 말은 구체적이고도 간결한 것을 숭상하는 것이라. 기이한 것을 좋아하지 마시오. 상(商)나라 풍속은 천박하여 교묘한 말을 어질다고 하였는데, 그 남은 풍속이 끊이지 않았으니 공은 그것을 생각해야 하오.

내가 들은 바로는 대대로 녹을 받는 집안은 예(禮)를 좇는 이가 드물어 방탕으로써 덕을 넘본다고 하오. 이것은 천도를 어기는 일이니 교화를 무너뜨리고 사치하며 고운 것을 좋아하는 것은 만세토록 같은 흐름이오.

이에 은나라의 여러 관리들은 영화를 누려 온 지 오래되어 사치를 좇아 의(義)를 멸(滅)하며 남보다 아름답게 입으려 하였소. 방자함이 지나치고 교만하여 장차 나쁜 결과로 끝을 맺게 될 것이오. 비록 그들이 어긋난 마음을 바로잡았다 하더라도 등한히 하면 어려운 일이 닥칠 것이오.

재산이 부(富)하면서 가르침을 따르면 오랜 세월을 누릴 것이니, 오직 덕과 의(義)가 곧 큰 가르침인 것이오. 옛 가르침을 따르지 않으면 그 무엇을 교훈으로 삼으리오."

▨ 필공에게 선을 장려하여 표창할 것과 악(惡)을 눌러 봉함받은 땅을 굳건히 지켜 온 세상을 편안하게 하라고 하였다.

방탕과 사치 나태함 등이 없게 하고 오직 덕과 의(義)를 큰 가르침으로 알고 옛 교훈을 따르라 당부하였다.

　王曰嗚呼라 父師아 今予祗命公以周公之事[1]하노니 往哉어다

　旌別淑慝[2]하여 表[3]厥宅里하며 彰善癉惡하여 樹之風聲[4]하며 弗率訓
典이어든 殊厥井疆[5]하여 俾克畏慕[6]하며 申畫郊圻하며 愼固封守하며 以
康四海하리

　政貴有恒[7]이오 辭尙體要[8]라 不惟好異니 商俗이 靡靡[9]하여 利口를
惟賢하던 餘風이 未殄하니 公其念哉어다

　我聞하니 曰世祿之家鮮克由禮하여 以蕩陵德[10]하며 實悖天道하여
敝化奢麗萬世同流니라

　茲殷庶士席寵이 惟舊하여 怙侈滅義하며 服美于人하여 驕淫矜侉하
여 將由惡終이러니 雖收放心[11]하나 閑之[12]惟艱하니라

　資富能訓이 惟以永年이니 惟德惟義時乃大訓이니라 不由古訓이면
于何其訓이리오

1) 周公之事(주공지사) : 주공의 일. 곧 주공이 주나라에 길들지 않은 은나라의
　　백성들을 낙읍으로 이주시켜 그들을 다스리던 일.

2) 旌別淑慝(정별숙특) : 선(善)한 사람을 표창하고 악한 사람을 구별하다. 곧
　　선과 악을 분명히 가리라는 뜻. 정(旌)은 깃발이니 표창한다는 뜻이고, 숙은
　　선(善)을, 특은 악(惡)을 뜻한다.

3) 表(표) : 표창한다.

4) 樹之風聲(수지풍성) : 좋은 풍조(風潮)와 명성을 그곳에 세운다는 뜻.

5) 殊厥井疆(수궐정강) : 그 농토의 경계를 구별하다. 수는 달리하다. 곧 구별한
　　다는 뜻. 정(井)은 정전법(井田法)에 따른 자기 몫의 농토. 강은 경계. 곧 농
　　업 공동체에서 격리시킨다는 말.

6) 畏慕(외모) : 두려움과 그리움. 곧 농업 공동체에서 격리될 것을 두려워하고
　　격리된 뒤에는 빼앗긴 농토를 그리워한다는 뜻.

7) 恒(항) : 일정한 것. 곧 일정한 마음. 항심(恒心).

8) 體要(체요) : 구체적이고도 간결한 것.

9) 靡靡(미미) : 천박한 모양.

10) 陵德(능덕) : 덕을 넘보다. 덕을 업신여기다. 능은 능(凌)과 통함.

11) 放心(방심) : 놓여진 마음. 곧 어긋난 마음.
12) 閑之(한지) : 그들을 등한히 하다. 그들은 은나라의 여러 관리들을 가리킨다.

3. 나라의 안정은 은나라 사람들에게 달렸소

왕은 또 말하였다.

"오호라, 보사여. 나라의 편안함과 위태로움은 오직 이 은나라 사람들에게 달려 있소. 굳세지도 유약(柔弱)하지도 않게 다루어야 그들의 덕이 진실로 닦아질 것이오.

주공은 그 시작을 삼갔고, 군진(君陳)은 그 중간을 화합하게 하였으니, 공은 그 끝을 이루어야 하오. 세 분이 협심(協心)하여 함께 바른 길로 이르게 하면 도가 두루 퍼지고 정사가 다스려져 백성이 윤택해질 것이오. 옷섶을 왼쪽으로 여미는 사방의 오랑캐들도 모두 의지하지 않음이 없게 될 것이니, 이 작은 사람은 영원히 많은 복을 받게 될 것이오.

공이 이 성주에 무궁한 터전을 세우면 또한 무궁한 기림을 듣게 될 것이니, 자손들도 그 이루어 놓은 법도를 본받아 잘 다스려 가게 될 것이오.

오호라, 할 수 없다고 말하지 말고 오직 그 마음을 다하시오. 백성이 적다고 말하지 말고 오직 그 일을 신중히 하시오. 선왕들께서 이루어 놓은 빛나는 공적을 공경하고 좇아서, 먼저의 정사보다 더욱 빛내시오."

▨ 은나라 백성을 다스리는 일이 가장 중요한 것임을 강조하고 주공과 군진이 이루어 놓은 공적을 잘 마무리하여 선대들이 이루어 놓은 업적보다 더 빛나는 공적을 세우라고 당부하였다.

王曰嗚呼라 父師아 邦之安危는 惟玆殷士니 不剛不柔라사 厥德이 允修하리라

惟周公이 克愼厥始하여늘 惟君陳이 克和厥中하여늘 惟公이 克成厥終하여 三后¹⁾ 協心하여 同底²⁾于道하여 道洽政治하여 澤潤生民하여 四夷

左袵³⁾이 罔不咸賴하니 予小子는 永膺多福이로다

公其惟時成周⁴⁾에 建無窮之基하면 亦有無窮之聞⁵⁾하리니 子孫이 訓其成式하여 惟乂하리라

嗚呼라 罔曰弗克이라하여 惟旣厥心하며 罔曰民寡⁶⁾라하여 惟愼厥事하여 欽若先王成烈하여 以休于前政하라

1) 三后(삼후) : 세 제후라는 말이나, 여기서는 주공과 군진과 필공을 가리킨다.

2) 底(저) : 여기서는 지(至)와 통한다.

3) 左袵(좌임) : 옷섶을 왼쪽으로 여미는 것. 미개인인 오랑캐들의 풍습이라고 한다.

4) 時成周(시성주) : 이 성주. 시(時)는 시(是)와 같고, 성주(成周)는 낙읍(洛邑)을 가리킨다.

5) 聞(문) : 명예. 기리는 소리를 듣는다.

6) 罔曰民寡(망왈민과) : 백성이 적다고 말하지 말라. 곧 백성이 적어 다스리지 못한다거나 다스릴 보람이 없다고 해서는 안 된다는 뜻.

제25장 군아(君牙)

이 장은 주나라 제6대 왕인 목왕(穆王)이 군아(君牙)라는 사람을 대사도(大司徒)에 임명할 때 내린 조서(詔書)다.

목왕은 강왕(康王)의 손자요, 소왕(昭王)의 아들이다. 그는 순종하지 않는 백성은 잘 다스리기가 어렵다는 고충을 털어놓으면서 군아의 충성스러운 협조를 부탁하고 있다.

1. 다스리기 어려운 백성을 잘 다스려라

왕은 이와 같이 말하였다.

"오호라, 군아(君牙)여. 그대의 할아버지와 아버지는 대대로 독실한 충정(忠貞)을 다하여 왕실을 위하여 수고를 아끼지 않았으므

로, 그들이 이루어 놓은 공적이 태상(太常)에도 기록되어 있도다.

나 작은 사람이 문왕·무왕·성왕·강왕께서 끼치신 일을 이어받아 지킬 수 있음은 오직 선왕들의 신하들이 보좌하여 천하를 다스려 준 덕분이다. 마음의 근심과 위태로움이 범의 꼬리를 밟은 것 같고, 봄에 얼음 위를 걷는 것 같다.

이제 그대에게 명하여 나를 돕게 하노니, 팔과 다리와 심장과 등이 되어 주기 바란다. 그대 집안의 옛 충성을 이어 할아버지와 아버지를 욕되게 하지 말라.

오륜(五倫)을 널리 펴고 백성의 법도를 삼가 화합하게 하라. 그대의 몸이 바르다면 누구도 감히 바르지 않을 수 없을 것이다. 백성의 마음은 바르기만 한 것이 아니니 그대가 바르게 잡아 주어야 한다.

여름에 덥고 비가 오면 낮은 백성은 원망하고 탄식하며, 겨울에 심하게 추워도 낮은 백성은 또한 원망하고 탄식한다. 그들은 어려운 존재이니, 그 어려움을 생각하여 그것이 쉽도록 도모하면 백성은 이에 편안하게 될 것이다.

오호라, 크게 밝도다 문왕의 꾀하심이여, 크게 받들었도다 무왕의 공적이여. 우리 뒷사람을 깨우치고 도와서 모두 일그러짐이 없이 바르게 해 주셨다. 이 가르침을 삼가 밝혀 선왕들을 받들고 따라라. 문왕과 무왕의 빛나고 밝으심을 응대(應對)하고 드날리어 옛날 현자(賢者)들의 짝이 될 수 있도록 하라."

왕은 또 이와 같이 말하였다.

"군아여. 그대는 오직 그대의 조부와 옛 법도를 본받으라. 백성이 다스려지고 어지러워지는 기틀이 여기에 달려 있으니 그대의 할아버지와 아버지가 행한 바를 좇아 그대 임금의 다스림을 밝게 하라."

▨ 군아(君牙)에게 충성을 다해 백성을 잘 다스려 줄 것을 당부하였다.

王若曰嗚呼라 君牙아 惟乃祖乃父世篤忠貞[1]하여 服勞王家하여 厥有成績이 紀于太常[2]하니라

惟予小子嗣守文武成康遺緖한든 亦惟先王之臣이 克左右하여 亂

四方하니 心之憂危若踏虎尾하며 涉于春氷하라

今에 命爾하노니 予翼하여 作股肱心膂[3]하여 纘乃舊服[4]하여 無忝[5]祖考하라

弘敷五典하여 式和民則하라 爾身이 克正하면 罔敢弗正하리니 民心이 罔中[6]이라 惟爾之中이니라

夏暑雨에 小民이 惟曰怨咨하며 冬祁寒에 小民이 亦惟曰怨咨하나니 厥惟艱哉인저 思其艱하여 以圖其易하면 民乃寧하리라

嗚呼라 丕顯哉라 文王謨여 丕承哉라 武王烈이여 啓佑我後人하시대 咸以正罔缺하시니 爾惟敬明乃訓하여 用奉若于先王하여 對揚文武之光命[7]하며 追配于前人[8]하라

王若曰君牙아 乃惟由先正[9]舊典하여 時式[10]하라 民之治亂이 在玆하니 率乃祖考之攸行하여 昭乃辟之有乂하라

1) 忠貞(충정) : 충성스럽고 절개가 곧다.

2) 太常(태상) : 해와 달이 그려져 있는 왕의 기(旗)를 말하는데, 그 깃발에다 나라에 공훈이 있는 사람의 이름을 기록하였다고 한다.

3) 股肱心膂(고굉심려) : 다리와 팔과 심장과 등. 곧 온몸을 다 말하는 것으로 충실한 신하가 되어 달라는 말.

4) 舊服(구복) : 옛 충성. 곧 할아버지와 아버지의 충성.

5) 無忝(무첨) : 욕되게 하지 말라. 욕됨이 없게 하라.

6) 罔中(망중) : 바르지 않다. 중(中)은 중정(中正)으로 바르다의 뜻.

7) 光命(광명) : 빛나고 밝음. 명(命)은 명(明)과 통한다.

8) 前人(전인) : 앞사람. 옛날의 현자(賢者)들.

9) 先正(선정) : 군아(君牙)의 조부를 가리키는 말.

10) 時式(시식) : 그것을 본받는다.

제26장 경명(冏命)

이 장은 목왕(穆王)이 백경(伯冏)을 주나라의 태복정(太僕

正)에 임명할 때 선왕(先王)의 성덕(聖德)에 비교하여 자신의
부덕(不德)함을 한탄하면서 백경에게 충실한 보필을 호소(呼
訴)하는 글이다.

태복정은 주례(周禮)에 의하면 태어중대부(太御中大夫)인데,
왕의 옥로(玉輅)를 관장하는 직책이다.

1. 그대는 슬기롭게 나를 도와 달라

왕은 이와 같이 말하였다.

"백경(伯冏)이여. 나는 덕을 닦지 못했으면서도 부왕(父王)의
뒤를 이어 임금 자리에 앉아 있으니, 두려워서 조심하며 위태로
이 여기고 한밤중에 일어나서 그 허물을 면하려고 생각한다.

옛날 문왕과 무왕께서는 총명하고 존엄하고 성스러우시어 크
고 작은 신하들도 모두 충성스럽고 어짊을 다했으며, 시중들고 심
부름하고 따라다니는 사람들까지도 바른 사람 아닌 이가 없었다.
아침저녁으로 임금을 받들고 도왔으며 들고나는 일상생활에서
공경하지 않음이 없었고 명령을 내고 베푸는 데 있어 훌륭하지 않
음이 없었으니, 낮은 백성들은 공경하고 따랐으며 온 천하가 모
두 찬양하였다.

나는 어질지 못하여 진실로 좌우와 전후에서 벼슬하는 인사들
에 의지해서 미치지 못하는 것을 바로잡고자 한다. 허물을 고치
고 오류를 바로잡고 그른 마음을 바르게 하여 옛분들의 공업을 이
을 수 있도록 하려는 것이다.

지금 나는 그대를 태복정(太僕正)에 임명한다. 여러 심부름하
고 시중드는 신하들의 우두머리가 되어 그대 임금의 덕을 위해 힘
쓰고 미치지 못함을 번갈아 닦도록 하라.

그대의 부하들을 신중하게 뽑아 교묘하게 말하는 자, 비위 맞추
는 얼굴을 하는 자, 남의 눈치만 보는 자, 아첨하는 자는 쓰지 말
고 오직 올바른 사람만 쓰라.

시중드는 신하가 바르면 그 임금도 바르게 될 것이고 시중드는

신하가 아첨하면 그 임금은 스스로 잘난 체하게 될 것이다. 임금의 덕은 신하에게 달려 있고, 덕이 없는 것도 신하에게 달려 있다.

그대는 간사한 소인(小人)으로 임금을 이끄는 이목(耳目)의 관리에 충당함으로써 나로 하여금 선왕의 법도가 아닌 곳으로 따라가게 하지 말라.

사람 자체가 훌륭하지 못한데 재물로 훌륭하게 되려는 자가 있으면 이런 자들은 그 벼슬자리를 병들게 할 것이다. 그러면 그대는 그 임금을 크게 공경하지 않음이 되는 것이니, 나는 그대를 벌할 것이다."

왕은 또 말하였다.

"오호라, 공경하라. 영원토록 그대의 임금을 법도로써 보필하라."

▨ 백경(伯冏)에게, 잘 보필하여 선왕들의 공업을 이을 수 있도록 도우라 하였다

王若曰伯冏아 惟予弗克于德하여 嗣先人¹⁾宅丕后²⁾하여 怵惕惟厲하여 中夜以興하여 思免厥愆하노라

昔在文武하사 聰明齊聖이어시늘 小大之臣이 咸懷忠良하며 其侍御僕從³⁾이 罔匪正人이라 以旦夕에 承弼厥辟한들로 出入起居에 罔有不欽하며 發號施令을 罔有不臧한대 下民이 祗若하며 萬邦이 咸休하니라

惟予一人이 無良하여 實賴左右前後有位之士의 匡其不及하며 繩愆⁴⁾糾謬하여 格其非心하여 俾克紹先烈⁵⁾하노라

今予命汝하여 作大正⁶⁾하노니 正⁷⁾于群僕侍御之臣하여 懋乃后德하여 交修不逮하라

愼簡乃僚⁸⁾한대 無以巧言令色便辟側媚하고 其惟吉士⁹⁾하라

僕臣正이면 厥后克正하고 僕臣諛면 厥后自聖¹⁰⁾하리니 后德도 惟臣이며 不德도 惟臣이니라

爾無昵于憸人하여 充耳目之官¹¹⁾하여 迪上以非先王之典하라

非人其吉이오 惟貨其吉¹²⁾하면 若時瘝厥官하리니 惟爾大弗克祗厥辟이라 惟予汝辜하리라

王曰嗚呼라 欽哉하여 永弼乃后于彝憲하라

1) 先人(선인) : 아버지의 뜻. 여기서는 부왕(父王)으로 풀이된다.

2) 丕后(비후) : 임금. 여기서의 비(丕)는 크다는 뜻이 아니라 어조사로 쓰였다.

3) 侍御僕從(시어복종) : 시어는 모시는 사람, 곧 시중드는 사람. 복은 심부름하
   는 사람. 종은 따라다니는 사람, 곧 종자(從者).

4) 繩愆(승건) : 허물을 바로잡다. 승은 먹줄이라는 뜻이니 목수가 먹줄로 똑바
   르게 먹줄을 치듯이 허물을 정확하게 바로잡는다는 뜻.

5) 先烈(선열) : 옛 분들의 공훈(功勳). 옛 분들은 문왕·무왕을 가리킨다.

6) 大正(대정) : 태복정(太僕正). 태어중대부(太御中大夫)로서 왕의 수레를 관
   장하는 장관. 혹은 왕의 의복·거처 또는 명령을 다루는 사람으로 보기도 한다.

7) 正(정) : 여기서는 우두머리의 뜻.

8) 愼簡乃僚(신간내료) : 그대의 부하들을 신중하게 뽑으라는 뜻. 간(簡)은 뽑
   는다는 뜻. 요(僚)는 속료(屬僚), 곧 부하라는 뜻.

9) 吉士(길사) : 올바른 사람.

10) 自聖(자성) : 스스로 잘난 체하다. 자고(自高).

11) 耳目之官(이목지관) : 귀와 눈과 같은 신하. 임금의 가까이에서 임금이 듣
    고 보는 것을 이끄는 신하. 측근.

12) 非人其吉惟貨其吉(비인기길유화기길) : 사람 그 자체가 훌륭하지 않은데
    재물로 훌륭하게 되려고 한다는 뜻. 곧 선량한 사람이 아니건만 뇌물을 쓰는
    자를 선량하다고 여겨 임용한다는 말. 길(吉)은 훌륭하다는 뜻.

제27장 여형(呂刑)

이 장은 목왕(穆王)이 여후(呂侯)를 사구(司寇)에 임명할 때,
하(夏)나라의 벌금형에 대하여 진술한 것에 의거하여 지은 것이다.
이 여형(呂刑)에 대하여는 주나라 건국 이래의 형벌을 시세(時
世)를 감안하여 법을 가볍게 정한 훌륭한 형법(刑法)이라고 보
는 설과, 목왕이 국재(國財)를 낭비하여 재정이 궁핍해졌으므로
그것을 충당하기 위한 방편으로 생각해 낸 악법(惡法)이라고 하

는 상반된 설이 있다.

1. 치우(蚩尤)와 묘민(苗民)은 형벌이 문란했다

여후(呂侯)에게 명하시니 왕이 나라를 다스린 지 백 년에 정사(政事)가 혼미해지고 백성의 행동이 해이해져, 형벌을 만들어 천하에 삼가도록 고하였다.

왕은 말하였다.

"옛 교훈이 있다. 치우(蚩尤)가 처음으로 난리를 일으키니 백성에게까지 뻗치고 미쳐 도둑질과 남을 해치는 짓을 하지 않는 자가 없게 되고, 의(義)를 가벼이 여기고 반란을 일으키고 난동을 일삼아 서로 약탈하고 혼란이 범람했다.

묘(苗)나라의 임금은 선을 쓰지 않고 형벌로 제재하였으니 다섯 가지 잔학한 형벌을 제정하여 이것을 법이라고 하였는데, 죄없는 사람을 죽이기까지 하였다. 이에 비로소 코를 베고, 귀를 베고, 거세하고, 먹물로 새기는 등의 지나친 짓을 하게 되었다. 이것을 법에 걸어 모두를 제재하고는, 변명거리가 있어도 구별하지 않았다.

백성도 따라 일어나 서로 물들어 어수선하고 어지러웠고 마음에 신의가 없어 약속이나 맹세를 뒤엎었다. 사나운 위세에 죽음을 당한 많은 사람들이 하늘에 죄없음을 아뢰었다. 하늘이 백성을 살피시니 덕의 향기로움은 없고 형벌에서 발하는 피비린내만 났다.

황제께서는 죄없이 죽음을 당한 여러 사람을 불쌍히 여겨 잔학함을 위엄으로써 갚으시니 묘나라 임금은 멸망하고 대가 끊어져 땅 위에 대를 잇지 못하게 되었다.

중(重)과 여(黎)에게 명하여 땅과 하늘이 서로 통하는 것을 끊으시니 신(神)이 내려오는 일이 없어졌다. 여러 제후의 백성을 돌보는 사람들은 밝고 떳떳한 법을 시행하여 의지할 데 없는 사람들을 힘으로 누르지 않았다.

황제께서 아래 백성에게 밝게 물으시니 의지할 데 없는 사람들이 묘나라를 원망하므로 덕으로 위압하시니 두려워하게 되고, 덕을 밝히시니 모든 것이 밝아졌다.

이에 삼후(三后)에게 명하여 백성을 위하여 걱정하고 일하게 하시니, 백이(伯夷)는 법을 펴 백성을 형벌로부터 막았으며, 우(禹)는 물과 땅을 다스려 산과 내를 다스리고 이름지었으며, 직(稷)은 씨 뿌리는 법을 널리 펴 아름다운 곡식을 농사지어 생산하게 하였다. 삼후(三后)가 공을 이루어 백성은 풍성해진 것이다.

사(士 : 사법을 관장하는 관리)는 백성을 형벌로써 알맞게 제재하여 가르침으로써 덕을 공경하게 하였다.

공경함으로써 윗자리에 있고, 밝음으로써 아래에서 섬기니 온 세상을 비추어 덕을 부지런히 하지 않음이 없게 되었다. 그러므로 형벌의 알맞음을 밝힘으로써 백성들이 법에 따르도록 이끌고 다스리게 된다는 것이다.

옥사(獄事)를 다스림은 위세를 부리는 데에 목적이 있는 것이 아니고 잘 살게 하는 데에 목적이 있는 것이니, 공경하고 두려워하여 몸에 욕이 될 말이 있지 않게 하라.

능히 하늘의 덕을 따를 수 있고 스스로 큰 명을 따르게 되면 백성들은 편안함을 누리게 될 것이다."

▨묘(苗)나라 임금이 덕(德)이 아닌 형벌만으로 다스려 무고한 사람을 많이 처벌함으로써 사람들의 원망이 하늘에 닿아 하늘이 묘나라의 대를 끊었음을 말하였다.

백성을 다스리는데 형벌로만 하지 말고 알맞은 제재로 백성을 잘 다스려 편안하게 하라고 명하였다.

惟呂를 命하시니 王이 享國百年[1]에 耄荒[2]하여 度作刑하여 以詰[3]四方하시다

王曰若古에 有訓하니 蚩尤[4]惟始作亂한대 延及于平民하여 罔不寇賊하여 鴟義姦宄[5]하며 奪攘矯虔[6]하니라

苗民[7]이 弗用靈[8]하여 制以刑이오 惟作五虐之刑曰法이라하여 殺戮無辜하니 爰始淫爲劓刵椓黥[9]하여 越玆麗刑하여 幷制하여 罔差有辭[10]하니라

民興胥漸하여 泯泯棼棼[11]하여 罔中于信이오 以覆詛盟하니 虐威庶

戮이 方告無辜于上한대 上帝監民하시니 罔有馨香德이오 刑發聞이 惟腥이러라

皇帝[12]哀矜庶戮之不辜하사 報虐以威[13]하사 遏絶苗民하여 無世在下[14]하시니라

乃命重黎[15]하사 絶地天通[16]하사 罔有降格케하신대 群后之逮在下[17]이 明明棐常하여 鰥寡無蓋하니라

皇帝淸問下民하시니 鰥寡有辭于苗어늘 德威하신대 惟畏하고 德明하신대 惟明하니라

乃命三后[18]하사 恤功于民하시니 伯夷는 降典[19]하여 折民惟刑[20]하고 禹平水土하여 主名山川하고 稷降播種하여 農殖嘉穀하니 三后成功하여 惟殷于民하니라

士制百姓于刑之中[21]하여 以敎祗德하니라

穆穆在上하며 明明在下하여 灼于四方하여 罔不惟德之勤하니 故乃明于刑之中하여 率乂民하여 棐彝하니라

典獄이 非訖于威라 惟訖于富니 敬忌하여 罔有擇言在身하여 惟克天德이라사 自作元命하여 配享在下하니라

1) 王享國百年(왕향국백년) : 왕이 나라를 다스린 지 백 년이 될 때.

2) 荒(황) : 여기서는 늘어지다. 또는 잊어버리다의 뜻.

3) 誥(고) : 삼가도록 천하에 고하다.

4) 蚩尤(치우) : 중국 전설상의 인물로서 신농씨(神農氏) 때 난을 일으켜 황제(黃帝)와 탁록(涿鹿)의 들에서 싸우다가 패전하여 잡혀 죽었다고 한다. 치우의 최초의 잘못은 혹형(酷刑)으로 백성을 괴롭힌 일이라고 한다.

5) 鴟義姦宄(치의간궤) : 의를 가벼이 여기고 반란을 일으킨다는 뜻.

6) 奪攘矯虔(탈양교건) : 난동을 부려 서로 약탈하고 혼란을 범하는 것.

7) 苗民(묘민) : 묘(苗)나라의 임금. 임금을 민(民)이라고 한 것은 왕이지만 완고하고 흉악하여 일반 백성과 같았으므로 낮추어서 부르는 말이다. 순(舜)임금에게 멸망되었다고 한다.

8) 靈(영) : 여기서는 선(善)의 뜻.

9) 劓刑椓黥(의이탁경) : 의는 코를 베는 형벌. 이는 귀를 베는 형벌. 탁은 남자의 생식기를 잘라 거세(去勢)하는 형벌로 궁형(宮刑)이라고도 한다. 경은 살

갖에 먹물을 넣어 글자를 새기는 형벌로 묵형(墨刑)이라고도 한다.

10) 罔差有辭(망차유사) : 변명할 거리가 있어도 구별하지 않는다는 뜻.

11) 泯泯棼棼(민민분분) : 어수선하고 어지러운 모양. 민민은 어수선한 것. 분분은 어지러운 모양.

12) 皇帝(황제) : 여기서는 순(舜)임금을 가리킨다. 묘(苗)나라의 임금이 횡포(橫暴)를 부리다 순임금에 의해 멸망되었던 것이다.

13) 報虐以威(보학이위) : 사나움을 위엄으로써 갚다. 곧 묘나라 임금의 사나움을 순임금의 위엄으로써 억눌렀다는 뜻.

14) 在下(재하) : 땅 위라는 뜻. 곧 이 세상.

15) 重黎(중여) : 둘 다 순임금의 신하. 중은 희씨(羲氏)를 가리키는데 희씨는 대대로 천문(天文)을 관장했다고 한다. 여는 화씨(和氏)를 가리키는데 희씨와 함께 대대로 천문을 관장했다고 한다.

16) 絶地天通(절지천통) : 땅과 하늘의 교통을 끊다. 전설에 의하면 이때까지는 하늘의 신과 인간이 서로 오르내리며 섞여 살았다고 한다. 덕이 쇠하고 재난이 많아지므로 백성과 신의 분수를 지키게 하기 위하여 하늘과 땅을 분리시켰다고 한다.

17) 群后之逮在下(군후지체재하) : 여러 제후들의 백성을 돌보다. 체는 돌본다는 뜻. 재하(在下)는 여기서 백성이라는 뜻.

18) 三后(삼후) : 백이(伯夷)와 우(禹)와 후직(后稷)을 가리킨다.

19) 伯夷降典(백이강전) : 백이(伯夷)는 법을 펴다. 여기서의 강(降)은 편다는 뜻. 백이는 순임금 때 형(刑)을 담당한 관리이며 은나라 말기의 고죽국(孤竹國) 백이(伯夷)와는 다른 인물.

20) 折民惟刑(절민유형) : 형벌로부터 백성을 막다. 곧 형벌을 위주로 하여 백성을 다스리던 것을, 법을 제정함으로써 서로 보충하게 했다는 뜻.

21) 士制百姓于刑之中(사제백성우형지중) : 사(士)는 백성에게 형벌로써 알맞게 제재했다는 뜻. 사(士)는 순임금의 신하인 고요(皐陶)를 가리킨다.

2. 형벌도 용서도 함부로 하지 말라

왕은 말하였다.

"오호라, 천하의 정사를 맡고 형벌을 다스리는 이들이여. 그대들은 하늘의 목자(牧者)가 되어야 할 것이 아닌가.

지금 그대들은 무엇을 본받을 것인가. 백이가 편 법도를 따라야 하지 않겠는가.

지금 그대들은 무엇을 경계하는가. 오직 묘나라 임금이 형벌을 잘 살피지 못하고, 선한 사람을 골라 다섯 가지 형벌을 바르게 펴도록 하지 않고 오직 위세를 부려 재물을 약탈하는 자들로 다섯 가지 형벌을 결단하여 쓰게 함으로써 죄없는 사람들을 해쳤다. 하늘이 이것을 옳게 여기지 않아 묘나라에 벌을 내리셨다. 묘나라 임금은 그 벌에 대해 아무 말도 못하고 또 그 대(代)까지 끊어진 것이다."

왕은 또 말하였다.

"오호라, 잘 생각하라. 백부와 백형과 중숙(仲叔)과 계제(季弟)와 어린 아들과 어린 손자들이여. 모두 나의 말을 들으라. 중대한 명령을 듣게 될 것이다.

지금 그대들은 매일 부지런히 일해야 한다. 그대들은 안일하여 마음을 놓으면 안 된다. 하늘은 백성을 고르게 하고자 하시어, 나로 하여금 하루하루를 다스리게 하셨으니 끝을 잘 맺고 잘 맺지 못하는 것은 사람에게 달려 있다.

그대들은 원컨대 하늘의 명을 공경하게 받아 나를 받들라. 비록 처벌할 일이 있어도 함부로 하지 말며, 용서할 일이 있어도 함부로 하지 말라. 오직 다섯 가지 형벌을 공경히 하여 세 가지 덕(德)을 이루게 하면 나 한 사람에게 경사가 있으며 만백성이 이에 힘입게 되고 그 편안함이 영원할 것이다."

▨ 다스리는 자리에 있는 모든 이들에게 백이의 법을 따르고 묘(苗)나라 임금의 일을 교훈으로 삼아 게으르지 말고 잘 다스려 달라 당부하였다.

王이 曰嗟四方司政典獄[1]아 非爾惟作天牧[2]가 今爾는 何監[3]고 非時伯夷播刑之迪[4]가 其今爾何懲고 惟時苗民이 匪察于獄之麗하며 罔擇吉人하여 觀于五刑之中이오 惟時庶威奪貨로 斷制五刑하여 以亂無辜한대 上帝不蠲하여 降咎于苗하시니 苗民이 無辭于罰하여 乃絶厥世하니라

王曰嗚呼라 念之哉어다 伯父와 伯兄과 仲叔과 季弟와 幼子와 童孫[5]과 皆聽朕言하라 庶有格命하니라 今爾罔不由慰日勤하나니 爾罔或戒不勤하라 天齊于民이라 俾我一日이시니 非終惟終이 在人하니 爾尙敬逆[6]天命하여 以奉我一人하여 雖畏나 勿畏[7]하며 雖休나 勿休[8]하여 惟敬五刑하여 以成三德[9]하면 一人有慶하며 兆民賴之하여 其寧惟永하리라

1) 司政典獄(사정전옥) : 정사를 맡고 형벌을 다스리는 사람. 곧 제후들을 이르는 말.

2) 天牧(천목) : 하늘의 목자(牧者). 곧 하늘을 대신하여 백성을 다스리는 사람.

3) 何監(하감) : 무엇을 본받는가. 무엇을 거울로 삼는가. 감(監)은 감(鑑)과 같다.

4) 伯夷播刑之迪(백이파형지적) : 백이가 편 형벌의 법도. 백이는 예(禮)로써 백성을 인도하되, 그래도 교화되지 않는 자는 형벌로 다스렸다고 한다.

5) 伯父伯兄仲叔季弟幼子童孫(백부백형중숙계제유자동손) : 동성(同姓) 제후들을 가리킨다. 제후에는 왕의 친척인 동성 제후와 공신인 이성(異姓) 제후가 있다. 백중숙계(伯仲叔季)는 형제의 순서를 가리키는 말로, 백(伯)은 맏이, 둘째는 중(仲), 막내 아우는 계(季), 그 중간이 숙(叔)이다. 그리고 유자(幼子)나 동손(童孫)은 아래 항렬(行列)의 제후들을 이르는 말이리라.

6) 敬逆(경역) : 공경하게 맞이하다. 역(逆)은 영(迎)과 같은 뜻.

7) 雖畏勿畏(수외물외) : 비록 처벌할 일이 있어도 함부로 하지 말라는 뜻. 외(畏)는 처벌을 뜻한다.

8) 雖休勿休(수휴물휴) : 비록 용서할 일이 있어도 함부로 용서하지 말라는 뜻. 휴(休)는 용서한다는 뜻. 위의 두 구(句)는 비록 왕이 처벌하고자 하거나 용서하고자 해도 그대들이 무조건 따르지 말고 범죄의 내용을 잘 헤아려서 하라는 말.

9) 三德(삼덕) : 정직과 강극(剛克)과 유극(柔克).

3. 죄없는 자가 처벌되어서는 안 된다

왕은 말하였다.

"오호라, 오라. 나라와 땅을 다스리는 이들이여. 그대들에게 좋은 형벌을 알려 주겠노라. 이제 그대들의 백성을 편안하게 해주

려 함에 어떤 인물을 가려 쓸 것인가 훌륭한 사람이 아니겠는가.
무엇을 신중히 할 것인가 형벌이 아니겠는가. 무엇을 헤아릴 것
인가 돌보아 주기 위한 일이 아니겠는가.

　양쪽 송사(訟事)하는 사람이 다 갖추어지거든 옥관(獄官)은
다섯 가지 형벌에 대한 변명을 다 들어 보아 다섯 가지 변명이 다
섯 가지 형벌에 부합되면 다섯 가지 형벌로 바로잡을 것이며, 다
섯 가지 형벌을 사실과 맞출 수 없으면 다섯 가지 벌금으로 바로
잡을 것이며, 다섯 가지 벌금에 굴복하지 않으면 다섯 가지 허물
을 바로잡아라.

　다섯 가지 허물의 폐단은 관권을 쓰는 일, 원한이나 은혜를 갚
는 일, 집안 사람을 이용하여 내통하는 일, 뇌물을 쓰는 일, 친구
를 이용하여 청탁하는 일이다. 그 죄는 고르게 다스려야 하나니
잘 살펴 그렇게 하도록 하라.

　다섯 가지 형벌이 의심스러우면 용서하라. 다섯 가지 벌금형도
의심스러우면 용서하라. 잘 살펴 그렇게 하도록 하라. 사실을 조
사해서 여러 사람의 말이 맞아야 한다. 그 안색을 살피고 사실에
믿음성이 없거든 듣지 말고 모두 하늘의 위엄을 엄하게 하라.

　묵형(墨刑)에 해당하는 자가 의심스러워 용서할 때는 그 벌금
이 1백 환(百鍰)이니 그 죄의 사실을 잘 살펴보라. 의형(劓刑)에
해당하는 자가 의심스러워 용서할 때는 그 벌금이 두 배이니 그
죄의 사실을 잘 살펴보라. 비형(剕刑)에 해당하는 자가 의심스러
워 용서할 때는 그 벌금은 의형의 배 이상 5백 환이니 그 죄의 사
실을 잘 살펴보라. 궁형(宮刑)에 해당하는 자가 의심스러워 용서
할 때는 그 벌금이 6백 환이니 그 죄의 사실을 잘 살펴보라. 사형
에 해당하는 자가 의심스러워 용서할 때는 그 벌금이 천 환이니
그 죄의 사실을 잘 살펴보라.

　묵형에 해당하는 죄가 천 가지이고, 의형에 해당하는 죄가 천 가
지이고, 비형에 해당하는 죄가 5백 가지이고, 궁형에 해당하는 죄
가 3백 가지이고, 사형에 해당하는 죄가 2백 가지이니 다섯 가지
형벌에 해당하는 죄가 모두 3천 가지이다. 위와 아래로 죄를 견주

고, 어지러운 변명에 판단을 그르치지 말라. 행해지지 않는 벌을 사용하지 말고 오직 살피고 법을 따라 잘 심리하여 잘 판단하라.

무거운 형벌에 속하는 죄라도 가벼이 해야겠으면 아래의 형벌을 쓰고, 가벼운 형벌에 속하는 죄라도 무겁게 해야겠으면 위의 형벌을 써라. 여러 가지 벌을 무겁게 또는 가볍게 하려면 요량이 있어야 한다. 형벌은 시세(時世)에 따라 가볍게도 무겁게도 할 수 있으나 바르지 않은 것을 바르게 하는 것이니, 질서가 있고 올바름이 있어야 한다.

벌금형은 죽이자는 것이 아니라 범죄자에게 고통을 주자는 것이다. 간사한 사람에게 옥사를 맡기지 말고 어진 사람에게 맡겨 올바르게 하도록 하라. 변명하는 말의 어긋남을 살펴 따르지 않던 것도 따르게 하라. 옥사를 처리함에 불쌍히 여기고 신중하게 하며 형벌의 문서를 밝게 공개하여 서로 견주어 보아 모두 올바르게 하라. 그와 같이 잘 살펴 형벌을 제대로 심리하여 옥사가 이루어지면 믿을 수 있게 되며 왕에게 아뢰어도 믿을 수 있게 될 것이니, 그 형벌을 위로 아뢰어서 다 기록해 두되 두 가지 형벌을 받은 자도 함께 기록해 두어라."

▨ 죄지은 자에게 판결을 내리는 방법을 나열하고 옥사(獄事)를 잘 처리하여 올바르게 다스릴 것을 당부하였다.

王曰吁라 來하라 有邦有土[1]아 告爾祥刑하노라 在今爾安百姓인댄 何擇고 非人[2]가 何敬고 非刑[3]가 何度고 非及[4]가

兩造[5]具備어든 師聽五辭[6]하니 五辭에 簡孚[7]어든 正于五刑하며 五刑에 不簡이어든 正于五罰하며 五罰에 不服이어든 正于五過하라

五過之疵[9]는 惟官[10]과 惟反[11]과 惟內[12]와 惟貨[13]와 惟來[14]니 其罪惟均하니 其審克之하라

五刑之疑有赦하고 五罰之疑有赦하니 其審克之하라 簡孚有衆이어든 惟貌有稽[15]니 無簡이어든 不聽하여 具嚴天威하라

墨辟[16]疑赦는 其罰이 百鍰[17]이니 閱實其罪하라 劓辟[18]疑赦는 其罰이 惟倍니 閱實其罪하라 剕辟[19]疑赦는 其罰이 倍差[20]니 閱實其罪하라

宮辟²¹⁾疑赦는 其罰이 六百鍰이니 閱實其罪하라 大辟²²⁾疑赦는 其罰이 千鍰이니 閱實其罪하라 墨罰之屬이 千이오 劓罰之屬이 千이오 剕罰之屬이 五百이오 宮罰之屬이 三百이오 大辟之罰이 其屬이 二百이니 五刑之屬이 三千이니 上下比罪하여 無僭亂辭하며 勿用不行이오 惟察惟法하여 其審克之하라

　上刑²³⁾이라도 適輕이어든 下服하며 下刑이라도 適重이어든 上服하라 輕重諸罰이 有權²⁴⁾하며 刑罰이 世輕世重²⁵⁾하나니 惟齊非齊나 有倫有要하니라

　罰懲이 非死나 人極于病하나니 非佞이 折獄이라 惟良이 折獄이라사 罔非在中이리라 察辭于差하여 非從惟從²⁶⁾하며 哀敬折獄하며 明啓刑書하여 胥占이라사 咸庶中正하리니 其刑其罰을 其審克之하여서 獄成而孚하며 輸而孚²⁷⁾하리니 其刑을 上備하대 有幷兩刑하라

1) 有邦有土(유방유토) : 나라와 땅을 다스리는 이. 곧 제후들을 이르는 말이다.

2) 何擇非人(하택비인) : 무엇을 가릴 것인가 사람이 아니겠는가. 곧 훌륭한 사람을 가려 써야 한다는 뜻.

3) 何敬非刑(하경비형) : 무엇을 신중히 할 것인가 형벌이 아니겠는가. 곧 형벌을 신중하게 다루어야 한다는 뜻.

4) 何度非及(하도비급) : 무엇을 헤아릴 것인가 미치지 못함이 아니겠는가. 곧 백성을 돌보는 일에 미치지 못하지 않을가를 헤아려야 한다는 뜻.

5) 兩造(양조) : 송사의 양쪽 당사자.

6) 師聽五辭(사청오사) : 사(師)는 옥관(獄官)을 가리키며, 오사(五辭)는 다섯 가지 형벌에 대한 변명.

7) 簡孚(간부) : 사실과 부합된다는 뜻.

8) 五罰(오벌) : 다섯 가지 벌금형(罰金刑).

9) 疵(자) : 폐단. 병폐.

10) 惟官(유관) : 관권을 이용하는 일.

11) 惟反(유반) : 갚는 일. 곧 원고나 피고에 대해 지난날의 원한이나 은혜를 갚기 위하여 위증을 한다는 뜻.

12) 惟內(유내) : 집안 사람을 이용하여 내통하는 일. 잘 봐달라고 사정한다는 뜻.

13) 惟貨(유화) : 재물을 쓰는 일. 뇌물을 주고 잘 봐달라고 함.

14) 惟來(유래) : 친구를 통하여 청탁하는 일. 여기서 내(來)는 청탁한다는 뜻.

15) 惟貌有稽(유모유계) : 잘 심문하고 상고하다. 자세히 조사하고 잘 생각하다.

16) 墨辟(묵벽) : 얼굴에 먹으로 글씨를 새기는 형벌. 묵형(墨刑).

17) 其罰百鍰(기벌백환) : 그 벌금이 백 환이다. 환은 구리 무게의 단위.

18) 劓辟(의벽) : 코를 베는 형벌. 곧 의형(劓刑).

19) 剕辟(비벽) : 다리를 자르는 형벌. 비형(剕刑).

20) 倍差(배차) : 배 이상의 차이. 5백 환(五百鍰)이었다고 한다.

21) 宮辟(궁벽) : 남자의 생식기를 잘라 거세하는 형벌. 궁형(宮刑).

22) 大辟(대벽) : 사형(死刑).

23) 上刑(상형) : 무거운 형벌.

24) 有權(유권) : 요량이 있다는 뜻. 적절하게 한다는 뜻.

25) 刑罰世輕世重(형벌세경세중) : 형벌은 시대와 세상 형편에 따라 무겁게도 가볍게도 한다는 생각. 곧 난세(亂世)에는 중형(重刑), 신생국(新生國)은 경형(輕刑), 평상시에는 중형(中刑)을 준용(準用)한다는 설과, 치세(治世)에는 중(重)형, 난세에는 경형이라는 설이 있다.

26) 非從惟從(비종유종) : 따르지 않던 것을 따르게 하다. 곧 그렇지 않다고 생각했다가 변명하는 말의 어긋남을 살피고 나서 그렇다고 생각되면 앞서의 생각을 고집하지 말고 뒤의 판단을 따라 옥사를 공정하게 하라는 뜻.

27) 獄成而孚輸而孚(옥성이부수이부) : 옥사가 이루어지면, 곧 판결이 났을 때 백성도 그것을 믿고 왕도 믿을 수 있다는 뜻.

4. 하늘의 바른 벌이 백성에게 미치게 하라

왕은 말하였다.

"오호라, 그것을 삼가라. 백관(百官)의 우두머리와 동성(同姓) 이성(異姓)의 제후들이여. 나의 말에는 두려워할 일이 많다. 나는 형벌을 신중하게 하기 위해 덕 있는 사람만 형벌을 다스리게 하고 있다. 지금 하늘은 백성을 돕고 계시니 밑에서도 이에 부합되게 하려면 한쪽의 변명하는 말이라도 밝고 맑게 살펴야 한다.

백성을 다스림에는 양쪽 소송인의 변명을 공정하게 듣지 않는 일이 없어야 하니, 옥사의 양쪽 소송인의 변명을 사사로이 어지

럽히는 일이 없도록 하라. 옥사로 해서 받는 재물은 보배가 되지
않는다. 오직 죄를 짓는 일만 쌓이게 되어 여러 사람의 원망으로
보복을 당하리라.

영원히 두려워해야 할 것은 오직 형벌이다. 하늘이 공정하지 않
게 하는 것이 아니라 사람들이 그 명을 잘 살펴야 한다. 하늘의 벌
이 백성에게 미치지 않으면 백성은 훌륭한 정치가 천하에 있지 않
다고 할 것이다."

왕은 또 말하였다.

"오호라, 뒤를 이은 자손들이여. 이제부터 무엇을 본받겠는가.
덕이 아니겠는가. 백성의 마음을 따라 그것을 밝게 처리하라. 어
진 사람이 형벌을 가하여 끝없는 칭송이 다섯 가지 윤리에 붙여
지면 모두가 바르게 되고 좋은 일이 있을 것이다. 왕의 어진 백성
을 맡아 이 좋은 형벌을 잘 살피도록 하라."

▨ 덕(德) 있는 어진 사람을 등용하여 신중하게 형벌을 내리도록 하
고, 하늘의 위엄으로 백성이 편안하도록 잘 다스려서 길이 칭송받으라고
당부하였다.

王曰嗚呼라 敬之哉어다 官伯[1]族姓[2]아 朕言多懼하노라 朕敬于刑하
노니 有德이사 惟刑이니라 今天이 相民이시니 作配在下[3]어다 明淸于單辭[4]
하라 民之亂은 罔不中聽獄之兩辭니 無或私家于獄之兩辭하라 獄貨
非寶라 惟府辜功하여 報以庶尤[5]하나니 永畏는 惟罰이니라 非天이 不中이
라 惟人이 在命[6]하니 天罰이 不極이면 庶民이 罔有令政이 在于天下하리라
王曰嗚呼라 嗣孫아 今往은 何監고 非德于民之中가 尙明聽之哉어
다 哲人이 惟刑하여 無疆之辭는 屬于五極[7]하여 咸中이라 有慶이니 受王
嘉師는 監于玆祥刑이어다

1) 官伯(관백) : 백관(百官)의 우두머리. 백(伯)은 우두머리라는 뜻.
2) 族姓(족성) : 족(族)은 동족(同族)을, 성(姓)은 이성(異姓)을 가리킨다. 따
   라서 동성의 제후들과 이성의 제후들이라는 뜻.
3) 今天相民作配在下(금천상민작배재하) : 지금 하늘은 백성을 돕고 있으니,
   하늘의 뜻을 맡은 자로서 아래에 있게 한다. 곧 지금 하늘은 형벌에 의하여

이 백성을 돕고 다스리니, 그대들에게 그 책임을 맡기니 밑에서도 거기에 부합되게 해야 한다는 뜻. 재하(在下)는 하늘 아래에 있는 사람이라는 뜻으로 나라의 형벌을 다스리는 사람을 가리킨다.

4) 單辭(단사) : 상대자가 없을 때 한쪽만의 변명.

5) 報以庶尤(보이서우) : 여러 사람의 원망으로 보복당한다. 곧 하늘은 거기에 대하여 여러 가지 재앙을 내림으로써 보복한다는 뜻.

6) 惟人在命(유인재명) : 사람이 스스로 그런 재앙을 불러들인다. 곧 사람들이 그 명을 스스로 살펴야 한다는 뜻.

7) 五極(오극) : 인(仁)·의(義)·예(禮)·지(智)·신(信)의 오상(五常).

제28장 문후지명(文侯之命)

주(周)나라 12대 왕인 유왕(幽王)이 신후(申后)를 버리고 태자 의구(宜臼)를 폐하였다. 얼마 후 유왕이 피살되니 진(晉)나라 문후(文侯)와 정(鄭)나라 무공(武公)이 의구를 옹립하여 평왕(平王)으로 받들었다. 이 장은 평왕이 문후에게 내린 글이다.

평왕은 도읍을 호경(鎬京)에서 동도(東都)인 낙읍(洛邑)으로 옮겼는데, 이때부터 주나라는 동주(東周)라 일컫게 되고, 역사상 춘추시대(春秋時代)가 시작되는 것이다.

1. 숙부시여, 도읍을 살피고 덕을 이루시오

왕은 이와 같이 말하였다.

"의화(義和) 숙부시여, 크게 빛나는 문왕과 무왕께서는 덕을 삼가 밝히셨으니, 위로 밝게 올라가고 아래로 널리 세상에 알려져 하늘은 그 명을 문왕에게 내리셨던 것이오. 또한 옛날의 관장(官長)들도 잘 보필하여 그 임금을 밝게 섬겼으므로 이에 작고 큰 계책들이 모두 따르지 않음이 없어 선왕들은 편안하게 왕의 자

리를 지킬 수 있으셨소

　오호라, 가련한 이 작은 사람은 임금의 자리에 올라 하늘의 큰
재앙을 받았으니 낮은 백성에게는 재물과 은택이 끊어지고 견융
(犬戎)의 침입을 받아 우리 나라는 어려움을 당하였소. 그것은 우
리 관원들 중에 노성(老成)하고 경험 많고 덕 있는 이가 그 자리
에 있지 않았고 나도 능력이 없어 말하기를 ‘동성(同姓)의 여러
제후들이여, 나를 돌보아 주시오. 오호라, 그대들이 공을 세우면 나
는 길이 왕의 자리에 편안히 있을 수 있을 것이오.’ 라고 하였소.

　의화 숙부시여, 당신께서는 당신의 밝은 조상을 빛내시었소. 당
신께서는 문왕과 무왕을 본받아 당신의 임금인 나를 드날리게 하
여 당신의 선조에게 효(孝)를 다하시었소. 당신께서는 많은 일을
닦아 주고 어려움에서 나를 보호하였으니, 그와 같은 당신의 공
적을 나는 가상히 여기는 바요.”

　왕은 말하였다.

　“의화 숙부시여, 당신의 백성에게로 돌아가 백성을 보살피고 당
신의 나라를 편안하게 하시오. 당신에게 기장술 한 병과 붉은활
한 개와 붉은화살 백 개와 검은활 한 개와 검은화살 백 개와 말 네
필을 내리오.

　숙부는 가서 멀리 있는 사람들을 달래고 가까이 있는 사람을 도
와서 백성을 사랑하고 편안하게 해 주시오. 편안함을 탐하지 말고
당신의 도읍(都邑)을 살피고 사랑하여 밝은 덕을 이루도록 하시오.”

　▨ 평왕(平王)이 문후(文侯)의 공을 치하하고 감사의 선물을 하사하
면서 맡은 나라를 잘 다스려 편안하게 해 줄 것을 당부하였다.

　王若曰父義和[1]아 丕顯文武克愼明德하사 昭升于上하며 敷聞在下
하신대 惟時上帝集厥命于文王이어시늘 亦惟先正[2]이 克左右하여 昭事
厥辟하여 越小大謀猷에 罔不率從이라 肆先祖懷在位하시니라

　嗚呼라 閔予小子는 嗣造天丕愆하여 殄資澤于下民이라 侵戎[3]我國
家純커늘 卽我御事罔或耆壽俊[4]이 在厥服하며 予則罔克하라 曰惟祖
惟父[5]其伊恤朕躬고 嗚呼라 有績予一人이면 永綏在位하리라

父義和아 汝克昭乃顯祖[6]하여 汝肇刑文武하여 用會紹乃辟하여 追
孝于前文人하라 汝多修扞我于艱하니 若汝는 予嘉니라

王曰父義和아 其歸視爾師하여 寧爾邦하라 用賚爾秬鬯一卣[7]와 彤
弓[8]一과 彤矢百과 盧弓[9]一과 盧矢百과 馬四匹하노니 父往哉하여 柔遠
能邇하며 惠康小民하여 無荒寧하여 簡恤爾都[10]하여 用成爾顯德하라

1) 父義和(부의화) : 의화는 진(晉)나라 제후인 문후(文侯)의 자(字), 부(父)는
   동성(同姓) 제후로서 나이 많은 사람을 숙부(叔父)로서 일컫는 말이다. 진나
   라 문후는 성왕(成王)의 동생인 당숙(唐叔)의 후손이니 동성의 제후이다.
2) 先正(선정) : 선대(先代)의 관장(官長)들.
3) 戎(융) : 서쪽 지방에 있던 미개 민족인 견융(犬戎).
4) 耆壽俊(기수준) : 노성(老成)하여 경험이 많고 덕 있는 사람.
5) 惟祖惟父(유조유부) : 동성(同姓)의 제후로서 할아버지나 아저씨뻘 되는 사
   람에 대한 호칭. 따라서 동성의 제후들을 가리키는 말.
6) 顯祖(현조) : 빛나는 조상. 여기서는 진(晉)나라의 첫 번째 제후인 성왕의 동
   생 당숙(唐叔)을 가리킨다.
7) 秬鬯一卣(거창일유) : 기장술 한 병. 기장술은 제사에 쓰는 술 이름. 일유(一
   卣)는 한 병, 또는 한 통. 진나라로 돌아가 조상인 당숙(唐叔)에게 보고하는
   제사를 지내라는 뜻.
8) 彤弓(동궁) : 붉은활. 제후로서 큰 공을 세운 사람에게 내리는 활.
9) 盧弓(노궁) : 검은활. 공을 세운 제후에게 내리는 활.
10) 爾都(이도) : 그대의 도읍. 곧 진나라의 서울.

제29장 비서(費誓)

노(魯)나라 제후인 백금(伯禽)의 훈시를 기록한 것이다. 백금
은 주공(周公)의 아들로서 성왕 때 노나라 곡부(曲阜)에 봉(封)
해져 있었는데, 서융(徐戎)과 회이(淮夷)가 반란을 일으켰으므
로 그것을 평정하기 위해 출진(出陣)할 때 비(費) 땅에서 모든

병사들에게 훈시한 것이다.

　이 장은 주왕실(周王室)의 이야기가 아니고 제후의 일이므로 진서(秦誓)와 함께 주서(周書) 말미(末尾)에 놓은 것이다.

　I. 그대들은 신중한 공격을 준비하라

　공(公)은 말하였다.

　"오호라, 사람들은 떠들지 말고 나의 명을 들어라. 지금 회(淮) 땅의 오랑캐와 서주(徐州)의 오랑캐가 함께 일어났도다.

　그대들은 갑옷과 투구를 잘 정비하고 방패의 끈을 잘 매어 완전하게 하며, 그대들의 활과 화살을 갖추고 그대들의 창끝과 칼날을 갈아 감히 잘못됨이 없도록 하라.

　이제 외양간의 말과 소를 놓아 줄 것이니 그대들의 덫을 거두고 함정을 메워 우마가 감히 상하지 않도록 하라. 짐승들이 상하면 그대들은 일정한 형벌을 받을 것이다.

　말과 소가 발정(發情)하여 달아나거나 노비(奴婢)가 도망을 하더라도 감히 제자리를 벗어나 쫓지 말 것이며 그것을 신중하게 되돌려 놓으면 나는 헤아려 그대들에게 상을 주리라. 그대들이 매우 멀리 쫓아가서도 붙잡지 못하면 그대들에게 일정한 형벌이 있으리라. 감히 도둑질하고 약탈하며 담장을 넘어 말과 소를 훔치며 노비를 꾀어내는 짓을 하지 말라. 그러면 그대들에게는 일정한 형벌이 있으리라.

　갑술일(甲戌日)에 나는 서융(徐戎)을 칠 것이니 그대들은 식량을 준비하되 감히 부족함이 없도록 하라. 부족하면 그대들에게 큰 형벌이 있으리라. 세 교(郊)와 세 수(遂)의 노(魯)나라 사람들이여, 그대들의 정간(楨幹)을 쌓아라. 갑술일에 나는 성을 쌓을 것이니 감히 뒤를 대지 못하는 일이 없도록 하라. 소홀하면 사형에 처하지는 않더라도 일족을 연좌형(連坐刑)에 처할 것이다. 세 교와 세 수의 노나라 사람들이여, 그대들의 마초와 여물을 쌓아 감히 부족함이 없게 하라. 그렇지 않으면 그대들에게는 큰 형벌이 있을 것이다.

公[1]曰嗟人아 無譁하여 聽命하라 徂玆淮夷徐戎[2]이 竝興이로다

善敹[3]乃甲胄하며 敹乃干[4]하대 無敢不弔하며 備乃弓矢하며 鍛乃戈矛하며 礪乃鋒刃하대 無敢不善하라

今惟淫舍牿牛馬하리니 杜乃擭하며 斂乃穽하여 無敢傷牿하라 牿之傷하면 汝則有常刑하리라

馬牛其風[5]하며 臣妾[6]逋逃어든 無敢越逐하며 祗復之하라 我商[7]賚汝하리라 乃越逐하며 不復하면 汝則有常刑하리라 無敢寇攘하며 踰垣牆하여 竊馬牛하며 誘臣妾하라 汝則有常刑하리라

甲戌에 我惟征徐戎하리니 峙乃糗糧[8]하대 無敢不逮하라 汝則有大刑하리라 魯人三郊三遂[9]아 峙乃楨幹[10]하라 甲戌에 我惟築하리니 無敢不供하라 汝則有無餘刑[11]이나 非殺이니라 魯人三郊三遂아 峙乃芻茭[12]하대 無敢不多하라 汝則有大刑하리라

1) 公(공) : 노(魯)나라의 제후인 백금(伯禽)을 이르는 말. 백금은 주공(周公)의 아들이다.

2) 淮夷徐戎(회이서융) : 회(淮) 땅의 오랑캐와 서주(徐州)의 오랑캐. 이(夷)와 융(戎)은 다 같이 미개한 이민족(異民族)을 가리킨다.

3) 善敹(선료) : 요는 구멍을 뚫는다는 말로 끈이 끊어진 데가 있으면 구멍을 뚫어서 수선을 잘 해두라는 뜻.

4) 敹乃干(교내간) : 그대의 방패의 끈을 잘 매어 두라는 뜻.

5) 馬牛其風(마우기풍) : 말이나 소가 발정(發情)하여 서로 어울려 멀리 달아나다. 풍(風)은 짐승의 발정.

6) 臣妾(신첩) : 남자 종과 여자 종을 아울러 이르는 말. 신(臣)은 남자 종, 첩(妾)은 여자 종. 노비(奴婢).

7) 商(상) : 헤아리다.

8) 糗糧(구량) : 군량(軍糧)으로 쓰기 위하여 밥을 말려 두는 것. 건반(乾飯).

9) 三郊三遂(삼교삼수) : 세 교(郊)와 세 수(遂). 서울에서 일정한 거리에 떨어져 있는 지역을 교(郊)라 이르며, 거기서 더 바깥 지대를 수(遂)라 이른다.

10) 楨幹(정간) : 정은 토루(土壘)를 쌓을 때 세우는 두 개의 기둥, 간은 양쪽에

서 흙을 버티는 널빤지를 말한다. 곧 성을 쌓을 때 필요한 기둥과 널빤지들을 준비해 두라는 뜻.

11) 餘刑(여형) : 한 사람의 죄로 인해 주위 사람에게까지 형벌이 미치는 일. 연좌형(連坐刑).

12) 芻茭(추교) : 마초와 여물. 소나 말의 먹이. 꼴.

제30장 진서(秦誓)

이 장은 진(秦)나라 목공(穆公)이 장로(長老)들의 뜻을 존중하지 않은 자신의 행위를 뉘우치면서 신하들을 경계하여 훈시하는 내용을 기록한 것이다.

진목공(秦穆公)은 장로들의 의견을 듣지 않고 정(鄭)나라를 공격하다가 진(晉)나라 양공(襄公)의 대군(大軍)에게 격파(擊破)당한 일이 있는데, 진군(秦軍)의 장군들이 포로가 되었다가 돌아온 뒤에 행한 훈시다.

1. 재주는 없어도 착한 이를 받아들인다

공은 말하였다.

"오호라, 나의 신하들이여, 떠들지 말고 들어라. 나는 그대들에게 여러 말 가운데 근본이 되는 말을 들려 주리라.

옛 사람의 말에 이르기를 '백성은 모두 자기 본위로 대부분이 즐기고 편안한 것이니, 사람을 꾸짖기는 어렵지 않으나 꾸짖음을 거리낌없이 받기는 어려운 일이다.'라고 하였다.

내 마음의 걱정은 세월이 빨리 지나가고 두 번 다시 오지 않는다는 것이다.

나는 옛날의 노숙한 선비가 나의 소망을 이루어 주지 않는다고 하여 싫어하고, 오늘날의 새로운 신진들이 나와 더불어 친할 것이라고 생각했다. 비록 그랬다고 생각했으나 오히려 머리가 노란 분들과 상의하니 나의 허물이 도리어 없어졌다.

　머리 센 어진 신하들은 이미 근력을 잃었더라도 내 그들을 중용(重用)할 것이요, 괄괄하고 용맹스러운 사람들은 활쏘기와 말달리기에 어김이 없겠지만 나는 그래도 바라지 않는다. 슬슬 교묘한 말을 잘하여 윗사람으로 하여금 말을 바꾸게 하는 사람들을 나는 많이 거느리고 있었다.

　나는 곰곰이 그것을 생각해 보았다.

　만약 한 신하가 있어 꿋꿋하게 성실하기만 하고 정말 다른 재주는 없어도 그의 마음이 너그러우면 그런 사람은 받아들일 것이다. 남의 재주를 자기 것처럼 받아들이고, 남의 뛰어나고 어진 것을 그 마음으로 기뻐하며, 그 입으로만 칭찬하는 것에 그치지 않는 사람은 받아들일 것이다. 그런 사람이라면 우리 자손과 백성을 보전하고 또한 이롭게 할 것이다.

　남의 재주를 시기하여 미워하며 남의 뛰어나고 어진 것을 거슬려 이루지 못하게 하면 그런 사람은 받아들일 수가 없다. 그들로서는 우리 자손과 백성을 보전하지 못할 뿐 아니라 오히려 위태롭게 할 것이다.

　나라의 불안은 이른바 한 사람으로 말미암으며, 나라의 번영과 화평도 또한 거의 한 사람의 경사이다."

　公[1]曰嗟我士아 聽無譁하라 予誓告汝群言之首[2]하노라

　古人有言曰하대 民訖自若是多盤하나니 責人이 斯無難이라 惟受責俾如流[3]이 是惟艱哉인저

　我心之憂는 日月이 逾邁라 若弗云來[4]니라

　惟古之謀人[5]으란 則曰未就予라하여 忌코 惟今之謀人[6]으란 姑將以爲親하니 雖則云然이나 尙猷詢玆黃髮[7]하면 則罔所愆하리라

　番番良士[8]旅力[9]旣愆으란 我尙有之하고 仡仡[10]勇夫射御不違란 我尙不欲하니 惟截截善諞言하여 俾君子로 易辭를 我皇多有之아

　昧昧[11]我思之하니 如有一介臣이 斷斷猗[12]無他技나 其心이 休休[13]

焉_{한대} 其如有容_{이라} 人之有技_를 若己有之_{하며} 人之彦聖_을 其心好之
_{하대} 不啻如自其口出_{하면} 是能容之_라 以保我子孫黎民¹⁴⁾_{이며} 亦職有
利哉_{인저}

　　人之有技_를 冒疾以惡之_{하며} 人之彦聖_을 而違之_{하여} 俾不達_{하면} 是
不能容_{이라} 以不能保我子孫黎民_{이며} 亦曰殆哉_{인저}

　　邦之杌隉¹⁵⁾_은 曰由一人_{이며} 邦之榮懷¹⁶⁾_는 亦尙一人之慶_{이니라}

1) 公(공) : 진(秦)나라의 제후인 목공(穆公).

2) 群言之首(군언지수) : 많은 말 중의 근본이 되는 말. 군언(群言)은 여러 말,
　 많은 말. 수(首)는 으뜸이라는 뜻으로 근본이 되는 말. 또는 가장 좋은 말.

3) 如流(여류) : 물 흐르듯이. 곧 거리낌없이.

4) 我心之憂日月逾邁若弗云來(아심지우일월유매약불원래) : 내 마음의 걱정
　 은 해와 달이 지나가고 있어 다시 오지 않는다는 것이다. 곧 자기의 잘못을
　 고치려 해도 때가 지나서, 자기가 그것을 고칠 만한 시간적 여유가 없지 않을
　 까 걱정이 된다는 뜻.

5) 古之謀人(고지모인) : 옛날에 일을 꾀하던 사람. 곧 목공(穆公)의 정(鄭)나
　 라 정벌을 만류하던 늙은 신하인 건숙(蹇叔) 등을 가리킨다.

6) 今之謀人(금지모인) : 지금 꾀하는 사람들. 곧 목공에게 싸울 것을 권장하던
　 사람들.

7) 黃髮(황발) : 노랑머리. 나이가 많아 누렇게 된 늙은이들. 백발(白髮). 건숙
　 등의 장로(長老) 등을 가리킨다.

8) 良士(양사) : 어진 신하들. 역시 건숙 등을 가리키는 말.

9) 旅力(여력) : 여는 여(膂)와 같은 뜻으로 여력(膂力), 곧 체력(體力).

10) 仡仡(흘흘) : 성질이 급하고 과격한 모양. 괄괄한 모양. 기운이 팔팔한 모양.

11) 昧昧(매매) : 곰곰이 생각하는 모양. 깊이 생각하는 모양.

12) 斷斷猗(단단의) : 어떤 대상에 대하여 전일(專一)하는 것을 형용하는 말.
　　 오로지.

13) 休休(휴휴) : 여기서는 마음이 착한 것의 형용.

14) 黎民(여민) : 검은 머리의 백성. 아무런 관직도 없는 일반 백성.

15) 杌隉(올얼) : 흔들흔들하여 위태로운 모양. 곧 나라가 불안한 것을 이르는 말.

16) 懷(회) : 안(安)과 같으므로, 나라의 번영과 안태(安泰)를 뜻한다.

원문자구색인(原文字句索引)

428 서경(書經)

```
인  지
생  략
```

동양학총서[11]
서경(書經)

개정증보판1쇄 인쇄　2004년　11월 10일
개정증보판1쇄 발행　2004년　11월 15일

해역자 : 이상진 · 이지한
펴낸이 : 이준영

회장 · 유태전
주간 · 이덕일 / 편집 · 강유련 / 교정 · 홍유정,고운정 / 영업기획 · 한정주
조판 · 태광문화 / 인쇄 · 천광인쇄 / 제본 · 기성제책 / 유통 · 문화유통북스

펴낸곳 : 자유문고
서울 영등포구 문래동6가 56-1 미주프라자 B-102호
전화 · 2637 - 8988 · 2676 - 9759 / FAX · 2676 - 9759
홈페이지 : http://www.jayumungo.com
e-mail : jayumg@hanmail.net
등록 · 제2 - 93호(1979. 12. 31)

정가 15,000원

※잘못 만들어진 책은 구입하신 서점에서 바꿔드립니다.

ISBN 89 - 7030 - 068 - 6　04150
ISBN 89 - 7030 - 000 - 7 (세트)